本书是河北省社会科学基金项目"现代汉语认识情态研究"
（HB15YY043）的最终研究成果

本书受河北大学燕赵文化高等研究院学科建设经费资助

现代汉语心理动词构式的认识情态研究

冯军伟 著

CONTEMPORARY CHINESE LANGUAGE

中国社会科学出版社

图书在版编目(CIP)数据

现代汉语心理动词构式的认识情态研究/冯军伟著.—北京：中国社会科学出版社，2021.3
ISBN 978-7-5203-8103-1

Ⅰ.①现… Ⅱ.①冯… Ⅲ.①现代汉语—动词—研究 Ⅳ.①H146.2

中国版本图书馆 CIP 数据核字(2021)第 047042 号

出 版 人	赵剑英
责任编辑	王 琪
责任校对	刘 娟
责任印制	王 超

出　版	中国社会科学出版社
社　址	北京鼓楼西大街甲 158 号
邮　编	100720
网　址	http://www.csspw.cn
发 行 部	010-84083685
门 市 部	010-84029450
经　销	新华书店及其他书店
印　刷	北京明恒达印务有限公司
装　订	廊坊市广阳区广增装订厂
版　次	2021 年 3 月第 1 版
印　次	2021 年 3 月第 1 次印刷
开　本	710×1000　1/16
印　张	25.5
插　页	2
字　数	404 千字
定　价	139.00 元

凡购买中国社会科学出版社图书，如有质量问题请与本社营销中心联系调换
电话：010-84083683
版权所有　侵权必究

前　　言

　　心理动词是现代汉语动词的重要下位分类之一，学术界围绕着心理动词的词类地位、判定标准、范围类别和组合功能展开了广泛的研究，取得了丰硕的研究成果。近年来，关于心理动词的认识情态表达研究逐渐成为心理动词研究的热点之一。心理动词的原型意义是表达人的某种心理活动或心理状态，当心理动词与第一人称"我"或者"我们"形成固定化的结构式，并关涉谓词性宾语或者小句宾语时，往往不再表达人的心理活动或心理状态，而是表达说话人关于谓词性宾语或小句宾语所表达命题的认识或判断，具有了认识情态意义的表达功能。从表达人的心理活动或心理状态到表达说话人的认识情态意义，体现了从物理世界（physical world）到意图和计划世界（world of intentions and planning）的投射过程（Sweetser, 1990），在这个过程中，隐喻起到了关键作用。

　　根据 Goldberg（1995；2006）的构式语法理论，我们把由第一人称主语和心理动词组构而成的结构式"我（们）+心理动词"看作认识情态表达的原型构式之一，把"我（们）+感觉类心理动词"构式、"我（们）+怀疑类心理动词"构式、"我（们）+评估类心理动词"构式、"我（们）+猜想类心理动词"构式、"我（们）+预料类/推理类心理动词"构式、"我（们）+强断言类判断心理动词"构式、"我（们）+误断言类判断心理动词"构式、"我（们）+认知类心理动词"构式、"我（们）+情感类心理状态动词"构式和"我（们）+不+心理动词"构式看作原型构式"我（们）+心理动词"的十个扩展构式。这些扩展构式通过实例（instance）联结形成一个认识情态构式的构式网络系统（epistemic construction system）。

本书主要研究"我（们）+心理动词"十个扩展构式的认识情态表达功能，具体来说：

①"我（们）+感觉类心理动词"构式，主要表达说话人关于命题内容的弱断言认识（weak assertion），表达认识上的某种不确定性（epistemic uncertainty）；

②"我（们）+怀疑类心理动词"构式，主要表达说话人关于命题判断认识上的某种怀疑性（epistemic doubt）；

③"我（们）+评估类心理动词"构式，主要表达说话人关于命题内容的评估性认识（evaluation），涉及到认识上的较大可能（epistemic likelihood）和认识上的必要性（epistemic necessity）；

④"我（们）+猜想类心理动词"构式，主要表达说话人关于命题内容的弱断言认识（weak assertion），表达认识上的较低确定性（epistemic uncertainty）；

⑤"我（们）+预料类/推理类心理动词"构式，主要表达说话人关于命题判断的很大可能性（epistemic probability）；

⑥"我（们）+强断言类判断心理动词"构式，主要表达说话人关于命题判断的确定性（epistemic certainty）；

⑦"我（们）+误断言类判断心理动词"构式，主要表达说话人关于命题内容的错误断言，表达说话人认识上的不可能（epistemic impossibility）；

⑧"我（们）+认知类心理动词"构式，主要表达说话人关于命题判断的确定性（epistemic certainty）以及说话人拥有的某种知识（knowledge）或信仰（belief）；

⑨"我（们）+情感类心理状态动词"构式，主要表达说话人关于命题判断的可能性（epistemic possibility）。

⑩"我（们）+不+心理动词"构式，主要表达说话人关于命题为假的断言认识，表达说话人认识上的不太可能（unlikelihood）。

"我（们）+心理动词"构式的上述十大扩展构式反映了说话人关于命题判断的不同认识程度：知识（knowledge）/认识上的确定性

◈ 前　言 ◈

(epistemic certainty)（构式⑧）＞认识上的确定性（epistemic certainty）（构式⑥）＞认识上的必要性（epistemic necessity）/认识上的很大可能（epistemic probability）（构式⑤）＞认识上的较大可能（epistemic likelihood）（构式③）＞认识上的不确定（epistemic uncertainty）（构式①和构式④）＞认识上的可能性（epistemic possibility）（构式⑨）＞认识上的怀疑性（epistemic doubt）（构式②）＞认识上的不太可能（unlikelihood）（构式⑩）＞认识上的不可能（epistemic impossibility）（构式⑦）。"我（们）+心理动词"十大扩展构式所反映的不同认识程度完整地反映了人类认识尺度从肯定（positive）到否定（negative）之间的全部量级。

"我（们）+心理动词"构式作为认识情态范畴的典型表达构式，可以出现在句首位置、句中位置和句末位置。一般来说，句中位置和句末位置的"我（们）+心理动词"构式是由句首位置的"我（们）+心理动词"构式经历语法化演变而来的，存在着"'我（们）+心理动词'（句首）＞'我（们）+心理动词'（句中或句末）"的语法化演变路径（Du Bois，1987；Holmes，1990；Thompson and Mulac，1991；Aijmer，1997；Ramat and Ricca，1998；Simon Vandenber，2000；Jan Nuyts，2001；Kärkkäinen，2003）。

"我（们）+心理动词"构式的语法功能相当于情态副词，当"我（们）+心理动词"构式不出现在句首位置时（即出现在句中位置或句末位置时），具有副词的性质，处于从词汇范畴向语法范畴语法化过程中较高程度的阶段（Thompson and Mulac，1991）。语法化不仅仅包括词汇范畴向语法范畴的演化过程，还应该包括从话语模式向语法结构模式的演变过程（Du Bois，1987），所以，"我（们）+心理动词"构式实际上应该是正处于话语模式（discourse pattern）向语法结构模式（structural pattern）的语法化过程之中。因为"我（们）+心理动词"构式具有较强的主观性质，随着语言的发展演化，结构中的第一人称代词将慢慢"蚀化"（eroded），最终将演化成一个话语算子（a discourse particle）（Traugott，1995）。"我（们）+心理动词"构式的这种演变规律并不是孤立的，欧洲语言中有很多皮钦语（Pidgins）

都有从认知短语发展出副词用法的经历（Thompson and Mulac，1991；Ramat and Ricca，1998），所以，认识情态构式"我（们）＋心理动词"是从心理动词到情态副词演化过程中非常重要的一环，是语法化早期的词汇化和结构化的环节。

  总而言之，认识情态构式"我（们）＋心理动词"是现代汉语中认识情态范畴的典型语言表达构式之一，体现了人类对客观世界或事件的认知方式，是人类表达主观化认识的理想化认知模型。因此，本书的研究将不仅有助于深化心理动词的研究，还将有助于丰富现代汉语认识情态范畴的表达系统。

目　　录

第一章　认识情态范畴 ……………………………………（1）
　　第一节　情态范畴 ………………………………………（1）
　　第二节　认识情态范畴 …………………………………（7）

第二章　认识情态的语言表达形式 ………………………（12）
　　第一节　情态的语言表达形式 …………………………（12）
　　第二节　认识情态的语言表达形式 ……………………（13）
　　第三节　现代汉语认识情态的语言表达形式 …………（15）
　　第四节　本书的主要内容、研究框架及语料来源 ……（17）

第三章　认识情态构式"我（们）+心理动词"的界定 …（19）
　　第一节　心理动词及其分类 ……………………………（19）
　　第二节　认识情态构式"我（们）+心理动词"的核心
　　　　　　构式意义 ………………………………………（24）
　　第三节　认识情态构式"我（们）+心理动词"的准入条件 ……（26）
　　第四节　认识情态构式"我（们）+心理动词"的句法体现 ……（40）
　　第五节　认识情态构式"我（们）+心理动词"的语法性质 ……（48）

第四章　"我（们）+感觉类心理动词"构式的认识情态研究 ……（51）
　　第一节　"我（们）+感觉类心理动词"构式的界定 …………（51）
　　第二节　"我（们）+觉得"构式的认识情态研究 ……………（56）

第五章 "我（们）+思维类心理动词"构式的认识情态研究……（74）
 第一节 "我（们）+思维类心理动词"构式的界定 …………（74）
 第二节 "我（们）+怀疑类心理动词"构式的认识情态
    研究……………………………………………………（79）
 第三节 "我（们）+评估类心理动词"构式的认识情态
    研究……………………………………………………（94）
 第四节 "我（们）+猜想类心理动词"构式的认识情态
    研究……………………………………………………（121）
 第五节 "我（们）+推理类心理动词"构式的认识情态
    研究……………………………………………………（208）
 第六节 "我（们）+预料类心理动词"构式的认识情态
    研究……………………………………………………（220）

第六章 "我（们）+认知类心理动词"构式的认识情态
    研究 …………………………………………………（230）
 第一节 "我（们）+认知类心理动词"构式的界定 …………（230）
 第二节 "我（们）+相信"构式的认识情态研究 ……………（234）

第七章 "我（们）+判断类心理动词"构式的认识情态
    研究 …………………………………………………（264）
 第一节 "我（们）+判断类心理动词"构式的界定 …………（264）
 第二节 "我认为"构式的认识情态研究 ……………………（268）
 第三节 "我以为"构式的误断言认识表达功能 ……………（294）

第八章 "我（们）+情感类心理状态动词"构式的认识
    情态研究 ……………………………………………（305）
 第一节 "我（们）+情感类心理状态动词"构式的界定 ……（305）
 第二节 "我（们）+怕/恐怕"构式的认识情态研究 ………（308）
 第三节 "我（们）+害怕/担心"构式的认识情态研究 ……（312）
 第四节 小结 …………………………………………………（313）

第九章 "我(们)+不+心理动词"构式的认识情态研究 …… (315)
 第一节 否定转移及其语用动因 …………………… (315)
 第二节 "我相信+……不/没……"和"我不相信"的对比
     研究 …………………………………………… (320)
 第三节 基于语境考察的"我不相信"构式的认识情态
     研究 …………………………………………… (357)
 第四节 小结 …………………………………………… (378)

第十章 结语 ……………………………………………… (380)

参考文献 ……………………………………………………… (384)

后记 …………………………………………………………… (400)

第一章 认识情态范畴

第一节 情态范畴

一 情态的定义

情态（modality），也叫模态，最初是一个哲学范畴，早期主要研究与"可能"与"必然"相关的真值模态（alethic modality），语言学界对"情态"的界定主要有四个角度。

第一，从说话人判断和态度（speaker's judgment or attitude）的角度界定情态，认为情态关注的是说话人关于话语内容的态度和观点（attitudes and opinions）的表达，体现了情态的主观性特征。

Benveniste 将情态界定为主观性的标记手段（indicator of subjectivity），用来描写说话人关于他对自己所做陈述的态度。[①] Lyons 认为，情态是说话人对句子所表达的命题或命题所描写情景的观点或者态度。[②] Palmer 认为情态关注的是命题所描写事件的状态（status），即说话人对言语行为的言者意图（speaker's intent）。他将情态分为命题情态和事件情态，其中，命题情态表达的是说话人关于命题真值（truth value）或现实性（factual status）状态的态度，即说话人关于命题陈述真值的承诺性（commitment）。[③]

[①] Emile Benveniste, *Problèmes de Linguistique* (*Problems in General Linguistics*), Translated by M. E. Meek, Coral Gablres, F. L.：University of Miami Press, 1971, p. 229.

[②] John Lyons, *Semantics*, Cambridge：Cambridge University Press, 1977, p. 452.

[③] F. R. Palmer, *Mood and Modality* (2nd edition), Cambridge：Cambridge University Press, 2001, pp. 1 – 69.

第二，从命题的叙实性（factuality of propositions）或事件的现实性（reality of events）角度界定情态，认为情态关注的是命题或事件所表达的概念实体（a conceptual entity）的性质，即命题或事件所陈述概念是叙实（factual）的还是非叙实的（non-factual），是现实的（real）还是非现实的（irreal），体现出情态的客观性特征。

关于叙实性，学术界有不同的称呼，Lyons（1977）称之为"factivity"；Palmer（1986）、Narrog（2012）称之为"factuality"；Mithun（1999）、Palmer（1986；2001）称之为"realis"或者"irrealis"；Portner（2009）称之为"reality"；Perkins（1983）、Papafragou（2000）称之为"actuality"；Kiefer（1987）、Dietrich（1992）称之为"validity"，等等。Perkins认为，情态是说话人的一种标记手段，用来标记某一事件在某些非现实世界中（non-actual world）是真实的还是非真实的，或者在现实世界（actual world）的某种状态下（即在当前时间以外的某个时间点）是真实的还是非真实的。① Narrog将情态界定为指称事件现实性状态（factual status of a state of affairs）的语言范畴（linguistic category），如果命题的叙实地位被标记为未定的，即命题既不是叙实性，也不是非叙实性的，那么命题就是模态化的。②

第三，从形式语言学（formal linguistics）的角度界定情态，van der Auwera和Plungian认为情态是涉及可能性和必要性语义域的语义表达，包括两种可能性的语义选择，即可能性和必要性的语义范式。③

Steele（1981）认为情态包括"可能性或与之相关的概念、许可、盖然性或与之相关的概念、义务、必要性或与之相关的概念、要求"等。④ Halliday认为情态是关于说话人对所述命题（proposition）的可能性（probabilities）和惯常性（usuality）的评价，以及说话人对所述

---

① Michael R. Perkins, *Modal Expressions in English*, Norwood, NJ: Ablex, 1983, pp. 6–7.
② Heiko Narrog, *Modality, Subjectivity, and Semantic Change. A Cross-linguistic Perspective*, Oxford: Oxford University Press, 2012, p. 21.
③ Johan van der Auwera, V. A. Plungian, "Modality's Semantic Map", *Linguistic Typology*, Vol. 2, Issue 1, 1998, p. 80.
④ 转引自彭利贞《现代汉语情态研究》，博士学位论文，复旦大学，2005年，第21页。

建议（proposal）的义务性（obligations）和倾向性（inclination）的描述。①

以上三种对情态的定义多关注命题，但是情态不仅仅是关于命题的。Benveniste（1971）认为命题是话语层面的，所以情态关注的是话语；Lyons（1977）认为情态除了关注命题，还关注命题所描写的情景（situations），因为叙实性除了关注命题，还关注事件。因此，Frawley（1992）认为情态是关于表达（expression）的；Chung 和 Timberlake（1985）认为情态应该关于事件的（event）；Hengeveld（2004）认为情态是关于论断（predication）、事件（event）或者命题（proposition）的；Sachverhalt 和 Dietrich（1992）认为情态是关于事件的状态（state of affairs）。因此，情态研究的第四种角度就是情态是关于话语的，即话语情态（discourse modality）。

第四，从话语语用表达的角度界定情态（pragmatics-oriented modality），认为情态体现了话语的人际交际功能（interpersonal function）。

Stubbs 从语用的角度界定情态，认为情态编码了说话人对所说内容的视角（point of view），即说话人认为所述的内容是一件合理的事情（reasonable thing），或者可能被发现是明显的（obvious）、可疑的（questionable）、试探性的（tentative）、暂时的（provisional）、有争议的（controversial）、矛盾的（contradictory）、不相关的（irrelevant）、不礼貌的（impolite）或者其他。② Coates 则是从语义—语用的角度界定情态的（semantic-pragmatic modality），认为情态不仅仅编码了说话人的视角，而是说话人用于进行言语控制的缓冲手段（hedging），包括标记说话人视角的转变（shifting point of view）、用于面子保护策略（face-saving strategy）、表达消极的礼貌策略（negative politeness strategy）和提供某一种尚未被说话人采取的观点或立场（offer opin-

---

① M. A. K. Halliday, *An Introduction to Functional Grammar*, London: Edward Arnold, 1994, pp. 147–150.

② M. Stubbs, "A Matter of Prolonged Fieldwork: Notes towards a Modal Grammar of English", *Applied Linguistics*, Vol. 7, Issue 1, 1986, p. 1.

ions and fast position）等。① Maynard 从言语互动和话语组织的（interactional and discourse organization）视角来界定情态，认为话语情态传达的是说话人对信息内容（message content）、言语行为本身（speech act）或话语中对话参与者（interlocutor）的主观情感（subjective emotional）和心理态度（mental or psychological attitude）。②

此外，情态（modality）和语气（mood）相关，但是有所不同。

Palmer 认为情态（modality）和语气（mood）都可以表达情态，认为语气范畴的典型特征是陈述语气（indicative）和虚拟语气（subjunctive）或者现实（realis）和非现实（irrealis）的对立。③ Bybee 和 Dahl 认为情态是一个语义范畴（semantic domain），语气则是语法形式范畴；Bybee 和 Fleischman 认为语气指的是动词情态功能（modal function）的形式化语法范畴，往往是以曲折形式（inflectionally）来表达的，包括直陈语气（indicative）、虚拟语气（subjunctive）、祈愿语气（optative）、祈使语气（imperative）和条件句（conditional）等。④ König 和 Siemund 认为语气范畴（mood）应该包括"indicative""subjunctive""conditional""optative"等下位类型。⑤

Nuyts 和 Vander Auwera 梳理了语气范畴的研究历史，认为"mood"一词的拉丁语原型是"modus"，表达的是方式或者方法（measure or manner），同时介绍了 Dionysius Thrax 关于古希腊语语气范畴的五个下位类型：defining（oristiké）、imperative（prostaktiké）、

---

① Jennifer Coates, *Women, Men and Language: A Sociolinguistic Account of Gender Differences in Language*, London: Longman, 1986, p. 9.

② Senko K. Maynard, *Discourse Modality: Subjectivity, Emotion and Voice in the Japanese Language*, Philadelphia, P. A.: John Benjamins Publishing Co., 1993, pp. 38 – 39.

③ F. R. Palmer, *Mood and Modality* (2nd edition), Cambridge: Cambridge University Press, 2001, pp. 1 – 10.

④ Joan L. Bybee, Suzanne Fleischman, "Modality in Grammar and Discourse: An Introductory Essay", In Joan L. Bybee, Suzanne Fleischman (ed.), *Modality in Grammar and Discourse*, Amsterdam & Philadelphia: John Benjamins, 1995, pp. 2 – 3.

⑤ Ekkehard König, Peter Siemund, "Speech Act Distinctions in Grammar", In Timothy Shopen (ed.), *Language Typology and Syntactic Description Volume I: Clause Structure*, Cambridge: Cambridge University Press, 2007, pp. 280 – 281.

optative（euktiké）、subjunctive（upotaktiké）、infinitive（aparénfatos）；以及著名古罗马语法学家 Priscian 的下位分类系统：the indicative（indicativus，also called definitivus）、the imperative（imperativus）、the optative（optativus）、the subjunctive（subjunctivus）和 the infinitive（infinitivus）。直到现在，法语和葡萄牙语中还有类似的语气范畴系统。①

本书不涉及语气范畴，对情态范畴采用言语互动和语用表达的视角进行狭义的语义界定，认为情态表达的是说话人关于话语内容（utterance）、言语行为（speech acts）和会话参与者（interlocutors）的主观情感（subjective emotional）、态度立场（attitude or stance）或主观评价（subjective assessment）。

二　情态的分类

学术界关于情态研究的多种视角衍生出了情态范畴的多种下位分类系统，影响较大的分类系统，综述如下：

Lyons 将情态分为道义情态和认识情态。道义情态（deontic）与道德主体实施某种行为的必要性和可能有关，因此与许可（permission）和义务（obligation）的社会职能有关。认识情态（epistemic）关注命题真值的可能性和必要性（possibility or necessity），涉及知识（knowledge）和信仰（belief）。②

Palmer 将情态分为命题情态（propositional modality）和事件情态（event modality）。③ 命题情态又分为认识情态（epistemic modality）和传信范畴（evidential）。认识情态主要表达说话人关于命题真实性的评价（judgment），包括推理、推论和假设。推理（speculative）表达说话人的不确定性（uncertainty）；推论（deductive）表达根据所观察数据的推导（inferences from observable data）；假设（assumptive）表达从已

---

① Jan Nuyts, John Vander Auwera, *The Oxford Handbook of Modality and Mood*, Oxford: Oxford University Press, 2016, pp. 10 – 23.
② John Lyons, *Semantics*, Cambridge: Cambridge University Press, 1977, pp. 793 – 823.
③ F. R. Palmer, *Mood and Modality* (2nd edition), Cambridge: Cambridge University Press, 2001, pp. 22 – 76.

知信息中进行推论（inferences from what is generally known）。传信情态主要表达说话人对命题叙实性状态所提供的证据（evidence for the factual status of proposition），包括间接证据和感觉类直接证据。报到（间接）证据指的是从其他人那里得来的证据（evidence gathered from others）；感觉（sensory）证据是指通过感觉得来的证据，包括通过视觉（visual）和听觉（auditory）获得的证据。事件情态（event modality）包括道义情态和动力情态。道义情态（deontic）与个人的外部条件（external factors）相关，包括许可、义务和承诺。许可（permissive）指的是基于某种权威的许可（basis of some authority）；义务（obligative）指说话人承担某种义务，这个义务有时也来源于某种权力；承诺（commissive）指说话人承诺做某事，包括说话人的某种承诺或者威胁。动力情态（dynamic）与个人内部条件（internal factors）相关，包括能力和意愿，能力（abilitive）表达说话人有能力做某事；意愿（volitive）表达说话人愿意做某事。

　　Perkins（1983）把情态分为认识情态、道义情态和动力情态三种类型，并将其分别对应于三个法则，即理性（rational）法则、制度（institutional）法则和自然（nature）法则。

　　Hengeveld（2004）认为情态是关于论断（predication）、事件（event）或者命题（proposition）的，涉及评估目标（target of evaluation）和评估领域（domain of evaluation）。从评估目标来看，情态包括参与者定位的情态（participant‐oriented modality）：关注参与者和事件之间的关系；事件定位的情态（event‐oriented modality）：关注对句子所描述内容的评估；命题定位的情态（proposition‐oriented modality）：关注说话人对命题的态度和判断。从评估领域来看，情态包括能力（abilities）、义务（deontic）、意愿（volitive）、认识（epistemic）和传信（evidential）。

　　Narrog 将情态分为八个类型，[①] 具体包括：（1）认识情态：表达

[①] Heiko Narrog, *Modality, Subjectivity, and Semantic Change. A Cross‐linguistic Perspective*, Oxford: Oxford University Press, 2012, pp. 8–12.

说话人的世界知识（knowledge），即根据说话人的知识把命题内容标记为非现实的（non-factual）；（2）道义情态：在特定的社会规则体系框架内标记命题的必要性或可能性；（3）目的情态（teleological modality）：根据某人的目的（goal）来标记命题的必要性或可能性；（4）愿望情态（boulomaic modality）：根据某人的意愿（volition）或者意图（intentions）来标记命题的必要性或可能性；（5）参与者情态（participant-internal modality）：根据说话人内在的处置（能力 ability 或物理的必要性 physical necessity）来定义命题的必要性或可能性；（6）情景情态（circumstantial modality）：根据特定的情景来定义命题的必要性或可能性；（7）存在情态（existential modality）：事件的状态由情景的可能性或必要性来量化（quantified），因此也叫量化情态（quantificational modality）；（8）传信情态（evidential）：关注信息的来源（sources of information）。

此外，情态范畴还有其他多种下位分类系统，包括认识情态和非认识情态的对立（Depraetere and Reed，2006）；认识情态和主语定位的情态（agent-oriented modality）的对立（Bybee and Fleishman，1995；Heine，1995）；认识情态和根情态（root modality）的对立（Coates，1995；Hegarty，2016）；认识情态与道义情态、动力情态的对立（Huddleston and Pullum，2002；Palmer，2001），等等。

第二节 认识情态范畴

认识情态一般从说话人关于命题或者话语内容的承诺程度（degree of commitment）、信心程度（degree of confidence）或确信程度（degree of certainty）的角度来进行定义。

Lyons 认为认识情态表达的是说话人关于句子所表达的命题和命题所描写情景的态度或观点。因此，认识情态关注的说话人关于命题真值的评估状态，包括正确性（verified）、错误性（falsified）或不确定性（undecided）等，他将认识情态分为客观认识情态（objective epistemic modality）和主观认识情态（subjective epistemic modality）。

客观认识情态指的是概率的逻辑结论（logical conclusion of probability）；主观认识情态指的是说话人对所说话语的限定（qualification）。主观认识情态中，说话人对命题真值的真实性或虚假性的主观承诺（subjective commitment）可能与他对客观可能性（objective possibility）或可能性程度（degree of probability）的知识（knowledge）完全无关。① Lyons 认为认识情态表达了说话人自己的信仰（belief）和态度（attitude），而不是作为中立的观察者（a neutral observer）来报告事件存在这样或那样的状态（state of affairs）。② 因此，在 Lyons 看来，情态跟说话人的知识（knowledge）和信仰（belief）有关。

Coates 认为认识情态关注说话人关于可能性的假设（assumptions）或评估（assessment），表明说话人关于所表达的命题真值的信心程度（confidence）。③

Holmes 认为认识情态表达的是说话人关于话语所断言命题真值正确性的确信程度（degree of certainty）。④

Bybee、Perkins 和 Pagliuca 认为认识情态用于说话人做出断言，表明说话人对命题真值的承诺程度（commitment）。⑤

Auwera、van der Auwera、Schalley 和 Nuyts（2005）认为认识情态关注说话人关于自己断言真值的不确定程度（degree of uncertainty），并指出"不确定性"（uncertainty）是认识情态的本质。

Nuyts 认为认识情态是说话人关于语言表达的事件状态可能性的评估（evaluation），这种评估的可能性构成了一个认知尺度（epistemic scale）。认知尺度从事件状态确定发生（certainty），到事件状态

---

① John Lyons, *Semantics*, Cambridge: Cambridge University Press, 1977, pp. 791–793.

② John Lyons, *Language, Meaning and Context*, Suffolk: Fontana, 1981, p. 237.

③ Jennifer Coates, *The Semantics of the Modal Auxiliaries*, London: Croom Helm, 1983, p. 18.

④ Janet Holmes, "Hedging Your Bets and Sitting on the Fence: Some Evidence for Hedges as Support Structures", *The Reo*, Vol. 27, 1984, p. 348.

⑤ Joan L. Bybee, Revere D. Perkins, William Pagliuca, *The Evolution of Grammar: Tense, Aspect and Modality in the Languages of the World*, Chicago: University of Chicago Press, 1994, pp. 179–180.

发生与否的中立或不可知立场（neutral or agnostic stance），再到事件状态的确定不会发生，说话人的认识处于认知尺度肯定（positive）和否定（negative）两极之间的中间位置（intermediary positions）。①

Palmer 认为认识情态表达说话人关于命题叙实性的评价（judgment），包括推理、推论和假设，并把认识情态和表达信息来源的传信范畴分开。②

Boye 认为认识情态意义应该包括确定性（certainty）、可能性（possibility）和较大可能性（也叫盖然性 probability）等。③ Boye 将认识情态定义为说话人关于命题认识程度的支持（support）或者说话人关于命题的确信程度（degree of confidence）。他把认识情态的认知尺度描写为从对命题的高认识性支持（high epistemic support），到中等程度的认识性支持（neutral epistemic support），再到对命题否定（negative counterpart of a proposition）的高认识性支持（high epistemic support）的连续过程，具体描写为"knowledge > certainty > epistemic necessity > probability > likelihood > uncertainty > epistemic possibility > doubt > unlikelihood > epistemic impossibility"。④

认识情态范畴和传信范畴的关系比较复杂。从传统哲学的自然认识论（natural epistemology）的角度来说，传信关注的是人类知识（knowledge）的来源（source）和可靠性（reliability）。⑤ 在传统哲学的认识论（epistemology）看来，标记了信息的来源就等同于标记了信息的可靠性，因此，广义上的传信范畴标记的是说话人关于事实的知

---

① Jan Nuyts, *Epistemic Modality, Language, and Conceptualization*, Amsterdam: Benjamins, 2001, p.21.

② F. R. Palmer, *Mood and Modality* (2nd edition), Cambridge: Cambridge University Press, 2001, pp.22-43.

③ Kasper Boye, *Epistemic Meaning: A Coss-linguistic and Functional-Cognitive Study*, Berlin: Mouton de Gruyter, 2012, p.31.

④ Kasper Boye, "The Expression of Epistemic Modality", In Jan Nuyts, John Vander Auwera (ed.), *The Oxford Handbook of Modality and Mood*, Oxford: Oxford University Press, 2016, p.117.

⑤ W. L. Chafe, J. Nichols (eds.), *Evidentiality: The Linguistic Coding of Epistemology (Advances in Discourse Processes 20)*, Norwood, N. J.: Ablex, 1986, p.vii.

识（knowledge of reality）的态度；Matthews 将传信界定为标记所做陈述的证据的可靠性或来源的小品词（particle）。① Dendale 和 Tasmowski 认为很多语言的传信系统不仅仅标记信息的来源，还标记说话人关于信息可靠性的态度。② Chafe 认为认识情态是传信情态的一个次类，认识情态与说话人对命题真值的态度相关，而传信范畴则和知识的来源（source of knowledge）、知情的状态（mode of knowing）和知识的可靠性（reliability of the knowledge）相关。③ Haan（1997）认为传信范畴主要表达说话人对句子提供的证据性信息的性质（nature of the evidence）做出断言（assertion）；认识情态对说话人关于所陈述内容的确信程度（degree of commitment）做出评估（evaluation）。

冯军伟认为认识情态与传信情态都可以表达说话人对于句子命题真值的判断，但是，二者在认知机制的模式、所编码的情态意义、说话人的确信程度、主客观性程度等诸多方面存在明显的差异。认识情态是一种对命题真值的评估机制，传信情态则是一种通过推理手段进行的论证机制；认识情态侧重说话人对信息的态度，而传信情态则侧重信息的来源；认识情态所表达的说话人的确信程度有强弱之分，而传信情态所提供的信息来源则没有强弱之别，因此，认识情态的主观性程度要高于传信情态的主观性程度。④

Hengeveld 和 Mackenzie 认为应该将报告性的传信表达（reportative evidential expressions）和认识情态分开，将直接性传信表达（direct evidential expressions）放在（主观）认识情态表达中，将推理性传信表达（inferential evidential expressions）放在与（主观）认识情态表达

---

① Richard Matthews, *Words and Worlds: On the Linguistic Analysis of Modality*, Frankfurta, M.: Lang, 1991, p. 120.
② P. Dendale, L. Tasmowski, "Introduction: Evidentiality and Related Notions", *Journal of Pragmatics*, Vol. 33, 2001, p. 343.
③ W. L. Chafe, "Evidentiality in English Conversation and Academic Writing", In W. Chafe, J. Nichols (ed.), *Evidentiality: The Linguistic Coding of Epistemology (Advances in Discourse Processes 20)*, Norwood, N. J.: Ablex, 1986, p. 263.
④ 冯军伟：《认识情态与传信情态》，《云南师范大学学报》（对外汉语教学与研究版）2012 年第 3 期。

并列的位置上。①

Chafe 从狭义的角度界定传信，认为传信仅仅标记知识的来源；② Chung 和 Timberlake 将传信界定义为"认识的模式"（epistemological mode），同样关注信息的来源。③

综上所述，本书综合 Bybee、Perkins 和 Pagliuca（1994）、Nuyts（2001）和 Boye（2016）关于认识情态范畴的相关论述，将认识情态界定为说话人对语言所表达的命题真值的可能性评估和断言，表达了说话人关于命题的确信程度（degree of certainty）和承诺程度（degree of commitment）。说话人关于命题真值的确信程度处于从肯定（positive）到否定（negative）的认识尺度（epistemic scale）之中，说话人的认识尺度是一个连续统（continuum）：知识（knowledge）＞确定性（certainty）＞认识的必要性（epistemic necessity）＞很大可能性（probability）＞较大可能性（likelihood）＞不确定性（uncertainty）＞认识上可能性（epistemic possibility）＞怀疑性（doubt）＞不可能性（unlikelihood）＞认识上的不可能性（epistemic impossibility）。说话人关于命题真值的承诺程度也处于一个连续统中，连续统的一端是对命题真值的完全承诺（complete commitment），另一端是说话人对命题真值承诺的完全分离（complete detachment）。对命题真值的完全承诺往往由命题的认识范畴来承担，与命题真值的完全分离则一般由"引用"（quotation）和"提到"（mention）（即"传信范畴"）来承担。④

---

① K. Hengeveld, J. L. Mackenzie, *Functional Discourse Grammar: A Typologically - Based Theory of Language Structure*, New York: Oxford University Press, 2008, pp. 152 - 175.

② W. L. Chafe, "Evidentiality in English Conversation and Academic Writing", In W. Chafe, J. Nichols (ed.), *Evidentiality: The Linguistic Coding of Epistemology* (*Advances in Discourse Processes 20*), Norwood, N. J.: Ablex, 1986, p. 263.

③ Sandra Chung, Alan Timberlake, "Tense, Aspect and Mood", In Timothy Shopen (ed.), *Language Typology and Syntactic Description* (*Vol.* 3), Cambridge: Cambridge University Press, 1985, pp. 244 - 246.

④ M. Stubbs, "A Matter of Prolonged Fieldwork: Notes towards a Modal Grammar of English", *Applied Linguistics*, Vol. 7, Issue 1, 1986, pp. 1 - 5.

第二章　认识情态的语言表达形式

第一节　情态的语言表达形式

情态范畴的语言表达形式有情态助动词（modal auxiliaries）、情态副词（modal adverbs）、情态形容词（modal adjectives）、情态名词（modal nouns）、心理状态谓词（mental state predicates）等多种词汇表达形式和时态（tense）、条件句（conditional）、疑问句（question）等语法表达形式。

Perkins（1983）从情态意义出发，考察了英语中情态的各种语言表达形式，包括情态助动词、半助动词、形容词、助词、情态名词、情态副词、情态实义动词、时态、条件句和问句。

Palmer（1986；2001）把情态看作一个跨语言的语法范畴，其语言表达形式包括动词的曲折形式（affixation of verbs）、情态动词（modal verbs）和小品词（particles）。Palmer（1979；1990）考察了英语中的主要情态动词（english modals）和条件句（conditional）的情态表达功能。

Portner（2009）考察了情态助动词（modal auxiliaries）和句子副词（sentential adverbs）的句子情态表达功能（sentential modality）；考察了命题态度动词（propositional attitude verbs）、陈述语气（indicative）和虚拟语气（subjunctive）的下位句子情态功能（sub‑sentential modality）；考察了句子情态成分（sentential modal elements）的话语情态功能（discourse modality），特别是其传信表达功能（evidentiality）。

Bybee 和 Fleischman 指出情态的语言表达手段包括形态的（morphological）、词汇的（lexical）、句法的（syntactic）和语气的（intonation）等多种形式。①

Peter Collins（2009）考察了英语中的"can、could、may、might、must、need、ought to、shall、should、will、would"十一个情态助动词和"be going to、be to、had better、have got to、have to、need to、be supposed to、want to"八个准情态助动词（quasi - modals）的情态表达功能。

第二节　认识情态的语言表达形式

大多数情态范畴的语言表达形式，诸如情态助动词（modal auxiliaries）、情态副词（modal adverbs）、心理状态谓词（mental state predicates）等词汇表达形式和"附加形式（clitics）或词缀（affixes）、条件句（conditional）、附加疑问句（tag question）"等语法表达形式都具有认识情态表达功能。

Stubbs 认为认识情态的语言表达形式包括动词进行时（- ing verbs）、私有认识动词（private verbs）（包括"believe、think、imagine"等）、逻辑连词和语用关系词（logical and pragmatic connectives）以及句子副词（sentence adverbs）等。②

Coates 认为程度副词（degree adverbs）"slightly、a bit、quite"、限定形容词（modifying adjectives）"sharp、bitter"、表达式（expression）"you know、well、I think"等都具有认识情态表达功能，总称为认识情态形式（epistemic modal forms），其中表达式"I think"、附加问句（tag question）和"sort of"等认识情态的语言表达形式具有

---

① Joan L. Bybee, Suzanne Fleischman, "Modality in Grammar and Discourse: An Introductory Essay", In Joan L. Bybee, Suzanne Fleischman (ed.), *Modality in Grammar and Discourse*, Amsterdam & Philadelphia: John Benjamins, 1995, pp. 2 - 3.

② M. Stubbs, "A Matter of Prolonged Fieldwork: Notes towards a Modal Grammar of English", *Applied Linguistics*, Vol. 7, Issue 1, 1986, p. 4.

保护听话人负面面子（negative face）的否定礼貌功能（negative politeness function），所以在口语交际中，认识情态形式不仅仅具有说话人定位或命题定位的认识情态意义（speaker – oriented or proposition – oriented modal meaning），还具有一定的听话人定位的情感意义（addressee – oriented affective meaning），也就是说，口语互动中的认识情态形式不仅表达了说话人关于命题的态度，还表达了说话人关于听话人（addressees）的态度。①

Nuyts 从认知语用学的视角全面考察了荷兰语和德语中的认识情态表达形式，概括为四类：情态副词、情态形容词、心理状态谓词和情态助动词。②

Kärkkäinen 认为认识情态有多种语言表达形式，包括认识短语（epistemic phrases）、副词、形容词、名词、动词和分词形式（participial forms）。③

Boye 从语言类型学的角度将认识情态的语言表达形式概括为三大类：一是词汇类表达形式，包括动词、形容词、名词和副词，其中词汇类的认识情态动词（epistemic modal verbs）包括"know、believe、doubt"等；二是语法类表达形式（grammatical expressions），包括认识情态助动词、附加形式（clitics）或词缀（affixes）；三是零形式（zero coding），主要指陈述句（declarative sentence）。学术界普遍认为断言（assertion）表达了对命题的较高确信度（high confidence），④⑤ 因此，他将陈述句看作断言标记（marker of assertion），将陈述句看作认识情态的零形式，用于标记说话人关于命题的高确

---

① Jennifer Coates, "Epistemic Modality and Spoken Discourse", *Transactions of the Philological Society*, Vol. 85, 2008, pp. 114 – 131.

② Jan Nuyts, *Epistemic Modality, Language, and Conceptualization*, Amsterdam: Benjamins, 2001, p. xvi.

③ E. Kärkkäinen, *Epistemic Stance in English Conversation: A Description of Its Interactional Functions, with a Focus on "I Think"*, Philadelphia: John Benjamins Publishing, 2003, p. 20.

④ John Lyons, *Semantics*, Cambridge: Cambridge University Press, 1977, pp. 808 – 809.

⑤ F. R. Palmer, *Mood and Modality (2nd edition)*, Cambridge: Cambridge University Press, 2001, pp. 64 – 65.

信度（high confidence）。①

Hardjanto 和 Mazia 将政治话语中的认识情态标记概括为"动词、情态形容词、情态副词、情态助动词和情态名词"五类。②

第三节　现代汉语认识情态的语言表达形式

现代汉语中，关于认识情态的研究大多作为一个下位范畴或者子范畴散见于现代汉语情态研究当中。

在情态研究方面，Tsang（1981）以现代汉语情态动词为研究对象系统地研究了现代汉语的情态范畴；范开泰（1988）把模态语义分为真值模态义、道义模态义和意愿模态义。上述关于情态范畴的研究都或多或少地涉及认识情态。

在认识情态研究方面，Tiee（1985）讨论了能愿动词"会"表达说话人关于命题可能性判断的认识情态意义以及能愿动词"该、应该、应当"表达说话人关于命题必然性判断的认识情态意义。汤廷池（1981）认为情态语气词（modal particle）、情态副词（modal adverb）和情态动词（modal verb）和情态形容词（modal adjective）都具有认识情态表达功能。贺阳（1992）将能愿动词"会、能、可能、也许"所表达的或然语气和"一定、必然、必定"所表达的必然语气统称为模态语气，都属于情态动词的认识情态表达功能。

谢佳玲（2002）讨论了汉语的各种情态表达形式，其中，情态副词、能愿动词和具有情态意义的实义动词等所具有的评价情态意义属于认识情态的研究范畴。

冯军伟（2010）讨论了现代汉语认识情态范畴，概括出四类语言形式的认识情态功能，包括：情态副词"怕""恐怕"表达说话人关

---

① Kasper Boye, "The Expression of Epistemic Modality", In Jan Nuyts and John Vander Auwera（ed.）, *The Oxford Handbook of Modality and Mood*, Oxford: Oxford University Press, 2016, p. 117.

② Tofan Dwi Hardjanto, Nala Mazia, "We Believe in Democracy…: Epistemic Modality in Justin Trudeau's Political Speeches", *Humaniora*, Vol. 31, Issue 2, 2019, pp. 133–138.

于命题为真的可能认识情态意义（uncertainty），连词"哪怕"表达说话人关于命题为真的必然认识情态意义（certainty），心理动词结构"我认为""我觉得"表达说话人强断言和弱断言认识情态意义（assertion），以及"（NP）+V+起来+AP"构式表达说话人评估认识情态意义（assessment）。

总之，现代汉语常见的认识情态语言表达形式有情态副词、语气助词、能愿动词、少数心理动词和特定句法构式等。

关于情态副词的认识情态功能研究，参见吕叔湘（1980）、Li 和 Thompson（1981）、张谊生（1996；2000）、崔诚恩（2002）、齐沪扬（2003）、史金生（2003）、齐春红（2006；2007）、杨万兵（2006）、齐春红、徐杰（2007）、罗耀华、刘云（2008）、冯军伟（2016），等等。

关于语气助词的认识情态功能研究，参见胡明扬（1981）、朱德熙（1982）、李兴亚（1986）、太田辰夫（1987）、胡明扬（1988）、邢公畹、马庆株（1994）、李明（1996）、张谊生（2000）、高增霞（2000）、齐沪扬（2002）、周士宏、岑运强（2008）、陈颖（2009）、徐晶凝（2003；2007；2008；2018）、方梅（2016），等等。

关于能愿动词的认识情态功能研究，参见彭利贞（2005）；张万禾（2007）、石毓智、白解红（2007）、郭昭军（2003；2006；2011），等等。

关于少数心理动词的认识情态功能研究，参见高增霞（2003）、郭昭军（2004）、方梅（2005）、张丽萍（2009）、冯军伟（2010；2011）、徐晶凝（2012），等等。

关于特定句法构式的认识情态功能研究，参见李宗江（2008）；郑娟曼、张先亮（2009）、唐雪凝、张金圈（2011）、刘娅琼、陶红印（2011）、李小军（2014）、冯军伟（2009；2016；2020）、方梅（2017）、方迪（2019），等等。

第四节　本书的主要内容、研究框架及语料来源

一　本书的主要内容

本书将"我（们）+心理动词"的心理动词结构看作一个体现人类理想化认知模型的认识情态构式（epistemic modality construction），并以"我（们）+心理动词"构式为研究对象，考察"我（们）+心理动词"构式的认识情态表达功能，主要包括五大类：第一类是以"我觉得"构式为典型代表的"我（们）+感觉类心理活动动词"构式的认识情态功能研究；第二类是以"我怀疑"构式、"我猜"构式、"我估计"构式、"我想"和"我推理"构式为典型代表的"我（们）+思维类心理活动动词"构式的认识情态功能研究；第三类是以"我相信"构式为典型代表的"我（们）+认知类心理活动动词"构式的认识情态功能研究；第四类是以"我认为"构式和"我以为"构式为典型代表的"我（们）+判断类心理活动动词"构式的认识情态功能研究；第五类是以"我不相信"为典型代表的"我（们）+否定词+心理动词"构式的认识情态功能研究。

二　本书的研究框架

本书共十章。

第一章，介绍情态范畴和认识情态范畴。

第二章，介绍认识情态范畴的各类语言表达形式。

第三章，从构式准入条件、句法体现、构式性质和核心构式意义等角度界定认识情态构式"我（们）+心理动词"构式。

第四章，主要研究"我（们）+感觉类心理动词"构式的认识情态功能，重点考察了"我（们）+感觉类心理动词"构式的核心构式和各类扩展构式，并以"我觉得"构式为典型构式考察了"我（们）+感觉类心理动词"构式的认识情态功能。

第五章，主要研究"我（们）+思维类心理动词"构式的认识

情态功能，重点考察了"我（们）+思维类心理动词"构式的核心构式和各类扩展构式，包括"我（们）+怀疑类心理动词"构式、"我（们）+评估类心理动词"构式、"我（们）+猜想类心理动词"构式、"我（们）+推理类心理动词"和"我（们）+预料类心理动词"构式的认识情态研究。

第六章，主要研究"我（们）+认知类心理动词"构式的认识情态功能，重点考察了"我（们）+认知类心理动词"构式的核心构式和各类扩展构式，并以"我（们）+相信"构式为典型代表考察了"我（们）+认知类心理动词"构式的认识情态功能。

第七章，主要研究"我（们）+判断类心理动词"构式的认识情态功能，重点考察了"我（们）+判断类心理动词"构式的核心构式和各类扩展构式，并以"我（们）+认为"构式和"我（们）+以为"构式为典型代表，考察了"我（们）+判断类心理动词"构式的认识情态功能。

第八章，主要研究"我（们）+情感类心理状态动词"构式的认识情态功能，重点考察了"我（们）+情感类心理状态动词"构式的核心构式和各类扩展构式，包括"我（们）+怕/恐怕"构式和"我（们）+害怕/担心"构式的认识情态功能。

第九章，主要研究了"我（们）+不+心理动词"构式的认识情态功能，并以"我不相信"构式为典型代表考察了"我（们）+不+心理动词"构式的认识情态功能。

第十章，结语，对全书的研究内容进行了总结。

三　本书的语料来源

本书使用的语料库主要有三个：一是媒体语言语料库（Media Language Corpus）；二是北京大学中国语言研究中心语料库（Center for Chinese Linguistics）现代汉语语料库中的"口语"和"相声小品"语料库；三是自建口语语料库（据学生对话录音转录，约10万字；根据访谈节目《圆桌派》对话转录，约10万字），检索软件为南开大学 TCS2008 系统。

第三章 认识情态构式"我(们)+心理动词"的界定

第一节 心理动词及其分类

一 心理动词的研究综述

心理动词是现代汉语动词的一个次类,学术界对于心理动词的研究主要有以下几个方面:

第一,探讨心理动词在动词下位分类中的词类地位,如马建忠(1898)、陈承泽(1922)、黎锦熙(1924)、吕叔湘(1942)等。

第二,确定心理动词的判定标准、范围和类别,如范晓、杜高印、陈光磊(1987)、周有斌、邵敬敏(1993)、张全生(2001)、张京鱼(2001)、王红斌(2002)、丰竞(2003)等。

第三,研究心理动词的组合功能,包括心理动词和程度副词的组合,如卢福波(1994)、王红斌(1998)、杨云(1999)、郝琳(1999)、袁明军(2000)、刁晏斌(2006)、文雅丽(2007)、兰佳睿(2008)等;心理动词和"着、了、过"的组合,如王红斌(2004)、兰佳睿(2008)等。

第四,心理动词的情态研究,包括两个方面:一是部分能愿动词的意愿情态研究,如范开泰(1988)、温锁林(2001)、崔希亮(2003)、谢佳玲(2006)、彭利贞(2005)、郭昭军(2005)。二是部分心理动词的认识情态研究,例如,高增霞(2003)关于"怕""看"的担心—认识情态的研究;郭昭军(2004)关于现代汉语中的弱断言谓词"我想"的考察;方梅关于认证义谓宾动词的虚化研究，她将认证义动词分为四类：体验类、认识类、知识类和评价类，并论述了谓宾动词句法特征的衰减和语义的虚化规律，指出表示评价意义的认证义动词虚化为表达说话人视角和态度的语用标记,[①] 等等。

二 心理动词的界定标准

学术界关于心理动词的判定标准有三个角度：一是意义标准；二是句法标准；三是意义标准和句法标准相结合的双重判定标准。

（一）心理动词的意义判定标准

周有斌、邵敬敏（1993）、张京鱼（2001）、张全生（2001）、丰竞（2003）和兰佳睿（2008）等都主张采用意义标准对心理动词进行分类。张全生（2001）根据人的心理活动的类型将心理动词分为心理情感动词、心理感知动词和心理意志动词。丰竞（2003）从语义角度将心理动词分为六类：感觉动词、情感动词、意愿动词、思维动词、认知动词和判断动词。兰佳睿采用意义标准来鉴别心理动词，将心理动词的判断标准归纳为三大语义特征:[②]（1）[＋其概念基础可以找到心理学上的印证]；（2）[－须有外显动作]；（3）[＋主体为人或拟人化的事物]。

（二）心理动词的形式判定标准

周有斌、邵敬敏（1993）主张采用句法格式标准来鉴定心理动词，将心理动词的鉴别式描述为："主（人）＋［很＋动词］＋宾语"。袁明军（2000）关于心理动词的判定标准采用了三个句法格式的复合判定标准：

（1）"S（人）＋内心/心中/在心里/从心底/打心眼里＋……"。

（2）除了满足标准（1）之外，还须同时满足下列两个标准：一是不能进入格式Ⅰ："一再/反复/竭力/主动／坚决/严厉地/热情地/

[①] 方梅：《认证义谓宾动词的虚化——从谓宾动词到语用标记》，《中国语文》2005年第6期。

[②] 兰佳睿：《现代汉语心理动词的量性特征》，博士学位论文，复旦大学，2008年，第19页。

细心地/仔细地/猛烈地/残酷地/无情地/肆无忌惮地+……";二是不能进入格式Ⅱ:"(介词+)非身体部分名词+方位词+……"。

张京鱼(2001)在周有斌、邵敬敏(1993)心理动词鉴别式的基础上,也提出三个句法格式的复合判定标准,将心理动词分为心理状态动词和心理使役动词,判定标准为:(1)格式Ⅰ:"主(人)+[很+动词]+宾语";(2)格式Ⅱ:"S(人)+对+O+很+感到+动词或形容词"。能够同时进入上述两个格式的动词和形容词叫作心理状态动词;(3)格式Ⅲ:S+V+O(感受者)(格式的语义镜像是"S+使+O(感受者)+V")。能够进入上述格式的动词叫作心理使役动词。

王红斌也采用了三个句法格式的复合鉴别标准:[①](1)"从潜意识里/在潜意识里/暗暗地/默不作声地/满心/潜意识地+V";(2)除了满足标准(1)之外,还须同时进入下列两个格式之一:格式Ⅰ:"N$_{人}$+不/没V+和/跟/同+N+一起+其他";格式Ⅱ:"让/使/叫+人+V+(小句)宾语"。

(三) 心理动词意义标准和句法标准相结合的综合判定标准

范晓、杜高印、陈光磊(1987)采取句法和意义双重判断标准:句法标准是能进入"N+人+很+V+宾"格式;意义标准是具有心理意义。

文雅丽综合语义和句法标准,将心理动词分为心理活动动词、心理状态动词和心理使役动词三大类,其鉴别标准[②]分别为:

(1) 心理活动动词:

①语义特征:[+心理活动]表示感觉、思维、认知、判断倾向等方面的心理现象。

②功能框架:$S_{人}+V_P$;
$S_{人}+很+V_P+O_{[N、V、S]}$。

[①] 王红斌:《现代汉语心理动词的类别和范围》,《亚东南师范专科学校学报》2002年第4期。

[②] 文雅丽:《现代汉语心理动词研究》,博士学位论文,北京语言大学,2007年,第72—74页。

（2）心理状态动词：

①语义特征：[＋心理状态] 表示情绪、情感、意愿、意志倾向等方面的心理现象。

②功能框架：$S_{人} + V_P$；

$S_{人} + 很 + V_P + O_{[N、V、S]}$；

$S_{人} + V_P + 在/于 + O_{[N、V]}$。

（3）心理使役动词：

①语义特征：[＋心理使役] 动词含有"使/令/让（心理现象产生/心理状态变化）"等方面的语义特征；

②功能框架：$S_{[人/物/事件]} + （很）+ V_P + O_{[N、人]}$；

$S_{[人/物/事件]} + V_P + 死/坏/煞 + O_{[N、人]}$。

三　心理动词的下位分类

根据心理动词的判定标准不同，心理动词的下位分类系统主要有两种类型。

1. 第一种类型，按照意义标准进行下位分类

周有斌、邵敬敏（1993）按照意义标准将心理动词分为真心理动词、次心理动词和准心理动词。

张京鱼（2001）将心理动词分为心理状态动词和心理使役动词。

张全生（2001）根据语义标准（人的心理活动的类型），将心理动词分为心理情感动词、心理感知动词和心理意志动词。

丰竞（2003）从语义角度将心理动词分为六类：感觉动词、情感动词、意愿动词、思维动词、认知动词和判断动词。

2. 第二种类型，按照"句法形式标准为主、意义标准为辅"进行心理动词的下位分类

王红斌根据心理动词动作的过程结构，依据形式标准，将心理动词分为心理状态动词、心理活动动词和心理变化动词三类；根据心理动词是否可控的判断格式"别/不要＋V"，将心理状态动词分为可控心理状态动词和非可控心理状态动词；心理活动动词属于心理可控活

动动词，心理变化动词属于心理可控变化动词。①

徐睿、王文斌从语义和句法角度将心理动词分为六类：情绪类心理动词、情感类心理动词、感知类心理动词、认知类心理动词、意动类心理动词和使役类心理动词。②

文雅丽根据句法语义标准，将心理动词分为心理活动动词、心理状态动词和心理使役动词三大类；把心理活动动词分为感觉类心理活动动词、思维类心理活动动词、认知类心理活动动词、判断类心理活动动词四个次类；将心理状态动词分为：情绪类心理状态动词、情感类心理状态动词、态度类心理状态动词和意愿类心理状态动词四个次类。③

兰佳睿以表情和非表情为意义标准，把心理动词分为表情类心理动词和非表情类心理动词；从句法上，将心理动词分为单音节心理动词和多音节心理动词，将多音节心理动词分为并列式心理动词、定中式心理动词、状中式心理动词、动宾式心理动词、动补式心理动词、主谓式心理动词和附加式心理动词七类。④

本书综合上述关于心理动词下位分类系统的相关论述，将心理动词分为心理活动动词和心理状态动词两大类，⑤ 把心理活动动词分为感觉类心理活动动词、思维类心理活动动词、认知类心理活动动词、判断类心理活动动词四个次类；将心理状态动词分为情绪类心理状态动词、情感类心理状态动词、态度类心理状态动词和意愿类心理状态动词四个次类。

根据上述心理动词的下位分类系统，对现代汉语中的心理动词进

---

① 王红斌：《现代汉语心理动词的类别和范围》，《亚东南师范专科学校学报》2002年第4期。
② 徐睿、王文斌：《心理动词也析》，《宁波大学学报》2005年第3期。
③ 文雅丽：《现代汉语心理动词研究》，博士学位论文，北京语言大学，2007年，第75—82页。
④ 兰佳睿：《现代汉语心理动词的量性特征》，博士学位论文，复旦大学，2008年，第22—26页。
⑤ 因为使役类心理动词和本书所讨论的认识情态范畴研究无关，所以本书关于心理动词的研究，均不涉及使役类心理动词。

行鉴别，鉴别标准是能否能够进入认识情态构式"我（们）+心理动词"中，并表达说话人的认识情态意义，然后通过三大语料库——媒体语言语料库（MLC）、北京大学中国语言研究中心现代汉语语料库（CCL）中"口语"和"相声小品"口语语料库以及自建语料库进行逐一验证，能够表达说话人认识情态意义的心理动词主要有以下五大类：

第一类：感觉类心理活动动词，包括"感觉、觉得$_1$"等。

第二类：思维类心理活动动词，包括五个小类：（1）"怀疑类"：怀疑；（2）"评估类"：估计、估测、估摸、估算、估量、约莫、约摸、琢磨、捉摸；（3）"猜想类"：猜、猜测、猜想、揣测、揣度、揣摩、揣摸、揣想、想$_1$（猜测义）、想见、想来、寻思；（4）"推理类"：推理、推测、推断、推定、推论、推想、推算；（5）"预料类"：预测、预料、预感、预想、料想、料定。

第三类：认知类心理活动动词，包括"相信、确信、深信、坚信"等。

第四类：判断类心理活动动词，包括三小类：（1）强断言类：认为、认定、以为$_1$、断定、判断、确定；（2）弱断言类：觉得$_2$、想$_2$；（3）误断言类：以为$_2$。

第五类：情感类心理状态动词，包括"害怕、怕、恐怕、担心"等。

第二节 认识情态构式"我(们)+心理动词"的核心构式意义

Goldberg（1995）将构式定义为与某个特定的"背景框架"（frame）或者"情景"（scene）相关联，并且，这个框架或者情景自身具有高度的组织。实际上，这种框架或者情景最早可以追溯到Bartlett（1932）提出的"图式"（scheme），Fillmore（1977）将其界定为理想化的、一致的、个体化的感知、记忆、经验、行动或客体。Lakoff（1987）将其定义为理想化的认知模型，即在具有特定文化背景的言语社团中，说话人依据社团共有的经验或者习俗对世界某一领域的经验和知识所做出的统一的、抽象的和惯常化的理解，是一种类似于格式塔的复杂完形结构，人类的理想认知模型是以命题或意象的方式储存在人类大脑中的，而那些理想化的认知模型是对人类生活经历和行为方式的高度概括，所以为人类认识和感知世界提供了一个简约的和理想化的认知框架，是我们认识世界的重要认知方式。

按照 Lakoff（1987）和 Goldberg（1995）关于构式、理想化认知模型的界定，"我（们）+心理动词"结构本质上是一个典型的认识情态构式，是人类表达主观化认识的一个理想认知模型。说话人通过人类最常见的感官感觉活动、思维心理活动、认知心理活动和判断心理活动以及某种特定的情绪状态来表达关于命题内容的某种主观认识和判断，这是人类最常见的行为方式之一。从认知语言学的角度来说，从人类的心理活动或心理状态到人类对客观事件的主观认识，符合人类的普遍认知规律，这一规律也得到了第一语言习得研究的印证。从第一语言习得的角度来说，先习得心理活动动词的原型意义，再习得认识情态构式"我（们）+心理动词"认识情态意义，符合先有主体思维活动，再有思维主体对外在世界的认识的认知习得规律。

认识情态构式"我（们）+心理动词"的形式特征除了心理动词之外，还包括：主语必须是第一人称"我"或者"我们"，心理动词的时态必须是现在时、主动态，主语"我（们）"和谓语（心理动词）是一个句法整体，二者之间一般没有修饰成分，其核心构式意义是表达说话人关于命题信息的主观态度（personal attitude）或个人情感（personal feeling），或者表达说话人关于命题信息的评估或判断，包括说话人对命题信息的可靠性评估，即"确信度"（certainty）；说话人对命题信息的必要性评估，即"必要度"（necessity）；说话人对命题信息的可能性评估，即"可能度"（possibility）。概括起来说，认识情态构式"我（们）+心理动词"表达的是说话人关于命题信息的某种态度或者做出某种评估和判断，是说话人在言语交际过程中表达认识立场的重要方式之一。

所谓"认识立场"是指说话人在言语表达过程中持有的（不管是有意，还是无意）的立场，是言语主观性的典型特征之一。Jaffe 从社会语言学视角将"认识立场"定义为针对话语内容或者形式所采取的立场，包括感情立场、评估立场（判断、评估、估量，也叫"态度立场"）、承诺立场和可靠性立场四类。[1] Chindamo 等认为认识立场是指说话人采取的对话语内容所持有的确信程度。[2] Ochs 认为认识立场指的是关于所关注的焦点的知识或信仰，包括对知识的确信程度、对命题真值的承诺程度和对于知识来源的确信度等。[3]

Andrzej Zuczkowski、Ramona Bongelli 和 Ilaria Riccioni 认为认识立场（epistemic stance）涉及三大要素：一是说话人或者作者（the speaker or the writer）；二是交际的当时当地（here and now）；三是涉及认识情态（epistemic modality）和传信情态（evidentiality modality）两种主观情态类型。说话人在表达认识立场的同时，向听话人传递了两方面的信息：一是说话人传递给听话人的信息本身（proposition）；二是在话语传递过程中，也同时传递出了说话人对于信息的确信程度（commitment）。[4]

第三节 认识情态构式"我（们）+心理动词"的准入条件

"我（们）+心理动词"构式表达说话人的认识情态意义，对出

---

[1] Alexandra Jaffe, "Introduction: The Sociolinguistics of Stance", In Alexandra Jaffe (ed.), *Stance: Sociolinguistic Perspectives*, New York: Oxford University Press, 2009, p. 3.

[2] Massimo Chindamo, Jens Allwood and Elisabeth Ahlsén, "Some Suggestions for the Study of Stance in Communication", *Proceedings of IEEE*, Social Computing Amsterdam, September, 2012, p. 619.

[3] Elinor Ochs, "Linguistic Resources for Socializing Humanity", In John Gumperz and Stephen Levinson (eds.), *Rethinking Linguistic Relativity*, Cambridge: Cambridge University Press, 1996, p. 410.

[4] Andrzej Zuczkowski, Ramona Bongelli, Ilaria Riccioni, *Epistemic Stance in Dialogue: Knowing, Unknowing and Believing*, Amsterdam / Philadelphia: John Benjamins Publishing Company, 2017, p. 3.

现在构式中的语言成分有严格的准入条件限制，包括主语的人称限制、心理动词语义类型限制、时体条件限制及后续成分的性质限制等。

一 "我（们）+心理动词"构式中主语的准入条件

"主语+心理动词"结构中"主语"的人称包括第一人称、第二人称和第三人称，但是表达认识情态意义的"我（们）+心理动词"构式的主语一般都是第一人称"我"或者"我们"，排斥第二人称和第三人称。

（一）"第一人称+心理动词"结构

"第一人称+心理动词"构式是表达认识情态意义的典型构式之一，构式的核心意义不再表示主语的心理活动或思维活动，而是表达说话人（形式化为句法主语）对小句所陈述的命题所持有的态度，或对小句命题真值判断的确信程度，或者对小句命题真值的承诺程度，是说话人认识立场的重要表达方式之一，即说话人在此时此地的当下语境中所持有的认识视角，是心理动词施为性言语行为意义的用法（performative meaning）。

施为性言语行为是 Austin 言语行为理论的重要组成部分，Austin（1962）认为语言本质上是一种行为，任何语句都是一种行为。他从行为角度来解释人类言语的交际功能，将言语行为分为语意行为、语行行为和语效行为，即"以言指事"、"以言行事"和"以言成事"；Searle（1969）在 Austin 言语行为理论的基础上进行了进一步发展，强调从言者意向、目的和语境方面考察言语行为，将言语行为分为表述性言语行为、施为性言语行为和成效性言语行为。施为性言语行为包含着言说行为（utterance）、命题行为（propositonal）和施为力（illocutionary force）。言说行为就是说话人的言说动作，命题行为指的是命题字符段所表达的字面意义，而施为力是一种语力（illocutionary force），是说话人意图通过话语对听话人或者读者施加的某种影响，意在表明说话人的言者意向、表达意图或者交际目的，这种语力需要结合语境、说话人的言语交际意图等各种言语交际因素推理而得来，例如：

(1) 他今天不来了，我们开始吧。（自省语料）
(2) 我认为他今天不来了，我们开始吧。（自省语料）

例（1）是一种表述性言语行为，说话人陈述了一个语言事实；例（2）是一种施为性言语行为，说话人传递命题意义"他今天不来了"的同时，表达了说话人对"他今天不来了"这一命题为真的肯定性判断，是一种强断言行为，说话人意在提醒听话人注意极有可能发生某种情况，或者打消或反驳听话人可能有的某种心理预期。

（二）"第二/三人称 + 心理动词"结构

"第二人称 + 心理动词"结构主要是"你（们）+ 心理动词"，往往用在疑问句或者反问句中，用于向听话人询问某一问题或观点（例3），或者反驳听话人的某种观点（例4），例如：

(3) 问："一般人喜欢把柏杨先生和你相提并论，**你认为**你们两人有何相似之处？"

答："我觉得我们两人相似的地方只有两点：一、我们都是靠写文章出名的人。二、我们都是为了写文章而坐牢的人。"（当代《李敖对话录》）

(4) 乙："您这玩意儿太迷信啦。"

甲："我唱的是《罗成托梦》，**你认为**我唱耗子呐？"

乙："你就别找补啦。"

丙："你别听这儿迷信，后头就不迷信啦。"（当代《中国传统相声大全》）

"第三人称 + 心理动词"结构主要是指"他（们）+ 心理动词"或"名词 + 心理动词"等结构，用于描写第三人称主语在某时某刻的某一心理活动，属于描写性用法，是表述性言语行为的一种，例如：

(5) 提到佛教，**一般人总认为**信仰佛教必须守戒，于是这也

不行，那也不能，很不自由。(当代《传媒大亨与佛教宗师的对话：包容的智慧》)

(6) 袁岳："以前，我跟弟兄们一起干活，完全没有等级观念，后来聘请了一些人，**他们认为**应该有等级，这引起一些冲突，员工觉得袁岳都跟我们没等级，你怎么跟我们有等级？"(当代《名家对话职场》)

例（5）中，说话人描述了一般人对佛教一贯的错误看法或者某种误解；例（6）中，说话人描写了"后来聘请了一些人"的某种观点，两个例子都属于心理动词描写性意义的用法，是一种表述性言语行为，其中并没有刻意表现说话人的主观意图、目的或者意在传递给听话人的某种态度立场，没有施为语力，不是一种施为言语行为。

（三）小结

由"第一人称"和心理动词组构而成的心理动词结构往往被称为认识小句（epistemic clause），表达说话人的认识情态意义。

那么，为什么认识小句一定要采用"第一人称主语+心理动词"的句法构式呢？

这涉及言者主语和句法主语的关系问题。言者主语（speaker subject，也叫言说主语），是由 Benveniste 于 1971 年提出来的，是指存在于句外的、隐含的说话人，在话语表达中阐明说话人的立场、态度和感情（Langacker, 1990；Traugott, 1995；沈家煊, 2001）；句法主语（syntactic subject）一般指的是句子句法结构的主语，处于句子主语的句法位置，一般来说是谓语所表示的动作或性状的施事或与事。当句子的句法主语是第一人称时，句法主语和言者主语合二为一，言者主语一般来说用于表达言者（说话人）对于句子命题的个人视角（perspective）、立场态度（stance）、个人情感（feelings）和个人评估（evaluation），那么，当"第一人称+心理动词"的心理动词结构表达句法主语的心理活动或者心理状态时，就极易被拟人化为言者主语的个人视角、主观认识和个人评估，从而导致言者主语外化为句法主语。Scheibman（2002）曾经指出第一人称的主谓结构形式是为了使说话人能将"自我"语法化到句法结构中,从而与听话人进行协商,表明说话人的态度和认识。当句法主语是第二、第三人称时,句法主语和言者主语不一致,那么言者主语就隐含在句外,用于描述句法主语的某种性质或者行为,是典型的描写性意义(descriptive meaning)。

二 "我(们)+心理动词"构式中心理动词的准入条件

(一)"我(们)+心理动词"构式准入心理动词的语义类型

能够进入"我(们)+心理动词"构式的心理动词分为心理活动类动词和心理状态动词,包括以下五大语义类型。

(1)第一类:感觉类心理活动动词,包括"感觉、觉得$_1$"等。

(2)第二类:思维类心理活动动词,包括五个小类:①"怀疑类":怀疑;②"评估类":估计、估测、估摸、估算、估量、约莫、约摸、琢磨、捉摸;③"猜想类":猜、猜测、猜想、揣测、揣度、揣摩、揣摸、揣想、想$_1$(猜测义)、想见、想来、寻思;④"推理类":推理、推测、推断、推定、推论、推想、推算;⑤"预料类":预测、预料、预感、预想、料想、料定。

(3)第三类:认知类心理活动动词,包括"相信、确信、深信、坚信"等。

(4)第四类:判断类心理活动动词,包括三小类:①强断言类:认为、认定、以为$_1$、断定、判断、确定;②弱断言类:觉得$_2$、想$_2$;③误断言类:以为$_2$。

(5)第五类:情感类心理状态动词,包括"害怕、怕、恐怕、担心"等。

可以进入"我(们)+心理动词"构式的五类心理动词分属于不同的语义类别,包括感觉类心理活动动词、思维类心理活动动词、认知类心理活动动词、判断类心理活动动词和情感类心理状态动词。有的心理动词是多义心理动词,具有多个义项,不同义项又分属于不同的语义类别。例如,"觉得"有两个义项,"觉得$_1$"是感觉类心理活动动词,表达感受主体通过感觉器官感知外界环境和事物,包括听觉、视觉、味觉和触觉等,这是"觉得"的原型意义;"觉得$_2$"是

◈ 第三章 认识情态构式"我(们)+心理动词"的界定 ◈

判断类心理活动动词，表达说话人通过某种可以言说或者不能言说的手段，表达自己不太确定（uncertainty）的心理判断，是"觉得"的引申义。"想₁"是思维类心理活动动词，表达"动脑筋、进行思索"之义，是动词"想"的原型意义；"想₂"表达说话人不太肯定的推测或判断，与"认为"表义相近，但是判断语气较弱，是动词"想"的引申义；围绕着"想"形成了一个语义相近、用法相似的词族，包括"想见"（动词，由推想而知道）、"想来"（动词，表示只是根据推测，不敢完全肯定）和"想必（副词，表示偏于肯定的判断）"等；"以为₀"原意为"作为、当作"，是"以之为"的省缩形式，后来经过引申，用以表达说话人的某种断言或看法，即"以为₁"，所表达的说话人的断言语气较强，往往用于表达对命题信息较为郑重的看法；"以为₂"往往表达说话人按照自己的想法事件应该如何发展，但事实并非如此，表达了说话人过去对命题判断的错误断言，很多人将这种用法称为"反预期用法"——表达了与说话人预期相反的意义。

综上所述，"觉得""想""以为"三个心理动词的不同义项之间具有语义引申关系，从"觉得₁"到"觉得₂"，从"想₁"到"想₂"，从"以为₀"到"以为₁"，再到"以为₂"普遍经历了从原型意义到引申意义的发展。实际上，不仅仅是具有多个义项的"想""觉得"和"以为"，其实，其他语义类别的心理动词，包括感觉类心理活动动词、思维类心理活动动词、认知类心理活动动词和情感类心理状态动词，从严格意义上讲都普遍经历了从表达具体的心理感知活动、思维活动、认知活动或心理状态中引申出表达说话人某种认识和判断的语义发展历程。不同心理动词相似语义演变经历的动因，就是这些心理动词经常用于"我（们）+心理动词"结构，在"我（们）+心理动词"构式的影响下，心理动词的词汇意义发生了近乎一致的语义演变，也正是这种语义演变使某一类心理动词经历了相似的语义引申，产生了新的义项或者用法。反过来，这种语义演变和新义项的产生，使某一些或者某一类心理动词更加契合"我（们）+心理动词"构式，进一步促进了"我（们）+心理动词"构式的定型化和固定化，这就是"我（们）+心理动词"构式的语法化，最终从言语中高频出现的临时句法组合发展演变为一个有着固定组构形式和核心构式意义的语法构式。

（二）心理动词的语义类对"我（们）+心理动词"构式意义的影响

"我（们）+心理动词"构式的核心构式意义是表达说话人关于命题信息的主观态度（personal attitude）或个人情感（personal feeling），或者表达说话人关于命题信息的评估和判断，包括说话人对命题信息的可靠性、必要性和可能性进行评估。说话人表达某种态度或者获得某种认识的手段和方式取决于说话人获得命题信息的手段和方式，因此在构式核心意义中，获得命题信息的手段、方式或者命题信息的来源是可选项，而不是必有项。说话人获得命题信息的手段、方式或者命题信息的来源严格意义上讲是一种传信范畴，也叫示证情态或言据情态。

学术界对传信范畴有两种不同的观点：

第一种，传信情态是表明说话人信息的来源（sources of information）(De Haan, 1999; Fitneva, 2001; Plungian, 2001) 或者知识的来源（sources of knowledge）(Gonzalez, 2005; Donabédian, 2001; Aijmer, 2009) 的语言机制。Palmer（1986；2001）认为传信情态（evidential）主要表达说话人对命题真实性状态所提供的证据（speakers give evidence for the factual status of the proposition），包括间接证据和感觉类直接证据。报到（间接）证据主要指从其他人那里得来的证据（evidence gathered from others）；感觉（sensory）证据主要是通过感觉得来的证据，如视觉（visual）和听觉（auditory）等。

第二种，传信情态除了表达信息或者知识的来源，还是标记说话人知情情态（modes of knowing）的情态表达机制（Chung and Timberlack, 1985; Chafe, 1986; Willett, 1988; Botne, 1997; Cornillie, 2007）。根据知识的来源是否是说话人可以将知识分为外部知识和内部知识；根据知识的类型可以将知识分为直接知识和间接知识，等等。

对于"我（们）+心理动词"构式而言，知识或者信息的来源、

第三章 认识情态构式"我(们)+心理动词"的界定

获得信息的方式或者手段等是可变参数。根据言语交际语境需要，这些可变参数可以"浮现"，在语言形式表层形式化，也可以不"浮现"，隐藏在言外。如果这些可浮现参数不出现的话，"我（们）+心理动词"构式往往表达说话人单纯的认识情态意义，出现在此类构式中的典型心理动词往往是判断类心理活动动词，例如，强断言类判断心理活动动词"认为、认定、以为$_1$、断定、判断、确定"和弱断言类判断心理活动动词"觉得$_2$、想$_2$"等，此类"我（们）+心理动词"构式是"我（们）+心理动词"构式的典型构式形式；如果这些可浮现参数出现的话，"我（们）+心理动词"构式往往不单纯表达说话人的认识情态意义，还同时提供了信息的来源、获得信息的方式或者手段，表明了说话人的知情情态等，以此来辅助表达说话人对于命题信息的情感态度或者评估认识，此时的"我（们）+心理动词"构式表达的往往是一种兼有认识情态和传信情态的复合情态意义，出现在此类构式中的典型心理动词往往是感觉类心理活动动词、思维类心理活动动词和认知类心理活动动词，此类"我（们）+心理动词"构式往往通过某种感觉活动、思维活动或认知活动表达说话人对命题信息的个人态度、个人情感或者对其可靠性、必要性或可能性进行评估。

以"我（们）+感觉类心理动词"构式为例，"我（们）+感觉类心理动词"构式往往表达说话人通过感觉（sensory）获得的感觉类证据。例如，通过视觉（visual）和听觉（auditory）等感觉获得证据等，按照 Palmer（1986；2001）关于传信情态的论述，"我（们）+感觉类心理动词"构式和"我（们）+判断类心理动词"构式在认识情态意义的表达上有明显的不同："我（们）+判断类心理动词"构式主观性比较强，往往仅关注说话人关于命题信息的纯认识情态意义的表达；而"我（们）+感觉类心理动词"构式相对而言，除了表达说话人关于命题内容的认识情态意义，还同时向听话人提供了做出主观判断的感觉类依据（sensory evidences），因此客观性更强。试比较：

33

(7) 记者:"新千年来了,一般对年轻人总有一些寄语,你想说点什么?"

李敖:"**我认为**年轻人追求自己的生活、自己的存在、自己的未来是合理的,可是(在)现在'经济挂帅'的情况下,(在)世界 WTO 压力之下,个人的力量,个人的光芒都被消灭了。**我认为**人还要尽其所能,个人的一些光芒要发射出来,当然这是很难的。"(当代《李敖对话录》)

(8) 梁家辉:"我觉得是那样,好像摄像已经撤了,但是又拍回来了,结果我那时已经很轻松地躺地上了。"

鲁豫:"**我感觉**你躺在地上时好像喊了几句什么,有吗?"

梁家辉:"解放了,解放了。"

鲁豫:"倒地这一幕你到什么时候知道的?"

梁家辉:"我在第二天的报纸上看到的,当天晚上不知道。"(当代《鲁豫有约——男角》)

(9) 2001 年徐良回到北京,自己租了一套房子居住,每日深居简出,低调行事。

徐良:"实际上**我感觉**这个城市既熟悉又陌生。熟悉呢,是因为这个城市整体的、外表的东西,比如每个大街,每条小巷,每个建筑对于我徐良来说,都特熟悉;陌生呢,是因为**我感觉**这城市人的眼睛那么得生疏,所以说当时回来以后,我当时状态就很低调了,不太愿意见人。"(当代《鲁豫有约——沉浮》)

例(7)中的"认为"是典型的判断类心理活动动词,心理动词构式"我认为"表达了说话人关于命题内容的强断言认识;例(8)、例(9)中的"感觉"则是典型的感觉类心理活动动词,例(7)中的"我感觉"倾向于理解为"感觉"的原型意义,即表达了说话人对当时情景的某种感官感觉;而例(9)中的"我感觉"则不再突出说话人个人的感官感觉,而是凸显说话人基于个人体验的一种主观认识或者判断,这种主观认识相对于例(7)而言,主观性稍弱,客观性较强,也

第三章 认识情态构式"我（们）+心理动词"的界定

就是说，说话人的认识并不是纯主观的，而是基于一定的生活经历或者生活体验而得出的某种判断，相对于纯主观断言有一定的客观性，在言语表达中说服力更强。众所周知，传信情态相较于认识情态相对客观，认识情态相对主观，从这个意义上讲，"我（们）+判断类心理活动动词"比"我（们）+感觉类/思维类/认知类心理活动动词"构式主观性更强。

此外，鉴于情感类心理状态动词表达感受主体的某种心理情感或心理状态，所以"我（们）+情感类心理状态动词"往往也不是单纯地表达说话人对命题信息的主观认识或者判断，而是表达某种复合了某种情绪表达和认识情态表达的复合认识情态意义，以"我怕"为例：

（10）"给您这个驴价啊——两块钱的活钱，还有四毛钱啊，这四毛钱是酒钱，回头取驴的时候再给四毛钱。"

"行啊，行啊。"

"可有一样啊，我事情挺忙，**我怕**晚上来不了啊，我有底下人，让他来取怎么样？"

"也可以。只要说对了就成啦，这回头给错了不合适。"（当代《中国传统相声大全》）

例（10）中的"我怕"既表达说话人的某种心理情绪"担心"或者"害怕"，又表达了说话人对于命题"我怕晚上来不了"的主观认识，是一种复合了"担心害怕"的情感意义和主观认识的复合情态意义——担心认识情态义（apprehensional - epistemic modality）（Lichtenberk Frantisek，1995；高增霞，2003；冯军伟，2010，2016）。担心认识情态范畴不仅表明说话人对命题真值的确信程度，还表达了说话人对命题真值的主观态度和主观期望值。[1]

（三）"我（们）+心理动词"构式对心理动词的准入条件

按照 Goldberg（1995）关于论元结构式的论述，我们知道构式对

---

[1] 高增霞：《汉语担心——认识情态词"怕""看""别"的语法化》，《中国社会科学院研究生院学报》2003年第1期。

构式内的准入动词具有一定的选择限制,只有符合准入条件的动词才可以进入构式中。"我(们)+心理动词"构式是一个典型的句法构式,也遵循着构式对准入动词的约束限制规则,"我(们)+心理动词"构式对允许进入构式的心理动词的准入条件有两个。

准入条件之一:"我(们)+心理动词"构式和出现在构式中的感觉类、思维类、认知类、判断类心理活动动词和情感类心理状态动词在其所表示的事件类型上是一致的。

第一,判断类心理活动动词所表示的事件类型是认识情态构式"我(们)+心理动词"所表示的事件类型的一个子类。"我(们)+心理动词"构式表达说话人对于命题信息的个人态度、个人情感或者对命题信息的确信度、必要度和可能度的评估认识,表示的事件类型是说话人关于命题信息表明某种态度或者通过评估得出某种认识或做出某种判断。判断类心理活动动词包括"认为、认定、以为$_1$、断定、判断、确定、觉得$_2$、想$_2$"等,一般表示感受主体对某人或某事确定某种看法或做出某种判断,所表示的事件类型是"我(们)+心理动词"构式所表示的通过评估得出某种认识或做出某种判断的事件类型的一个子类。情感类心理状态动词包括"怕、恐怕、害怕、担心"等,表达是感受主体的某种情感或者心理状态,这种心理状态是"我(们)+心理动词"构式所表示的对命题信息的个人态度或者个人情感的事件类型的一个子类。

第二,感觉类、思维类、认知类心理活动动词所表示的事件类型是认识情态构式"我(们)+心理动词"所表示的事件类型的手段或者方式。感觉类、思维类、认知类心理活动动词表达感受主体的某种感官体验、思维活动和认知活动,这些心理活动是说话人对于命题信息的评估手段或者方式,说话人通过不同的感官体验、思维活动或认知方式得出某种认识或做出某种判断,因此,感觉类、思维类、认知类心理活动动词所表示的事件类型是认识情态构式"我(们)+心理动词"所表示的事件类型的手段或者方式。

准入条件之二:认识情态构式"我(们)+心理动词"和出现在构式中的心理动词共有一个参与者。

所谓共有参与者条件（shared participant condition）是 Matsumoto (1991) 在讨论日语中两个动词合成一个复杂移动动词时提出的，两个动词如果要融合为一个复杂动词，必须共有一个角色。认识情态构式"我（们）+心理动词"的语义角色是言者，外化的语言形式是第一人称主语"我（们）"，无论是心理活动动词还是心理状态动词，都可以表达说话人的心理活动或者情感状态，所以二者共有一个参与者——言者主语（外显为句法主语）。

三 "我（们）+心理动词"构式中时体的准入条件

"我（们）+心理动词"结构可以出现在过去时、现在时和将来时中，但是，只有出现在现在时中的"我（们）+心理动词"结构，才能表达说话人此时此刻对命题信息的主观认识和判断，才是本书讨论的认识情态构式"我（们）+心理动词"构式。而出现在过去时中的"我（们）+心理动词"结构，仅仅表达说话人彼时彼刻（过去某一时刻）的认识或判断，是"我（们）+心理动词"结构的描写性用法，试比较：

（11）孔令谦："养生它本身就是生活，但是生活是非常复杂的，你比如说有饮食人生、有艺术人生、有科学人生，**我认为**养生的最高境界是情感养生，所以说这绿豆它治不治病，中国饮食文化它有食药同源，有时候用在这儿它是药，但是用在这儿它就是食，所以我说它有对我们身体养生的效果。因为中医它有寒者热治、热者寒治，如果你是热性体质，你就可以吃西瓜，可以吃绿豆；如果你是一个老年人，脾胃虚寒，你吃这么多，那可能就会有问题。"（深圳电视台，《22度观察——中医养生还可信吗？》，2010年6月17日）

（12）何润锋："我记得今天他去视察前线的时候，他的一段话让我印象非常深刻。他说：'**我过去认为**忍耐是可以换来和平的，但是现在我发现，这是做不到的。'这样一种强硬的表态传递了一个非常清晰的信息，他是希望通过这样一种强硬的表态来树立在军队中的一个威望,进而巩固在民众中强硬的这样一种形象。"(中央电视台,《环球视线——史上最大军演秀 考验半岛神经》,2010年12月23日)

例(11)中,"我认为"构式表达的是说话人孔令谦说话时刻对"养生"的主观认识和判断,是"我(们)+心理动词"构式的施为性用法。说话人在传递命题信息的同时,施加了对听话人的某种语力,对听话人施加某种影响,也就是说,说话人意在说服听话人相信"养生的最高境界是情感养生"。例(12)中有表示过去的时间词"过去","过去认为"结构表达的是说话人原来的某种主观认识或判断,即"忍耐是可以换来和平的"仅仅表达说话人彼时彼刻(过去某一时刻)的认识或判断,现实的状态是"我发现,这是做不到的",因此这是"我(们)+心理动词"结构的描写性用法。

"我(们)+心理动词"构式一般不用于进行时和将来时。根据语料统计,出现在进行时中的"我(们)+心理动词"结构都是表示说话人此时此刻正在进行的思维活动,而并非表达认识情态意义,例如:

(13)罗大伦:"因为他服了喻嘉言的药,觉得没事了。但是我觉得最奇怪的是喻嘉言的这个行为,我们想一想,我们一般人能做到这一点吗?"

梁冬:"**我在想**另外一个事情,就是您作为一个中医学者,他为什么说要在'子时'会有问题呢?"(当代《梁冬对话罗大伦》)

有些心理动词后面可以出现表示"状态"的"着",例如"我琢磨着",表示说话人说话时刻关于命题的认识和评估(例14),而并非表达动作行为"正在进行"或"反复发生",例如:

(14)"喔,我也不知道。正如你所说的,它没什么大不了的，但花一百元把它收回来还是可以的。没说的，这个数我愿出。"

"**我琢磨着**这东西该值更多的钱才是。"

"是吗？"

"我原指望能得到两万五千元。"

"你是不是疯了？"（当代《邮差总敲两次门》）

例（14）中的"我琢磨着"，表达的是说话人的某种认识和判断，不是"琢磨"这一动作正在进行或者反复发生。

出现在将来时中的"我（们）+心理动词"结构，往往表示说话人的某种意图，而并非表达认识情态意义，例如：

(15) 公孙阅："那是为什么？"
钟离秋："**想**我姐姐……我明天**想**去看看她，行吗？"
公孙阅："再等一些日子吧……"（当代《孙子兵法与三十六计》）

例（15）中，第一个"想"表达"想念、思念之义"，是一个思维心理活动动词；第二个"想"表达说话人的意图，即说话人打算做的事情，并非表达说话人对命题信息的某种认识和判断。

四 "我（们）+心理动词"构式中后续成分的准入条件

"我（们）+心理动词"构式后续成分必须是谓词性成分，包括动词性短语、形容性短语或者小句，因此，后续成分一般应该具有述谓性，所以往往排斥名词、名词性短语和数量词、数量短语等体词性成分，例如：

(16) 这一老一少写的相声**我感觉**还是不错的，堪称专业的写手了。（当代《郭德纲相声集》）

(17) 那不价，现在到咱们家咱们叫名字。因为那你就不像，

39

你要叫姑爷呢,**我感觉**不亲热。叫他名字不是,他比如、比如,举个例子吧,en,拿我这大姑爷qi……杨启民,启民,我就叫小民子,小民子,完了。(当代《1982年北京话调查资料》)

(18)晓白:"张向东说过,理解力和想象力是互联网公司的核心竞争力,您认同吗?"

邓裕强:"**我觉得**这是对的,任何行业都是如此。无论在任何行业,只要你想打造最强的企业,你都要去颠覆、去超越原来的成功者,你都必须要具备这样的特性,否则你永远都是在一个模式的统治下存在。"(当代《创业者对话创业者》)

"我(们)+心理动词"构式表达说话人关于命题信息的个人态度、情感和说话人对命题信息的主观性评估或断言。逻辑学意义上的命题(proposition)通常意义上指的是表达判断(陈述)的语言形式,一般由谓词将主词和宾词连贯而成,因此表达陈述或判断的小句是"我(们)+心理动词"构式后续成分的典型形式。此外,小句省略主语的形式——动词性短语或者形容词性短语也具有陈述性或述谓性,也可以充当"我(们)+心理动词"构式的后续成分。名词性、数量词等体词性成分只具有指称性,不具有陈述性或述谓性,因此一般不会充当"我(们)+心理动词"构式的后续成分。因此,"我(们)+心理动词"构式对后续成分语言形式的选择,从根本上讲是由认识情态构式对命题信息表达立场态度(表达个人态度或个人情感)或进行主观评估(确信度、可能性或必要性)的核心语义特征决定的,因此认识情态构式"我(们)+心理动词"的后续成分必须是具有述谓性的动词性成分、形容词性成分或小句。

第四节 认识情态构式"我(们)+心理动词"的句法体现

一 "我(们)+心理动词"构式在句中的句法位置

认识情态构式"我(们)+心理动词"在句中的句法位置比较

灵活，可以出现在句首、句中和句末，例如：

（19）你看腾讯越来越大、百度越来越大，淘宝越来越大，这是21世纪我们高度关注的现象，可能上世纪被称为"垄断"……这才是网络所谓的"垄断"。

我认为卖家有权力去选择淘宝、有啊、拍拍以及各种网站，但是最后由于淘宝力量越来越大，成本越来越低，参加人越来越多，可能会更加好。（当代《李彦宏马化腾马云精彩对话》）

（20）王："这个**我觉得**他们比我们活跃，我们的学生听讲座，非常尊重老师讲课，我大概没有看过，打断过老师讲的，在国外的时候它就可以问，当时就举手问你问题，老师也不把这个……这是好的地方。"（当代《关于教育的对话》（王梓坤、柯惠新））

（21）赖太太："年过五十岁的人了，这个篮球不能常常打，因为会受伤，所以我要问他什么时候不再做这个激烈的运动。"

赖女儿："其实他不需要那么忙，**我觉得**。但是不知道是他喜欢这么忙，还是他没办法，一定得这么忙，所以我就觉得他如果说可以休息的话就多休息一下。"（当代《杨澜对话热点人物——杨澜访谈录Ⅱ》）

根据语料考察，处于句首位置的"我（们）+心理动词"构式是认识情态构式的典型构式。处于句中和句末位置的"我（们）+心理动词"是认识情态构式的非典型构式，也被称为认识性插入语（epistemic parenthetical）（Thompson and Mulac，1991）。

所谓插入语是指附着于核心句上的表达主观性的汉语习用性短语（Urmson，1952；Thompson and Mulac，1991；司红霞，2009、2018；张和友，2016；等等）。句首位置与句中位置、句末位置的"我（们）+心理动词"构式在语篇组织和语用功能上存在着明显的对立，句首位置的"我（们）+心理动词"构式一般是说话人意图向听话人展示的认识立场（deliberative declaring in epistemic stance），是一种高权威性的、强主观性的评估或断言，说话人意在加强说话人对命题信息的鲜明个人态度和个人感情以及断言的权威性，因此是一种言语行为语力加强的语言表达形式，所以句首位置的"我（们）+心理动词"构式是认识情态构式表达的显赫句法位置（salient collocation）。句中位置和句末位置的"我（们）+心理动词"则恰恰相反，往往是说话人意图弱化认识立场（tentative marker in epistemic stance）的表达形式，即表达说话人某种不确定性认识或推断的语言表达方式，是一种弱化言语行为语力的语言表达形式，所以句中位置或句末位置的"我（们）+心理动词"构式是认识情态构式表达的非显赫用法。在言语交际中，"我（们）+心理动词"构式在不同的句法位置（句首、句中和句末）来表达说话人不同程度的认识和判断，展现出不同的言语行为语力，此外，还承载着言语交际的话语组织功能，在语用表达功能上相当于一个语用标记（pragmatic marker）。

  学术界普遍认为，句中位置和句末位置的"我（们）+心理动词"构式是从句首位置的"我（们）+心理动词"构式语法化而来的，存在着"我（们）+心理动词（句首）" > "我（们）+心理动词（句中或句末）"的语法化演变路径（Du Bois, 1987；Holmes, 1990；Thompson and Mulac, 1991；Aijmer, 1997；Ramat and Ricca, 1998；Simon Vandenber, 2000；Jan Nuyts, 2001；Kärkkäinen, 2003）。

  从语言信息结构的角度来看，"我（们）+心理动词"典型构式（句首位置）符合语言的"主句+从句"的语言结构形式，也符合句子"主要信息+次要信息"信息结构模式，"我（们）+心理动词"是句子的核心句，承载句子的焦点，从句是主语推理或推断的信息，是句子的次要信息。

  "我（们）+心理动词"非典型构式（句中或句末位置）不符合"主句+从句"常规语言结构形式。"从句+主句"或从句包孕主句的插入语结构不仅改变了常规的语言结构形式，也改变了语言的信息结构模式。一般来说，在"主句+从句"结构中，主句是句子的前景信息，是焦点信息，从句表示事件的状态，主句是句子的主要句法成分，句法位置是固定的，是不可缺少的。而插入语结构使原本表达事件状态的从句成为句子的前景信息，变成句子的焦点信息，而主句则降级成为句子的背景信息，不再承载句子的焦点，句法位置不再固定，由于位置比较灵活，所以成为一个超语句成分，是随时可以移动和补充的自由句法成分。例（19）中的"我认为"是句子的焦点信息，刻意凸显或者强调说话人的个人认识和判断；例（20）和例（21）中的"我觉得"在语用功能上恰恰相反，是在刻意弱化说话人认识和判断的主观性和个人色彩，着重表达命题信息的内容本身，说话人有意将自我弱化（tentative）或隐藏（hedging）。从语用表达功能的角度来看，插入语结构并不在于强调说话人的主观情态认识，而是从社会学、逻辑学和传信学角度作为一个话语组织标记（signal）去引导听话人对话语陈述有一个正确的或适当的理解，从而引导或帮助听话人对说话人所说的内容进行理解和评估，所以插入语结构往往不是说话人所说内容的一部分，而是一种话语理解的辅助表达成分。①

二 "我（们）+心理动词"构式在句中的语音停顿标记

"我（们）+心理动词"构式在语音上具有相对的完整性和独立性，在句中，前后往往出现不同形式的语音停顿标记，但是在"我（们）"和"心理动词"之间则没有明显的语音停顿标记。一般来说，处于句首位置的"我（们）+心理动词"构式后面都有语音停顿，根据语音停顿是否有外显的形式标记，可以分为两类。

第一类，"我（们）+心理动词"构式和后续成分之间的语音停顿没有外显的形式标记，例如：

（22）记者："是新千年了。西方有些人提出'中国威胁论'，也有人说21世纪是中国人的世纪，你怎样看待这些说法？"
李敖："**我认为**21世纪中国人抬头是没问题的。我们自己也

---

① J. O. Urmson, "Parenthetical Verbs", *Mind, New Series*, Vol. 61, 1952, pp. 495–496.

表示了不称霸，可是变成个强国应该是没问题的。"（当代《李敖对话录》）

例（22）中，认识情态构式"我认为"和后续成分之间没有外显的形式标记，但是从句法组合结构来说，"我认为"和后续成分"21世纪中国人抬头是没问题的"之间具有语法停顿，语音层面的停顿反映了句子句法结构的组合层次，对比分析如下：

语法结构层次：<u>我　认为</u>　<u>21世纪中国人抬头是没问题的。</u>

语音停顿层次：我认为/21世纪中国人抬头是没问题的。（注："/"表示语音停顿）

第二类，"我（们）＋心理动词"构式和后续成分之间的语音停顿有外显的形式标记——"，"（逗号），或者停顿语气词"呢""呀"等，例如：

（23）黄方方："对，环境保护、生态文明建设、低碳经济、循环经济这些在报告里面专门提出，要加快国土绿化进程，增加森林的碳汇，新增的造林面积不低于8800万亩。**我认为**，在西部地区，环境保护尤其重要。"（中央电视台，《中国焦点2010——解读政府工作报告》，2010年3月5日）

（24）梁冬："就讲到这个存天理、灭人欲这个事，我以前也一直很不理解，**我认为**呢，这个很不人性化。"（当代《梁冬对话罗大伦》）

（25）（小福子）她的结局跟《微神》一样，也是不堪忍受，后来自杀了。**我觉得**呀，老舍有一种想法，就是他不能容忍这种逆来顺受，实在无法抗拒了，无法逃避了，我就死，这是我的最高的反抗，我让摧残者无可摧残，让压迫者无可压迫。（当代《百家讲坛——〈沉重的月牙儿〉》）

第三章　认识情态构式"我(们)+心理动词"的界定

例(23)中,"我(们)+心理动词"构式和后续成分之间的语音停顿用标点符号"逗号"来表标记。例(24)中的语音停顿用了停顿语气词"呢"来标记。张伯江、方梅认为"句中语气词是停顿标记,具有引起听话人注意的作用,作为一种停顿标记,句中语气词常常被看作认识口语句子结构的手段"[①]。

处于句中位置的"我(们)+心理动词"构式前后往往都有语音停顿。有的语音停顿有外显的形式标记,有的语音停顿没有外显的形式标记,不管有没有外显的形式标记,"我(们)+心理动词"构式都是作为一个完整的语音单位插入句子结构之中的,例如:

(26)崔健:"可是,我们都会觉得我们内心有一种说不出来的东西,来自中国的东西,这东西是什么?……刚才说到中西方的区别,**我觉得**,一个重要区别是,西方人把私人领域和公共领域分得很清楚,在私人领域里,每个人都是独立的,个人的自由不可侵犯;在公共领域里,每个人都负有责任,对公共事务的责任不可推卸。"(当代《周国平对话崔健》)

(27)王:"这个**我觉得**他们比我们活跃,我们的学生听讲座,非常尊重老师讲课,我大概没有看过,打断过老师讲的,在国外的时候就可以问,当时就举手问你问题,老师也不把这个看成一个特殊情况,有问题他就答复你,这是我觉得有点(不同),这样的话,上课气氛比较轻松,这个学生思考,也比较更活跃一些,这是好的地方。"(当代《关于教育的对话》(王梓坤、柯惠新))

例(26)中,"我觉得"构式前后都有外显的形式标记"逗号"来标记语音停顿;例(27)中,"我觉得"构式插入句中,前后都没有停顿标记"逗号",但是"我觉得"仍然作为一个独立的语音单位

[①] 张伯江、方梅:《汉语功能语法研究》,江西教育出版社1994年版,第36页。

◆ 现代汉语心理动词构式的认识情态研究 ◆

插入句子结构的语法停顿之间,"我觉得"构式的位置在句中的位置不是随意的,只能在合理的语法停顿之间,分析如下:

语法结构层次:这个 我觉得 他们比我们活跃。

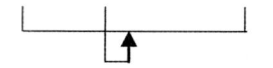

语音结构的停顿层次:这个/我觉得/他们比我们活跃。(注:"/"表示语音停顿)

处于句末位置的"我(们)+心理动词"构式前面往往有语音停顿,不管有没有标点符号加以标识,例如:

(28)鲁豫:"人不能老没事去试别人,**我觉得**。"
王杰:"没有办法,因为别人老是试我,可是她们试我是真的试我,试我就是去刷卡、去结账,所以我真的,我跟这个结字很有缘。"(当代《鲁豫有约——王杰》)
(29)鲁豫:"为什么会下这么大决心,宁可我失去两年时间我也要走?"
刘德华:"我没有说我要走,只是那个时候我只是小孩……那时候是那种友谊,也可能是义气吧,**我觉得**。"(当代《鲁豫有约——男角》)

综上所述,认识情态构式"我(们)+心理动词"构式,无论出现在句首位置、句中位置还是句末位置,一般来说,前后都有明显的语音停顿,不管有没有外显的形式标记,语音停顿都是客观存在的。即使出现在句中位置,其出现的句法位置也必须是在句子结构中较长的语法停顿之间,因此出现的句法位置也不是随意的,也不能随意打破句子结构原来的语音停顿层次,这说明"我(们)+心理动词"构式是一个独立的、完整的语音单位,也就是说,"我(们)+心理动词"构式不仅仅在形式上定型,在语义上完整,在语音上也是独立的。

三 小结

"我（们）+心理动词"构式所表达认识情态意义的语义类型、语用功能、信息结构等在句中的句法位置之间的关系，如表 3–1 所示。

表 3–1　"我（们）+心理动词"构式的功能与构式在句中的句法位置之间的关系

句法位置	句首位置	句中位置/句末位置
句法表现形式	$S_{1(我们+心理动词)} + S_{2(后续成分)}$	$S_{1(后续成分)} [S_{2(我们+心理动词)}]$ $S_{1(后续成分)} + S_{2(我们+心理动词)}$
语音停顿模式	$S_{1(我们+心理动词)}$停顿语气词/","$S_{2(后续成分)}$	$S_{1(后续成分)} [，S_{2(我们+心理动词)}，]$ $S_{1(后续成分)}，S_{2(我们+心理动词)}$
信息结构	主要信息$_{(我们+心理动词)}$ + 次要信息$_{(后续成分)}$	主要信息$_{(后续成分)}$ + 次要信息$_{(我们+心理动词)}$
语义类型	强化认识立场	弱化认识立场
语用功能	认识情态意义的表达功能	话语组织功能
虚化程度	语法化程度较低	语法化程度较高

根据表 3–1 所示，"我（们）+心理动词"构式在句子中的句法位置不同，构式所表达的语义类型、语用功能、信息结构等都有相应的不同。

认识情态构式"我（们）+心理动词"的显赫句法位置是句首，在形式上体现为"$S_{1(我们+心理动词)} + S_{2(后续成分)}$"的形式，"$S_{1(我们+心理动词)}$"后面往往有停顿语气词"呢""呀"或者标点符号"，"，这种句法表层形式体现了句子常规的信息结构模式"主要信息$_{(我们+心理动词)}$ + 次要信息$_{(后续成分)}$"。在语义上，用于强化说话人对于命题信息的认识和判断，表明说话人关于命题信息的认识立场，是典型的认识情态意义的表达功能。

处于句中位置或者句末位置的"我（们）+心理动词"构式，句法形式和语音停顿都有根本的改变，这种语言形式上的改变，反映了其内在语言信息结构的根本改变。原本处于句首位置的"我（们）+心理动词"构式是句子的主要信息，是句子的表义中心，是整句的焦点，后续成分是说话人的认识状态，是次要信息；句中位置或句末位置的"我（们）+心理动词"构式，即"我（们）+心理动词"的插入语形式，则发生了句法地位的降级，从句子的主要信息降级为次要信息，从焦点信息降级为非焦点信息，从句子的表义中心降级为非表义中心，原来表达说话人的认识状态的后续成分则升级为句子的前景信息，从次要信息升级为主要信息，从非焦点信息升级为焦点信息，从句子的附属成分升级为句子的表义中心。从语用表达上来看，句中位置或者句末位置的"我（们）+心理动词"构式，不再强化说话人的认识立场，不再着力于表达说话人的主观认识情态意义，而是基于礼貌原则和话语交际表达的需要，用于弱化（tentative）或隐藏（hedging）说话人的认识立场，转而用于连贯和组织语篇，承担话语或语篇的组织功能。因此，句中位置或者句末位置的"我（们）+心理动词"构式相较于句首位置的"我（们）+心理动词"构式，虚化程度和语法化程度更高。

第五节　认识情态构式"我（们）+心理动词"的语法性质

认识情态构式"我（们）+心理动词"在语音上是独立的，在形式上是定型的，在语义上不再是语言构成成分语义的简单相加，而是具有独立的、完整的语义内涵，即表达说话人对于命题信息的个人态度或个人情感，或者表达说话人对于命题信息的可靠性、必要性或可能性进行评估或断言，是言语交际中说话人认识立场的重要标记形式。

按照 Goldberg 关于构式的定义，"C 是一个构式当且仅当 C 是一个形式和语义的配对 $\langle F_i, S_i \rangle$，且 C 的形式（F_i）或者意义（S_i）的某些方面不能从 C 的构成成分或者其他先前已有的构式中得到完全预测"①。"我（们）+心理动词"结构符合 Goldberg 关于构式的判定标准，"我（们）+心理动词"的意义不是"我（们）+心理动词"结构构成成分意义的简单相加，而是具有独立的、完整的语义内涵，即表达说话人关于命题信息的个人态度、情感和个人的主观性评估或判断，这一核心构式意义也不能从"我（们）+心理动词"结构的构成成分或其他先前已有的构式中得到完全预测，因此"我（们）+心理动词"结构是一个典型句法构式。

在互动言语交际过程中，"我（们）+心理动词"构式的语法功能相当于情态副词。Thompson 和 Mulac（1991）将认识短语"I think"看作认识插入语（epistemic parenthetical），当它不出现在句首位置时（出现在句中位置或句末位置时）具有副词的性质，处于从词汇范畴向语法范畴语法化过程中的较高程度的阶段（higher degree of grammaticalization）。Du Bois（1987）认为语法化不仅仅包括词汇范畴向语法范畴的演化过程，还应该包括从话语模式向语法结构模式的演变过程，所以认识短语"I think"实际上应该是正处于话语模式（discourse pattern）向语法结构模式（structural pattern）的语法化过程之中。以情感类心理状态动词为例，"怕""恐怕"都兼有心理动词和情态副词的用法，副词的"怕""恐怕"是由心理动词的"怕""恐怕"演变而来的。

从心理动词到情态副词的演变具有类型学的共性。

在英语中，副词"presumably"来源于心理动词"presume"，副词"supposedly"来源于心理动词"suppose"，副词"maybe"来源于情态动词"may"；在荷兰语和德语中，副词"vermoedelijk"来源于心理动词"vermutlich"，副词"vermoeden"来源于心理动词"vermuten"。

对于心理动词结构来说，Jan Nuyts 认为"I think"相当于一个副

---

① A. E. Goldberg, *Construction: A Construction Grammar Approach to Argument Structure*, Chicago/London: The University of Chicago Press, 1995, p. 4.

词，处于语法化早期的词汇化或结构化阶段；[①] Thompson 和 Mulac（1991）发现，欧洲语言中有很多皮钦语（Pidgins）都有从"I think"发展出副词用法的经历，[②] 所以认识情态构式"我（们）+心理动词"是从心理动词结构到情态副词演化过程中非常重要的一环，是语法化早期的词汇化和结构化环节。

[①] Jan Nuyts, *Epistemic Modality, Language, and Conceptualization*, Amsterdam: Benjamins, 2001, p. 141.

[②] Sandra A. Thompson, Anthony Mulac, "A Quantitative Perspective on the Grammaticization of Epistemic Parentheticals in English", In E. Traugott, B. Heine (eds.), *Approaches to Grammaticalization* (*Volumes* Ⅱ), Amsterdam: Benjamins, 1991, p. 327.

第四章 "我(们)+感觉类心理动词"构式的认识情态研究

第一节 "我(们)+感觉类心理动词"构式的界定

一 "我(们)+感觉类心理动词"的构式形式

所谓"我(们)+感觉类心理动词"构式是指感觉类心理活动动词"感觉、觉得"出现在认识情态构式"我(们)+心理动词"中而构成的认识情态构式,包括"我(们)感觉"构式和"我(们)觉得"构式。

根据语料考察,除了典型构式"我(们)感觉"构式之外,还发现了其扩展构式"我感觉到",例如:

(1) 王:"我是另外一种情况,我是从小到大一直到现在总是想当老师,想当老师,从来没有想到去做别的事,而且我这个经历里边,也有好几次机会离开教师岗位,我都没有去,**我感觉到**做教师非常有意义,因为我们是从农村里边来的,感觉做教师可以帮助同村的孩子上学……这是我想说的一点。"(当代《关于教育的对话》(王梓坤、柯惠新))

(2) 主持人:"这是您对国际化的理解,那您觉得教育的国际化,应该是一些什么样的内涵。"

王:"**我感觉到**至少有四点。一点就是人才的交流,这是人才交流，包括我们派留学生出去学习，然后回来为国家服务，也包括请他们到这儿来工作一段时间，这是人才的交流；第二是学术交流……当然国外的我们也可以引进来。"（当代《关于教育的对话》（王梓坤、柯惠新））

除了典型构式"我（们）觉得"构式之外，还发现了"我就觉得""我总觉得""我一直觉得"等扩展构式，例如：

（3）李国庆："这个问题非常好。我先编书，然后就要卖书，但我发现，销售渠道的能力和效率却很低下，像新华书店占零售市场的50%，当时民营的书店才占10%。当时我们要想做好发行，从小采购到总经理就都得去求。**我就觉得**这不是书的问题，而是他们不会卖。"（当代《创业者对话创业者》）

（4）不过有的人这么看，这个行动啦，表现哪，举止啦，有的人还有所不同。不过，我，**我总觉得**这也是个阶层不同。就我，我，我个人，我们体会，因为就阶层不同，你比方，就是年岁也有关系。这个，家庭生活也，各阶层的问题也不见得一样。（当代《1982年北京话调查资料》）

（5）李彦宏："我觉得一点都不严重，我们没觉得来自国家队的威胁。**我一直觉得**互联网是一个非常活跃、非常自由竞争的产业。"（当代《李彦宏马化腾马云精彩对话》）

例（3）中的"就"是表达强调意义的副词，例（4）、例（5）中的"总""一直"属于频率副词，强调说话人从过去到现在一直以来的某种认识和判断，所以"就""总""一直"虽然出现在第一人称主语和感觉类心理动词之间，实际上是作用于整个认识情态构式"我（们）觉得"，用于加强说话人对于命题信息做出评估性判断的确定语气。

二 "我（们）+感觉类心理动词"的核心构式意义

认识情态构式"我（们）+感觉类心理动词"的核心构式意义是表达说话人关于命题内容的态度情感，或者对于命题信息可靠性、必要性和可能性的评估性判断，是说话人在言语交际中表达言谈立场和认识立场的重要语言表达形式之一。

作为一个形式和语义配对的认识情态表达构式，构式意义并不是其组构成分意义的简单相加。具体来说，认识情态构式"我（们）+感觉类心理动词"已经不再表示说话人的某种感官感觉，而是表达说话人对命题信息的情感态度或者评估性判断。从构式语法关于构式和组构成分之间的选择限制关系来看，认识情态构式"我（们）+感觉类心理动词"和核心组构词项"感觉、觉得"所编码的事件类型是一致的，都是编码人的某种心理判断。核心组构词项"感觉、觉得"所编码的事件类型往往都是认识情态构式"我（们）+心理动词"构式所编码事件类型的方式或者手段，按照认知规律，二者会自然而然地进行语义融合，这就是构式自上而下对核心词项的意义类型进行制约的选择限制机制；反过来，核心组构词项"感觉、觉得"所编码的事件类型也会对认识情态构式"我（们）+心理动词"构式所编码的事件类型或者情景模型进行限制。换句话说，由于感觉类心理活动动词"感觉、觉得"表达的都是人的某种感官活动，一般来说并没有实际证据加以证实，因此外在的感官判断对于听话人来说可信度并不高，受到感官类心理动词词汇意义的语义限制，"我（们）+感觉类心理动词"构式对命题判断的确信度较低，因此，"我（们）+感觉类心理动词"构式主要表达说话人关于命题判断的不确定性认识（uncertainty），经常用于表达说话人的某种弱断言认识意义（weak assertion），是说话人弱化（tentative）认识程度的重要语言表达方式之一。

此外，在互动交际过程中，"我（们）+感觉类心理动词"构式还具有向听话人委婉地表达说话人言谈立场的语用表达功能，是说话人向听话人展示言谈立场、阐述言者观点的重要表达方式之一。换句话说，在互动交际过程中，出于礼貌原则和主动保护听话人面子策略等语用因素的考量，说话人往往更倾向于采用表达不确定性认识的言语表达形式来委婉地阐述说话人的个人观点或个人态度。此时的"我（们）＋感觉类心理动词"构式并不是表达说话人关于命题判断的低确定性，而是出于礼貌原则或对听话人面子保护的考量，用低确定性的语言表达形式委婉地向听话人展示说话人的言谈立场和个人观点，避免因直接阐述言谈立场和个人观点给听话人可能带来的面子威胁（face-threating）。因此"我（们）＋感觉类心理动词"构式除了表达说话人弱断言的认识判断之外，在互动交际中还具有委婉地表达说话人言谈立场的语用表达功能。

三 "我感觉"构式与"我觉得"构式的对比

从构式中出现动词的核心词义特征来看，心理动词"感觉"和"觉得"在表义上是基本一致的，因此，"我感觉"构式与"我觉得"构式的核心构式意义也基本一致，都表达说话人对于命题判断的不确定性评估，是一种弱化说话人认识立场的语言表达形式。但是"我感觉"构式与"我觉得"构式之所以单列为两个不同的构式，是因为二者在使用上还是有一定的区别。

心理动词"感觉"和"觉得"在词的构词方式和原型语义特征上存在着一定的差异。心理动词"感觉"采用的是联合式词根复合法的构词方式，"感"和"觉"属于近义的词根，二者是同义复合；"觉得"采用的是中补式词根复合法的构词方式，"感"是表达心理活动的中心词根，"得"是表达动作行为的补充词根，意为"通过感官感觉得到或得出"，在语义上更强调"得到或得出"的结果。从表达心理活动这个原型语义上来讲，"感觉"更强调动作行为，而"觉得"更强调动作结果。

受到构式中心理动词的构词形式和原型语义的影响，"我感觉"构式侧重于凸显说话人获得命题判断的方式或手段，在表达说话人关于命题判断的情感态度或评估性断言的同时，标记了说话人得出命题判断的某种方式（method）或来源（resource），例如：

(6) 那不价,现在到咱们家咱们叫名字。因为那你就不像,你要叫姑爷呢,**我感觉**不亲热,叫他名字不是,他比如,举个例子吧,嗯,拿我这大姑爷……杨启民,启民,我就叫小民子,小民子,完了。(当代《1982年北京话调查资料》)

(7) 但是如果现在是一个传统软件产品,想用云计算的方式多赚点钱,**我感觉**这个活会比较累。(当代《李彦宏马化腾马云精彩对话》)

(8) 记者:"您觉得人生的意义如何体现?"

李敖:"**我觉得**人生最大的目标是找出真理并勇于维护它,在维护过程中,并不因为有牺牲、有危险,就不干了。"(当代《李敖对话录》)

(9) 晓白:"张向东说过,理解力和想象力是互联网公司的核心竞争力,您认同吗?"

邓裕强:"**我觉得**这是对的,任何行业都是如此。无论在任何行业,只要你想打造最强的企业,你都要去颠覆、去超越原来的成功者,你都必须要具备这样的特性,否则你永远都是在一个模式的统治下存在。"(当代《创业者对话创业者》)

例(6)、例(7)中的"我感觉"构式表达的是说话人关于命题判断的某种评估,心理动词所表达的"感官感觉"的词汇意义比较明显。因此,句中的"我感觉"构式同时复合了"说话人对命题的评估性断言"和"对命题进行评估的方式或手段"两种情态意义,表达的是一种复合认识情态(apprehensional–epistemic modality),也就是说,"我感觉"构式的认识情态意义中复合了某种传信意义("evidentials")。

同样是表达说话人关于命题的某种判断,例(8)、例(9)更加强调说话人关于命题的主观断言,与例(6)和例(7)相较而言,"我觉得"构式语义的抽象程度更高,心理动词"觉得"的"感官感觉"词汇意义不太明显,"觉得"更加强调"得到",凸显获取判断的结果,而不是获取判断的方式或者来源,从这个意义上来说,"觉得"语义弱化的程度更高。因此，与"我感觉"构式同时复合了认识情态意义和传信意义不同，"我觉得"构式标记命题判断的方式或来源的传信意义并不明显，构式的核心意义主要是表达说话人对于命题真值的认识判断，从这个意义上来讲，"我觉得"构式的主观性更强。

词汇语义的"语义滞留"在构式语法化过程中是一个普遍存在的语法现象，所谓"语义滞留"是指在语法化过程中早期词汇意义的语义"保持"（persistence），"语义滞留"是 Hopper 关于语法化的五大判定标准之一。[①]"我感觉"构式的语义保持比"我觉得"构式更多；从另一方面来说，"我觉得"构式的虚化程度和主观化程度更高。

"我觉得"构式和"我感觉"构式在主观性程度上的差异可以从使用频率上进行证实。通过对北京大学中国语言研究中心现代汉语语料库（CCL）中关于"口语"和"相声小品"口语语料的统计，我们发现"我觉得"构式语料出现的频次高达 770 条，而"我感觉"构式出现的频次只有 29 条，[②] 在口语语料中二者的使用比例接近 30∶1。从使用频率上来说，在表达认识情态意义的用法上，"我觉得"构式相对于"我感觉"构式而言更加典型，也更加常用，语法化程度更高。下文将以"我觉得"构式作为"我（们）+ 感觉类心理活动动词"构式的典型构式展开研究。

第二节 "我（们）+ 觉得"构式的认识情态研究

一 "我（们）觉得"构式的核心构式意义

认识情态构式"我（们）觉得"的核心构式意义是表达说话人

[①] Paul Hopper, "On some Principles of Grammaticalization", In Elizabeth Closs Traugott and Bernd Heine (ed.), *Approches to Grammaticalization: Focus on Theoretical and Methodological Issues* (*Volume Ⅰ*), Amsterdam/Philadelphia: John Benjamins Publishing Company, 1991, pp. 28 – 30.

[②] 通过对北京大学中国语言研究中心现代汉语语料库（CCL）中关于"口语"和"相声小品"口语语料的统计，获得"我感觉"字段 36 条，实际上具有表达认识情态意义的"我感觉"构式只有 29 条。

对于命题信息可靠性、必要性和可能性的不确定性评估（uncertainty），常用于表达说话人不太确定的弱断言认识（weak assertion），是说话人用以弱化认识立场（hedge epistemic stance）的重要语言表达方式之一。

根据表3-1关于"我（们）+心理动词"构式在话语中出现的句法位置及其表达功能之间的关系，我们知道，表达不确定性认识的认识情态构式的典型用法是以插入语形式出现在句中或句末位置，这一点可以在"我觉得"构式的使用频率上得到印证。根据对北京大学中国语言研究中心现代汉语语料库（CCL）中关于"口语"和"相声小品"口语语料库的考察，我们发现，句中或句末的"我觉得"构式出现频率约为397频次，占比约为52%，略高于句首位置的"我觉得"构式。尽管"我觉得"构式的典型句法位置是句中或句末位置，但是，从语料考察情况来看，"我觉得"也经常出现在句首位置，"我觉得"构式出现在句首位置的频率约为363频次，占比约为48%，略低于出现在句中或句末位置的"我觉得"构式。

相对于出现在句中或句末位置的"我觉得"构式而言，句首位置的"我觉得"构式大多数不是意图向听话人展示说话人强硬的个人认识立场，往往不是表达说话人的强断言认识情态意义［根据表3-1，句首位置的"我（们）+心理动词"构式往往用于加强说话人的认识程度，凸显说话人的认识立场］，而是出于交际表达的需要或某些语用因素（比如礼貌原则或面子保护策略等），有意采用表达不确定性认识的认识情态构式委婉地向听话人表明说话人的个人态度（personal attitude），阐述说话人的个人观点（personal opinion），标记说话人的个人言谈立场（stance-talking marker），因此，"我觉得"构式的这种特定语用表达功能是由"我觉得"构式所出现的句法位置和多种语用因素共同决定的。

从言语行为理论（Speech Act Theory）的角度来说，陈述形式的"主语+动词"模式往往是一种阐述类言语行为（"representatives"），用以陈述说话者认为是真实的情况（Searle，1976），这就势必凸显阐述性言语行为的主体——言者主语的言者立场。"觉得"属于内在感官类动词，按照 Palmer（1986；2001）关于"直接证据"的定义（direct evidence）——感觉（sensory）证据是指通过感觉得来的证据，包括通过视觉（visual）和听觉（auditory）获得的证据。因此，"我觉得"属于说话人通过内在感觉获得直接证据，一般来说并不为外人所知，所以"我觉得"构式就"自然而然（natural）"地带有个人态度、个人观点和个人立场的个体性和主观性特征。因此，认识情态构式"我（们）+心理动词"所表达的说话人评估性判断的强弱，除了受到其准入心理动词语义类型的影响之外，构式出现在句中的句法位置也至关重要。Nuyts 曾经指出心理动词结构认识情态意义表达程度"时强时弱"，源于话语言谈的多方面因素，包括心理动词词汇项目的选择、句法层面表层句法结构的选择以及语调、语速等语音层面的选择等多种因素，除此之外，还包括心理动词结构与说话人采用的言语策略、交际意图和交际目的的互动、碰撞与交锋。①

根据"我（们）+心理动词"构式在话语中出现的句法位置及其表达功能之间的关系（参见表 3–1），我们发现句首位置的"我（们）+心理动词"的核心构式意义往往是一种强化说话人认识立场（deliberative function）的语言表达形式。说话人在句首位置使用"我（们）+心理动词"构式时，句子的信息模式是"主要信息('我们+心理动词'构式)+次要信息('后续成分')"，"我（们）+心理动词"构式是句子语义表达的重心，所以往往用于强化说话人对于命题信息的肯定性判断，加强说话人关于命题判断的认识程度，因此说话人关于命题真值判断的确信度往往较高。这一点对于处于句首位置的"我（们）+觉得"构式而言仍然适用，换句话说，虽然说话人出于礼貌原则或保护听话人面子等语用策略的需要，有意采用了表达低确定性认识的"我（们）觉得"构式来委婉地阐明说话人的言者立场，但是从说话人关于命题判断的确信程度——"认识立场"的表达上来看，说话人对于命题判断的确定性程度依然较高，是一种权威性较高

---

① Jan Nuyts, *Epistemic Modality, Language, and Conceptualization*, Amsterdam：Benjamins, 2001, p. 187.

第四章 "我（们）+感觉类心理动词"构式的认识情态研究

的高确信度判断（deliberative function），这就造成了句首位置"我（们）觉得"构式的独特语义表达功能：一方面，从"我（们）觉得"构式的核心构式意义上来说，感觉类心理动词"觉得"的语义特征决定了"我（们）觉得"构式的核心语义特征是表达说话人的某种不确定性，其典型的用法是以插入语形式出现在句中或句末位置；另一方面，根据"我（们）+心理动词"构式的功能与构式在句中的句法位置之间的关系（参见表3-1），句首位置的"我（们）+心理动词"构式往往具有强化说话人认识立场的评议性功能（deliberative function），[①][②] 一般侧重于加强说话人关于命题判断的认识程度，是一种增强"语力"的言语表达形式，因此，表达说话人不确定性认识的"我觉得"构式不应该出现在句首位置，这样，就在客观上造成了"我（们）觉得"构式的核心语义特征与其在句中出现的句法位置不一致的情况。

　　表达说话人低确信性的"我（们）觉得"构式的典型句法位置应该是句中或者句末位置，之所以出现在句首位置，并不是说话人意图要加强说话人关于命题判断的确信度，凸显说话人的认识立场，而是基于互动交际中礼貌原则和对听话人面子进行保护的语用因素的考量，说话人有意采用表达低确信度的语言构式来表达说话人关于命题判断的较高确信度，说话人的交际意图是，通过弱化说话人认识立场的"我（们）觉得"构式来委婉地阐述说话人关于言谈内容的言谈立场，委婉地阐述个人的言者观点或表达个人态度，以免直接阐述言谈立场或阐明个人观点所带来的"强硬性"（hard-line stance）或"鲁莽性"（rudeness）冒犯听话人，或者对听话人的面子造成威胁（face-threating）。但是，从说话人关于命题判断的确信程度上来说，说话人对于命题信息的确信度并未降低，也就是说，说话人出于交际需要，采用了一种委婉的表达方式——用

[①] Janet Holmes, "Hedges and Boosters in Women's and Men's Speech", *Language and Communication*, Vol. 10, 1990, p. 199.

[②] K. Aijmer, "I Think —An English Modal Particle", In T. Swan and O. J. Westvik (ed.), *Modality in Germanic Languages*, De Gruyter Mouton: Berlin/New York, 1997, pp. 21-26.

表达说话人低确定性的"我（们）觉得"构式来阐明说话人较为强硬的言谈立场，但这种委婉的表达方式并不影响说话人关于命题判断的确信程度。

与句首位置的"我（们）觉得"构式不同，句中和句末位置的"我（们）觉得"构式的核心构式意义与其所处的句法位置保持一致：一方面，"我（们）觉得"构式的核心构式意义是表达说话人关于命题信息的某种不确定性认识（uncertainty）；另一方面，在互动交际过程中，以插入语形式出现（即出现在"句中或句末位置"）的"我（们）+心理动词"构式往往用于标记说话人的言者视角，或者补充说明说话人的言谈立场，构式仅仅表达了句子信息的次要信息，位置灵活且不固定，是说话人用以弱化认识立场和言语行为语力（tentative function）的重要语言表达形式（参见表3-1）。

由此可见，"我（们）觉得"构式出现的句中或句末位置与其表达不确定性认识的核心构式意义是相符的，也就是说，因为"我（们）觉得"构式的核心构式意义是表达说话人的不确定性认识，所以句中或句末位置才是"我（们）觉得"构式的典型句法位置，这一结论也可以从语料方面得到证实。以插入语形式出现在句中或句末位置的"我觉得"构式在其所有用法中所占比例是最高的；而出现在句首位置的"我觉得"构式出现的比例虽然不低，但是句首位置的"我觉得"构式不是为了表达说话人对命题判断的不确定性，而是基于礼貌原则和面子保护策略的语用表达需要，有意采用弱断言形式委婉地向听话人表明说话人的言谈立场，阐明个人观点。

根据对北京大学中国语言研究中心现代汉语语料库（CCL）中关于"口语"和"相声小品"口语语料的考察，共获得"我觉得"构式的使用频率为770频次，表达认识情态意义的"我觉得"构式出现频率为760频次，"我觉得"构式在语料库中的分布情况如表4-1所示。

表4-1　　　　　"我觉得"构式在语料库中的分布

位置	句首位置	句中位置	句末位置
频次	363	393	4
占比（%）	47.763	51.710	0.005

下文将根据"我觉得"构式在句中出现位置的不同，分别考察其认识情态表达功能的特点及差异。

二　句首位置"我觉得"构式的认识情态功能

尽管"我觉得"构式的核心构式意义是表达说话人关于命题判断的不确定性认识，但是出现在句首位置的"我觉得"构式却具有特定的语用表达功能，即出于礼貌表达或者保护听话人面子的交际需要，说话人用表达弱断言认识的"我觉得"构式来委婉地阐述说话人在言语交际中的言谈立场，包括阐明说话人的个人观点（personal opinion）、表明说话人个人态度（personal attitude）、标记说话人的个人视角（personal perspective）等，是一种言谈立场的选择标记（stance-taking marker）。

在互动交际过程中，句首位置的"我觉得"构式会出现在话轮中不同的位置，起到不同的语用表达功能。

（一）"我觉得"处于对话性话轮始发句的句首位置

"我觉得"出现在对话性话轮的始发句中，充当始发句的触发语（trigger）时，其话语功能是针对前面语言背景中的某些信息进行评论，主动表明说话人的个人态度，或主动阐述说话人的个人观点。从言语行为的角度来说，"我觉得"构式是说话人主动为自己确定言谈立场的立场选择标记（stance-taking marker），执行的是阐述性言语行为（representatives），说话人用"我觉得"构式来确立自己的言谈立场——"立论"，这是句首"我（们）+感觉类心理动词"构式的特定语用表达功能，此时的"我觉得"构式是说话人出于交际需要有意采用弱化认识程度的语言表达形式来标记说话人言谈立场的常见语言表达方式。尽管说话人采用了弱断言的语言表达形式，但是从说话人关于命题判断的确信程度上来看，说话人关于命题判断的确信程度依然较高，属于肯定性断言，表达说话人的某种确定性（certainty），此时的"我觉得"构式只是说话人出于礼貌原则和面子保护策略而采用的委婉表达方式而已，例如：

（10）现如今在影视圈上已经打出自己一片天地的黄秋生，曾经还是一个很好的歌手，出过三张专辑。1995年，黄秋生推出了自己的首张个人专辑《支离疏》，第二年又推出专辑《地痞摇滚》。他自成一派的摇滚乐与他很多银幕形象有些联系，对社会不公和道德缺失肆无忌惮地嘲讽、怒骂甚至粗口一直在他的音乐中不绝于耳。在独立乐坛黄秋生是个不故作高声的玩票者却又能集独立音乐之大成。

黄秋生："**我觉得**摇滚是一种态度，跟吉他无关。摇滚应该是一种精神。"

鲁豫："才出三张专辑，再接着出吗？为什么不唱了？"

黄秋生："差不多了，没力气了。摇滚需要很多力气的，唱那些流行软软的爱情歌我又不想。"（当代《鲁豫有约——男角》）

（11）旁白："为何孔子将《关雎》列为《诗经》的首篇？"

曲黎敏："**我觉得**这里边的女人倒反而非常的……"

梁冬："有担当啊。"

曲黎敏："有担当，而且愿意为这种担当做出自我的牺牲，所以我觉得这个称之为后妃之德。"（当代《梁冬对话曲黎敏》）

例（10）中，互动交际的语言背景是个人简介式的视频介绍，针对视频简介这一背景信息，说话人主动阐明自己对"摇滚"的断言性认识——摇滚是一种精神，为整个言谈确定了说话人的言者立场，后续的话轮都围绕着这一观点展开，此时的"我觉得"构式表达的是言者的"立论"。说话人的断言采用的是判断句的语言形式，而判断句又恰恰是断言命题的典型语言表达形式。尽管说话人采用了"我

第四章 "我(们)+感觉类心理动词"构式的认识情态研究

觉得"构式来标记说话人的言谈立场,但是说话人关于"摇滚是一种态度"断言的确信度较高,属于确定性断言(certainty)。例(11)中,说话人曲黎敏针对前面出现的旁白话语"为何孔子将《关雎》列为《诗经》的首篇"主动"立论",确定说话人的言者观点,后续的话语都围绕着这一言者观点展开。此外,说话人为了强化自己的言谈立场和个人观点,还采用了表达较高程度的程度副词"非常"来强化说话人断言认识的语义强度,以此来表明自己断言的肯定性态度,这显然与"我觉得"构式表达不确定性认识的核心构式义相矛盾,因此,句中的"我觉得"构式只能识解为说话人言谈立场和个人观点的委婉表达方式。

(二)"我觉得"处于对话性话轮应答句的句首位置

"我觉得"构式出现在对话性话轮中的应答句中,充当应答话轮的触发语(turn trigger)。说话人用"我觉得"接管话轮,应对听话人的提问或疑问,被动阐述说话人的个人观点,表明说话人的言谈立场,此时"我觉得"构式所表达的关于命题判断的确定性程度仍然较高,例如:

(12)晓白:"张向东说过,理解力和想象力是互联网公司的核心竞争力,您认同吗?"

邓裕强:"**我觉得**这是对的,任何行业都是如此。无论在任何行业,只要你想打造最强的企业,你都要去颠覆、去超越原来的成功者,你都必须要具备这样的特性,否则你永远都是在一个模式的统治下存在。"(当代《创业者对话创业者》)

(13)鲁豫:"40多岁重新开始经历一个人的生活会害怕吗?"

李宗盛:"**我觉得**一个人的时候最大的害怕就是受不了寂寞,我将来可能会有很长的一段时间都是这种状态。我现在正在练习的是不让寂寞变成我的致命伤。"(当代《鲁豫有约——男角》)

例(12)和例(13)中,"我觉得"构式都出现在应答话轮的句首位置，用于回答交际的对方所做出的询问（inquirying）。例（12）用于向问话人表明说话人鲜明的个人态度，命题小句采用的是判断句的语言形式，表达说话人确信程度较高的断言认识；例（13）则用于向问话人明确阐述说话人的个人观点，命题小句采用的也是判断句的语言形式，并使用了强调副词"就"加以强调，增强说话人断言的肯定性和确信程度。从例（12）和例（13）命题小句的语言形式以及说话人关于命题判断的确信程度来看，说话人关于命题判断的确信度比较高，因此，例句中的"我觉得"构式显然不表达说话人关于命题判断的不确定性，而是应交际对方的提问或要求，阐明说话人的言谈立场或言者观点，是说话人被动阐明言者立场的言语表达方式。

（三）"我觉得"处于话轮的内部

当"我觉得"构式出现在说话人的某个话轮内部时，往往用于对于前面出现的某一言语信息进行评论，阐明个人观点或表达个人态度，属于"先叙述，再评论"的"立论"模式。与出现在话轮始发句和应答句的句首位置直接进行"立论"不同，说话人先叙述被评论信息，然后再针对言语信息进行评论，即采用"先叙述，再评论"的话语模式，使用"我觉得"构式进行立论——确立说话人的言谈立场，阐明个人观点或表明个人态度，例如：

（14）李："一般人觉得，我们要爱人，不要恨人，这是错的。**我觉得**，爱和恨都是很重要的力量，恨，不是坏的力量。好比说，我帮助慰安妇，就是因为我恨日本人。"（当代《李敖对话录》）

（15）孙虹："人与人可能不一样，我试过上午睡到自然醒，十点或十一点到单位，下午四点就回家，好像一下子就特别懒散了，**我觉得**这样做会把人废掉的。不通过考勤这种手段，怎么衡量员工对待这份工作的态度呢？"（当代《名家对话职场7个方面》）

（16）画外音："独立学者王东岳带我们用万物演化的视角，

第四章 "我(们)+感觉类心理动词"构式的认识情态研究

对比老子与孔子的文化状态,重新反思中国文化的演进历程。"

梁冬:"刚才王老师给我们带来的'惊天地、泣鬼神'的一段关于我们中国文化的反思。**我觉得**他每个地方都言之有物,都是有根据的。当然了,就是说我觉得从客观上来说,如果不是孔子这么成功的话,他的东西留不下来。"(当代《梁冬对话王东岳(文字版)》)

例(14)至例(16)中,说话人先叙述言语信息,然后用"我觉得"构式进行评论,阐述说话人的言谈立场,表达个人观点。从本质上讲,这种"立论"模式和处于话轮始发句的"我觉得"构式言谈立场的选择模式是一致的,都是说话人主动针对某一言语信息阐述个人观点,表明说话人的言谈立场。为了避免说话人主动阐述言谈立场和个人观点对听话人可能产生的面子威胁,基于礼貌原则和对听话人面子主动进行保护的交际策略,说话人采用了表达不确定性(或弱断言)认识的语言形式"我觉得"构式对前面出现的言语信息进行评论,通过评论的方式进行"立论",主动阐明说话人的个人观点,表明说话人的言谈立场。

话轮内部出现的"我觉得"构式"先陈述,再评论"的"立论"方式在话语组织上常常采用以下三种模式。

第一,说话人先对前面出现的言语信息进行总结,然后用"我觉得"构式总结个人的观点,阐明说话人的言谈立场,此时的"我觉得"构式前面往往出现表达因果关系或总结关系的关联词语"因此、所以、那么、总之、总而言之、总的来说、一言以蔽之"等,例如:

(17)高晓松:"我想说的最重要的就是她的演技,周迅是我见过唯一能在演戏的过程中当场穿透气氛的演员。我举一个特别的例子,《那时花开》有一场她的戏需要的是猛地一看镜头,表现出突然明白的样子,她当时演的时候,立即就把剧情中的气氛看穿。我当时在监视器前头,她一抬眼看镜头的时候,通过镜头我就感觉她一下子把我的心灵都看穿了。所以,**我觉得**她演戏

真的特别好,已经达到了一种境界。"(当代《鲁豫有约——红伶》)

(18)盖茨:"我对投资银行的关注并不是很密切。因此,我当时并没有觉得是一件非常可怕的事情。在科技行业,我最景仰的两个公司王安电脑和数据设备公司(Digital Equipment)都破产了。因此**我觉得**,市况总有起落,一些公司会被淘汰,我并不会对哪家公司出局感到失落。"(当代《沃伦·巴菲特和比尔·盖茨的对话》)

此类话语组织模式是典型的"先叙述,再通过评论立论"的言谈立场确立模式。说话人先叙述客观事实,然后再针对客观事实进行评论,通过评论来表达说话人个人观点,确立言谈立场。

第二,说话人用"我觉得"构式对前面出现的言语信息进行补充完善,此时的"我觉得"构式前面往往出现"另外、此外、之外、除此之外"等逻辑关联词,例如:

(19)但斌(深圳市东方港湾投资管理有限责任公司总经理):"别人把财富交给我们,它是一副重担,我们愿意为这副重担承担责任,做好是应该的,没有什么了不起的,人生就是这样。

另外,**我觉得**投资其实是非常简单的一个游戏,一买一卖,是人都会,且又是一个非常古老的职业,从荷兰郁金香开始有400多年的历史,甚至更加久远,这里面又聚集了全世界最优秀的人在里面竞技,你怎么能够在这个竞技游戏中胜出?!说实话,刘建位,包括别人写的巴菲特的书,任何一本,按在座各位的理解力,读完并理解价值投资的方法是没有问题的。我相信在座的每一位都有这样的智慧,但能不能完全做到像巴菲特一样却又是非常不容易的事。从哲学的角度怎么来理解投资?理解财富?某种意义上这些方面的理解力不同,可能会导致不同的操作风格,甚至是不同的人生走向。"(当代《国内私募基金经理对话》)

（20）柯："要一说教育国际化，我就没有先想到输出留学生，您想到的是什么，我想到的首先就是怎么样，学习世界各国教育理念……我们可以学习，我们可以看很多东西，我们知道国外的是怎么做的，另外，**我觉得**国际化还有一个，就是说不要光我们去了解别人，我发现别人对我们，一点都不了解，我在美国的时候，发现美国人都很傲气，觉得他们好像什么都懂，实际上我觉得，我很知道美国怎么回事，但是他一点都不知道，我们中国怎么回事，所以我觉得我们也应该把我们好的东西，应该让他们知道，所以国际化实际上是一种交流，一个沟通，大家达成一定的共识。"（当代《关于教育的对话》（王梓坤、柯惠新））

此类话语组织模式中，"我觉得"构式的主要话语功能看似是补充说明说话人的个人观点或看法，本质上是说话人意在完整地阐明说话人的个人观点，或者意在突出说话人自己独到的认识见解。以例（19）和例（20）为例，"另外"后面出现了大篇幅的言语信息，这显然是说话人言谈交际的语义重点，是说话人意在向听话人传达的独到的个人观点。

第三，说话人用"我觉得"构式对前面出现的言语信息进行语义转折，提出新的认识和观点。此时的"我觉得"构式经常与"但、但是、然而、而是、可、可是、即使如此、尽管如此"等转折类逻辑关联词共现，例如：

（21）李国庆："我举个例子，公司前5号人物要入职的话，如果俞渝不同意，我说了也不算，她同意才行。"

张向东："人家说开夫妻店会更有默契和信任，这有利于业务开展。**但是我觉得**这是一个很大的牺牲，等于要把家庭很大的一部分幸福牺牲掉。"（当代《创业者对话创业者》）

（22）现在我们再来看一下观众朋友们怎么说的。他说："公车的改革势在必行，**可是我觉得**无论怎样都是治标不治本，国家富了，人民也富裕了，所以都买得起车了，于是很多人都有私家车，但是道路的建设远远跟不上私家车的增长速度，于是一堵再堵，国人的观念应该调整一下了，工作日尽量地乘坐公共交通，只有这样才能一路畅通。"（中央电视台，《今日观察——公车与公交》，2010年11月1日）

此类话语组织模式中，说话人先叙述事实或者观点，通过转折连词进行语义否定，同时用"我觉得"构式表达说话人与前面既有观点相反的个人认识或看法。如例（21）中，既有的观点是"人家说开夫妻店会更有默契和信任，这有利于业务开展"，说话人用"我觉得"构式明确提出相反的个人观点，"我觉得"与"人家说"相对。例（22）中，观众朋友们的观点是"公车的改革势在必行"，说话人对此提出质疑和反对，认为"无论怎样都是治标不治本"，"国人的观念应该调整一下了，工作日尽量地乘坐公共交通，只有这样才能一路畅通"，说话人的观点和观众朋友们的观点相反或相对。

（四）小结

句首位置的"我觉得"构式在交际话轮中可以出现在不同的位置：当"我觉得"构式出现在话轮始发句的句首位置时，"我觉得"构式是说话人主动为自己确定言谈立场的立场选择标记（stance-taking marker），执行阐述性言语行为（representatives），即说话人用"我觉得"构式来确立自己的言谈立场——"立论"。此时的"我觉得"构式是说话人出于礼貌原则和面子保护策略，有意采用弱化认识程度的语言表达形式来委婉地表达说话人言谈立场的语言表达形式。当"我觉得"构式出现在对话性话轮中的应答句中时，往往充当应答话轮的触发语（turn trigger），其主要话语功能是应交际对方的提问或要求，阐明说话人的言谈立场或言者观点，是说话人被动阐明言者立场的语言表达形式。当"我觉得"构式出现在话轮内部时，往往用于对于前面出现的言语信息进行评论，阐明个人观点或表达个人态度，其言谈立场选择模式为"先叙述言语信息，再通过评论言语信息的方式来表达说话人的言谈立场"。

无论是出现在话轮的始发句句首位置，还是出现在话轮的应答句句首位置,抑或是出现在话轮内部评论句的句首位置,"我觉得"构式并不是表达说话人关于命题判断的不确定性认识,而是起到特定的语用表达功能,即说话人为了避免因为主动阐述言谈立场和个人观点而对听话人可能产生的面子威胁,基于礼貌原则和对听话人面子主动进行保护的交际策略,说话人有意采用表达不确定性判断或弱断言认识的认识情态表达构式"我觉得",针对某一言语背景或者前面出现的言语信息进行评论,通过评论的方式"确定言谈立场",阐明个人观点或表明个人态度。所以说,出现在句首位置的"我觉得"构式是互动言谈(talk - in interaction)中说话人言谈立场的选择标记(stance - taking marker),从说话人关于命题判断的认识强度上来讲,说话人关于命题判断的确信度较高,在互动交际过程中,仍然具有较强的言语行为的施为语力。

根据对北京大学中国语言研究中心现代汉语语料库(CCL)中关于"口语"和"相声小品"口语语料的考察统计,在363例处于句首位置的"我觉得"构式的语料中,有172例"我觉得"构式出现在话轮的起始处或者换轮转换处,占处于句首位置"我觉得"构式使用比例的47.3%,占"我觉得"构式全部使用比例的22.6%;有191例"我觉得"构式出现在话轮内部,用于言语信息的总结、补充或者语义的转折,占处于句首位置"我觉得"构式使用比例的52.6%,占"我觉得"构式全部使用比例的25.1%。

三 句中或句末位置"我觉得"构式的认识情态功能

根据表3–1中关于句中或句末位置"我(们)+心理动词"构式及其句子信息结构的分析,我们知道,当"我觉得"构式出现在句中位置或者句末位置时,往往用于补充说明说话人关于命题判断的个人视角,表达一种不太肯定的个人态度,或者表达说话人关于命题判断不太肯定的评估性认识(uncertainty)或者弱断言认识(weak assertion),例如:

(23)乐乐:"我也不知道,他这人长得**我觉得**挺可怕的。"

鲁豫："他长得可怕吗？"

乐乐："我也不知道。反正从小就怕他，他只要看我一眼，可能不用瞪我，我就害怕了。对谁都没有（害怕）过，就是对他。"（当代《鲁豫有约——沉浮》）

（24）刘德华："因为林子祥真的很喜欢我，他的唱片公司是 WEA，华纳的。他是第一个教我唱歌的人，我跟他练，练好了之后，公司不给我签华纳，因为他说公司有自己的唱片公司，我就觉得朋友那边我很难交代。那时候是那种友谊，也可能是义气吧，**我觉得**。"（当代《鲁豫有约——男角》）

例（23）中，"我觉得"构式以插入句中的形式出现，主要用于补充说明说话人关于命题判断的个人视角，凸显判断的个体主观性；例（24）中，"我觉得"构式以句末插入语的形式出现，用于补充说话人的评估视角，表明说话人所做出的断言仅仅属于个人所有，与其他人无关，与事实本身无关，体现了说话人的"免责意图"。

在绝大多数语境中，句中或句末位置的"我觉得"构式表达说话人的认识程度都比较低。从语用表达的角度来说，反常规的语言形式必定有特定的语用表达功能，以插入语形式出现的"我觉得"构式在语用上往往被说话人用于有意弱化认识程度，说话人试图与对命题所做出的判断做出"切割"，所以在语用上尽量弱化对听话人可能产生的施为语力（illocutionary force），从而避免对听话人的面子造成威胁，避免违反礼貌原则，例如：

（25）李敖："那也不是，我是说如果再过五十年我可能再办一场演讲会，我是那个意思。我是说，台湾对我太小了，我最大的苦恼**我觉得**太小了。台湾，中国的一个省，太小了。"（当代《李敖对话录》）

（26）"你们非常优秀，像刚才王老师说，我们国家的这种基础教育，还有大学本科教育，确实是**我觉得**日本它也承认的，美国它也承认的，觉得中国的学生是很优秀的。"（当代《关于

教育的对话》(王梓坤、柯惠新))

例(25)、例(26)中的"我觉得"构式是典型的弱化认识程度的用法(tentative or hedging),说话人试图用标记个人视角的"我觉得"构式来弱化自己关于命题判断的认识程度,从而避免对听话人的面子造成威胁,是"基于听话人面子保护"(addressee-oriented face-saving)的积极礼貌表达策略(positive politeness strategies)之一。

在语用表达上,说话人可以用"我觉得"构式在弱化(tentative)说话人断言认识程度的同时,凸显说话人个人的主观视角(perspective)。个人主观视角的表达,从本质上讲就是凸显评估或断言的少证据性和不确定性,强调判断的主观性,例如:

(27)陈可辛:"人家总觉得我朋友多,我自己觉得朋友不多——可能**我觉得**我做的事情太多了,我真的没有什么时间交朋友。"(当代《杨澜对话热点人物——杨澜访谈录Ⅱ》)

(28)赖女儿:"其实他不需要那么忙,**我觉得**。但是不知道是他喜欢这么忙,还是他没办法,一定得这么忙,所以我就觉得他如果说可以休息的话就多休息一下。毕竟人到了一个年纪了,是吧?"(当代《杨澜对话热点人物——杨澜访谈录Ⅱ》)

除了被说话人用于弱化语力、凸显言者视角之外,"我觉得"构式在语用表达中还起到一定的话轮维持功能(turn-holding),充当话语或语篇连贯的话语填充成分,例如:

(29)王杰:"对,那段生活是最痛苦的,但是其实**我觉得**人生最痛苦,倒也不是这些东西,**我觉得**人的最大的一个痛苦是思念。"(当代《鲁豫有约——王杰》)

(30)我比别人"立"的"言"都多,**我觉得**"立言"真不是我的本领,**我觉得**我是"立德",**我觉得**我真正在台湾做了一个走过从前、始终如一的一个人。(当代《李敖对话录》)

例（29）、例（30）中，说话人使用了多个"我觉得"构式，说话人的交际意图不在于弱化说话人的个人认识，而是凸显说话人的个人视角。除此之外，还在客观上保持了说话人对话轮的掌控，以免听话人介入，抢夺话语权，所以例（29）、例（30）中的"我觉得"在话语组织上具有一定的话轮维持功能。

综上所述，句中或句末位置的"我觉得"构式侧重于凸显说话人的言者视角，表明说话人不太肯定的个人态度。从所表达的认识程度上来看，个人主观性的强化意味着认识不确定性程度的增加，因此，说话人弱化个人认识立场和言语施为语力的言语行为意图比较明显。此外，"我觉得"构式在互动交际中，还可以起到保持话语权的话轮维持功能。

四 小结

认识情态构式"我（们）觉得"是"我（们）＋感觉类心理动词"构式的典型构式，其核心构式意义是表达说话人对于命题信息可靠性、必要性和可能性的某种不太确信的评估（uncertainty），常用于表达说话人不太确定的弱断言认识（weak assertion），是说话人用以弱化认识立场（hedge epistemic stance）的言语表达方式之一。

表达说话人低确定性的"我（们）觉得"构式的典型句法位置是句中或者句末位置。当"我觉得"构式出现句中位置或者句末位置时，往往用于补充说明说话人关于命题判断的个人视角，表达一种不太肯定的个人态度，或者表达说话人关于命题判断的不太肯定的评估性认识（uncertainty）或者弱断言认识（weak assertion），用以弱化言者个人认识立场和言语施为语力的意图比较明显。此外，在互动性话语交际中，"我觉得"构式还起到保持话语权的话轮维持功能。

除此之外，"我（们）觉得"构式还经常出现在句首位置。句首位置的"我觉得"构式并不是说话人意图加强说话人关于命题判断的确信度，增强说话人的认识立场，而是基于互动交际中礼貌原则和对于听话人面子保护的语用因素的考量，说话人有意采用表达低确信度的语言构式来表达说话人关于命题判断的较高确信度，具有明显的语用交际意图,即通过弱化说话人认识立场的"我(们)觉得"构式来委婉地阐述说话人关于言谈内容的言谈立场,委婉地阐述个人观点,表达个人态度,以免冒犯听话人或者对听话人的面子产生威胁。说话人出于交际需要,采用了一种委婉的表达方式阐明说话人的言谈立场,但这种委婉的表达方式并不影响说话人对命题判断的较高确信程度。

第五章 "我(们)+思维类心理动词"构式的认识情态研究

第一节 "我(们)+思维类心理动词"构式的界定

一 "我(们)+思维类心理动词"的构式形式

所谓"我(们)+思维类心理动词"构式,是指思维类心理活动动词出现在认识情态构式"我(们)+心理动词"中而构成的认识情态构式。由于出现在构式中的思维类心理活动动词有五个小类,因此"我(们)+思维类心理动词"构式可以分为五个小类:(1)"我(们)+怀疑类心理动词"构式,主要指"我(们)怀疑"构式;(2)"我(们)+评估类心理动词"构式,包括"我(们)估计"构式、"我(们)估摸"构式、"我(们)估量"构式、"我(们)约莫着"构式、"我(们)估摸着"构式、"我(们)琢磨"构式和"我(们)捉摸"构式等;(3)"我(们)+猜想类心理动词"构式,包括"我(们)猜"构式、"我(们)猜测"构式、"我(们)猜想"构式、"我(们)揣测"构式、"我(们)揣度"构式、"我(们)揣摩"构式、"我(们)揣摸"构式、"我(们)揣想"构式、"我(们)想₁(猜测)"构式和"我(们)寻思"构式等;(4)"我(们)+推理类心理动词"构式,包括"我(们)推理"构式、"我(们)推测"构式、"我(们)推断"构式、"我(们)推定"构式、"我(们)推论"构式、"我(们)推算"构式

第五章 "我（们）+思维类心理动词"构式的认识情态研究

和"我（们）推想"构式等；（5）"我（们）+预料类心理动词"构式，包括"我（们）预测"构式、"我（们）预料"构式、"我（们）预感"构式、"我（们）预想"构式、"我（们）料想"构式和"我（们）料定"构式等。

在"我（们）+思维类心理动词"构式中，主语多数是第一人称单数形式——"我"，第一人称复数"我们"的使用频率很低，主要原因是思维类心理活动本义指的是个人的思维活动，凸显思维主体的个体性，因此，受到构式准入动词语义条件的限制，"我（们）+思维类心理动词"构式往往倾向于表达说话人关于命题信息的个人视角、个人态度或者表达说话人对命题信息的个人性评估，凸显说话人评估的个人视角和主观性。

在"我（们）+评估类心理动词"构式中，有一部分扩展构式是评估类心理动词带"着"，包括"我（们）估计着"构式、"我（们）估摸着"构式、"我（们）估量着"构式、"我（们）约莫着"构式、"我（们）琢磨着"构式和"我（们）捉摸着"构式等，举例如下：

（1）记者："如果当时没有这块石头呢？"

彭燕："我不知道，估摸着我可能就……可能会下去。"

记者："下去意味着什么呢？"

彭燕：**"我估摸着**，我不死也就残了吧。"（中央电视台，《面对面——彭燕坚守"生命禁区"》，2011年6月12日）

（2）志愿军烈士刘苙恩之子刘忠庆："老妈，你还记不记得我父亲啥样？"

志愿军烈士刘苙恩之妻吴雅芹："记得，个儿比你大，比你高点，**我琢磨着**你大耳朵大鼻子，随你爸。"

刘忠庆："我现在手里只有我父亲一张照片，什么都没有。小的时候我总站在门口，往镇上，往我们家去的大道西边，我总在那里望着，过来一个穿黄衣服的，我常常想，这个是不是就是我父亲？"（中央电视台，《新闻频道——新闻周刊》，2013年8月3日）

还有一类扩展构式是思维类心理动词前面隐含着第一人称主语（"我或我们"），言者主语隐藏在句外，并没有显性化为句子的句法主语，其句法形式是"思维类心理动词＋谓词性/形容词性成分/小句"，此类扩展构式的表达功能与核心构式"我（们）＋思维类心理动词＋谓词性/形容词性成分/小句"构式一样，具有相似的认识情态表达功能，主要包括"估计""估摸着""想来""想见"等少数思维类心理活动动词，举例如下：

（3）刘力红（徒）："这一例病人，加进白芷、菖蒲后，大概吃几副，吃到什么程度的时候就可以转法了？"

卢崇汉（师）："吃到他的外寒明显减轻了，没有明显的外寒症状了，这个时候就应该可以考虑转法了。**估计**这个时间不会太长，至于转什么样的法，那要根据病人的具体情况。这个方就先吃五副吧。"（当代《卢崇汉、刘力红师徒对话》）

（4）桂玲说："你咋知道这不是自己吃的？"

汉子擦着汗笑道："我刚才看见大军在卸车，**估摸着**你们吃不完，这不，回去取钱了，总算赶上了。"

小兰紧紧护着包说："你又没带秤，我们又不知价钱，你说怎么作价？"（柳建伟《突出重围》）

（5）春节前，大年二十九的时候，凤凰卫视又录了一个专场演出。他们在大年三十就赶后期制作，初一立马就开始播。**估计**也从来没有哪个电视台对相声有过如此长篇幅的播报，**想来**这也是个不大不小的奇迹了。（当代《郭德纲相声集》）

（6）长乐先生："慈悲爱仁的心境，是需要长期环境熏陶，才能结出硕果的。可以**想见**，若社会上贪吝争恶之风盛行，则人皆盗匪；若祥和仁容之风盛行，则人人皆佛。如果人人皆佛，我们也就不必再像陶渊明那样，隐居世外桃源了。"（当代《传媒大亨与佛教宗师的对话——包容的智慧》）

围绕着认识情态构式"我（们）＋思维类心理动词"，产生了一系列构式形式相似、功能相近的扩展构式，包括"我（们）＋思维类心理动词＋着"构式和"思维类心理动词＋谓词性成分/形容词性成分/小句"构式等，这些构式形成了一个构式网络，在构式网络中，核心构式和扩展构式之间具有典型和非典型之间的关系，它们在语义上通过实例联结等方式联结在一起，在一定程度上反映了人类认知方式的典型性、多样性和复杂性。

二 "我（们）＋思维类心理动词"的核心构式意义

认识情态构式"我（们）＋思维类心理动词"的构式意义主要是表达说话人对于命题信息可靠性、必要性和可能性的评估性认识，是说话人认识立场的重要表达构式。作为一个形式和语义配对的独立认识情态构式，构式意义并不是其组构成分意义的简单相加，具体来说，认识情态构式"我（们）＋思维类心理动词"已经不再表示说话人怀疑、估计、猜测、推理和预料等某种具体的思维活动，而是表达说话人的某种评估性认识意义。

认识情态构式"我（们）＋思维类心理动词"和核心组构词项"怀疑类心理动词""评估类心理动词""猜想类心理动词""推理类心理动词"和"预料类心理动词"所编码的事件类型是一致的，都是编码人的某种思维活动，具有较强的主观性。核心组构词项往往是认识情态构式"我（们）＋思维类心理动词"所编码事件类型的方式或者手段，按照人类的一般认知规律，二者自然而然地进行语义融合，这就是构式自上而下对核心词项的意义类型的选择制约机制；反过来，核心组构词项所编码的事件类型也会对认识情态构式"我（们）＋心理动词"构式所编码的事件类型或者情景模型进行限制和约束，具体来说，"怀疑类心理动词"往往表达思维主体没有根据的猜忌、猜测或者质疑；"评估类心理动词"往往表达思维主体对于命题信息的大致推断；"猜想类心理动词"往往表达思维主体主观上凭借想象进行估计和推测；"推理类心理动词"往往表达思维主体有一定根据或证据（evidence）的某种推断，一般来说，往往是根据一个或几个已知的事实推理出说话人的某种认识；"预料类心理动词"往往是表达思维主体根据过去和现在的已知因素，运用已有的知识规律、经验和科学方法，对未来事件进行预先估计，并对事件未来的发展趋势做出预估和预判。

综合上述五类心理动词的语义类型，我们发现推理类心理动词和预料类心理动词往往表达具有一定根据的、合理的推断或者预测，语义判断的肯定性或者确定性较高，评估类心理动词表示大概的推断，语义判断的肯定性和确定性居中，猜想类心理动词往往表达主观猜测，语义判断的肯定性和确定性次之，怀疑类心理动词所表达语义判断的肯定性和确定性最弱，其语义判断的肯定性和确定性按照由弱到强的顺序，排列如下：

"怀疑类心理动词" ＜ "猜想类心理动词" ＜ "评估类心理动词" ＜ "推理类心理动词" ／ "预料类心理动词"

受到思维类心理动词语义强度的影响，我们发现认识情态构式"我（们）+思维类心理动词"构式所表达的说话人关于命题信息的确信度也存在相似的认识程度序列，按照认识情态构式"我（们）+思维类心理动词"所表达认识情态意义的认识尺度，由弱到强，排列如下：

"我（们）+怀疑类心理动词"构式＜"我（们）+猜想类心理动词"构式＜"我（们）+评估类心理动词"构式＜"我（们）+推理类心理动词"构式／"我（们）+预料类心理动词"构式

根据说话人对命题信息所做出的评估性认识是否是有根据或证据的（evidence），我们把"我（们）+思维类心理动词"构式分为四个小类：第一类是"我（们）+怀疑类心理动词"构式，往往表达说话人关于命题判断的低确信度认识（uncertainty），表达说话人关于命题判断的"置疑立场"（epistemic doubt）；第二类"我（们）+猜想类心理动词"构式，往往表达说话人对于命题判断的弱断言认识（weak assertion）；第三类是"我（们）+评估类心理动词"构式，往往表达说话人关于命题判断较大可能的评估性认识（epistemic likelihood）；第四类是"我（们）+推理类/预料类心理动词"构式，往往表达说话人关于命题判断较为肯定或者确信度较高的评估性认识（epistemic probability）。

第二节 "我（们）+怀疑类心理动词"构式的认识情态研究

一 相关研究

《现代汉语词典》（第六版）认为"怀疑"有两个义项：一是疑惑，不很相信；二是猜测。关于"怀疑"的义项以及两个义项之间语义关系，学术界有诸多讨论。

李兴亚认为，当"怀疑"后面带体词性宾语或者不带宾语时，"怀疑"表达不很相信的意思，倾向于否定；当怀疑后面带谓词性宾语时，"怀疑"表达的是"猜测"的意思，倾向于肯定。[1] 李运熹进一步补充到，当"怀疑"带谓词性宾语且前面没有否定词时，"怀疑"表达猜测的肯定性意义；"怀疑"前面出现否定词时，不管后面带体词性宾语，还是谓词性宾语，都是表达"不很相信"的否定性意义。[2]

韩蕾将"怀疑"的义项分为三类：一是疑惑，表达没有倾向性，相当于英语的"uncertain"；二是不很相信，倾向于否定，相当于英语的"doubt"；三是猜测，倾向于肯定，相当于英语的"suspect"，认为"主语+怀疑+陈述小句"句式本质上是一种用来表示事件发生概率的语法隐喻形式。[3]

萧国政、郭婷婷将"怀疑"句称为思维判断句，并分为三种类

---

[1] 李兴亚：《"怀疑"的意义和宾语的类型》，《中国语文》1987年第2期。
[2] 李运熹：《也谈"怀疑"的意义》，《中国语文》1988年第2期。
[3] 韩蕾：《"怀疑"的词义、宾语和句义》，《徐州师范大学学报》2001年第1期。

型：一是评判句 $S_{怀疑1}$，句子是思维主体 X 对思维对象 Y 进行评判，动词"怀疑"是评判词，表达不很相信的意思；二是猜测句 $S_{怀疑2}$，句子是申述思维结论，Y 是思维主体 X 对思维对象的一种可能性判断，动词"怀疑"具有标志结论 Y 性质，即这种结论表达的是一种"猜测"义；三是质询句 $S_{怀疑3}$，句子是同步报道疑问 Y 及其思维主体 X 对疑问的探询和质疑，Y 一般以疑问句的形式出现，表达"疑惑，弄不清"之义。①

袁毓林认为"怀疑"的基本意义是"不相信"，具体来说，可以表达三种意义：一是"怀疑"的弱式意义，表达不能确定某种情况是否真实而不能有肯定的意见；二是"怀疑"的强式意义，表达认为某种情况不正确或不确实而不很相信；三是"怀疑"的逆反式意义，表达猜测或相信实际情况不是这种样子，而是另外的某种样子。其中表达"猜测"和"相信"的意义是从表达"怀疑、不相信"的意义中引申而来的，并分析了"怀疑"语义的引申机制和语义识解策略。②陈颖通过考察"怀疑"的历时语义演变过程，并没有找到"怀疑"分化为两个义项的证据，并认为"怀疑"的语义一直都是"疑信各半"。③

张建理、吴洁雅认为"怀疑"核心义构式句是指对别人或自己的已然判断给予趋于否定的判断，属于强式批判；而引申义构式句则是指对自己的当前判断给予趋于肯定的判断，属于弱式批判。④

唐恒青认为"怀疑"句式的构式意义，是根据某些前件推理出一个命题很可能为假，而其矛盾命题则很可能为真，于是"怀疑"就兼有了"不很相信"和"有点相信"两个义项，原因就在于"怀疑"

---

① 萧国政、郭婷婷：《"怀疑"句的功能类型、认知性质与 HNC 思考》，载《汉语语法的事实发掘与理论探索》，湖北人民出版社 2005 年版，第 114—121 页。
② 袁毓林：《"怀疑"的意义引申机制和语义识解策略》，《语言研究》2014 年第 3 期。
③ 陈颖：《从历时看"怀疑"的否定性——〈动词内隐性否定的语义层次和溢出条件〉读后》，载《语言历史论丛》（第六辑），巴蜀书社 2013 年版，第 141—149 页。
④ 张建理、吴洁雅：《同形反义动词"怀疑"的多维度读解》，《浙江外国语学院学报》2013 年第 6 期。

思维具有逆向思维的特征。① 当怀疑主体质疑某种已有的旧认识时，表达"不很相信"意义，体现了说话人的交互主观性；而当怀疑主体建构了一种新的认识时，则表达"有点相信"，体现了说话人的主观性。②

综上所述，本书认为表示"疑虑、弄不清楚"之义是思维主体内在的某种思维活动，是心理动词"怀疑"的本义，而表达"不很相信"之义则是"怀疑"的引申意义，因为"疑惑、弄不清楚"，所以导致说话人对于客体对象或者客体命题持有"不很相信"之义，因为不太相信，所以思维主体对客体对象或者客体命题才会持有倾向于否定的态度，"怀疑"句才会产生否定意义，这是一种语用否定。而"猜测"义则是"主语+怀疑+谓词性宾语/小句宾语"的构式意义，表达主语对于谓词性宾语或小句宾语不太肯定或不太确信的评估性认识或推断。

二 "主语+怀疑"构式的认识情态意义

（一）"第一人称主语+怀疑"构式的认识情态意义

1. 认识情态构式"我（们）怀疑"构式的限制条件

根据"主语+心理动词"构式的主语准入条件，当主语是第一人称"我或我们"时，"我（们）+怀疑"构式表达的是说话人对于命题信息不太肯定或者不太确信的评估性认识或者推断。一方面，标记说话人对命题"P"没有充足的证据，警示听话人对说话人所做出的陈述（"P"）需要持有适当的谨慎态度；另一方面，着力于凸显说话人的个人视角、个人态度或者个人的主观推断，是说话人认识立场的直接表达方式，从而在互动交际中确立言谈立场（stance）。此外，"我（们）怀疑"还具有缓和或加强人际互动的调解功能，是一个语力调节装置，具有上述表达功能的"我（们）怀疑"是"主语+心理动词"构式的施为性用法（performatives），表达说话人即时即地的

---

① 唐恒青：《独断论与怀疑论：古希腊哲学中的一对逆缘》，《理论学刊》2000年第4期。
② 鲁承发：《"怀疑"意义的引申机制与识解策略新探——兼谈"表达省力"与"理解省力"博弈对句法的影响》，《语言教学与研究》2016年第3期。

认识情态意义,是一个典型的认识情态构式。

通过对媒体语料库(MLC)和北京大学中国语言研究中心现代汉语语料库(CCL)中关于"口语"和"相声小品"口语语料的考察,我们发现"我(们)怀疑"结构后面所关涉的语言形式有三类。

(1)"我(们)怀疑"+体词性成分,例如:

(7)昆山环保:"你这是跨界,对方的环评也要给出认证,我们苏州都不知道这件事情,而跨界项目必须到部里批,所以说**我怀疑**他的合法性。"(中央人民广播电台,《中国之声——新闻纵横》,2013年10月10日)

(8)或者阿米里刚被绑架的时候马上就录这么一段作为以后的备用,在胁迫下录这么一段,这种可能性也完全有,所以这个都不能完全否认。但是**我怀疑**一点,他刚到美国说自己是自由的,要在那儿进行学业,为什么要做这个视频,因为他是个核科学家,伊朗人到美国去学核科学,这个可能性基本上没有。(中央电视台,《今日关注——伊朗核专家失踪之谜:叛逃?绑架?》,2010年6月9日)

当"我(们)怀疑"后面关涉的语言形式是名词性成分或数量成分时,"怀疑"取"疑虑、弄不清楚"或者引申义"不太相信"之义,不是"猜测"之义,也就是说,"我(们)怀疑+体词性成分"并不表达说话人对于命题信息的某种认识推断,句中"我(们)怀疑"结构不是认识情态表达构式。

(2)"我(们)怀疑+谓词性成分",例如:

(9)(采访)李小姐:"**我怀疑**是有人把它带走了。我的狗不会跑远的,会自己回家。"(广州电视台,《今日报道》,2009年5月7日)

(10)张召忠:"**我怀疑**在某个地方,要么在阿富汗的某个基地,要么在巴基斯坦某个基地有舰载直升机、舰载飞机。比方

第五章 "我(们)+思维类心理动词"构式的认识情态研究

说 FA-18 直接从那儿就落在航空母舰上,才出了后面 24 小时之内进行 DNA 检测,然后再海葬。"(中央电视台,《今日关注——揭秘拉登之死》,2011 年 5 月 3 日)

当"我(们)怀疑"后面关涉的语言形式是谓词性成分时,"怀疑"取"猜测"之义,谓词性成分表达命题信息,"我(们)怀疑"结构意在表达说话人对于命题信息的某种认识或推断,此时的"我(们)怀疑"结构是本文讨论的认识情态表达构式。

(3)"我(们)怀疑+小句",根据后面所关涉小句的类型,可以分为以下两类。

① "我(们)怀疑+肯定小句",例如:

(11) 我去看地那天,鸽子们被关了禁闭,保安把车位打扫得干干净净,**我怀疑**看车老头跟他们串通好了。(当代《郭德纲相声集》)

(12) 马女士:"谁没事用改锥开它啊。"

服务顾问:"**我怀疑**您的锁头砸坏了,所以您说丢了。"(北京电视台,《7 日 7 频道——眩晕的日子》,2009 年 1 月 6 日)

② "我(们)怀疑+疑问句",疑问句包括特指疑问句、是非疑问句和正反疑问句等,例如:

(13) 主持人:"您觉得作为一个股权人,张法官的这两年的红利就根本不应该拿到手是吗?"

李成言:"首先**我怀疑**他入股的钱 180 万到底从哪儿来的,严格说就是卖房子和卖地的吗?不可能的,一定不可能的。"(中央电视台,《新闻 1+1——一个法官的自我"举报"》,2010 年 5 月 24 日)

(14) 如今一些人不顾这一历史事实,我总觉得不舒服。周作人的文章就真得那么好,那么不可及吗?**我怀疑**。(当代《刘

再复、李泽厚对话——个人主义在中国的沉浮》）

（15）窦文涛："那天我刚听央视解说就讲，说这个判罚是如此的精确，**我怀疑**边裁是不是戴了显微镜，我昨天晚上一看，我说老花镜吧，显微镜，不可能看成这样。"（凤凰卫视，《锵锵三人行——许子东：足球是最后一种不民主的运动》，2010 年 6 月 29 日）

当"我（们）怀疑"后面关涉的语言形式是小句时，"我（们）怀疑"是否是认识情态表达构式，取决于小句的性质，一般来说，肯定性小句表达命题信息，所以当"我（们）怀疑"关涉肯定性小句时，整个句子表达的是说话人对于命题信息的某种认识推断，此时的"我（们）怀疑"就是认识情态构式。而疑问句，无论是特指疑问句、是非疑问句，还是正反疑问句，并不是一个命题，因此往往关涉疑问句的"怀疑"仍然是本义或者引申义的用法，取"疑虑、弄不清楚"或者引申义"不太相信"，也就是说，"我（们）怀疑 + 疑问句"并不表达说话人对于命题信息的某种认识推断，句中"我（们）怀疑"结构不是认识情态表达构式。

另外，由于认识情态意义表达说话人即时即地的某种认识状态或者认识立场，所以，根据认识情态构式"我（们）+ 心理动词"构式的时态准入条件，只有当"我（们）+ 心理动词"构式是现在时时，"我（们）+ 心理动词"才能表达说话人的认识情态意义；而当时态是过去时时，"我（们）+ 心理动词"（非现在时）结构表达一种特殊的认识意义，例如：

（16）临下课了，Mark 拿了一个信封出来交给海萍："郭，这是我的学费。非常感谢你！你教得很好！**我曾经怀疑**你不可能教到我什么，事实证明，我错了。"海藻欣慰地接过信封。为这一天，她努力了很长时间。每天晚上都琢磨怎么说 Mark 才会明白，而又让语言课不是那么无趣。（六六《蜗居》）

例（16）中，"我曾经怀疑""我曾怀疑"表达的是在过去某一时间范畴内的"我"彼时彼地的认识状态或认识立场，相对于当前的说话人而言，是一种转述性言语行为，而不是断言认识行为。说话人在转述过去时间范畴的"我"某一认识立场的同时，在语用上就暗含着跟现在时间范畴的对比，表达说话人当前时刻对过去时间范畴的"我"认识状态或认识立场持有的某种否定或者怀疑的态度，这种用法与英语的过去时态下认识小句的语法意义不同，Fleischman（1989）曾经指出过去意义的隐喻实际上是弱化评估的一种表达方式，现在时的评估听起来认识程度（epistemic scale）更强。在英语中"I thought you were right"更多的是在表达说话人评估性认识的不确定性，是一种弱化认识立场的表达方式，而在现代汉语中，过去时间范畴内发生的"我+心理动词"（非现在时）构式则是倾向于表达当前说话人对于过去时间范畴内说话人的认识状态或者认识立场所持有一种否定或怀疑的态度，反映了说话人认识状态或者认识立场的转变，而不是当前说话人认识情态意义的表达，此类"我+心理动词"（非现在时）构式[①]不是本书要讨论的核心构式，因此不在此展开论述。

2. 认识情态构式"我（们）怀疑"构式的认识尺度或认识量级

因为思维动词"怀疑"的词义限制或词义影响，"我（们）怀疑"构式在表达说话人对于命题信息确信度极低的主观性推断的基础上，标记说话人对命题"P"没有充足的证据，从而在一定程度上警示听话人对说话人所做出的陈述（"P"）需要持有适当的谨慎态度，因为说话人认识的肯定性和确信度极低，因此经常和表达不确定的语言成分共现，或者在前后语境中出现了表达说话人不确定语气的语言成分，从而凸显说话人认识的主观性以及证据的不充分性，在客观上

[①] 此类构式一般指的是"我+心理动词（过去时）"构式，在现代汉语中比较常见，一般表现为"我（们）+表过去类时间词+心理动词"的结构形式，例如"我过去觉得""我曾经认为""我曾怀疑""我原来以为"等，表达说话人通过对过去某一时刻的错误认识的转述，来表达当前认识立场的转变，表达与过去某一时刻的认识相反的认识意义，其中"我（们）+以为"在一定程度上已经语法化为固定构式，即使在没有明确表达过去时间词的情况下，仍然具有表达过去错误认识断言，并标记当前认识立场改变的语用表达功能。

为听话人对命题（"P"）采取谨慎态度进行了预警，主要体现在以下三个方面。

（1）"我（们）怀疑"构式经常和"可能、也许"等表达低确信度的情态词共现，例如：

（17）后来得知导演陈凯歌患病感冒，黎明又主动送上药片，不料却遭章子怡好一顿数落。

黎："那就吃一个这个，基本上**我怀疑**可能不是感冒。"

章："本来导演两天就好了，你知道吗？就被他就是（折腾的）。"（中央电视台，《中国电影报道——〈桃花运〉李晨追求富家女秘诀》，2008年11月23日）

（18）李先生："最后这一通电话正是我很不耐烦的时候，那个哥们就说：'先生您是不是要卖房？'我说我没房卖。他说：'那我多说一句啊，你是不是得罪什么人了，**我怀疑**您可能被黑了。'我说我怎么会被黑了呢？他说：'我知道您的消息是在58同城，他说我给您念一下这条短信，就是"母病危急需用钱，现在急需要卖×××的一套房子"（我在那儿根本没有房子），同时希望融资贷款的单位和我联系，然后一堆电话就进来了。'"（中央人民广播电台，《新闻纵横》，2011年9月30日）

（2）"我（们）怀疑"构式经常和表达不确信的语气词"吧"共现，例如：

（19）刘希光："西南三环夏家胡同过街桥，桥面上台阶起始的地方以前都是用胶粘的盲道砖，最近我发现这个盲道砖丢得越来越多。原来有盲道砖的地方只有几个地方还是整齐的，剩下的还有一块半块的。**我怀疑**可能就是胶时间长了失效吧，这一走没准拿脚一踢就掉了，搞卫生就给扫走了。"（北京人民广播电台，《新闻热线》，2009年3月20日）

（3）"我（们）怀疑"构式前后往往有明确表达不肯定或不确信的词语或者句子，例如：

（20）事情到了这个阶段，似乎停滞不前。但这件事情最终被外界广为关注且受到中央领导的重视，源于一位记者和他的一篇文章。

孙春龙："当时就是直觉吧，**我怀疑**说这个是不是有瞒报。"（中央电视台，《东方时空：国务院调查组调查娄烦特大事故》，2008年10月14日）

（21）主持人："万一这家伙把我舌头叼住。"

蔡长敏："您主动点吧。"

主持人："来，它不是雌性的吗？**我怀疑**它是雄性的。"

蔡长敏："真是雌性的。"

主持人："我放弃了。它可以站到我肩膀上吗？"（中央电视台，《乡约——鸟艺公主》，2010年7月17日）

（22）石述思："好不容易有一个自己的庄，要改呢，我也警觉。石家庄本身这名字我觉得挺好的，怎么就土了呢？中国本来就五千年文明，农业社会就比较久，叫庄的多了，你要是好好地去打造，不也就天下第一庄呢？何必要改？**我怀疑**，我不知道您是什么意见，**我怀疑**这是一个炒作。"（北京人民广播电台，《博闻天下——省会城市改名理由是否充分》，2009年8月18日）

例（20）中，说话人在明确表达自己的认识立场同时，就解释了自己的认识判断是凭借直觉，警示听话人对自己所做出的陈述（"P"）需要持有适当的谨慎态度，表明自己的证据不充足。例（21）中，主持人前后说的话"它不是雌性的吗""我放弃了"等，表明了自己言谈立场的不确定性和摇摆性，意在向听话人传达这样一个信息，即他只是有一点点怀疑，没有足够的证据，而且他也愿意随时改变他的看法，从而避免因为提出和听话人不同的看法而造成的对听话人面子的威胁；例（22）中，说话人石述思一边采用"我怀疑"构式的重复形式，一边在言谈中间添加了表达礼貌和避免面子威胁的解释性成分"我不知道您是什么意见"。一方面，通过重复的修辞方式凸显了说话人个人的主观视角，强调推断的主观性，警示听话人对自己所做出的陈述（"P"）需要持有适当的谨慎态度，表明自己的证据不充足；另一方面，采用礼貌原则和避免面子威胁策略，避免对听话人的言语冒犯，体现了"我（们）怀疑"构式缓和人际互动关系的语用调解功能。

认识情态构式"我（们）怀疑"一般出现在句首位置或句中位置，但不会出现在句末位置，出现句末位置的"我（们）怀疑"表达了说话人对前句的疑惑或不太相信，并不表达说话人关于命题信息的低确信度认识或看法，不表达说话人的"主观猜测"之义，例如：

（23）如果把一切意义都解构了，把人类生存的普遍性原则都解构了，那社会还怎么生存发展？所以我不愿意赶时髦，例如全盘否定"本质主义"。一切均碎片，无本质可言；当下即真实，历史、哲学均虚幻，这种解构时髦，**我怀疑**。我宁肯被嘲笑为"过时""落后""保守""形而上"等等。（当代《刘再复、李泽厚对话——个人主义在中国的沉浮》）

（24）如今一些人不顾这一历史事实，我总觉得不舒服。周作人的文章就真得那么好，那么不可及吗？**我怀疑**。（当代《刘再复、李泽厚对话——个人主义在中国的沉浮》）

3. 认识情态构式"我（们）怀疑"的话语组织功能

认识情态构式"我（们）怀疑"经常出现在话轮开始位置和话轮中间位置，一般不会出现在话轮结束的位置。

在话轮开始位置时，往往出现在毗邻对中的第二部分（Second Pair Parts，简称 SPPs），对毗邻对第一部分（Frist Pair Parts，简称 FPPs）的话轮内容进行回应，回答第一个话轮的提问或者针对第一个话轮中的某些信息发表意见或者表达自己的观点，例如：

◆ 第五章 "我(们)+思维类心理动词"构式的认识情态研究 ◆

(25) 鲁韬:"对,您今天用的标题很有意思,您说今年的和平奖是给欧盟的花环,您差点没说给欧盟的花圈了,正好是在欧盟面临有可能因为严重的债务危机,甚至最糟的一种结果是会解体的这种情况下,给了这么一个奖,是不是还是有一定超越欧盟本身之外的意义?"

李炜:"**我怀疑**诺贝尔和平奖说趁着现在和平,赶快把这个奖颁了,要不颁麻烦了,弄不好打起仗来了。"(凤凰卫视,《时事开讲——李炜:诺贝尔文学奖评委会标准或在靠近中国》,2012年10月13日)

在话轮中间位置的"我(们)怀疑"构式往往是,说话人根据已有的事实情况或者相关陈述做出具有个人视角的主观推断或者认识,体现了说话人的在线组织功能,例如:

(26) 先生:"我最大的不满就是你扣了人家百分之十的费用,事儿还办成这样,真的很愤怒!所以**我怀疑**它是层层拖这个事儿,占用这个款。因为很简单的事儿,网上银行说打就打过来了嘛。你不能层层拖,最后拖到现在。"(中央人民广播电台,《中国之声——新闻纵横》,2013年1月22日)

(27) 我认为没有希望,严格讲,诺贝尔一百年来没有给过中国人,高行健得奖是因为他是法国人,不要忽略这一点,否则**我怀疑**高行健会得奖。(当代《李敖对话录》)

(28) [录音]:"驾驶员说'到这我就踏实了',我根据这句话进一步提高了警惕,**我怀疑**他有可能不仅仅是酒后开车这么简单,核实身份后立即上全国在逃网予以核实,他确实是网上在逃人员。"(北京人民广播电台,《1039新闻早报》,2011年11月17日)

"我(们)怀疑"构式还经常用于说话人与听话人进行言语互

动，体现认识情态构式互动交际中的言语调解功能，例如：

（29）方达："好的，我们来读几条听众朋友发来的短信……手机尾号 7645 的听众说，**我怀疑**是不是有些公司专门派人出去偷东西，然后等丢失的人来领取，第二次赚取钱财。"

陈斌："小偷公司。"

方达："就是一种变相的小偷公司。"（北京人民广播电台，《新闻天天谈——有偿失物招领公司》，2010 年 9 月 29 日）

（30）窦文涛："一讲这个乐趣，我看央视的解说，还夸央视解说很有爱心，逮谁夸谁。那天我刚听央视解说就讲，说这个判罚是如此的精确，**我怀疑**边裁是不是戴了显微镜，我昨天晚上一看，我说老花镜吧，显微镜，不可能看成这样。"

许子东："我每次听人家重复这句话，说错判是足球的一部分，我就想起了政治家错误是我们历史的一部分。"（凤凰卫视，《锵锵三人行——许子东：足球是最后一种不民主的运动》，2010 年 6 月 29 日）

以例（29）为例，"我怀疑"构式所关涉的句子是由"是不是"构成的正反句式，但是在这里显然不是正反疑问句，说话人意图不在于"问"，而在于不确定性的推测，即表达说话人认为"有没有这种可能的情况"之义。所关涉的小句虽然采取了"是不是"正反相对的语言形式，但是说话人是具有明显倾向性的，即说话人推测可能存在这样一种情况——有些公司专门派人出去偷东西，然后等丢失的人来领取，第二次赚取钱财，从而期望得到听话人的回应或答复，说话人意在引导听话人做出和说话人相同或相似的推断和认识，这是召请推理的一种重要表达形式，体现了认识情态构式"我怀疑"的互动主观性，也体现了认识情态构式在互动言谈中的话语调节功能。

根据语料考察，出现在话轮结束的位置"我（们）怀疑"结构往往不再表达说话人的某种主观推断或认识立场，不是认识情态构式，而是表达说话人对于前面说陈述内容的疑惑或不相信，是"怀疑"的本义或引申义用法，例如：

（31）高培生："我当时都不好意思笑，问题就是说你要在国外稍微待一段，或者说你有一定的英文基础或者口语基础的话，其实这句话很简单。"

刘思伽："我觉得他还不仅仅是口语不行，这个教授原来是不是学俄语的，**我怀疑**。"

高培生："对。他跟我说他是学俄语的。"（北京人民广播电台，《行家——巧口英语 CEO：高培生》，2009 年 12 月 22 日）

（32）窦文涛："在那个时候，他是不是胸有成竹地知道他要跑不下来，还是说心里有一个赌，到底跑不跑得下来。"

许子东："央视的评论员说他知道他自己跑不到终点，**我怀疑**。"

窦文涛："我不知道央视的评论员怎么知道他知道自己跑不到终点。"（凤凰卫视，《锵锵三人行——梁文道：刘翔最后亲吻土地和跨栏　做得很恰当》，2012 年 8 月 8 日）

（二）"第二/三人称主语 + 怀疑"结构的意义

根据"主语 + 心理动词"构式的主语准入条件，当主语是第二、第三人称时，"第二/三人称主语 + 心理动词"结构表达的是主语对谓词性宾语或者小句宾语所持有的某种不太肯定或者不太确信的评估或者认识，说话人意在描写或者转述主语所持有的对命题信息的某种主观推断或认识，此时的"第二/三人称主语 + 怀疑"是心理动词结构，是一种描写性用法，其典型特征是转述性，所谓转述性是指说话人在会话言谈中转述了主语关于命题信息的某一主观推断或认识。但是，转述性的本质在于仅仅表达主语对于命题所表达事件状态的主观性评估，这种评估性认识从严格意义上讲是只对第二、第三人称主语负责的，而不是一个被所有会话参与者所普遍接受的认识立场，所以"第二/三人称主语 + 心理动词"结构的描写性用法，往往具有一定的会话隐含义（conversional implicature），隐含着说话人对第二/三人称主语的认识立场所持有的认识立场。

说话人通过"第二/三人称主语+心理动词"结构转述主语的认识立场，来表达自己对主语认识立场所持有的立场，往往体现在两个方面。

1. 说话人对第二/三人称主语的认识立场持有中立立场

说话人对第二/三人称主语的认识立场所持有的认识立场是中立的，也就是说，说话人以中立者的身份进行转述，仅仅是转述第二/三人称的认识立场，将说话人自己跟第二/三人称的认识立场进行完全分离（complete detachment），也就意味着说话人对命题真值承诺的完全分离（complete detachment）。相对于第二/三人称主语所持有的认识立场而言，说话人是置身事外的，是免责的（exonerative），说话人不会对第二/三人称主语所持有的认识立场负责，例如：

(33) 据当地的媒体报道，导致中毒的原因可能是当天学生在吃午餐时所食用的蔬菜上有残留的农药，也有说法称是厨房盛放食物的容器曾经装过杀虫剂。另据学校的工作人员称，当天学生所吃的是新购买的食用油，**他怀疑**是食用油有问题。（北京电视台，《BTV 北京——北京您早》，2013 年 7 月 19 日）

(34) 昨晚 9 点左右，《新闻纵横》值班编辑卢燕联系到了孙建华，在电话里他告诉我们，**他怀疑**自己的表弟不是遭遇了单纯的绑架勒索，而是可能陷入了一个传销集团。（中央人民广播电台，《新闻纵横》，2011 年 8 月 14 日）

当"我怀疑"所关涉的小句是正反问句时，说话人仅仅是转述第二/三人称主语彼时彼刻的个人疑惑，而并非转述说话人的认识立场，自然也就不表达说话人的立场，例如：

(35) 李嘉诚不知父亲当年抄录的是何人诗句，**他怀疑**会不会是那位曾在京城做过贡官的先祖的遗诗？因为诗句中饱含着对政坛强权的怨懑及怀才不遇的孤鸣，颇让少年李嘉诚深感困惑和茫然。（窦应泰《李嘉诚家族传》）

第五章 "我(们)+思维类心理动词"构式的认识情态研究

2. 说话人对第二/三人称主语的认识立场持有否定立场

说话人对第二/三人称主语的认识立场所持有的立场是倾向于否定的，即说话人认为第二/三人称主语对于命题信息所做出的评估性推断或认识是不可靠的，是值得怀疑的，表达说话人的质疑立场(querying)，因此"第二/三人称主语+心理动词"结构的描写性用法往往具有怀疑性的特点，也就是说，说话人在用"第二/三人称主语+心理动词"结构表达时，同时会表明说话人认定第二/三人称主语所持有的认识立场或者言谈立场是有问题的个人立场，具体来说有以下两种情况：

（1）说话人在转述第二/三人称主语的认识立场时，往往会同时提出自己的认识立场，以表达对第二/三人称主语所持有认识立场的质疑或者否定，例如：

（36）窦文涛："你的那个阴囊不是静脉曲张嘛，当时**你怀疑**是小肠疝气嘛，后来说不是。但是我今天坦白地告诉你，小肠疝气是我。"

梁文道："哦，你小肠疝气？"（凤凰卫视，《锵锵三人行——梁文道：我为何要写自己的病例》，2009年5月9日）

（37）虽然质检部门明确表示问题饮料并未流入深圳市场，但还是造成了市民对饮料问题的担心。今天上午，市民宋先生就误以为自己买到了问题饮料。宋先生在车公庙一家便利店买了瓶饮料，离开便利店后，报纸上报道的内容将宋先生吓得不轻，他说，自己购买统一金橘柠檬茶与报道中问题饮料从名称到内容都完全一致。**他怀疑**便利店仍在出售问题饮料。记者发现，虽然名称相同，但这饮料其实是产自广州。（深圳电视台，《第一现场》，2011年6月2日）

（2）用于反问句，说话人在转述第二/三人称主语的认识立场的同时，进行反诘式质问，表达说话人对于第二/三人称主语所持有的认识立场的否定立场，例如：

(38) 要打掉孩子？白雪简直不敢相信自己的耳朵，她连着说："什么，你说什么？"

夏风说："打掉，一定要打掉！"夏风的意思是怎么就怀上孩子了?!

白雪生了气，质问："怎么就怀不上孩子？**你怀疑**不是你的孩子吗？"

夏风的语气才软下来，说他不是那个意思。（贾平凹《秦腔》）

(39) 这次谢小玉又笑得很开心了："我本来就是他的女儿，他自然不会反对了。"

不过她也觉得这个问题很有追诘一下的必要，于是反问丁鹏道："为什么你会有此一问，难道**你怀疑**我不是谢晓峰的女儿？"（古龙《圆月弯刀》）

综上所述，"第二/三人称主语＋怀疑"结构是一种描写性用法，其典型特征是转述性，说话人通过"第二/三人称主语＋心理动词"结构来转述主语的认识立场，从而表达自己对主语的认识立场所持有的立场，以第二/三人称主语的认识立场为参照点，说话人关于第二/三人称主语认识立场的认识立场往往有两种，一种是中立立场，另一种是否定立场或质疑立场，这种转述方式本身就是说话人立场的重要言语表达形式之一，体现了说话人自己跟第二/三人称的认识立场的完全分离（complete detachment），也就意味着说话人对命题真值承诺的完全分离（complete detachment）。

第三节 "我（们）＋评估类心理动词"构式的认识情态研究

一 "我（们）＋评估类心理动词"构式概述

（一）"我（们）＋评估类心理动词"的核心构式意义

评估类心理动词包括"估计""估测""估摸""估算""估量"

第五章 "我(们)+思维类心理动词"构式的认识情态研究

"约摸""约莫""琢磨""捉摸"等,《现代汉语词典》(第五版)对评估类心理动词的释义如下:

估计:动词,根据某些情况,对事物的性质、数量、变化等做大概的判断。例如:估计他今天回来。

估测:动词,估计,预测。例如:估测房地产业走势。

估摸:(口)动词,估计。例如:我估摸着他会来。

估算:动词,大致推算。例如:估算产量。

估量:动词,估计。例如:难以估量的损失。

约莫:①动词,估计。例如:我约莫着他这会儿该到家了。②副词,大概。例如:我们等了约莫有一个小时的光景。也做约摸。

约摸:同约莫。

琢磨:(zuó mo)动词,思索,考虑。例如:你琢磨琢磨这里面还有什么问题?注意:与琢磨(zhuó mó)相区别。琢磨:动词,①雕刻和打磨(玉石);②加工使精美(指文章等)。

捉摸:动词,猜测,预料(多用于否定式)。难以捉摸,捉摸不定。注意:反复思考的意思应该是作"琢磨"(zuó mo)。

通过词典释义,我们发现评估类心理动词主要表达思维主体对客体对象或者客体命题进行大致的推算,由此而引申出可以表达思维主体的主观推测和猜测之义。根据构式与构式中动词之间的互动关系,受到评估类心理动词表达大概性推测和猜测的词义影响,认识情态构式"我(们)+评估类心理动词"的核心构式意义在于表达说话人对于命题信息确信度不高的评估性认识。

(二)"我(们)+评估类心理动词"构式的认识量级

评估类心理动词包括"估计""估测""估摸""估量""估算""约莫""约摸""琢磨""捉摸"等,其中"估计""估测""估摸""估量""估算"都有核心义素"估","估",从人,古声,本义是物价;其他的义素"计""量""算""摸"都是表达动作的义素,本义是对于物价的测算，一般来说，物价的测算要有一定的依据，遵守一定的规律，所以"估"类心理动词词族往往表达说话人按照一定的事实、规律或认知经验进行测算，然后再做出相应的判断，说话人往往有一定的推断依据或者标准；"琢磨"本义是思索、考虑，往往表达说话人经过反复思考之后得到的推断性认识，强调认识的主观性，缺乏事实的证据；"约莫""约摸"中的"约"强调"大约""大概"的意思，往往表达不精确的大致推断；"捉摸"往往表达不太确定的推测，经常用于否定式，例如"捉摸不定""难以捉摸"等，但是在"我（们）+心理动词"构式中，经常以"我捉摸着"扩展构式的形式出现，意在表达说话人不太肯定的推测，因为经常用于否定式，所以说话人关于命题信息的确信度在认识的语义量级序列（认识尺度）中往往处于最低的位置。说话人关于命题的确定性（certainty）具有一定的程度（matter of degree），因此具有一定的标量性质（a scalar phenomenon），因此关于命题确信度的语言表达形式——认识情态构式"我（们）+心理动词"——往往可以表达从确信度等级的最高级（例如"我确定"I'm certain of）到确定性等级的最低级（possible）之间的任何量级，[①] 因此我们把说话人关于命题判断在认识上的从高到低的确信程度称为认识的量级序列（epistemic scale index）。因此，按照认识量级序列指数（epistemic scale index）从高到低的顺序，我们可以将评估类心理动词的认识量级（epistemic scale）在认识量级序列中的排列顺序做如下排列：

估计/估摸/估量/估测/估算 > 琢磨/约莫/约摸/捉摸

由此，由评估类心理动词构成的认识情态构式在认识尺度或认识量级（epistemic scale）上也存在着相应的等级排序，即：

[①] Wolfram Rublitz, "Transferred Negation and Modality", *Journal of Pragmatics*, Vol. 18, 1992, p. 565.

第五章 "我（们）+思维类心理动词"构式的认识情态研究

"我（们）+估计/估摸/估量/估测/估算"构式＞"我（们）+琢磨/约莫/约摸/捉摸+（着）"构式

相对于没有判断依据的"我（们）+怀疑类心理动词"构式和"我（们）+猜想类心理动词"构式而言，"我（们）+估计类心理动词"构式认识的肯定性和确信度都相对较高，但是相对于有一定推理依据和过程的"我（们）+推理类心理动词"构式和"我（们）+预料类心理动词"构式而言，认识的肯定性和确信度则相对较低，因此，在整个"我（们）+思维类心理动词"构式所表达认识情态范畴的认识量级序列（epistemic scale index）中处于中间的位置，即

"我（们）+怀疑类心理动词"构式＜"我（们）+猜想类心理动词"构式＜"我（们）+评估类心理动词"构式＜"我（们）+推理类心理动词"构式／"我（们）+预料类心理动词"构式

（三）"我（们）+评估类心理动词"的扩展构式

在核心构式"我（们）+评估类心理动词"构式的基础上，还形成了一组构式形式相似、构式功能相近的扩展构式"我（们）+评估类心理动词+着"，例如：

（40）窦文涛："我跟你说，人类里头，**我估摸着**能跟章鱼比肩的，恐怕只有咱们香港的成龙大哥了，因为只有成龙赛前曾经预测说巴萨会得胜，这只西班牙队不就是巴萨七雄，巴萨七虎嘛。"（凤凰卫视，《锵锵三人行——窦文涛：本届世界杯球场充满君子风范》，2010年7月13日）

（41）3771："儿子一岁半，一不小心头磕茶几了，特意哭，引起你重视，我就给他吹吹，劝他别哭了，他一转身跑了，你们猜他干吗去了？"

王佳一:"你猜猜?"
顾峰:"告他妈去了吧。"
王佳一:"**我琢磨着**他找锤子去了,想砸那茶几。"
顾峰:"你可别提醒人家干这个,砸碎了你赔呀?"(北京人民广播电台,《一路畅通——用自己的方式放松我自己》,2009年6月9日)

上述扩展构式中的"着"表示评估类心理动词所表达的心理状态的持续,属于持续态助词,[①] 有人也称为持续体标记（durative aspect marker）（戴耀晶,1991;钱乃荣,2000;吴福祥,2004;梁银峰,2010）。所谓持续性,反映的是事件过程（process）的连续性特征,[②] 也就是说事件中的动作行为呈现持续不断的状态;[③] 马希文曾经指出汉语中的"动词+着"转指的是动作的状态。[④] 因此,本书认为"我（们）+评估类心理动词+着"构式中的"着"强调思维主体内在的心理评估状态,表达说话人对于命题信息进行评估的认识状态,意在凸显说话人当时当下（here and now）的认识状态（epistemic status）。

二 "我（们）+估计"构式的认识情态研究
（一）"我（们）+估计类心理动词"构式之间的区别

由于"估量""估测"和"估算"主要表达思维主体在心里进行测量和测算的心理活动,心理动词的词汇意义比较明显,例如:

(42) 李科长:"**我估测**一个小时没有六千到八千块钱这个电费是拿不下来的,因为高喷就是四千块钱电费了,五一国庆大的节假日,连续三天可能都开,开一下歇一下,维护费用一把辛

[①] 陈宝勤:《试论"着"的语法化过程》,《语文研究》2006年第1期。
[②] 戴耀晶:《现代汉语表示持续体的"着"的语义分析》,《语言教学与研究》1991年第2期。
[③] 钱乃荣:《体助词"着"不表示"进行"意义》,《汉语学习》2000年第4期。
[④] 马希文:《北京方言里的"着"》,《方言》1987年第1期。

第五章 "我(们)+思维类心理动词"构式的认识情态研究

酸泪,城建这一块,有时维护费用不能及时给我,我这个办公室本身就困难。"(中央人民广播电台,《新闻纵横》,2011年8月6日)

(43)这时**我估量**着自己口袋里的钞票数,在包括厚实的青冈栎桌子和油浸褐色壁龛等在内的全部设施前,不免自惭形秽,只要了一份咖啡,并叮嘱不必特别加料。(翻译作品《日常生活的冒险》)

(44)果然有一天,首长让我算一算,城市居民用抽水马桶大小便一天需多少水?**我估算**了一下,一般情况每人每天大便1次,小便6—8次,每次冲洗用水10公斤左右,每天约需80公斤水。(《人民日报》,1995年10月)

由"估测""估量""估算"构成的认识情态构式"我(们)估测"构式、"我(们)估量"构式和"我(们)估算"构式的使用频率非常低,只有少数几例,即使如此,还有一些例子是出现在翻译作品当中。认识情态构式"我(们)估量"和"我(们)估算"往往表达说话人对于"数量"的认识或推断,例如:

(45)**我估量**——但我或者搞错了,**我估量**"诺第留斯"号这次冒险的奔跑延长到十五天或二十天之久,如果没有结束这次海底旅行的大灾祸发生,我不知道要拉长到什么时候。(翻译作品《海底两万里》)

(46)首先,它庞大得很,**我估量**着占有不少英亩的地方,较新的一部分面积很大,容纳了我们的全部军队、妇孺和辎重还富富有余。(翻译作品《福尔摩斯探案集》)

(47)郑跃升:虽然还是顺差,但已经大幅下降了。**我估算**今年(2010年)上半年的贸易顺差比去年同期下降了40%,进口增幅超过出口17%,这样顺差就是下降趋势。(中央人民广播电台,《新闻和报纸摘要》,2010年7月11日)

(48)他希望在他的任内完成这样一个构画,可惜他的进展到一半多，**我估算**，没有真正完成，所以他调走了，老百姓觉得非常可惜，所以挽留他。（中央人民广播电台，《新闻纵横》，2013年2月13日）

相对于"我（们）估测"构式、"我（们）估算"构式和"我（们）估量"构式而言，认识情态构式"我（们）估计"构式和"我（们）估摸"构式使用的频率较高，原因有二：一是"估计""估摸"一词与"估量""估算"比较起来，语义相对较虚；二是"估计"和"估摸"的使用频率较高，"估计"多用于书面语语体，"估摸"用于口语语体，因此，由"估计""估摸"构成的认识情态构式"我（们）估计"构式和"我（们）估摸"构式使用频率自然较高，"我（们）估计"构式表达说话人的认识和推断以后，"我（们）估测"构式、"我（们）估算"构式和"我（们）估量"构式自然受到影响，因此，使用频率特别低。

（二）"我（们）+估计"的核心构式意义

评估类心理动词"估计"和"估摸"词义相近，在词典中经常采用互训的方式进行释义，所以"我（们）估计"构式和"我（们）估摸"构式在认识情态意义的表达方面基本一致，在后文论述中，本文不做具体区分，统称为"我（们）估计"构式。

受"估计""估摸"词汇意义的影响，认识情态构式"我（们）估计"的原型意义是表达说话人对于"量"的大致推断，是一种评估性的推论（inference），例如：

（49）马未都："我年轻那时候坐火车呢，我们坐过那种根本没点儿的火车，就是你比如我从北京坐到东北，坐到黑龙江，现在坐大概**我估计**十几个小时到了吧，我们坐6天，那车经常可以在哪个地方一停，就是20个小时根本就不动唤，没人通知你，就是说现在不能开，前方不能开，然后就这么走，一个星期才到东北。"（凤凰卫视，《锵锵三人行——马未都：政府能不能用大巴"抢救"春运？》，2009年1月20日）

(50) 这个吊桥的长度，**我估摸着**得有 500 米，它是一个半环形的，涉及的树应该得有百八十棵，希望相关部门关注一下这个事。(北京人民广播电台，《新闻热线》，2010 年 7 月 11 日)

例（49）中，"我估计"构式表达的是说话人对于时间量的大致推断；例（50）中，"我估摸着"表达的是说话人对于长度量的大致推断。

"我（们）+估计"构式在原型意义"对量的大致推断"的基础上，进一步引申出对于命题所表达事件发生可能性的评估性认识，这种可能性的评估往往是基于一定的依据而做出的，评估的依据可以是客观的事实、认知规律，也可以是个人的直觉、体验和个体经验等，例如：

(51) 王冲："有一个 15 岁河南的中学生，他就给我写过好几次信。他说王冲叔叔，我很喜欢你的书，也很喜欢奥巴马成为总统的传奇经历，你能不能把奥巴马的电子邮件给我。我就很老实地跟他说，他现在已经是总统了，我现在即使给他写信，那也是通过秘书一层一层，包括通过外交官这么来寄。**我估计**不是他一个人自己去看吧，估计他没有时间去看。你刚才提到就是政府层面对他的欢迎，我认为这是一种对中美关系高度重视的表示。"（凤凰卫视，《锵锵三人行——王冲：奥巴马草根出身 亲自打伞》，2009 年 11 月 18 日）

(52) 窦文涛："我在许老师的大力推荐之下，我也去看了李安的电影，但是这个电影**我估计**绝不可能在内地上映。"

梁文道："是吗？"

窦文涛："三级，它算是三级，咱们内地现在叫伍德斯托克音乐节来历的这个故事，对吧。香港叫作《胡士托风波》。"（凤凰卫视，《锵锵三人行——梁文道："反叛文化"已沦为消费产品》，2009 年 11 月 10 日）

(53) 我还记得有一回，就说我那个学校，那什么，政工组的一个罗锅子,我们都叫他李罗锅儿,给我找去了,说:"柳家旺,你打碎过几块玻璃呀?"我说:"我没打碎过呀。"其实,我觉得,我,**我估计**是谁向他告密了啊。他说:"柳家旺,你说吧,说吧,我既不让你赔,也不想什么啊,这件事要调查清楚,我们知道是谁打的就完了。"(《1982年北京话调查资料》)

例(51)中,说话人做出的评估的依据是惯常的认知经验或者认知规律,根据我们的一般的认知经验,总统的身份和社会地位特殊,因此奥巴马总统不可能看到普通人给他写的信,即使能看到,也是经过了秘书一层一层审查过的;例(52)说话人做出评估的依据是客观的法律或法规,在中国内地三级片不能公开上映,基于这一客观的法律法规,说话人做出了"这个电影绝不可能在内地上映"的肯定性较强的推论;例(53)说话人做出评估的依据是说话人个人的一种感觉或直觉,说话人先用表达弱断言的认识情态构式"我觉得"弱化认识立场,表达说话人的弱断言认识,紧接着进行了话轮的自我修正,用认识量级(epistemic scale)相对较高的评估类认识情态构式"我(们)估计"将说话人的不太肯定的断言(uncertainty)("我觉得"构式)修正为说话人根据已知信息进行推论(inferences from what is generally known)的假设(assumptive)[①]("我估计"构式),从而在一定程度上提高了说话人认识情态的语义强度,实际上调高了说话人认识的肯定性和确信性程度,说话人之所以调高认识量级,是因为李罗锅儿的目的性极强的诱导性话语"柳家旺,你说吧,说吧,我既不让你赔,也不想什么啊,这件事要调查清楚,我们知道是谁打的就完了",使得说话人做出推论性假设(assumptive from inferencing)——可能有人向李罗锅儿泄了密。例(53)中"我估计"构式所表达认识的肯定性和确信性程度比"我觉得"构式高,但是相对

[①] Palmer(2001)根据语义类型将认识情态分为三类:一是表达不确定性的推测(speculative);二是以得到的证据为基础的推论的推断(deductive);三是以常识为基础的推论的假设(assumptive)。"我估计"构式属于第三类认识情态类型——假设(assumptive),表达从已知信息中进行推论(inferences from what is generally known)。

于例（51）和例（52）而言，说话人的认识量级相对较低，原因就在于例（51）和例（52）中说话人做出评估的依据是相对客观的法律法规和认知规律，属于以已有的证据（evidences）为基础的推论性推断（deductive）。

因此，"我（们）+估计"构式既可以表达说话人肯定性和确信性程度较高的评估性认识，也可以表达说话人肯定性和确信性程度较低的推测，其中，影响认识情态构式"我（们）估计"认识量级高低（epistemic scale）的因素很多，包括说话人做出评估的依据的性质（客观证据或主观证据；直接证据或间接证据等）、评估依据的隐现规律（评估依据在文中是否外显）以及"我（们）+心理动词"构式在话轮中的位置等多种因素。

（三）"我（们）+估计"构式认识量级的影响因素

认识情态构式"我（们）+估计"表达说话人关于命题信息的肯定性或确信性的评估性认识，其所表达的认识量级（epistemic scale）具有一定的弹性，既可以表达说话人较为肯定的评估性认识，也可以表达说话人较为不肯定的推测，这种认识量级（epistemic scale）的弹性变化受到多种因素的影响。

1. "我（们）估计"认识量级的高低受到说话人评估依据的客观性、科学性和证据性强弱的影响

认识情态构式"我（们）估计"所表达的说话人对于命题信息的可能性、肯定性和必要性程度以及说话人对于命题信息确信程度的高低取决于说话人做出判断的依据的客观性、科学性和证据性强弱的影响。说话人做出评估性判断的依据包括客观性较强的事实（facts）或证据（evidences）、科学性较强的规律（conventions or laws）、人类理想化的认知模型（ICM），还包括主观性较强的"感觉"（sensory）、证据性较弱的主观假设（assumptive）和真实度较低的个人经验（experience）等。

如果说话人做出评估性推断的依据是客观性较高的事实或证据、科学性较强的规律和人类一般的理想化认知模型时，认识情态构式"我（们）估计"往往表达说话人肯定性或确信度较高的评估性认

识；如果说话人做出评估的依据是主观性较强的"个人感觉"、证据性较弱的主观假设和真实度较低的个人经验时，往往表达说话人肯定性或确信度较低的推测性认识。

（1）认识情态构式"我（们）估计"表达说话人肯定性和确信度较高的评估性认识

当说话人做出评估的依据是客观性较强的事实或证据、科学性较强的规律和人类一般的理想化认知模型时，认识情态构式"我（们）估计"往往表达说话人肯定性较强或确信度较高的评估性认识，具体来说有以下四种。

第一，基于客观性较强的事实或证据，说话人用"我（们）估计"表达说话人关于命题信息肯定性和确信度较高的评估性认识，例如：

（54）主持人："你们觉得这个建议怎么样？"
罗宁："挺好。"
陈坚："可行。"
主持人："可行，但**我估计**你们不太想请张艺谋。因为我们知道最近安顺正在和张艺谋打官司，张艺谋拍了一部《千里走单骑》，然后讲到了在云南有一个面具戏，安顺人民一听之后很恼火，说这个戏明明是我们的，怎么张艺谋就给它弄到云南去了，是不是这样？"
陈坚："是的，当时演的演员都是从我们安顺的平坝去的。"
（中央电视台，《对话——绝地突围》，2010年3月21日）

例（54）中，说话人用"但"进行语义强转，并做出"你们不太想请张艺谋"的推断，其做出推断的原因就是已经发生的客观事实，"安顺正在和张艺谋打官司"，基于客观性较高的事实类证据，说话人做出了肯定性和确信度较高的推断。

第二，基于科学性和客观性较强的认知规律，说话人用认识情态构式"我（们）估计"表达肯定性和确信度较高的评估性认识，例如：

(55)叶檀:"文涛,我假设你是一个权贵子弟。"

窦文涛:"那要是真的该多好啊。"

叶檀:"通过你我就可以上市,半年之内我就可以上市我这家企业,这时候我就跟你说,你这样到我这儿来当一个董事,然后我再送你一笔高管的费用,送你一笔原始股,原始股以净资产给你,甚至不要净资产,我白给你都行,我公司借给你钱,借给你钱你再买这个公司的原始股,一上市,上市之后,只要在创业板上市,我们就几十倍的市盈率,你只要有 100 万,**我估计**你成为千万富翁是没有问题了。"(凤凰卫视,《锵锵三人行——窦文涛:中国股市 一场看着对方底牌的赌博》,2010 年 12 月 1 日)

例(55)中,说话人做出"你成为千万富翁是没有问题了"的推断的依据是——创业板上市有几十倍的市盈率,这属于科学性较高的客观经济规律;说话人叶檀是专业的资深财经评论人,其做出推断的依据是其专业的经济类知识和行业工作经验,根据互动机构语言学的观点(Paul Drew and John Heritage,1992),说话人的地位、身份和专业背景对于说话人所做出的认识或断言的可靠性和权威性都具有较大的影响,因此例(55)中,认识情态构式"我估计"表达了说话人肯定性和确信度都较高的评估性认识。

第三,基于言语社团惯常的认识经验或认知常识,说话人用认识情态构式"我(们)估计"表达肯定性和确信度较高的评估性认识,例如:

(56)窦文涛:"现在这个微博,都是斗争战斗工具,反正你说任志强是没坐在这儿。"

马光远:"口舌之争。"

窦文涛:"**我估计**任志强要看咱们节目,肯定是这个动作,一直在发微博。"

叶檀:"我都能够想象出来他是怎么样一个态度,如果今天跟你在这儿，非得现场掐起来不可。"（凤凰卫视，《锵锵三人行——窦文涛：中国股市 一场看着对方底牌的赌博》，2010年12月1日）

例（56）中，说话人做出任志强"肯定是这个动作，一直在发微博"评估性推断的依据是说话人所处言语社团的惯常认知经验，我们都知道任志强是一个著名的大"V"，热衷于在微博上发表个人见解或与他人进行论辩，基于这样一个普遍的、广为人知的认知经验，说话人做出了上述确信度较高的推断。

第四，基于人类一般的理想化认知模型，说话人用认识情态构式"我（们）估计"表达肯定性和确信度较高的评估性认识，例如：

（57）罗大伦："朱丹溪听说罗知悌厉害以后，马上就背包去拜师去。结果到了杭州找到罗知悌的宅子以后，敲门，门人开门问：'你来干嘛来了？'他说：'我要找罗知悌老先生拜师。'结果门人上里面一报回答两个字——'不见！'没有功夫见你，就给拒绝了。这个，如果一般人想，我们要上哪位教授家去拜师去，如果赶上教授拒绝我们，不让我们进门，**我估计**一定马上就撤回来了。"（当代《梁冬对话罗大伦》）

例（57）中，说话人做出评估性推断的依据是人类一般的理想化认知模型。Lakoff曾经指出理想认知模型（ICM）是人类用来组织知识和认知世界的常规模式，理想认知模型可以为交际活动提供交际所需要的背景知识，也可以为交际活动激活与交际有关的其他概念和知识，以保证交际活动的顺利进行。[①] 按照理想认知模型，如果我们要去哪位教授家拜师，如果教授拒绝了，不让我们进门，我们一定马上就撤回来，而不是去纠缠，所以说话人才会做出"（朱丹溪）一定马

[①] G. Lakoff, *Women, Fire, and Dangerous Things: What Categories Reveal about the Mind*, Chicago and London: The University of Chicago Press, 1987, p. 291.

上就撤回来了"的推断性认识。其中,与"我估计"构式共现的副词"一定",进一步凸显了说话人对所做出推断的肯定态度和确信语气。

(2)认识情态构式"我(们)估计"表达说话人肯定性和确信度都不太高的推测

如果说话人做出评估性推断的依据是主观性较强的"个人感觉"(sensory)、证据性较低的主观假设(assumptive)和真实度较低的个人经验(experience)时,认识情态构式"我(们)估计"往往表达说话人肯定性或确信度较低的推测性认识。

①基于主观性较强的"感觉"(sensory)或"直觉"(intuition),说话人用认识情态构式"我(们)估计"表达肯定性和确信度不太高的推测性认识,例如:

(58)查建英:"还有一种个案比如说,我举一个我个人的例子,就是我外公他是留法的,留法十年期间,他跟一个法国的女孩就结了婚,而且还生了一个孩子,有一个女儿,结果湖北老家原来给他定了一个小脚的,就是家里面定好了的这个女人,在家里等着呢,怕他不回来,就说父母病重,然后我外公就赶回来了,其实**我估计**一半也下意识,**我估计**(他)也知道,而且他有一种工业救国的理想,两个加起来就回来了,回来以后他再也没回去。然后跟这个小脚老太太结婚,这就是我外婆,生了6个儿女,但是他们两个婚姻就很幸福,所以这就是两个很和谐的。"(凤凰卫视,《锵锵三人行——蔺德刚:夫妻之间爱与被爱其实都只是自爱》,2010年5月28日)

例(58)中,说话人做出"我估计一半也下意识,我估计(他)也知道"的推测,是说话人基于对外公的直觉或者感觉,并没有有说服力的证据来证实,所以说话人所做出的推断肯定性和确信度都比较低,同时在句中也有其他表达确信度较低的猜测或说话人确信度不高的情态词("一半")共现。

②基于证据性较低的纯个人的主观性假设,说话人用认识情态构式"我(们)估计"表达肯定性和确信度较低的猜测性认识,例如:

(59) 窦文涛:"就是用人单位现在招人,要测你考你的这个问题五花八门,出这种题,你从49楼跳下来,要是摔不死我就用你,我对你这么说,你怎么说?然后**我估计**这个公司大概是不准备给他发工资,可能先得知道一下,到时候跳楼讨薪摔不死,是不是呢?最近在网上也是在说这个雷人的题目。但是咱就说这个跳,你像你说的那个,那卢武铉呢?"(凤凰卫视,《锵锵三人行——失身破财泄密自杀 社会百态中如何活好点》,2009年5月29日)

例(59)中,说话人窦文涛随意地举了几个面试题的案例,五花八门,但是到底是哪个公司的面试题,公司设计这类面试题的初衷或者意图是什么,说话人窦文涛本人并没有客观的、具体的证据,因此说话人窦文涛关于"这个公司大概是不准备给他发工资,可能先得知道一下,到时候跳楼讨薪摔不死"的推测完全属于纯个人的主观假设或推测,是一种开玩笑式的调侃,本身并没有确实的证据,也不追求确实的证据,因此在说话人的推断中同时出现了"大概""可能"等表达不确定认识的副词或者情态词。

③基于真实度较低的、较为主观的个人经验或体验,说话人用认识情态构式"我(们)估计"表达肯定性和确信度较低的推测性认识,例如:

(60) 主持人:"我们可以欣赏到各个国家运动员的风采,也可以看到各种各样的表情,但是这些表情基本上都是传达出一个共同的东西,就是大家是友爱的,是互相帮助的,我看到有两个运动员驮着一个,我不知道你注意到没有,他们入场的时候,两个人驮着一个人,其实**我估计**他可能就想站得高一点,但是感觉他们在一起非常的友爱。"(中央电视台,《今日关注——超越

梦想：揭秘残奥开幕式》，2008年9月7日）

例（60）中，说话人做出"他可能就想站得高一点"的推断依据实际上是说话人个人的认知经验，这种个人的认知经验是属于个人所有的，说话人对认知经验的真实性和可靠性负责，因此肯定性和确信度往往较低，说话人经常用"我估计"来弱化自己的认识立场，以避免说话人因为自己个人经验的不准确性和不确定性而导致推断过于武断或者主观，从而避免给听话人留下不好的印象，或者对听话人的面子造成威胁，从而冒犯听话人，是一种基于面子保护原则和礼貌原则的交际策略。

2. "我（们）估计"构式评估依据的浮现规律

认识情态构式"我（们）估计"认识量级（epistemic scale）的高低除了受到说话人做出评估性认识的依据的客观性、科学性或证据性强弱的影响之外，还受到说话人做出评估性认识的依据是否在句中浮现的影响。

一般来说，说话人在对命题做出评估性推论时，评估的依据有的时候是外显的，说话人直接明示做出评估的证据，这些证据可以直接被听话人发现或者获取；但是，有时候说话人做出评估的证据是内隐的，说话人不便明示或者认为不需要明示做出评估的依据，这些隐含的依据往往不容易被听话人主动发现或者获取，那么必然会影响到听话人对说话人所做论断的准确性的评估。

根据对媒体语料库（MLC）和北京大学中国语言研究中心现代汉语语料库（CCL）中关于"口语"和"相声小品"口语语料的考察，我们发现，当说话人在语言表层明示说话人做出评估的依据时，"我（们）估计"构式往往表达说话人关于命题信息肯定性或确信度较高的认识或判断；如果说话人在语言表层隐含说话人做出评估性认识的依据时，"我（们）估计"构式往往表达说话人关于命题信息肯定性或确信度较低的认识或判断。从认知语言学的视角来说，这种表达上的匹配性符合人类的一般认知规律：一般来说，当说话人有充足的评估依据时，说话人做出的评估的肯定性或确信程度往往比较高；而当说话人没有充足的评估依据，或者评估依据不太明显的情形下，说话人关于命题信息的评估的肯定性或确信度则相对较低。

外显的评估依据一般分为两种情况。

第一种，说话人做出评估的依据在前后文或上下文中明确出现，以佐证说话人的判断，例如：

(61) 张召忠："这次发射的东西还是一个原理样机，究竟发射成功还是不成功，这个都两说，但是因为这个飞机借鉴了航天飞机大量的经验，而且美国的火箭也是比较成熟的，**我估计**成功的可能性还是很大的。"（中央电视台，《今日关注——美"空天飞机"欲成新威慑？》，2010 年 4 月 22 日）

例 (61) 中，说话人首先表明自己的认识和态度"发射成功还是不成功，这个都两说"，但是根据"这个飞机借鉴了航天飞机大量的经验"，再加上美国火箭技术的成熟性，说话人做出了"成功的可能性还是很大的"的评估或者断言。说话人做出评估性认识的依据在上下文中被说话人明示出来，这是典型的外显性证据。

第二种，说话人做出评估的依据属于交际双方共知的背景知识。认知语言学认为交际双方所共享的背景知识属于语用预设的范畴，Jackendoff（1972）直接将语用预设界定为交际双方所共享的背景知识，Grundy（1995）称为背景假设（background hypothesis）。语用预设的一个典型特征就是共知性，所谓共知性就是为交际双方所共有的特性，因此，即使说话人做出评估的依据在前后文中没有出现，但由于其共知性特征，在交际活动过程中仍然被交际参与者所共享，从而保证了交际的顺利开展。这些交际双方所共享的背景知识指的是包括理想化认知模型在内的普遍认知规律和认知经验，因为已经为交际双方所共享，所以在语言的形式表层不需要再出现，但对于听话人而言，这些依据依然是外显的，即无须说话人明示，同样被听话人所共享，例如：

第五章 "我(们)+思维类心理动词"构式的认识情态研究

（62）喻嘉言说：这样我留在你们家，我不要求你给我一张床，你给我一张椅子就行了，我在大厅里坐着，真出事了你来找我。结果这家人，我觉得做得太绝了，就给喻嘉言一张椅子在大厅里，我觉得当时一定特别凄凉，**我估计**连杯水也没有，饭也没有。喻嘉言真就在这人家屋里边坐了一晚上。（当代《梁冬对话罗大伦》）

例（62）中，喻嘉言提出了想要一张椅子的要求，没想到"这家人"做得非常绝，竟然真的只给了一张椅子，大晚上的也没有给喻嘉言提供一张床供他休息，根据惯常的认知经验和认知规律来说，晚上的生活必需品按照必需的程度形成了一个等级序列"椅子 > 床 > 水 > 饭"，按照左向蕴含的原则，"椅子"是最低等级，"饭"是最高等级，等级序列中的任何一级都可以蕴含其左边的一级，反之则不然。如果一家人没有提供"床"，就不可能提供"水"，更不可能提供"饭"。根据这样的认知等级模型，基于"这家人只给喻嘉言一张椅子"的客观事实，说话人做出了"连杯水也没有，饭也没有"的评估性推断。

内隐的评估性依据往往属于说话人个人的经验或思考，这种个人经验或者思考往往不为听话人所知晓。由于评估的依据属于个人的，因此说话人往往无法提供客观的、科学的证据予以证实，所以鉴于主动的礼貌策略和面子保护策略，说话人往往用"我（们）估计"构式来做出肯定性或确信度较低的认识或推测，以显示说话人的个人视角，弱化说话人的认识立场。在日常会话中，当说话人不直接明示所做评估的依据时，"我（们）估计"构式往往易于被听话人解读为表达说话人肯定性或确信度较低的弱断言认识，因为听话人无法从说话人那里得到确切的评估证据，以证明对命题信息判断的合理性，所以往往会被听话人识解为说话人的个人视角或者个人观点，或者被说话人识解为说话人个人立场的表达，所以相对于在上下文中明示评估依据的"我（们）估计"构式而言，其言语行为的语力较弱，也就是

说,当说话人隐含评估依据时,"我(们)估计"构式凸显的是说话人的个人认识立场的选择或个人视角的定位,例如:

(63)主持人:"那要是穿透肚皮,也没问题,还绑一气球,这谁干的事啊,这是?刚才说话那个男的,来,就你,放你肚皮上行不行?你是咱村子里胆子最大的了吧?"
主持人:"行吗这样?"
观众:"**我估计**他穿不透。"
主持人:"万一穿透了呢?"
观众:"穿透了,我就壮烈牺牲。"(中央电视台,《乡约——农民暗器王》2009年5月15日)

例(63)中,观众关于"他穿不透"的评估显然是主观的,属于说话人的个人主观性判断,说话人在语言形式的表层并没有提供任何评估依据,评估的依据只为说话人个人所知,对于听话人而言则无法知晓,所以对于听话人而言,"我估计"构式仅仅提供了说话人自己的个人视角或者个人观点,也正因为如此,主持人才会立刻做出非倾向性(dispreferred parts)回应"万一穿透了呢?",说话人的反应是"穿透了,我就壮烈牺牲",从主持人和说话人后续的对话也可以发现,说话人用"我估计"构式表达的是肯定性和确信度较低的评估性认识。

当然,"我(们)估计"构式认识量级(epistemic scale)的高低与评估依据显现的对应性,仅仅是互动交际言谈中一种倾向性的对应,而不是绝对性对应,是评估性认识情态构式"我(们)估计"在互动言谈中的倾向性用法。

3. "我(们)估计"认识量级的高低与构式在话轮中位置的关系

"我(们)估计"构式认识量级(epistemic scale)的高低与其在话轮中出现的位置相关。

当"我(们)估计"构式出现在话轮开始位置时,整个话轮往

第五章 "我（们）+思维类心理动词"构式的认识情态研究

往处于话轮序列毗邻对的第二部分（SPPs），用于表达说话人对于话轮毗邻对第一部分（FPPs）的提问或相关命题信息做出回应，表达说话人肯定性和确信度较强的推论性认识，此时说话人往往不需要提供做出评估性认识的依据，认识情态构式"我估计"的语用功能在于表达说话人的认识或观点，凸显说话人的认识立场，或者强化说话人的言谈立场，说话人试图对听话人施加影响，言语行为的语力较强。说话人关于命题内容认识的肯定性或确信程度与命题信息本身的真实性和肯定性无关，而是与说话人的认识立场有关，凸显的是说话人的个人视角，例如：

（64）交警部门从昨晚起（3月31日）开展整治泥头车专项行动。行动中，怀疑因为违章车辆闻风而逃，部分查车点出现无车可查的尴尬场面。
在临江大道的查车点，几乎没有泥头车路过，就算有，也是空车。交警好不容易才发现一辆满载余泥、怀疑超载的泥头车，但司机不承认。[（采访）司机："**我估计**没有超载。"] 由于查车点没有测重仪器，交警只能叫司机开车去指定地点测重。（广州电视台，《新闻》，2009年4月1日）

例（64）中，对于超载的司机而言，"我估计没有超载"显然不是客观事实，而是司机个人的观点，凸显说话人的个人立场，说话人试图向听话人（"交警"）施加影响，进行辩解，试图逃避惩罚，说话人关于命题信息的评估认识（没有超载）与命题信息本身的真实性（超载）无关。

当"我（们）估计"构式出现在话轮中间位置时，"我（们）估计"构式既可以表达肯定性或确信度较高的推论性认识，也可以表达肯定性或确信度较低的推测性认识，这取决于说话人所拥有的证据的性质。当说话人提供的评估依据是客观性较高的事实、科学性较强的规律和人类一般的理想化认知模型时，认识情态构式"我（们）估计"往往表达说话人肯定性或确信度较高的评估性认识；如果说话人做出评估的依据是主观性较强的"个人感觉"、证据性较弱的主观假设和真实度较低的个人经验时,往往表达说话人肯定性或确信度较低的推测性认识,例如:

(65)(采访)崔雍:"这个葫芦本身就是天然的艺术品,如果说把它种植好的话,进行深加工,**我估计**它可以做成一个产业。明年,发展到100亩200亩左右的话,形成一个有实力的基地,全国客商会到这里来采购。"(天津电视台,《财经视界》,2009年3月10日)

(66)看来挑水果挑菜是难不倒他们的,而且如果您对送到家的蔬菜质量不满意的话,他们也承诺无条件退货。除了质量问题,大伙关心的还有价格。

(采访)市民:"价格要跟市场价格差不多,不能高于市场价格,但是**我估计**他要收上门服务费。"(天津电视台,《财经视界》,2009年7月29日)

例(65)中,说话人根据葫芦本身是艺术品,可以进行深加工,推论出"它可以做成一个产业"的认识或判断,说话人认识的可能性和确信度都比较高;例(66)中,关于水果蔬菜送货上门的服务,市民根据个人的经验,推测可能会收取上门服务费,但是却没有提供任何证据,属于个人的主观猜测或担心,所以才会做出"他要收上门服务费"的推测性认识,认识的肯定性和确信度不高;因为说话人没有提供任何的证据,所以对于听话人而言,说话人的认识性推测极易被听话人识解为说话人的个人视角或个人观点,被当作一家之言,认识的肯定性或确信度自然就不会太高。

话轮结束位置的"我(们)估计"构式的话语表达功能是用于话轮的结束,或者说话人意在向听话人转交话轮,由于说话人的话轮接近结束,所以说话人也就没有话语空间再向听话人提供做出评估性认识的证据,因此,处于话轮结束位置的"我(们)估计"构式的话语功能往往不是表达说话人关于命题信息肯定性或确信性的认识程度，而是用于凸显说话人的观点，或者补充说明说话人的个人视角，也就是说，当"我（们）估计"构式处于话轮结束位置时，说话人话语表达的重点不再是关于命题信息的肯定性程度的高低，而在于凸显个人的认识立场或者言谈立场。

由于说话人的话轮已经接近结束，说话人往往不能再向听话人提供相应的评估性证据，因此说话人做出认识和推断的依据往往是隐含的，只属于说话人个人所有，而不为听话人所知，说话人意在补充说明说话人自己的个人认识视角，这种附加话语模式（tagged discourse pattern）就必然导致听话人不再关注说话人关于命题信息认识或判断，而是将其识解为说话人的个人视角。处于话轮结束位置的"我（们）估计"构式与话轮结束位置的其他"我（们）+心理动词"构式在话语的语用表达功能上是一致的，例如：

（67）陈鲁豫："浮动的，您现在第一个还是工作？"

陈铎："孙子来了，她是第二位的，孙子没在，她还是第二位的。"

陈鲁豫："您到不了第一位了，**我估计**。"

周希珧："第一位是不可能的，我也习惯了。"（凤凰卫视，《鲁豫有约——陈铎少时期盼当海军 与人打赌结缘电视事业》，2011年2月15日）

（68）窦文涛："因为他前一阵儿你知道吗？绝食的时候啊，曾经偷偷吃零食，就是看守所给吃点吗？"

周轶君："压缩饼干，**我估计**。"

窦文涛："对，然后他吃了，吃了之后呢，监狱里的人就给他拍下来了那个DV……"（凤凰卫视，《锵锵三人行——枕边风"吹死"卢武铉 看亚洲"人情政治"》，2009年5月27日）

（四）小结

认识情态构式"我（们）估计"的原型构式意义表达说话人对于"量"的推断性认识，在原型意义的基础上进一步引申出对于命题所表达事件发生可能性的评估性认识，这种可能性的评估，往往是基于一定的评估依据而做出的，所以"我（们）估计"可以表达说话人关于命题信息肯定性和确定度较高的推论性认识，也可以表达说话人肯定性和确信度较低的推测性认识，影响认识情态构式"我（们）估计"认识量级（epistemic scale）高低的因素包括说话人做出评估的依据的性质、评估依据的在上下文中的隐现规律以及构式在话轮中出现的位置等多种因素。

1. 说话人做出评估的依据的性质对"我（们）估计"构式认识量级的影响

如果说话人做出评估性推断的依据是客观性较高的事实或证据、科学性较强的规律和人类一般的理想化认知模型时，认识情态构式"我（们）估计"往往表达说话人肯定性或确信度较高的评估性认识；如果说话人做出评估的依据是主观性较强的"个人感觉"、证据性较弱的主观假设和真实度较低的个人经验时，往往表达说话人肯定性或确信度较低的推测性认识。

2. 评估依据在上下文中的隐现对"我（们）估计"构式认识量级的影响

当说话人在语言表层明示说话人做出评估的依据时，"我（们）估计"构式往往表达说话人关于命题信息肯定性或确信度较高的认识或判断；如果说话人在语言表层隐含说话人做出评估性认识的依据时，"我（们）估计"构式往往表达说话人关于命题信息肯定性或确信度较低的认识或判断。也就是说，当说话人在话语表层提供了充足的评估依据时，说话人做出评估的肯定性或确信程度往往比较高；当说话人在话语表层没有提供评估依据时，或者提供的评估依据不太充足的情形下，说话人关于命题信息评估的肯定性或确信度则相对较低。

3. "我（们）估计"构式在话轮中出现的位置对构式认识量级的影响

当"我（们）估计"构式出现在话轮开始位置时，整个话轮往往处于话轮序列毗邻对的第二部分（SPPs），用于表达说话人对于话轮毗邻对第一部分（FPPs）的提问或相关命题信息做出回应，往往表达说话人肯定性和确信度较强的断言性认识，认识情态构式"我估计"的语用功能在于表达说话人的个人认识或个人观点，凸显说话人个人的认识立场。

当"我（们）估计"构式出现在话轮中间位置时，"我（们）估计"构式既可以表达肯定性或确信度较高的推论性认识，也可以表达肯定性或确信度较低的推测性认识，这取决于说话人所拥有证据的性质。当说话人提供的评估依据是客观性较高的事实、科学性较强的规律和人类一般的理想化认知模型时，认识情态构式"我（们）估计"往往表达说话人肯定性或确信度较高的评估性认识；如果说话人做出评估的依据是主观性较强的"个人感觉"、证据性较弱的主观假设和真实度较低的个人经验时，往往表达说话人肯定性或确信度较低的推测性认识。

话轮结束位置的"我（们）估计"构式的话语表达功能是标记说话人话轮的结束，或者说话人意在向听话人转交话轮。由于说话人的话轮接近结束，所以说话人也就没有话语空间再向听话人提供做出评估性认识的依据，因此，处于话轮结束位置的"我（们）估计"构式的话语功能往往不是表达说话人关于命题信息肯定性或确信性的认识程度，而是用于凸显说话人的个人观点，或者补充说明说话人的个人视角，也就是说，当"我（们）估计"构式处于话轮结束位置时，说话人话语表达的重点不再是关于命题信息的肯定性程度的高低，而是凸显说话人的个人认识立场或者言谈立场。

此外，通过对媒体语言语料库（MLC）的考察，我们发现"我（们）估摸着"构式的使用频率非常低，口语色彩比较浓，往往用于表达说话人关于命题信息肯定性或确信度较低的推测性认识，与"我（们）估计"构式的弱推测性用法相当，这主要是受到心理动词"估摸"词汇意义影响的结果，例如：

（69）彭燕："后来扒住一个，就是一个土包一样的东西，但是上面有冰，那个指头就死死地抠住，然后脚就已经悬出去了。然后一身冷汗,那么冷的天气我出了一身汗,就特别得紧张,然后卫生员过来把我扯起来。"

记者:"如果当时没有这块石头呢?"

彭燕:"我不知道,估摸着我可能就……可能会下去。"

记者:"下去意味着什么呢?"

彭燕:"**我估摸着**,我不死也就残了吧。"(中央电视台,《面对面——彭燕 坚守"生命禁区"》,2011年6月12日)

(70)立新:"新年第三天,我是立新。**我估摸着**这会儿您可能正在家里头忙着做午饭呢。这样,您踏实忙着,我这儿给您汇总一下近一周来的媒体报道。"(北京人民广播电台,《话里话外》,2010年1月3日)

例(69)、例(70)中,"我(们)估摸着"构式的口语语体特征比较明显,往往表达说话人带有强烈个人主观性的推测,甚至是纯个人的猜测,往往没有或者不能提供做出评估性认识的判断依据,由此而导致说话人关于命题信息的肯定性或确信度非常低。

三 "我(们)+琢磨/约摸/捉摸(着)"构式的认识情态研究

相对于"我(们)估计"构式,"我(们)琢磨/约摸/捉摸(着)"构式的使用频率非常低,这与心理动词"估计"与"琢磨/约摸/捉摸"使用频率的差异有关;此外,受到心理动词"琢磨/约摸/捉摸"词汇意义的影响,"我(们)琢磨/约摸/捉摸(着)"构式往往表达说话人关于命题信息肯定性和确信度不太高的推测性认识。

"我(们)琢磨"构式往往表达了说话人经过思索和考虑以后得出的某种认识或者判断,凸显了说话人所做出认识的个人主观性,在构式出现的上下文中往往缺乏相关的评估依据,例如:

(71)主持人:"有人说它营养单一对不对?"

嘉宾:"对,有些朋友啊,到公司来参观以后他又跟我提出一个问题,他说广友啊,你这个粉丝都是淀粉,他说现在生活水

第五章 "我(们)+思维类心理动词"构式的认识情态研究

平提高了,您能不能搞一点营养粉丝?**我琢磨**这个想法好,找几个技术中心的人来,我们搞营养粉丝,加蛋清在里面,增加蛋白质,发现不对啊,颜色不好看还有腥味。我又到广西出差碰见一个朋友,他说我是搞钙粉的,你那个粉丝中间可以搞钙粉,钙粉粉丝。"(中央电视台,《乡约——红薯革命》,2010年8月24日)

(72)"我们正开会呢,没事你可以进来,我刚才跟大家已经介绍了,我先给您介绍一下,这位是冯海涛,冯导演。这么年轻呀,**我琢磨**起码得四五十岁的一个导演,年轻有为的导演,你有30岁吗?""没有,28岁"。(北京电视台,《7日7频道——刷大发了》,2008年1月9日)

(73)于:"哎呀,拿您当要饭的了。"

郭:"**我琢磨着**这不对呀,道儿上没有这样的,这怎么回事,我挺恨得慌的。"(当代《郭德纲相声集》)

例(71)和例(72)中,"我琢磨"凸显了说话人做出认识或判断的手段或方式,即通过说话人"主观思考"的心理活动来获得关于命题信息的认识和判断,构式出现的前后文中没有提供评估的依据。例(73)中,"我琢磨"后面出现了持续体标记"着",凸显了动作的持续性,进一步说明"我琢磨着"构式认识情态意义的获得方式,同时强调认识情态意义的即时性特征——说话人当时当下的认识状态。

心理动词"约摸"和"捉摸"中,都有共同义素"摸","摸"的本义是用手接触或轻摩物体,从具体的动作行为域,经过隐喻性投射,投射到心理动作域,表达反复思考的内在心理活动;"约莫"中的义素"约",进一步凸显了推测性认识的不准确性或不精确性,因此"我(们)约莫"构式、"我(们)捉摸"构式与"我(们)琢磨"构式在认识情态意义的表达上区别不大,都可以表达说话人通过主观的思索或考虑得出关于命题信息的推测性认识。一方面,因为做出的推测往往是说话人通过主观思索或考虑而得出的,因此后面经常带有表示动作持续的持续体标记"着",表示思考动作的持续性,表明其认识情态意义的获得方式,强调认识情态意义的即时性特征——说话人当时当下的认识状态。另一方面,因为是说话人当时当下的个人思考和推测,所以往往没有客观的事实或依据,因此往往表达说话人关于命题信息肯定性或确信度不太高的推测性认识,例如:

(74) 继续推行,看来限行的确有效。但是这限行到底能改变多少,能怎么改变交通,现在我还没太弄明白。**我捉摸着**,现在车流量少了,再过半年呢,是不是好多家都改两辆车了,那时候就怕反而给交通添堵。(北京电视台,《都是田园梦》,2009年4月12日)

(75) "不是昨天有三四百八路军在大沙洼里跟皇军打了仗吗?"

解文华"哈哈"地笑了笑,又说:"昨天我就到城里来了,我怎么会知道这事儿?反正**我约摸着**,在小李庄一带的八路是不少,三百五百的,这是少说着。"(刘流《烈火金刚》)

(76) 有一年,过腊八的前一天,**我约摸着**卖灶糖的老汉,那一天该会经过我们村。我站在村口上一棵已经落尽叶子的柿子树下,朝沟底下的那条大路上望着,等着。[《读者》(合订本)]

"我(们)约摸/捉摸着"构式在媒体语言语料库(MLC)中出现的频率非常低,只有一例[例(74)];在北京大学中国语言研究中心现代汉语语料库(CCL)中出现的频率也非常低,且大多出现在文学作品中[例(75)和例(76)]。在例(74)中,"我捉摸着"表达了说话人关于新政可能导致结果的不太肯定的推测,即限行政策从长期的角度来看,可能会导致大家买两辆车,从而导致交通更加拥堵。在例(75)中,说话人明确表达了自己不知道的观点,并提供了充足的证据"昨天我就到城里来了,我怎么会知道这事儿?",所以"在小李庄一带的八路是不少,三百五百的,这是少说着",暗含着大沙洼三四百八路军可能是来自小李庄一带,这种推测仅仅是说话人主观猜测,并没有实际证据来证实。在例(76)中,"我约摸着"仅仅表达说话人的主观性猜测,没有任何的依据,体现了说话人认识的强主观性特征。

第四节 "我(们)+猜想类心理动词"构式的认识情态研究

一 "我(们)+猜想类心理动词"构式概述
(一)"我(们)+猜想类心理动词"的核心构式意义

猜想类心理动词包括"猜""猜测""猜想""揣测""揣度""揣摩""揣摸""揣想""想₁(猜测义)""想来""想见""寻思"等,《现代汉语词典》(第五版)对上述猜想类心理动词的释义如下:

猜:动词,根据不明显的线索或凭想象来寻找正确的解答;猜测。

猜测:推测;凭想象估计。

猜想:猜测。例如:我猜想他同这件事有关。

揣测:动词,推测,猜测。例如:我揣测他已经离开北京了。

揣度:(书)动词,估量;推测。

揣摩:动词,反复思考推求。例如:我始终揣摩不透他的意思。

揣摸:动词,揣摩。

揣想:动词,推测;猜想。例如:他心里揣想着究竟什么原因使她生气。

想:动词,①开动脑筋;思索。例如:想办法。②推测,认为。例如:我想他今天不会来。③希望;打算。例如:我想到杭州去一趟。④怀念,想念。例如:想家。

想来:动词,表示只是根据推测,不敢完全肯定。例如:从这里修涵洞想来是可行的。

想见：动词，由推想而知道。例如：从这件小事上也可以想见他的为人。

寻思：动词，思索，考虑。例如：你寻思寻思这件事该怎么办？

上述猜想类心理活动动词大致可以分为两类。

第一类是"猜"类心理活动动词，包括"猜""猜测""猜想""揣测""揣度"等，主要表达思维主体对思维客体或者客体命题进行猜想，往往是没有根据的，仅仅凭借主观想象进行猜测，主观性较强。

第二类是"想"类心理活动动词，包括"想₁（猜测义）""揣想""想来""想见""寻思"和"揣摩""揣摸"等，主要表达思维主体对思维客体或者客体命题通过反复思索或思考来进行推测，主观性也很强。

根据构式与构式中动词之间的互动关系，受猜想类心理活动动词词义的影响，由猜想类心理活动动词构成的"我（们）+猜想类心理动词"构式的核心构式意义是表达说话人关于命题信息不太肯定的个人认识、态度或者感情，或者表达对命题信息确信度较低的推测性认识。

（二）"我（们）+猜想类心理动词"构式的认识量级

鉴于猜想类心理活动动词词汇意义在表义程度上的差异，"我（们）+猜想类心理动词"构式内部小类之间所表达认识的肯定性和确信度也有差异。"猜"类心理动词往往表达没有根据的、仅凭想象的主观猜测，而"想"类心理动词往往表达说话人经过反复思索和思考以后所做出的主观推测，因此，"我（们）+想类心理动词"构式略高于"我（们）+猜类心理动词"构式，即"我（们）+猜想类心理动词"构式的下位小类在认识量级（epistemic scalar）上存在如下等级序列：

"我（们）+猜类心理动词"构式 < "我（们）+想类心理动词"构式

相比于其他"我（们）+心理动词"构式而言，"我（们）+猜想类心理动词"构式所表达的认识程度的肯定性和确信度比较低，在"我（们）+思维类心理动词"构式所表达认识情态范畴的认识量级序列（epistemic scale index）中处于较低的位置，即

"我（们）+怀疑类心理动词"构式＜"我（们）+猜想类心理动词"构式＜"我（们）+评估类心理动词"构式＜"我（们）+推理类心理动词"构式／"我（们）+预料类心理动词"构式

（三）"我（们）+猜想类心理动词"构式的扩展构式

通过对媒体语料库（MLC）和北京大学中国语言研究中心现代汉语语料库（CCL）中关于"口语"和"相声小品"口语语料的语料考察，我们发现，核心构式"我（们）+猜想类心理动词"有三个扩展构式。

第一个扩展构式是"我（们）+猜想类心理动词+着"构式，主要包括"我（们）+想着"构式［例（77）］、"我（们）+猜想着"构式［例（78）］和"我（们）+寻思着"［例（79）］等，例如：

(77) 62岁的粤剧名伶白云峰因患有肝癌过世，今天（13日）出殡。而他的徒弟何海莹，昨天（12日）就在师傅的住所，割脉后上吊自杀。由于白云峰是一个人住，家人昨天回来收拾遗物时发现何海莹的尸体，立即报警。在附近卖菜的老板娘说，何海莹和她师傅白云峰感情很好，平时经常出双入对，师傅生病后，何海莹对他备加照顾。（同期声卖菜档主："**我想着**前晚她那么开心，不会（自杀）吧。她这么傻的。"）（广州电视台，《新闻》，2009年1月14日）

(78) 主持人（白岩松）："您好，观众朋友，欢迎收看正在直播的《新闻1+1》。

"还记得杭州那个最美丽的妈妈吗?……

"第二个,**我猜想着**不是最美丽妈妈本人提出的建议,一定是有关部门来做出的决定,我们是不是做了好人好事的好人也有不让自己的事情被过多地渲染、宣传这样一种权利呢?"(中央电视台,《新闻1+1——康菲的时限,渤海的底线!》,2011年8月31日)

(79)陈倩:"完了到中饭呢又出来吃,又走到那这个买花的那儿,我又瞅瞅,他也不吱声,也不吱声过去了。等下午的时候呢,他就在那儿,他就站那儿不走了,完了**我寻思着**,这个人真的不懂浪漫,我就跟我女儿说,我说武迪啊,你去买三朵花啊。"(凤凰卫视,《鲁豫有约——感人爱情 今生欠你一个拥抱》,2012年10月16日)

构式中的"着"表示"想"类心理动词所表达心理状态的持续,属于持续态助词,在"我(们)+猜想类心理动词+着"构式中,"着"强调说话人做出认识或判断的方式——持续的思考,意在凸显说话人当时当下的认识状态。

第二个扩展构式是"我(们)+在+想类心理动词"构式,包括"我(们)+在想"构式,例如:

(80)主持人:"看过这个小片之后呢,**我在想**一定要提醒电视机前的观众朋友不要这样去模仿,这是一定的风险的,当然我们非常敬佩这位美国人他的勇气,为我们做了一个真人的实验。"(中央电视台,《今日观察——植物奶油安全吗?》,2010年11月8日)

(81)主持人:"这不仅是一种社会现象、社会问题,同时我们也可以看到,这些发展,它几乎是一个产业化发展的一个链条,分工还很细。"

张鸿:"对。"

主持人:"**我在想**大家可能都有过被信息骚扰的经历,我们

第五章 "我（们）+思维类心理动词"构式的认识情态研究

来看看大家的感觉。'我很愤怒'，他的名字就直接用这个态度了。"（中央电视台，《今日观察——个人信息保护》，2009年2月27日）

"我（们）+在想"构式中的"在"的基本功能是表示事件在进行之中，是一个进行体标记。关于时间副词"在"的研究，郭风岚认为"在"具有"时量·延续性"特征；① 陈月明认为"在"表示活动在进行之中，其句法辖域是整个动词短语，即［在［V（N）］］②；肖奚强认为"在"强调动作的持续；③ 钱乃荣认为进行体是表示句子所述的事件正在进行之中；④ 杨西彬也认为"在+V"的格式义是"事件在进行中"⑤。总而言之，进行体标记"在"本质上表达的是事件在进行当中，因此认识情态构式"我在想"实际上表达的是说话人在说话时的认识状态或认识立场。也就是说，"在"标记的不是"想"这一思维活动在进行之中，而是表示"说话人做出某一认识或推断"这一事件（即"想+命题小句"）在进行当中，进行体标记"在"在构式中的作用是凸显说话人认识状态的"当时当下"现时范畴，这与认识情态构式"我（们）+心理动词"对时体的准入条件是一致的［参见第三章第三节第三部分"'我（们）+心理动词'构式中时体的准入条件"部分的相关论述］。

根据"我（们）+心理动词"构式关于所关涉成分的选择限制条件（参见第三章第三节第四部分的相关论述），我们知道认识情态构式所关涉的成分一般是谓词性成分，即必须是一个肯定性的命题成分；疑问句一般不表达命题，因此当"我在想"后面所关涉的成分是一个疑问句时，"我在想"结构仅仅是表达说话人"思考"这一思

---

① 郭风岚：《论副词"在"与"正"的语义特征》，《语言教学与研究》1998年第2期。
② 陈月明：《时间副词"在"与"着₁"》，《汉语学习》1999年第4期。
③ 肖奚强：《"正（在）""在"与"着"功能比较研究》，《语言研究》2002年第4期。
④ 钱乃荣：《体助词"着"不表示"进行"意义》，《汉语学习》2000年第4期。
⑤ 杨西彬：《"在+V"与"V+着"的格式义及其对句法语用的制约》，《语言教学与研究》2013年第1期。

维活动正在反复进行中，并不是认识情态构式，不表达认识情态意义，例如：

（82）俞永福："第三个就是说我们使用体验，那是一个小屏幕完全不一样，因为我们是做技术出身的，**我在想**，怎么样改变这些问题呢？"（中央电视台，《今日观察——新动力 手机上网 起跑线上的新机遇》，2010 年 2 月 9 日）

（83）白岩松（评论员）："我想换个角度去说，人们常说一句话叫'好的开始是成功的一半'，但这几天面对海南这样的一种热度，**我在想**不好的开始有没有可能真的成为成功的一半。"（中央电视台，《新闻 1+1——海南：回归国际旅游岛》，2010 年 2 月 4 日）

例（82）中，"我在想"结构后面关涉的是特指问句，例（83）中，"我在想"结构后面关涉的正反疑问句，无论是特指问句还是正反问句都不表达命题意义，因此句中的"我在想"结构仅仅是表达"想"这一思维活动正在进行。

第三个扩展构式是"想类心理动词+命题小句"构式，包括"想来+命题小句"构式和"想见+命题小句"构式等，例如：

（84）王凯：上海豪宅奔向"单价 10 万元时代"。地王的记录刷新了，**想来**房价的记录也很快就会被打破。巧合的是，同一期《第一财经日报》还报道说，久负盛名的中国第一高价住宅汤臣一品不再孤单寂寞，和它一样，一批单价接近甚至已经突破 10 万元/平方米的豪宅正在崛起，还出现了单价为 15 万元每平方米的房子。（中央电视台，《第一时间——王凯读报》，2009 年 9 月 12 日）

（85）主持人："也让人纳闷，我们向反扒专家请教防盗窍门，永远就是那么几条：挎包不能在视线之外，手机钱包藏得越贴肉越好。**想来**这几招都很有效，不过一年到头还总是有人丢了东西才追悔莫及。"（北京电视台，《7 日 7 频道——打扒女英

第五章 "我(们)+思维类心理动词"构式的认识情态研究

雄》，2008年3月10日）

（86）丽颖："我可以**想见**，过几天之后，可能会出现另外一个突发事件，那么我们就会把这个蝉虫就淡掉了，再过些天会有另外一个矿难。"（北京人民广播电台，《新闻天天谈——安平限电》，2010年9月13日）

（87）长乐先生："慈悲爱仁的心境，是需要长期环境熏陶，才能结出硕果的。可以**想见**，若社会上贪吝争恶之风盛行，则人皆盗匪；若祥和仁容之风盛行，则人人皆佛。如果人人皆佛，我们也就不必再像陶渊明那样，隐居世外桃源了。"（当代《传媒大亨与佛教宗师的对话——包容的智慧》）

从语法功能上来讲，"我（们）+心理动词"构式的语法功能相当于一个情态副词（参见第三章第五节的相关论述）。当言者主语（说话人）不再外化为句法主语（句子主语），同时句子有自己的句法主语，即言者主语和句法主语不一致时，承载认识情态表达功能的就不再是心理动词构式"我（们）+心理动词"，而是句中的情态副词，以由心理动词演化而来的情态副词"想必"为例，《现代汉语词典》（第五版）对"想必"的释义为"副词，表示偏于肯定的推断"，例如，"这事想必你知道｜他没回答我，想必是没听见我的话"。因此，由认识情态构式"［第一人称+想］+命题小句"，到"想来+命题小句"构式和"想见+命题小句"构式，再到情态副词"想必"，体现了心理动词结构类认识情态表达式的历时发展历程，即在语言演变过程中，存在着以下语法化斜坡：

"［第一人称+心理动词］+命题小句"＜"心理动词+命题小句"＜情态副词

在上述语法化过程中，第一阶段"［第一人称+心理动词］+命题小句"中，言者主语和句法主语一致，言者主语外显为句法主语，言者的认识情态表达功能由认识情态构式"［第一人称+心理动词] +命题小句"承担；第二阶段"心理动词+命题小句"中，言者主语和句法主语一致，句法主语承前省略，言者主语隐含在句外，言者的认识情态表达功能由认识情态表达的扩展构式"心理动词+命题小句"承担；第三阶段，言者主语和句法主语不一致，句法主语不是言者，而真正的言者隐含在句外，言者的认识情态表达功能由情态副词承担，至此，认识情态构式"［第一人称+心理动词］+命题小句"构式语法化为情态副词。在认识情态构式"［第一人称+心理动词］+命题小句"的语法化过程中，言者经历了从必须在句子当中出现，外显为句法主语，到句子拥有自己的句法主语，言者隐含在句外的发展过程，言者从必须外显到内隐的过程，体现了语言的主观化过程。

（四）小结

"我（们）+猜想类心理动词"构式的核心构式意义在于表达说话人对于命题内容不太肯定的个人态度或个人感情，或者表达对命题信息不太肯定或不太确信的推测性认识，其所表达认识的肯定性和确信度在所有"我（们）+思维类心理动词"构式所表达认识情态的认识量级序列（epistemic scale index）中处于较低位置；此外，"我（们）+猜想类心理动词"构式有三个扩展构式，包括："我（们）+猜想类心理动词+着"构式，例如"我（们）+想着"构式、"我（们）+猜想着"构式和"我（们）+寻思着"构式等；"我（们）+在+想类心理动词"构式，例如"我（们）+在想"构式等；"想类心理动词+命题小句"构式，例如"想来+命题小句"构式和"想见+命题小句"构式等。

猜想类心理动词往往表达思维主体主观的想象或反复思考的心理活动，凸显的是思维主体的个体主观性，因此认识情态构式"我（们）+猜想类心理动词+（着）"在人称选择方面有较强的倾向性，即倾向于选择第一人称单数的形式，即"我+猜想类心理动词+（着）"构式，第一人称复数形式的"我们+猜想类心理动词+（着）"构式出现频率相对来说比较低，原因就在于猜想类心理动词比较关注思维主体的个体主观感受。限于篇幅，本章选取使用频率最高的典型构式"我猜"构式和"我想"构式进行专题研究。

二 "我猜"类构式的认识情态研究

"我猜"类认识情态构式的成员包括"我猜"构式、"我猜测"构式、"我猜想"构式、"我揣测"构式、"我揣度"构式和"我揣想"构式等,其核心构式意义是说话人根据不明显的线索或者凭借主观想象或主观感觉对命题信息进行主观性猜测,表达说话人肯定性和确信度较低的猜测性认识。"我猜"类构式,除了表达说话人低确信度认识的认识情态意义之外,还承载着一定的话语组织功能。其中"我猜"构式是"我猜"类构式的典型构式,下文的研究主要以"我猜"构式为主,却不限于"我猜"构式,也包括"我猜"类构式的其他成员。

(一)"我猜"类构式的认识情态功能

受到"猜"类心理动词词汇意义的影响,"我猜"类构式往往表达说话人的主观性猜测,说话人关于命题信息的猜测性认识没有明确的线索或依据,而是凭借主观想象或主观感觉而得出来的;说话人在做出主观性猜测的同时,向听话人表明对所做出陈述(命题"P")没有什么具体的证据,并提醒听话人对说话人的猜测保持一定的警惕,因此"我猜"类认识情态构式的核心构式意义是表达说话人关于命题信息不确定性认识(uncertainty),说话人关于命题信息的肯定性和确信度非常弱,其所表达的认识量级(epistemic scale)在认识量级序列(epistemic scale index)中处于较低位置。

"我猜"构式表达说话人肯定性和确信度较低的推测性认识,主要表现在三个方面。

第一,"我猜"构式单纯地表达说话人个人的主观推测,在上下文中没有提供任何做出推断的线索或者依据,例如:

(88)大家应该很少听阿Sa一个人唱歌吧?世事很难说,**我猜**,Twins还有机会一起唱。[(采访)温健/调酒师:"那些熟客肯定还会再来的,就像你今天不也回来了吗?!经济再差也有好

的一天。"](广州电视台,《今日报道》,2009 年 6 月 1 日)

(89)白岩松:"因为刘先生的建议是建立在全国一盘棋,立即开始大范围地实行全面的校车制度,才会带来他所判断的数字,但是**我猜想**在全国立即全面开始推行,是非常困难的事情,但是却又急切地盼望着宽甸不那么孤独,全国的很多地方应该有,其实我今天又专门搜索了一下,发现与校车有关的新闻大致是这一两年,而且国内已经有了专门生产的校车。"(中央电视台,《新闻 1+1——中国式校车》,2009 年 7 月 1 日)

通过对媒体语言语料库(MLC)的统计,认识情态构式"我(们)猜"类构式共计出现了 143 例,其中,单纯地表达说话人个人的主观推测,没有提供任何推测的线索或者依据的"我(们)猜"类构式共计出现了 45 次,约占表达说话人不确定性认识语料的 52.3%,占"我(们)猜"类构式全部语料的 31.5%。

第二,"我猜"构式与"可能、大概、也许"等表达不确定性推测的情态副词共现,形成"弱+弱"模式的认识情态表达集群,①例如:

(90)笑文:"我接待过这样一个外宾,我跟她简单交流当中,我听出来她应该是南美的,她要去的位置,手里拿着便签条,**我猜**可能是新开的大悦城,但是我不敢肯定,她就指着说我的朋友告诉我,这个就在你们这里,你告诉我在哪。我说你的朋友说是在我们商场吗?这里是西单商场,她说是二层,我跟她去了二层。"(北京人民广播电台,《资讯早八点——手语心言》,2008 年 6 月 25 日)

(91)窦文涛:"我应该在考场外面,卖文道这本书——《常识》。"

---

[1] Jennifer Coates, *The Semantics of the Modal Auxiliaries*, London: Croom Helm, 1983, p. 183.

第五章 "我(们)+思维类心理动词"构式的认识情态研究

梁文道:"对,我看到那个题目,那个题目其实讲的是一个,它其实关涉的是所有学生他想,**我猜**啊,他大概用意是想看看学生们,把这个日常生活,他们常常据有,但是自己而不自觉的一些想法,拿出来说这个东西到底是什么?"(凤凰卫视,《锵锵三人行——梁文道、许子东精辟拆解2009高考作文题》,2009年6月17日)

(92)马家辉:"谢霆锋现在跟他太太把小孩主动带出来,甚至接受访问,甚至替他小孩安排了未来的路,觉得说他以后,我不反对他加入娱乐圈这样。**我猜**他是可能感觉会倒过来看,自己十七八岁、十六七岁非常反感的那一段时间,其实因为他自己反叛而已,事情根本没有那么严重,没有那么负面。"(凤凰卫视,《锵锵三人行——梁文道:张柏芝是天生救世主》,2010年5月20日)

"可能、大概、也许"属于揣测评注副词;① 罗耀华、刘云认为"可能、大概、或许"具有[+不确定性][+推测性][-结论真]的语义特征,可以表达说话人对某一命题发生或实现的可能性进行推测或估计,具有认识情态表达功能(epistemic modality)。② 在上述例句中,情态副词"可能、大概、也许"用于强化说话人用"我猜"构式所表达的认识上的较低确信度和不确定性。认识情态构式"我猜"与其他同样表达说话人低确定性认识意义的语言成分共现(co-existence),从而形成认识情态集群(modal clustering)。③ 不同种类的认识情态表达成分在认识情态表达集群中承担着不同的表达功能,例如确定认识立场(frame a stance),凸显说话人的个人视角(display speaker's perspectives),加强或弱化说话人的情态语气(reinforce or

---

① 张谊生:《揣测与确信评注的兼容模式及其功用与成因》,《世界汉语教学》2016年第3期。
② 罗耀华、刘云:《揣测类语气副词主观化与主观性》,《语言研究》2008年第3期。
③ K. Aijmer, "I Think—An English Modal Particle", In T. Swan and O. J. Westvik (ed.), *Modality in Germanic Languages*, De Gruyter Mouton: Berlin/New York, 1997, p. 26.

hedge epistemology），等等。

"我猜"构式和情态副词"可能、大概、也许"组合而成的认识情态表达集群属于"弱+弱"的最佳匹配模式，其语用表达功能是进一步弱化说话人关于命题信息的认识程度（hedge epistemology）。

通过对媒体语言语料库的调查，我们发现"我猜"构式除了与上述"可能、大概、也许"等情态副词共现之外，还可以和"多半、恐怕、好像"等表达低确信度认识的情态副词形成"弱+弱"模式的认识情态表达集群，例如：

（93）梁文道："对，所以他变得就是他吃的少，但是他的精神各种状态都很好，但是假如你像这个小女孩，**我猜**这种胃溃疡，不只是个吃东西的问题，多半也跟工作的压力有关，如果说你吃得很少，或者过去你一辈子都是一日三餐，忽然之间改了饮食习惯，同时工作上又特别忙，压力特别大，这时候胃才会出事。"（凤凰卫视，《锵锵三人行——科学调查：男人离婚多短命》，2011年12月27日）

（94）白岩松："**我猜想**，这是你打得最轻松，但是恐怕也是打得压力最大的一场比赛。"（中央电视台，《东方时空——民间交流促中日友好》，2008年5月9日）

例（93）中的"多半"具有表达说话人弱推测的认识情态表达功能。董正存认为"多半"可以视作一个表达说话人对某一命题实现的可能性进行推测或估计的认识情态副词，具有较强的主观性。[1]句中的"我猜"构式与"多半"形成了"弱+弱"的认识情态表达集群，进一步弱化说话人关于命题信息的不确定认识的认识程度。例（94）中的"恐怕"同样具有表达可能性推测的认识情态功能。冯军伟将现代汉语中的"恐怕"分为"恐怕$_1$"（动词）与"恐怕$_2$"（副

---

[1] 董正存：《汉语中约量到可能认识情态的语义演变——以"多半"为例》，《中国语文》2017年第1期。

词），其中"恐怕₂"具有表达说话人对命题真值做出不确定性推测的认识情态意义。"恐怕₂₁"在表达说话人对于命题真值不确定性认识的同时，还表明了说话人对于命题真值的个人态度——不情愿或不希望，这种由说话人的推测和意愿相互融合而产生的混合认识情态意义（hybrid modality），称之为担心认识情态意义，"恐怕₂₂"表达的是说话人对于命题倾向于为真的可能性认识情态意义。① 例（94）中的"恐怕"是"恐怕₂₂"，主要表达说话人对于命题为真的可能性推测，表达低确信度的主观认识，因此"'我猜想'构式+恐怕"的匹配模式同样是典型的"弱+弱"最佳匹配模式，② 其语用功能是进一步弱化说话人关于命题信息的认识程度。

此外，"我猜"构式还可以与表达不确定猜测的情态副词"好像"共现，同样形成"弱+弱"最佳匹配模式的认识情态表达集群，例如：

（95）王锡锌："对，我觉得一方面这样一种制度不仅仅偏离了，让民众很难理解，正常理解的这个方向；另一方面，其实他可能是非常错误地去解读了喜庆和祥和这样的概念，对吗？他好像**我猜测**，可能我加班，十一这天我加班，我可以来办结婚，因为是喜庆的事儿，但离婚可能还是咱们改改日子吧。我想这样的一种解释，可能在民众那里，他可能会有各种各样的猜测，归结到一点，可能他无法理解，也就是说不会理解，不会支持，在心理上可能也烦扰着他。"（中央电视台，《新闻1+1——国庆：节俭无碍隆重》，2009年9月25日）

（96）主持人（白岩松）："您好，观众朋友，欢迎收看正在直播的《新闻1+1》。……不妨也把我之前的担心说出来。第一个，中国人现在可真是够着急的，面对好人好事的时候立马就要

---

① 冯军伟：《现代汉语认识情态研究》，博士学位论文，南开大学，2010年，第47—58页。
② Jennifer Coates, *The Semantics of the Modal Auxiliaries*, London: Croom Helm, 1983, p. 183.

立这样的一个碑或者一个事情，好像真怕人忘了，**我猜想**这个母亲的伤可能还没有好利索，这样一个碑就建起来了。中国老百姓常说一句话，'金碑银碑不如老百姓的口碑'，为什么不让老百姓的口碑，让这么美丽的故事在口碑当中再飞一会，让口碑再飞一会，现在显得非常着急。"（中央电视台，《新闻1+1——康菲的时限，渤海的底线!》，2011年8月31日）

李小军认为"好像"表达推测义时是肯定性的，倾向于命题为真，表达说话人的主观态度，为自己的话语增加委婉度，避免表述的绝对化。① 叶琼认为"好像"是从比拟义引申出表达不确定的判断义，进一步发展出表达说话人不确定推测的认识情态意义，同时可以作为"模糊语"（hedges），弱化叙述的绝对性，用于言者对话语进行模糊性处理，从而弱化说话人的肯定性语气。② 在例（95）中，"我猜测"构式以插入语的形式出现在句中，前后同时出现了表达不确定性认识的"好像"和"可能"两个情态副词，以弱化说话人关于命题为真的推测语气，因此"'我猜测'构式+可能"的话语组配模式的语用目的是进一步弱化说话人关于命题信息的认识程度。

通过对媒体语言语料库（MLC）的统计，我们发现"我（们）猜"类构式与表达不确定认识情态意义的语言成分共现的频率为39次，约占"我猜"类构式表达说话人不确定性认识语料的45.3%，占"我猜"类构式全部语料的27.3%。

第三，"我猜"构式与表示缓和语气的语气词"吧"共现，形成"弱+弱"模式的认识情态表达集群，例如：

（97）主持人："这个是三项必须要很全面，那么这个卡片一般由什么人来填？"

---

① 李小军：《相似、比拟、推测、否定——"好像、似乎、仿佛"的多维分析》，《汉语学习》2015年第2期。

② 叶琼：《"好像"的不确定判断义解读》，《汉语学习》2016年第3期。

第五章 "我(们)+思维类心理动词"构式的认识情态研究

张永仙:"他是有很多很多手段、很多方法的,所以很多人如果他看到了这个现象,而且研究了很多震例,我以前临震以前可能发现这种现象了,他可能就会来填这张预报卡。"

……

张永仙:"任何一个公民都可以填。"

主持人:"都可以填。"

张永仙:"对。"

主持人:"那你们每天将会收到大量的预测卡吧,**我猜**。"(中央电视台,《对话——地震能预测吗?》,2008年6月8日)

(98) 主持人:"这个文化长廊我见过,天天晚上大伙儿都在那儿唱歌、跳舞,非常非常快乐。我下面要采访一位当地的百姓,您是做什么的?"

当地百姓:"我退休了。"

主持人:"长得这么年轻。多大了您今年?"

当地百姓:"你猜。"

主持人:"**我猜**也就30多岁吧。"(中央电视台,《乡约——云南河口》,2012年3月21日)

现代汉语中的"吧"具有缓和说话人语气的作用。[1] 胡明扬认为"吧"是一个"表态语气助词,赋予说话内容以不肯定的口气"[2]。屈承熹认为"吧"的基本功能是表达"发话人的迟疑"(uncertainty)[3]。张谊生认为"吧"表示说话人对自己的看法不很肯定。[4] 齐沪扬、朱敏认为"吧"的作用以缓和语气为主。[5] 卢英顺认为"吧"的语法意

---

[1] 刘月华、潘文娱等:《实用现代汉语语法》,外语教学与研究出版社1983年版,第424页。
[2] 胡明扬:《北京话的语气助词和叹词》,《中国语文》1981年第6期。
[3] 屈承熹:《汉语篇章语法》,潘文国译,北京语言大学出版社1998年版,第109页。
[4] 张谊生:《现代汉语副词研究》,学林出版社2000年版,第268页。
[5] 齐沪扬、朱敏:《现代汉语祈使句句末语气词选择性研究》,《上海师范大学学报》(哲学社会科学版)2005年第2期。

义是"削弱"或者"降低"语气。① 周士宏、岑运强认为"吧"是信疑之间表"不确定"的情态语气词,是一种话语缓和成分(mitigator),其作用在于削弱句子的肯定口气。② 因此,例(97)和例(98)中,说话人采用了"我猜"构式与同样表达说话人不确定认识的语气词"吧"组配的"弱+弱"模式,其语用表达目的是进一步弱化说话人关于命题信息的认识程度。

通过对媒体语言语料库(MLC)的统计,我们发现"我(们)猜"类构式与表示缓和语气的语气词"吧"共现2次,约占"我(们)猜"类构式表达说话人不确定性认识语料的2.3%,占"我(们)猜"类构式全部语料的1.4%。

综上所述,"我(们)猜"类构式的核心构式意义是表达说话人关于命题信息的不确定性推测,由于经常表达说话人的个人主观性推测,没有任何判断依据或线索,所以经常与"可能、也许、大概"等表达不确定性推测的情态副词和表达缓和语气的语气词"吧"共现,从而构成"弱+弱"的最佳认识情态成分匹配模式,说话人采用这种"弱+弱"的认识情态成分的匹配模式的语用目的是进一步弱化自己关于命题信息的不确定性认识,从而避免对听话人的面子产生威胁,是一种积极的礼貌策略。"我猜"类构式的这类用法在媒体语言语料库中占比高达60.2%,是"我(们)猜"类认识情态构式的主要语用表达功能。

(二)"我猜"类构式的话语组织功能

"我猜"类认识情态构式除了表达说话人不确定性推测(uncertainty)的认识情态意义之外,在语用表达上还承载着一定的话语组织功能。

通过对媒体语言语料库(MLC)的语料进行考察,我们发现"我猜"类构式除了表达说话人对于命题信息的不确定性认识之外,一方面,经常用作确立说话人的个人认识立场和言谈立场,以增强说话人

---

① 卢英顺:《"吧"的语法意义再探》,《世界汉语教学》2007年第3期。
② 周士宏、岑运强:《试论语气词"吧"的情态意义》,《北方论丛》2008年第6期。

第五章 "我(们)+思维类心理动词"构式的认识情态研究

的言语行为语力,以便于说服听话人;另一方面,还可以用作缓和标记语(hedges),用于弱化说话人的认识立场,缓和言语行为语力,以免造成对听话人的面子威胁。

第一,"我猜"类构式与表达较高确定性的语言成分共现时,用于确立说话人的个人认识立场和言者立场,增强说话人的言语行为语力,以便于说服听话人或对听话人产生预期的影响,主要采用了三种形式。

一是"我猜"构式与表达较高确信度的能愿动词"会""应该"共现,形成认识情态表达集群,例如:

(99)水均益:"春燕,**我猜**你会问到这个问题,作为回应,我们前几天专门摄制组几位成员去了一趟阿布贾,我们对他的生活进行了全过程的记录,我们也有短片请大家看一下。"(中央电视台,《新闻——伊战十年·重返巴格达》,2013年3月20日)

(100)梁文道:"我觉得现在是很多人都会这么做,比如说雷政富的事出来之后,我觉得起了一个模范的作用,大家都发现这一招是一个用来保护自己或者是为自己有利的一个方法,**我猜**现在很多人都会这么搞,所以将来这些要搞这种道德沦丧行为的那些男的上床之前要先搜清楚手机在哪里。"(凤凰卫视,《梁文道——雷政富事件后 男人想做不道德事都得防偷拍》,2013年8月15日)

在现代汉语中,能愿动词"会"可以表示"能力",也可以表达认识的可能性。① "会"表达认识的可能性时,其所表达认识的确信程度有两种不同的看法:第一种,"会"表达的认识确信度较低,属于盖然性认识情态范畴。郭昭军(2003)认为在认识情态意义的表达程度上,"会"比"可能"的程度高得多。蒋绍愚认为"会"表示

---

① 苏岗:《"会"表示可能的分析》,《邢台学院学报》2005年第1期。

某种条件下可能发生某种情况，带有一种或然性。① 彭利贞认为"会"表达"盖然"或"假设"，认识的确信程度在"可能"与"必然"之间。② 蔡维天运用"模态光谱"（spectrum of modality）理论对表达认识情态意义的"会"进行了分析，认为其认识确信度低于"可能、大概"。③ 第二种，"会"表达的认识确信度较高，属于必然性认识情态范畴。陈振宇认为"会"是一个必然认识情态标记，表示说话者认识的高确定性。④ 本书赞同第一种观点，认为"会"表达认识情态意义时，其所表达认识的确信程度介于"可能"和"必然"之间。例（100）中的"会"表达的是说话人倾向性较为明显的可能性推断，但绝不是必然性认识断言，试比较：

（100a）我猜现在很多人都会这么搞。
（100b）我猜现在很多人都这么搞。
（100c）我猜现在很多人都一定这么搞。

对比例（100a）、例（100b）和例（100c），从所表达说话人认识的确定性和确信程度上来看，存在着这样的认识程度的等级序列"100a＜100b＜100c"；例（100a）中的"会"所表达认识情态的确信度最低，但是相比于表达不确定性和低确信度的"可能、也许、大概"等情态副词，其认识的维度较高，认识的维度介于"可能"和"必然"之间。即使如此，根据认识情态表达集群多个认识情态标记的最佳匹配模式，即"强+强"模式和"弱+弱"模式，当认识情态构式"我猜"与"会"共现时，就不再表达说话人认识的不确定性和低确信度，而是标记说话人的个人认识立场或言谈立场。

---

① 蒋绍愚：《从助动词"解"、"会"、"识"的形成看语义的演变》，《汉语学报》2007年第1期。
② 彭利贞：《现代汉语情态研究》，中国社会科学出版社2007年版，第144页。
③ 蔡维天：《谈汉语模态词的分布与诠释之对应关系》，《中国语文》2010年第3期。
④ 陈振宇：《再说"会"》，《世界汉语教学》2020年第1期。

第五章 "我（们）+思维类心理动词"构式的认识情态研究

"我猜"构式与情态动词"应该"共现，形成认识情态表达集群，例如：

（101）梁文道："他，再强调一遍，家辉很好，特别为我准备了，找到一本已经绝版的，**我猜**应该是一个老版本的胡适的《四十自述》，很有意，而且他知道我喜欢胡适。"（凤凰卫视，《锵锵三人行——马家辉：40 岁左右的朋友有一半生不如死》，2010 年 12 月 25 日）

（102）据中国之声《新闻纵横》报道，昨天晚上，**我猜**您家的电视遥控器应该是最忙碌的。15 场跨年演唱会，不知道昨天晚上您看了几场呢？（中央人民广播电台，《新闻纵横》，2011 年 1 月 1 日）

吕叔湘将能愿动词"应该"释义为"估计情况必然如此"和"表示情理上必须如此"。[①] 而彭利贞、刘翼斌认为"应该"表达说话人对命题真值的盖然性推断，其所表达认识情态在情态级差上介于"可能"和"必然"之间。[②] 乐耀认为"应该"是一个具有推测意义的认识情态词，在对某类证据评价的基础上强调说话人对所言信息的信度，具有表达汉语传信范畴意义的功能。[③] 由于"应该"是从表达义务的道义情态发展出表达可能性推测的认识情态意义，所以"应该"所表达的可能性推断往往是说话人根据逻辑规律和认知规律做出的推论，因此其认识的维度明显要高于表达不确定性或低确信度的情态副词"可能、也许、大概"等。根据认识情态表达集群多个认识情态标记的"强+强"最佳匹配模式，与表达说话人认识确信度较高的"应该"共现的认识情态构式"我猜"显然不应该表达说话人认识的不确定性和低确信度，而应该是用于标记说话人的个人认识立

---

① 吕叔湘：《现代汉语八百词》，商务印书馆 1980 年版，第 550—551 页。
② 彭利贞、刘翼斌：《论"应该"的两种情态与体的同现限制》，《语言教学与研究》2007 年第 6 期。
③ 乐耀：《汉语认识情态词"应该"用以表达传信意义》，《语言学论丛》2013 年第 2 期。

场或言谈立场。

通过对媒体语言语料库（MLC）的统计，我们发现"我猜"构式与表达说话人较高确定性认识的情态动词共现 13 次，占与较高确信性认识的情态动词共现语料的 48.1%，占全部语料的 9%。

二是"我猜"构式与"极有可能""几乎"表示较高确定性的词语共现，例如：

（103）高海燕说："**我猜测**，在这次春交会上，开发商大范围降价的情况极有可能出现。"（天津人民广播电台，《聚焦房地产》，2008 年 4 月 18 日）

（104）白岩松："**我猜测**，在这个赛季开始之前的夏季训练里，几乎是你训练当中最苦、最累的一个训练，但是你坚持下来了。"（中央电视台，《面对面——马布里：巨星的蜕变》，2012 年 4 月 8 日）

例（103）中的"极有可能"表达说话人确信度较高的推断性认识；例（104）中的"几乎"表示"非常接近，差不多"，"几乎"的程度比"差不多"高，语义比较虚，主观性比较强。① 岳中奇认为"几乎"从表达"接近于饱和而又不完全饱和"的度量意义引申到对事件或事物情状的表述，即事件实施的某种状态或事物本身所具有的某种情状到达一个接近于饱和的状态。② 例（104）中，说话人用"几乎"表达说话人对命题信息判断的高确信度。根据认识情态表达集群多个认识情态标记"强＋强"的最佳匹配模式，当认识情态构式"我猜"构式与"极有可能""几乎"等表达较高确信度的语言成分共现时，"我猜"构式显然不应该表达说话人认识的不确定性和低确信度，因此句中的"我猜"构式依然是凸显说话人的个人认识立场和言者视角。

---

① 杨德峰：《说"差不多"和"几乎"》，《天中学刊》2015 年第 3 期。
② 岳中奇：《"几乎"的句法范畴意义及功能》，《语言研究》2007 年第 4 期。

第五章 "我(们)+思维类心理动词"构式的认识情态研究

通过对媒体语言语料库(MLC)的统计,我们发现"我(们)猜"构式与"极有可能""几乎"等表示较高确信度的词语共现3次,约占与表达较高确信度的语言成分共现语料的11.1%,占全部语料的2.1%。

三是"我猜"构式在表达说话人关于命题信息做出推测的同时,提供了相关的推测线索和依据,例如:

(105)在第一个片子里,我们看到有一个小细节,说有一对从北京到湖州的小两口,本来要去吃团圆饭,但是到那儿的时候已经10月1日凌晨了。**我猜想**这是我的同事钱江拍的,因为她采取了同样的路程,从北京出发体验一直到浙江的湖州,她好歹是到了。(中央电视台,《新闻1+1——拥堵:先不着急骂"免费"!》,2012年10月1日)

(106)许戈辉:"我先插一句,我为什么会这样问您,因为如果我是您,我觉得啊,如果我是您的话,我一定会选央企,这是我猜测,我把你,I put myself into your shoes,**我猜想**说你要你应该去选央企,因为,反正我是觉得原来是从央企做起来,然后经过了一番落难,央企仍然向我抛出橄榄枝,这是一种不一样的认可,这和民企啊、外企啊是完全不一样的意义,所以我觉得这,这应该是一个理所当然,但是又离开,我有点不懂。"(凤凰卫视,《陈九霖:回国三年再离央企 过渡需要社会认可》,2013年12月2日)

例(105)和例(106)中,说话人在做出推测性认识的同时,提供了做出推测的线索和依据,相较于没有提供任何依据,仅仅凭借主观想象而得出的推测而言,显然说话人认识的肯定性和确信度要高很多,因此,句中的"我猜"构式不再是表达说话人认识的不确定性,而是凸显说话人的认识立场,或者标记说话人的言者视角。

通过对媒体语言语料库(MLC)的统计,我们发现"我猜"构式在表达说话人做出推测性认识的同时，提供了相关的推测线索和依据的语料共计 11 次，占与表达较高确信度成分共现语料的 40.7%，占全部语料的 7.7%。

第二，"我猜"构式与表达说话人较高确信度的语言成分共现时，意在弱化说话人的认识立场，以缓和说话人的言语行为语力，以免对听话人造成面子威胁，避免违反礼貌原则。

"我猜"构式经常与表达说话人较高确信度的语言成分"一定""肯定""就是""确实"和强调副词"是"等共现，说话人使用认识情态构式"我猜"的语用意图在于弱化说话人的言谈立场，以缓和言语行为的断言语力，从而避免说话人关于命题信息认识的高确信度所可能带来的对听话人面子的威胁或冒犯，例如：

（107）白岩松："我觉得这件事情之所以最后被处理，非常重要的一个因素，**我猜想**，仅仅是个人的意见，一定是陕西省的领导做出了最后的决断，才会有这样的一个结果出现。"（中央电视台，《新闻 1+1——华南虎事件余波未了》，2008 年 7 月 2 日）

（108）小圳外婆彭女士："**我猜**我肯定是车主那个车的轮子螺丝，挂住这个小孩裤子或者衣服。"（深圳电视台，《18 点新闻》，2012 年 4 月 24 日）

（109）［同期］"我走到那里，咔嚓一响，什么车啊？就是大罐车，不是拉水泥的那种，是能打开的那种。"

［同期］"这个和它颜色不一样，这个浅，**我猜**就是车上的。"

［解说］"原来，一辆由西向东驶过的一辆大车擦着树枝就飞奔而去，还散落了一些汽车碎片，这棵大树就遭了殃"（山东电视台，《民生直通车》，2013 年 7 月 15 日）

（110）英国女王："**我猜**，或许从经济角度来说，金融危机确实难以预料，但是也得承认，有些人确实是有些松懈了，太自满了，确实太自满了。"（中央人民广播电台，《新闻纵横》，2012 年 12 月 19 日）

第五章 "我(们)+思维类心理动词"构式的认识情态研究

（111）罗大佑："不会花很多功夫去宠小孩子。"

马家辉："可是你能够预估，猜想自己是什么样的父亲吗？**我猜**冒犯你说，**我猜**你是有个控制狂的父亲。"

罗大佑："我不会。"

马家辉："为什么这么说呢？"

罗大佑："这个我们应该谈一下。"（凤凰卫视，《锵锵三人行——罗大佑58岁做父亲 自曝人工授精》，2012年7月20日）

李成军认为"一定"是评注性副词，表达通过某种征兆或迹象对已经发生（已然）或可能出现（或然）情况的判断或评论；[①] 张则顺、肖君（2015）、潘海峰（2017）、王莹莹、邢丽亚（2019）都曾先后论证过"一定"是一个表达说话人必然认识情态意义的情态词。为了避免对听话人的面子造成威胁或者冒犯，说话人除了采用表达低确定性的认识情态构式"我猜"构式之外，还在句中进行了额外的说明"仅仅是个人的意见"。同理，"肯定"与"一定"语义接近，潘汜津认为"一定"侧重于"坚决地认定情况的必然性"，而"肯定"则侧重于"承认、接受情况的必然性"。[②] 张谊生、魏红认为"确实"是确信类评注副词，具有断言的作用。[③][④] 肖奚强把"确实"看作语气副词，表示"肯定和确认，带有强调的语气"。[⑤] 例（111）中，"是"的后面是谓词性成分"有个控制狂的父亲"，"是"的语法功能是加强说话人的肯定语气，有"的确、实在"的意思，[⑥] 因此"是"是一个强调副词，龙海平认为"是"从表"符

[①] 李成军：《副词"一定"说略》，《理论月刊》2005年第5期。

[②] 潘汜津：《表必然的副词"一定""肯定""必定""势必"的对比考察》，硕士学位论文，暨南大学，2006年，第9—10页。

[③] 张谊生：《现代汉语副词研究》，学林出版社2000年版，第56页。

[④] 魏红：《"的确/确实"的主观化与语法化——兼议"的确"与"确实"的差异》，《云南师范大学学报》（对外汉语教学与研究版）2010年第3期。

[⑤] 肖奚强：《略论"的确""实在"的句法语用差异》，《语言研究》2007年第2期。

[⑥] 吕叔湘：《现代汉语八百词》，商务印书馆1980年版，第437页。

合事实"的形容词引申出表达确认和强调的断言意义。① Biq 认为"就是"具有表达说话人主观情态的判断功能,判断的确信语气比较高。② 因此,从例(107)到例(111),其中"一定""肯定""确实""就是""是"都是表达确信度比较高的断言性认识,根据"弱+弱"和"强+强"的认识情态集群最佳匹配模式,表达说话人较高确定性的"一定"类语言成分与表达认识不确定性的认识情态构式"我猜"构式在语义上相矛盾,因此,此处说话人用"我猜"构式的语用意图显然不是表达说话人不确定性的推测,而是试图弱化说话人的认识立场,以缓和做出推测性认识的言语行为的语力,避免对听话人的面子产生威胁或冒犯,起到缓和语气(hedging)的语用功能。通过对媒体语言语料库(MLC)的统计,我们发现"我(们)猜"类构式与表达说话人较高确定性的语言成分共现30 次,约占全部语料的 21%。

第三,"我猜"构式与其他类型的认识情态标记共现,在语用表达上起到话语修正或者话语调解(discourse modifying)的语用功能;说话人根据互动交际实际进行话语修正的过程体现了说话人进行话语组织的在线设计过程(online-planning),体现了话语组织的动态性特征(dynamic)。

"我猜"构式经常与其他类型的心理动词构式共现,在语用表达上反映了说话人根据互动交际的实际情况使用"我猜"构式进行话语修正的过程。"我猜"构式的话语修正功能包括"由高调低"的话语修正模式(downgrade modifying mode)和"由低调高"的话语修正模式(upgrade modifying mode),体现了"我猜"构式的在线话语组织功能(online-planning)。

一是在互动交际过程中,"我猜"构式经常用在表达说话人较高认识确信度的认识情态构式后面,形成"强+弱"的认识情态表达

---

① 龙海平:《强调词"是"来源新解》,载《"语言的描写与解释"国际学术研讨会论文集》,上海,2014 年 9 月 20 日,第 64—66 页。
② Yung-O Biq, "The Grammaticalization of *Jiushi* and *Jiushishuo* in Mandarin Chinese", *Concentric: Studies in English Literature and Linguistics*, Vol. 27, Issue 2, 2001.

第五章 "我(们)+思维类心理动词"构式的认识情态研究

集群,这种模式体现了说话人认识量级"由高调低"的话语修正过程(downgrade modifying),例如:

(112)冯军:"我觉得,国家鼓励创业,实际上是鼓励大家在不同的领域创造新的价值,所以我觉得这里面肯定有个误区,有一些家长可能误以为那些研究生去他那站一辈子摊,去卖一辈子猪肉了,其实是误解了。我估计,**我猜测**,其实那些研究生去站柜台,实际上是先了解市场的最终用户的情况,以及那些肉的保鲜、分类这一些的知识,然后他们掌握了这个知识之后,他再调上去做管理,那么才能够真正地满足用户的需求。"(当代《大学生创业课堂——对话》)

(113)"两人的价值观一样,才能走到一起。"

马家辉:"可是价值观,他们认同的,肯定的是什么。有些人肯定嚣张的人,觉得嚣张才有大气,我才喜欢。有些人我喜欢比较心地善良的人,我觉得这个价值观,**我猜**他们一定是价值观很像了,其他生活方式都是不一样。"(凤凰卫视,《锵锵三人行——"伟玲"大婚 我们要不要走进"围城"》,2008年7月24日)

(114)孙春龙:"就是我们的工作,我相信包括安监,因为安监下去我和他们有好多接触,包括有好多个人接触,我感觉他们的工作也非常难,最起码我感觉他们去的时候地方上心里面不是太欢迎的,因为他们去都是查别人,都是检查的,所以说他们下去可能这种工作,而且像我们记者去,你说受到那么多阻拦,我们也是为了我们的本职工作,想把这个事情来尽到我们的本职工作,他们也是尽到本职工作,我想,**我猜测**可能也会受到一种阻力,这种阻力虽然说也是像我们一样,我们需要政府部门的认可,他们也需要媒体的帮助,给他们的查处推波助澜,或者助一臂之力吧。"(中央电视台,《东方时空——国务院调查组调查娄烦特大事故》,2008年10月14日)

例（112）中，"我估计"构式和"我猜测"构式连用，用表达不确定性认识的"我猜测"对前面表达较高确定性认识的"我估计"构式进行话语修正，原因就在于所关涉命题的命题内容仅仅是说话人的推测性认识，说话人并没有客观的推测依据，因此说话人关于命题内容的认识程度还没有达到"我估计"评估类认识情态构式的认识确信度；例（113）中，"我觉得"构式和"我猜"构式连用，例（114）中，"我想"构式和"我猜测"构式连用，从认识量级的等级序列（epistemic scale index）来看，都遵循了从高到低的认识量级的排列顺序，说话人用更低认识量级的"我猜"类构式对前面较高认识量级的"我觉得"构式和"我想"构式进行话语修正或调整，是根据互动交际实际情况（说话人因为缺乏足够的评估依据）而做出的必要话语修正，体现了由"高"调"低"的话语修正过程（downgrade modifying）。

二是在互动交际过程中，"我猜"构式也可以用在表达说话人较高认识确信度的认识情态构式前面，形成"弱＋强"的认识情态表达集群，这种话语组合模式用于将说话人的认识量级由"低认识量级"调整到"较高认识量级"，体现了说话人认识量级"由低调高"的话语修正过程（upgrade modifying），例如：

(115) 主持人："那我们有必要再说回来这150年，因为麦道夫今年71岁，即便他能够活到100岁的话，也只能再消受29年的刑期。咱们揣测一下，美国之所以对他进行重判，希望要达到一个什么样的目的？"

申志华：**"我猜，觉得**这个事情是非常非常严重的一件事情，是一个罪孽深重的，麦道夫本人这样子的做法，我觉得某种意义上要超过次贷，因为他一开始就是处心积虑，所以他判这么重的刑就是要告诫老百姓，这个事情是非常严重的一件事情，我想通过这个能够达到这方面的目的吧。"（中央电视台，《新闻1＋1——麦道夫骗局，拷问的是谁？》，2009年6月30日）

(116) 何韵诗："'出柜'对我个人生活没太大影响。"

第五章 "我(们)+思维类心理动词"构式的认识情态研究

许戈辉:"**我想,我猜想,我推断**,现在你的心态一定比以前释然很多,我在看你舞台剧的时候,我也在想,可能你和那个林导大家共同这个商量、认同,会把一些对自我的调侃放在里面,因为你一定每一场都会遇到说当你这个说,啊,你怎么知道我是同志的时候全场就爆笑,都笑翻了。"(凤凰卫视,《何韵诗:十四五岁时意识到性取向与别人不同》,2013年6月24日)

例(115)中,"我猜"构式和"(我)觉得"构式连用,其中,"我猜"构式表达说话人因为缺乏判断的依据而做出推测性的认识,而"(我)觉得"构式则表达说话人关于命题信息的弱断言认识,认识的确信度比"我猜"构式稍高,二者从认识量级的等级序列(epistemic scale index)来看,属于由"低"到"较高"的认识序列,即说话人在言谈过程中调高了认识的确信度,调整的原因在于话轮序列的特殊性与说话人身份地位的互动。一方面,根据访谈类话轮序列"主持人提出问题,嘉宾回答问题"的话轮序列组织模式,主持人采用了直接提问的方式进行询问(inquiring)——"咱们揣测一下,美国之所以对他进行重判,希望要达到一个什么样的目的?"问句中出现了诱导性词语"揣测";嘉宾针对主持人诱导性的提问方式,采用了相似认识量级的"我猜"构式进行回应,这符合访谈类话轮序列的基本模式。另一方面,由于嘉宾申志华是中国民生银行风险管理专家和著名的经济学家,其专家学者身份自然赋予了说话人较高的话语权和言谈地位,根据互动机构语言学的观点(Paul Drew and John Heritage, 1992),说话人的地位和身份对于说话人做出认识的可靠性和权威性具有较大的影响,因此具有较高话语权和言谈地位的嘉宾申志华对主持人的提问不易采用表达较低确信度的"我猜"构式表达自己的观点,而是需要采用凸显说话人认识立场或个人视角的弱断言构式"(我)觉得"来表达自己的观点,所以说话人申志华用弱断言类构式"(我)觉得"对表达较低确信度的"我猜"构式进行了话语修正,同时表明了说话人关于命题信息的认识立场和言谈立场,体现了互动交际过程中说话人的地位和身份对机构语言表达的互动性影响,同时也体现了说话人话语组织的在线生成过程。

例（116）中关于认识量级的调整更加体现了说话人话语组织的"纠结"过程。"我想"构式属于表达不确定性（uncertainty）的弱断言，"我猜想"属于表达较低确定性的推测，认识的量级比"我想"构式更低；"我推断"表达说话人较高确定性的断言认识，在认识量级序列中最高，即存在"'我猜想'构式＜'我想'构式＜'我推断'构式"的认识量级序列。例（116）中，从"我想"构式调整到"我猜想"构式，属于由"高"到"低"的话语修正模式，从"我猜想"构式到"我推断"构式，属于由"低"到"高"的话语修正模式，这种由"强"到"弱"，再由"弱"到"强"的复杂话语修正过程，体现了说话人内心"纠结"的心理过程，这种话语修正过程恰恰体现了说话人"即时"的在线话语组织过程（online-planning）。

（三）"我猜"类构式的语料分布情况

在互动交际过程中，"我（们）猜"类认识情态构式在对话性互动言语中主要承载了三方面的语用表达功能。

第一，"我（们）猜"类认识情态构式表达说话人较低确信度的推测性认识，一般来说，主要用来表达说话人单纯的个人主观性推测，在上下文中一般不提供任何推测线索或者依据；此外，"我（们）猜"类构式还经常与"可能、大概、也许"等表达不肯定推测（uncertainty）的情态副词和表示缓和语气的语气词"吧"等认识情态成分共现，形成"弱+弱"模式的认识情态表达集群，说话人采用这种复合认识情态表达模式的语用目的是进一步弱化说话人关于命题信息的不确定认识的认识程度。

第二，"我（们）猜"类认识情态构式与表达较高确信度的认识情态成分"会""应该"或"极有可能""几乎"等词语共现时，往往不再表达说话人较低确信度的推测性认识，而是用于确立说话人的认识立场和言者立场，承载一定的话语组织功能。

第三，"我（们）猜"类认识情态构式与表达高确定性的语言成分"一定""肯定""就是""确实"和强调副词"是"等共现时，不再表达说话人确信度较低的认识程度，而是用于弱化认识立场，缓

第五章 "我(们)+思维类心理动词"构式的认识情态研究

和言语行为语力,以避免表述的绝对性和高确定性可能带来的对听话人的面子威胁或对听话人可能的冒犯。

"我(们)猜"类构式三种语用表达功能的语料分布如表5-1所示。

表5-1 "我(们)猜"类构式三类认识情态表达功能的语料分布

功能类型	内部小类	频次	内部占比(%)	总占比(%)
较低确信度认识	表达个体推测,无证据	45	52.3	31.5	60.2
	与盖然性情态副词共现	39	45.3	27.3	
	与语气词"吧"共现	2	2.3	1.4	
确立认识立场	与能愿动词"会""应该"共现	13	48.1	9.0	18.8
	与"极有可能""几乎"共现	3	11.1	2.1	
	推测的同时,提供证据	11	40.7	7.7	
缓和言语行为语力	与高确定性成分共现	30	100	21.0	21.0

根据表5-1的语料统计,首先,我们发现"我(们)猜"类构式主要表达说话人对命题信息确信度较低的猜测性认识,占比60.2%;其次,用作缓和言语行为语力的缓和话语标记语,以避免认识的较高确信度对听话人可能造成的面子威胁,语料占比约为21.0%;最后,用作确立认识立场的标记语,以凸显说话人的认识立场和个人视角,语料占比为18.8%;此外,"我猜"类认识情态构式还可以用作话语修正或话语调整,包括"由高调低"的话语修正过程(downgrade modifying)和"由低调高"的话语修正过程(upgrade modifying),这种话语修正过程体现了"我猜"构式的在线话语组织功能(online-planning)。

三 "我想"类构式的认识情态研究

现代汉语中关于"我想"的相关研究主要有三个角度:一是共时层面,郭昭军认为"我想"是一个表示说话人不很肯定的主观看法的弱断言谓词,① 他从与叙实谓词对比的角度论证了"我想"的断言性特征,从与强断言谓词对比的角度论证了"我想"的弱断言性质。二是历时层面,易美珍认为表达认识义的"我想₃"是现代汉语中表情态义的话语标记成分,是从表"认为"等认知动词义发展而来的。② 三是汉外对比层面,李秋杨对比了汉语中的"我想"和英语的"I think",认为汉语中的"我想"经历了从表示思考义到表示认知义,再到篇章义和话语标记的演变过程。③

本书通过考察媒体语言语料库(MLC)发现,心理动词结构"我想"不仅仅表达说话人的断言,而是可以执行四种言语行为:一是意愿性言语行为,表达说话人主观上的意愿或意图;二是告知性言语行为,表达说话人的知情状态,意在向听话人传递信息,改变听话人的知情状态;三是断言性言语行为,表达了说话人的断言立场,意在对听话人产生断言语力,让听话人相信说话人的断言信息,并与说话人保持相同的认识;四是评估性言语行为,表达说话人对命题信息的态度和认识,意在与听话人交换对于命题信息的认识,即向听话人参与对命题信息的评估提供可能性,暗示或邀请听话人参与共同评估,体现了"我想"的互动主观性。

本节将在全面考察"我想"类构式言语行为表达功能的基础上,研究"我想"构式所表达认识情态的语义类型及其在日常互动会话中的话语组织功能。本节讨论的"我想"类认识情态构式的核心成员包括"我想"构式、"我揣摩"构式、"我揣摸"构式、"我寻思(着)"构式、"想来"构式和"想见"构式等。"我想"构式是"我想"类构式的典型构式,本节研究主要以"我想"构式为主,却不限于"我想"构式,也包括"我想"类构式的其他成员。

---

① 郭昭军:《现代汉语中的弱断言谓词"我想"》,《语言研究》2004年第2期。
② 易美珍:《"我想"的语法化和功能分析》,载《江西省语言学会2007年年会论文集》,2007年4月,第85—88页。
③ 李秋杨:《"我想"与"I think"的语义和功能考察》,《天津外国语大学学报》2012年第6期。

❖ 第五章 "我(们)+思维类心理动词"构式的认识情态研究 ❖

(一)"我想"类构式所表达的言语行为类型
1. 言语行为、话轮与话轮序列
(1) 言语行为理论

根据 Brown 和 George (1983) 话语分析理论 (Conversation Analysis theory),语言不仅仅具有信息性功能 (transactional function),还具有社会的互动功能 (interactional function)。相对应的,Bühler (1934) 称为语言的象征性功能 (representative function) 和表达功能 (expressive function),Jakobson (1960) 称为指称功能 (referential function) 和情感功能 (emotive function);Halliday (1970) 称为概念功能 (ideational function) 和人际功能 (interpersonal function);Lyons (1977) 称为描写功能 (descriptive function) 和社会表达功能 (social-expressive function)。[1]

话语分析 (CA) 关注日常生活中实际使用的语言,通过对实际使用中的语言的观察,探索语言的组织特征和使用特征,并从语言的交际功能和语言的使用者的认知特征方面来解释语言中的制约因素。Brown 和 Levinson 曾经指出在语言交际过程中,交际双方所建立的共同立场 (common ground) 和所达成的共同观点 (agreement on point of views) 在建立社会关系中的重要性。[2]

Austin (1962) 认为通过言语我们可以做各种各样的事情 (do many things with words),我们可以发出语音,说出词语、短语或者句子,我们可以做出断言 (make assertions) 或者推测 (make conjectures),可以发出命令或者要求 (issue commands and requests),进而在听众中诱发信仰 (belief),甚至是行为 (action)。Austin 认为言语本质上是在执行某种社会行为,具有言语力量 (force of utterance),并将言语行为分为言内行为、言外行为和言后行为,这就是著名的言

---

[1] 转引自 Gillian Brown, Yule George, *Discourse Analysis*, Cambridge: Cambridge University Press, 1983, p. 1.
[2] P. Brown, S. C. Levinson, "Universals in Language Usage: Politeness Phenomena", In E. Goody (ed.), *Questions and Politeness: Strategies in Social Interaction*, Cambridge: Cambridge University Press, 1978, p. 117.

语行为理论（Speech Act Theory），[1] 具体来说：

言内行为（Locutionary Act）：指的是说出词、短语和句子的行为，它是通过句法、词汇和音位来表达字面意义的行为。

言外行为（Illocutionary Act）：指的是表达说话者意图的行为，它是在说某些话时所实施的行为。

言后行为（Perlocutionary Act）：指的是通过某些话所实施的行为，或讲某些话所导致的行为，它是话语所产生的后果或所引起的变化，它是通过讲某些话所完成的行为。

Searle（1969）在奥斯汀言语行为理论的基础上，提出了言语行为的四条适宜性条件（four felicity conditions），包括准备条件（preparatory conditions）、诚意条件（sincerity conditions）、命题内容条件（propositional content conditions）和根本条件（essential conditions）。之后，Searle将施事言语行为划分为五大类，[2] 包括：

阐述类言语行为（representatives）：陈述或描述说话者认为是真实的情况（stating or describing, saying what the speaker believes to be true）；

指令类言语行为（directives）：试图使听话者做某些事情（trying to get the hearer to do something）；

承诺类言语行为（commissives）：说话者自己承诺未来要有一些行为（committing the speaker himself to some future course of action）；

表达类言语行为（expressives）：表达对某一现状的感情和态

---

[1] John Langshaw Austin, "Performative Utterances", In J. L. Austin, J. O. Urmson and G. J. Warnock (ed.), *Philosophical Papers* (2nd Edition), London: Oxford University Press, 1970, pp. 233–252.

[2] John R. Searle, "A Classification of Illocutionary Acts", *Language in Society*, Vol. 5, Issue 1, 1976.

度（expressing feelings or attitude towards an existing state）；

宣告类言语行为（declarations）：通过说话引起骤变（bringing about immediate changes by saying something）。

除了对上述直接言语行为（directive act）的相关研究，Gordon 和 Lakoff（1971）发现一些间接性言语行为（indirect act）也可以编码言语行为语力（force of utterance）；Brown 和 Levinson（1987）将具有语力的间接性言语行为归因于礼貌原则（polite principle）或保护面子策略（face-saving principle）等语用策略的运用。

（2）话轮

根据会话分析（Discourse Analysis）的观点，话轮是日常会话的基本结构单位，话轮的主要任务就是执行某种社会行为（what is performing）。那么，究竟是选择什么类型的话轮构建单位以及怎样去选择话轮构建单位来建构执行某一种社会行为的话轮，这就涉及话轮（turns-at talk）、行为（action）、话轮或行为设计（design of ongoing turn or ongoing action）以及互动主观性（intersubjectivity）的交叉性互动（intersectional interaction），这个过程就是话轮的设计过程（accountability of a turn's design）。[①] 话轮设计涉及序列（sequence）、行为（action）和接受者（recipient），也就是说，话轮设计需要考虑在什么地方选择话轮（where in a sequence a turn is being taken）、话轮执行了什么行为（what is being done）以及这个话轮面对的言谈对象是谁（whom the turn is addressed）。因此，话轮设计需要考虑到当前话轮与前后话轮之间的关系，即保持话轮连接的连贯性（coherence）或连接性（connectedness），Sacks（1987）称之为"延续性"（nextness），Paul Drew（2013）称之为话轮的"内聚力"（cohesion）。根据话轮的延续性或内在一致性，话轮的结构位置（basic structural position）是毗邻位置（adjacent position）或紧接着的下一个位置（next position），那么一系

[①] Paul Drew, "Turn Design", In Jack Sidnell, Tanya Stivers (eds.), *The Handbook of Conversation Analysis*, Oxford: Blackwell Publishing Ltd, 2013, p. 132.

列话轮联系在一起就形成了话轮串（turn-in-a-series）。Sacks、Schegloff 和 Jefferson 认为这些话轮串具有一定的话轮组织特征①（organizational features of turn），包括表明当前话轮和前一话轮之间的关系、当前话轮的主要任务和执行的行为（what is occupying the current turn）以及当前话轮与后续话轮之间的关系，等等。

（3）话轮序列

Schegloff 把按照一定的组织规则组成的一连串话轮叫作"话轮序列"（turn sequence），并指出"话轮序列"是通过话语来实施一系列行为的（a course of action implemented through talk），②因此，话轮序列可以包括一系列复杂的行为，我们将毗邻的话轮对看作组成日常交际会话中整个话轮序列中最小的话轮序列单位，一般来说，毗邻对由两个话轮组成，有两个不同的说话人，两个话轮在会话中的组织顺序是毗邻的，一个接着另外一个紧接着发生，两个话轮是相关的，毗邻对的第一个话轮叫作毗邻对第一部分（first pair parts 简称 FPPs），第二个话轮叫作毗邻对的第二部分（second pair parts，简称 SPPs），比如说"问答（question-answer）毗邻对""提供—接受（offer-acceptance）毗邻对""打招呼（greeting-greeting）毗邻对"等等。

2．"我想"结构的言语行为功能

经过对媒体语言语料库（MLC）的考察，我们发现，在日常会话中现代汉语中的"我想"结构可以出现在不同的话轮序列中，执行意愿类言语行为、告知类言语行为、断言类言语行为和评估类言语行为四种不同类型的言语行为。

（1）意愿类（volitional act）言语行为

在现代汉语中，心理动词"想"可以表达意愿情态（volitional modality）。意愿情态是意志情态（volition modality）的一种。郭昭军认为意愿情态包含着一个描述主语的心理状态的情态陈述（modal

---

① H. Sacks, E. A. Schegloff and G. Jefferson, "A Simplest Systematics for the Organization of Turn-Taking for Conversation", *Language*, Vol. 50, Issue 4, 1974.

② Emanuel A. Schegloff, *Sequence Organization in Interaction: A Primer in Conversation Analysis (Vol.1)*, New York: Cambridge University Press, 2007, p. 9.

第五章 "我(们)+思维类心理动词"构式的认识情态研究

predication）和一个主要陈述（main predication，即"宾语"），主要陈述指称的是一个将来的事件。① 张万禾认为"想"具有［＋意愿］［－定量］的语义特征。② 高亮认为"想"在汉语意愿情态动词的意愿等级中最低，即存在着"会＞肯＞要＞愿意＞希望＞想"的意愿等级序列。③ "我想"结构主要表达句子主语（同时也是说话人）"我"的主观意愿，可以执行意愿类（volitional act）言语行为，例如：

（117）魏寒松："在继续表演的时间，对绝活进行研究，就是把一些我不会的东西，去学它。我学不会的东西，我得懂它。最起码我得知道他是怎么练的。"

主持人："开始上升到理论层次了。"

魏寒松："对的。**我想**有机会时，把绝活写成一本书，或拍一部电视剧。"（中央电视台，《乡约——绝技人生》，2010年3月22日）

（118）观众："**我想**知道您觉得，目前中美关系的热络，会不会美国需要中国在维持，增持美国国债这方面有关，在美国度过这段危机之后，会不会中美原来就存在的一些问题，会再度暴露出来？就是说中美现在这种相对比较热络的关系，有没有可能长期维持下去？谢谢！"（深圳电视台，《22度观察——2010中美外交大趋势》，2010年1月22日）

例（117）和例（118）中的"我想"结构主要表达说话人"我"的主观意愿，即"我"想做的事情，是对未来尚未发生事情的主观态度的表达。

---

① 郭昭军：《意愿与意图——助动词"要"与"想"比较研究》，载齐沪扬主编《现代汉语虚词研究与对外汉语教学》，复旦大学出版社2005年版，第390页。
② 张万禾：《汉语动词的意愿范畴及其句法表现——对自主范畴的再认识》，《西北师大学报》（社会科学版）2008年第1期。
③ 高亮：《意愿情态动词的意愿等级》，《语言教学与研究》2017年第5期。

Schegloff 认为在互动言语交际中话轮和话轮之间不是杂乱无章的，而是有着严密的话轮序列组织（turn sequence organization），组成这些话轮序列组织的最小的、最基本的单位叫作"毗邻对"（adjacency pair）。① 所谓毗邻对是指组成日常交际会话中整个话轮序列中最小的话轮序列单位，一般来说，毗邻对由两个话轮组成，有两个不同的说话人，两个话轮在会话中的组织顺序是毗邻的，一个接着另外一个紧接着发生，两个话轮是相关的。毗邻对的第一个话轮叫作毗邻对第一部分（first pair parts 简称 FPPs），第二个话轮叫作毗邻对的第二部分（second pair parts，简称 SPPs），例如"打招呼序列"（greeting-greeting）、"问答序列"（question-answer）、"提供—接受/拒绝序列"（offer-accept/decline）等等。"我想"结构表达意愿类（volitional act）言语行为时，经常用于"问答"类毗邻对序列（question-answer sequence）的第一部分（FPPs）中，用以提出问题（questioning）或提出要求（requesting），例如：

（119）主持人："今天现场孩子太多，咱就不做这个表演。**我想**问这些功夫是怎么练的？"
魏寒松："二十多年了，到现在。"（中央电视台，《乡约——绝技人生》，2010 年 3 月 22 日）

（120）小节："大家都知道体操运动员在做项目之前要抹上这种镁粉以便防滑，不过**我想**请大家猜猜这是什么呢？其实这是蜂蜜。大家看，运动员要先把蜂蜜抹在双杠上，才便于把镁粉粘在上面。"（中央电视台，《朝闻天下》，2008 年 7 月 22 日）

Tsang（1981）认为"能力"（ability）、"意愿"（volition）等语义要素是语法主语取向的（grammatical subject oriented），鲁晓琨（1999）也认为意愿情态是句中动作主体指向的，表达的是句中动作

---

① Emanuel A. Schegloff, *Sequence Organization in Interaction: A Primer in Conversation Analysis* (*Vol.1*), New York: Cambridge University Press, 2007, pp. 13 – 16.

主体的主观意愿，而不是说话人的意愿。而在"我想"结构中，说话人与动作主体是一致的，言者主语即句法主语，所以"我想"结构表达的是说话人的主观意愿，因此，从互动交际的视角来看，"我想"结构是说话人取向的（speaker-oriented），意在向听话人传递说话人的某种意愿或某种意图。

（2）告知类（informing）言语行为

除了执行意愿性言语行为之外，我们发现"我想"结构经常用于执行"问答"话轮序列（questioning-answering sequence）的第二部分（SPPs）"回答话轮"（answering turn），以便对毗邻对序列的第一部分（FPPs）"提问话轮"（questioning turn）或"要求话轮"（requesting turn）做出相关性回应（relevant response），一般来说是以提供信息的方式进行回应，是一种信息提供行为（information-providing action）。

根据 Thompson、Fox 和 Couper-Kuhlen 关于"发起—回应"性序列[①]（initiating and responsive actions）的相关阐述，"我想"结构是对"信息索取类"（information-seeking action）行为做出的回应性行为，从本质上讲属于告知类言语行为（information action）。所谓告知类言语行为就是指通过向听话人提供听话人先前在某种程度上不知道的信息（unknown information），来为上一话轮提供信息的告知行为。[②] 告知性言语行为本质上是一种认识上的陈述行为（an epistemic statement），说话人意在向听话人陈述（state）一种知情信息（knowing information）；对于听话人而言，通过说话人的告知性言语行为，听话人关于信息域（domain or territory of information）的认知状态（epistemic status）发生了改变，即从未知状态（unknowing）变为已知状态（knowing）。[③] 因此，告知类话轮序列指的是说话人设计用于向听话人

[①] S. A. Thompson, B. A. Fox and E. Couper-Kuhlen, *Grammar in Everyday Talk: Building Responsive Actions*, Cambridge: Cambridge University Press, 2015, p. 4.

[②] S. A. Thompson, B. A. Fox and E. Couper-Kuhlen, *Grammar in Everyday Talk: Building Responsive Actions*, Cambridge: Cambridge University Press, 2015, p. 51.

[③] John Heritage, "Epistemics in Conversation", In Jack Sidnell, Tanya Stivers (ed.), *The Handbook of Conversation Analysis*, Oxford: Blackwell Publishing Ltd., 2013, p. 432.

提供所不知道的信息，从而使听话人认识状态变为已知状态的话轮组织序列（Heritage，1984；Heritage and Raymond，2005、2012；Raymond and Heritage，2006）。

告知类言语行为包括主动告知类言语行为和被动告知类言语行为两种。主动告知类言语行为包括新闻（news）、报告（reports）、通知（notice）和提议（proposing）等；"我想"经常用于表达提议类言语行为，例如：

（121）不过有个问题令李先生觉得不方便，就是他这两张佛山交通卡和羊城通不能合二为一。他觉得如果在广州搭巴士，可以通用佛山交通卡，就真是有两地"同城"的感觉了。

（采访）佛山市民李良栋："**我想**，这方面还是需要改进一下。"（广州电视台，《新闻》，2009年2月15日）

（122）傅泽星："老板看看这个新型的产品，竹纤维毛巾，这个毛巾有个特点，它不用洗洁精，可以把上面的油洗掉，我估计一个饭店的洗洁精，每个月都要几百元钱，用了这个毛巾之后，就不用洗洁精了，消费者绝对不会吃到洗洁精，对不对，所以说**我想**这个毛巾你值得试一下看看。"（中央电视台，《乡约——不惑之年创业记》，2010年5月18日）

（123）窦文涛："**我想**，你们明星，广美，是不是也应该每个人，筹点钱，成立这么一个车间。你们的权威性，应该高过国家质检总局，这才叫牛。那家伙，最后老百姓相信，咱明星的车间，砸出来的。"（凤凰卫视，《锵锵三人行——刘翔代言汽车恐成被告 明星代言像赌博？》，2009年3月25日）

有时候，说话人会采用一种"自问自答"的形式，主动告知听话人自己所知道的信息，"我想"同样用于表明说话人的知情立场，目的在于向听话人主动传递听话人不知道的信息，例如：

（124）楼市成交量下降，价格暂停下降，说明了什么？**我**

第五章 "我(们)+思维类心理动词"构式的认识情态研究

想,只能说明买房的和卖房的都在观望。也许暂时停下脚步,是为更好地降价积蓄力量。价格合理了,暴利不见了,房地产的春天才会真的到来。(中央电视台,《第一时间——马斌读报》,2009年2月19日)

(125)何帆:"我们看到3月15号有130个美国的议员写信给美国财政部部长盖特纳,还有美国的商务部部长骆家辉,要求人民币,对人民币施加压力,要求人民币升值,那么3月16号的时候这个舒莫,又跳出来,又推出了一个新版的议案,要求人民币升值。那我们可能随后还会关注到有一个获得诺贝尔奖的经济学家克鲁格曼也连续发表了一些文章说人民币要升值,要强加人民币升值。那为什么在这段时间他们突然这么活跃呢?**我想**他们实际上是盯住一个关键的日期,就是到4月15号的时候,看在美国财政部出的报告里头,会不会把中国列为货币操纵国,他们实际上是希望在那份报告里头能够给中国下一个定论。"(中央电视台,《今日观察——透视人民币汇率之争(一)》,2010年3月24日)

(126)吴建民(全国政协外事委员会副主任):"第四好:开头好。没有经历一种犹豫不决的时期。你看2009年中美关系是'四好',把中美关系推向了一个新的高度。2010年怎么样,**我想**摩擦一定会有,各种各样的争斗一定也会有,但是这个大的趋势,我想还是会继续往前走。"(深圳卫视,《22度观察——2010中美外交大趋势》,2010年1月22日)

被动告知类言语行为一般是指对信息索取行为的回应,比如说"我想"结构就属于典型的被动告知类言语行为。"我想"结构经常用于执行对"问答"话轮序列(questioning – answering sequence)第一部分"提问话轮"(questioning turn)或"要求话轮"(requesting turn)的相关性回应性行为(relevant response),用以向听话人提供未知信息(information – providing),例如:

（127）深圳卫视《22 度观察》："观众朋友们大家好，这里是深圳卫视《22 度观察》。说道辞旧迎新，我们就想到外交部部长杨洁篪在总结 2009 年中国外交的时候他用了两个词说：'这是个危机之年，也是个变革之年'。如果请您也用几个短语来形容 2009 年中国外交的话，您会怎么说？"

吴建民（全国政协外事委员会副主任）："**我想**可以用一句话来表达：中国已经从国际舞台的边缘走到了中心。"（深圳卫视，《22 度观察——2010 中美外交大趋势》，2010 年 1 月 22 日）

（128）主持人："说到巨额财产来源不明，这就说明要让这样的一个人来讲清楚我这个财产从哪儿来的，但是法律上有一个规定，就是说如果没有规定证明被告人有罪的话，那就应当认为他无罪，如果这样相对应来看，怎么去理解这么一个巨额财产？"

卢建平："**我想**这个问题涉及两个方面：第一，法律上当然很讲原则，无罪推定只是一个基本原则，但是法律上同时也是给任何原则留下了一些所谓的例外的空间。"（中央电视台，《新闻 1 + 1——刑法修正剑指何方？》，2008 年 8 月 26 日）

"我想"结构告知性言语行为的功能是向听话人传递信息。对于说话人而言，说话人展示了自己的知情状态（knowing status）；对听话人而言，被告知的信息使听话人的认知状态（epistemic status）发生了改变。从互动交际的角度来看，"我想"的告知性言语行为功能可以是说话人取向的（speaker‑oriented），例如主动性告知言语行为，即主动告知听话人所不知道的信息；也可以是听话人取向的（participator‑oriented）；例如被动性告知言语行为，即应听话人"提问话轮"（questioning turn）或"要求话轮"（requesting turn）的"提问"或"要求"而进行的相关性回应行为，等等。

(3) 断言类（asserting）言语行为

断言（assert）最初是一个哲学概念，其哲学符号是"⊢"，水平线表示内容（content），竖线表示判断（judgment），表示对内容的判断。① 断言与真值（truth）、知识（knowledge）和信仰（belief）有关。

从逻辑学的角度来看，断言与真值有关，断言的目的就是判断真值，Peter Pagin 将断言的原则描写为：

> 断言命题"P"是真的，当且仅当说话人有足够的证据证实命题"P"是真的。② （An assertion that "p" is correct if, and only if, the speaker has good evidence that it is true that "p".）

逻辑学对命题的判断以命题的真值作为判断的目的，命题真值的判断依据是客观事实标准，但是，在言语交际中，说话人也会断言一些自己不能证明其真实性的话，这种断言是依据说话人的知识或者信仰而做出的判断，所以语言学上的判断本质上是表达说话人的主观评判，反映了说话人对对象"是"或"否"的主观认识，以及判断某一命题是"对"或"错"的主观态度，与逻辑学上的真假判断有本质的差异。③ 因此从这个意义上讲，断言不仅仅限于对事实真假的判断（factual judgment），而是说话人自己对于命题的主观认识和评判，这种判断不限于事实的真假判断，更多的是与说话人的知识和信仰有关。Frege 认为，断言是一种具有断言语力（an assertoric force）言语

---

① Frege Gottlob, "Begriffsschrift, eine der arithmetischen nachgebildete Formelsprache des reinen Denkens", Halle, Translation, 1879, In J. van Heijenoort (ed.), *Frege and Gödel: Two Fundamental Texts in Mathematical Logic*, Cambridge, M. A.: Harvard University Press, 1970, p. 17. Reference to the translation.

② Peter Pagin, "Assertion", In Edward N. Zalta (ed.), *The Stanford Encyclopedia of Philosophy*, First published Mon Jan 22, 2007; Substantive Revision Wed Dec 31, 2014 (URL = 〈https://plato.stanford.edu/entries/assertion/〉).

③ 张军：《汉藏语系语言判断句研究》，中央民族大学出版社 2005 年版，第 5 页。

行为,① 这一观点后来被 Austin 所继承, Austin 认为做出断言具有断言语力, 每一种言语行为都有相应的言语行为语力。② 作为言语行为的断言行为往往与内容本身所代表的事实或真值的关系不大, 而是与说话人的知识或信仰有关。

语言学家认为断言和知识 (knowledge) 相关, 断言是说话人对于知识的"知道状态"或"知情状态"的表述, Peter Unger (1975)、Michael Slote (1979) 等将断言的原则描写为:

断言命题"P"是真的, 当且仅当说话人自己知道"P"。③④ (Asserting that "p" the speaker represents herself as knowing that "p".)

除此之外, 还有一种主流观点, 认为断言和信仰 (belief) 相关, 断言是说话人对自己相信的事情的判断, Davidson (1982) 将断言的原则描写为:

断言命题"P"是真的, 当且仅当说话人自己相信命题"P"是真的。⑤ (To assert "p" means that the speaker represents herself as believing that "p".)

---

① Gottlob Frege, "Der Gedanke: Eine logische Untersuchung", *Beiträge zur Philosophie des Deutschen Idealismus I, 1918 – 1919*, In English as "The Thought: A Logical Inquiry", *Mind*, Vol. 65, 1956. Reprinted in P. F. Strawson (ed.), *Philosophical Logic*, Oxford: Oxford University Press, 1967, p. 22. Page references to the reprint.

② John Langshaw Austin, *How to Do Things with Words*, London: Oxford University Press, 1962, pp. 98 – 102.

③ Peter Unger, *Ignorance: The Case for Skepticism*, Oxford: Clarendon Press, 1975, pp. 253 – 270.

④ Michael Slote, "Assertion and Belief", In Jonathan Dancy (ed.), *Papers on Language and Logic*, Keele: Keele University Library, 1979, p. 185.

⑤ D. Davidson, "Communication and Convention", In Davidson (ed.), *Inquiries into Truth and Interpretation*, Oxford: Clarendon Press, 1982, p. 268.

第五章 "我(们)+思维类心理动词"构式的认识情态研究

Peter Pagin 认为断言本质上是对信仰的表达。① 本书赞同 Peter Pagin 的观点，认为断言是说话人意在向听话人传递的自己所相信的命题信息，说话人自己所相信的命题信息，即说话人的信仰（belief）。说话人的信仰体现了说话人的认识（knowledge）和判断（assertion），并为命题信息的可靠性和确定性做出承诺（commitment），Brandom 曾经指出："说话人断言一个句子时，既对命题信息真实性和可靠性做出了承诺（commits oneself to it），又表明了说话人对命题信息的认同态度（endorses it）。"② 因此断言的依据不是客观的事实（facts），也不在于说话人是否知道这一命题信息（knowing），而是说话人自己是否相信这一命题信息（即说话人的信仰"belief"）。断言的目的不在于事实的"真"（true）与"假"（false），也不在于说话人的认识状态（epistemic status）是"知道"（knowing），还是"不知道"（unknowing），而是说话人意图（intension），即意在向听话人传递的态度——试图用自己的信仰影响听话人，这就是断言的言语行为语力（force of utterances），对听话人产生交际上预期的影响。因此，断言所传达的信仰是听话人导向的（speaker-oriented），是说话人意在向听话人传达的，试图让听话人相信的内容（即说话人做出断言的依据——信仰本身），只有听话人相信了听话人的语力，并做出相应的言后行为反应，断言的语力才会产生，才能算得上真正的断言（true assertion）。

根据上述断言的判定原则，断言应该是说话人信仰或态度的鲜明表达，绝不能是模棱两可的。在互动言谈中，说话人通过认识情态构式"我想"向听话人断言自己相信的事情（即"信仰"），对听话人产生断言语力，从而对听话人产生影响，进而达到言语交际的交际目的。"我想"执行断言类言语行为时，以关涉"是"字类判断句居多，例如：

---

① Peter Pagin, "Assertion", In Edward N. Zalta (ed.), *The Stanford Encyclopedia of Philosophy*, First published Mon Jan 22, 2007; Substantive Revision Wed Dec 31, 2014 (URL = 〈 https: //plato. stanford. edu/entries/assertion/〉).

② R. B. Brandom, "Asserting", *Noûs*, Vol. 17, 1983.

（129）向松祚："针对这些发展中国家的经济，随着它逐步的强大，这个分量逐步地增加，这些货币它在整个国际货币体系中的地位也会有所加强，美元的地位会相对地有所下降，国际货币体系会逐渐地走向一个战国时代，这是**我想**是第一个基本的判断。第二个基本的判断，就是说……"（深圳卫视，《22 度观察——中国人民大学教授郑功成：缩小贫富差距必行　也可行》，2009 年 5 月 21 日）

（130）不太可能，怎么办，就必须采取一步一步，分期分批，逐渐转型，一个一个去取消，可能会达到它这样一个目的，**我想**转型是一个过渡的过程，绝不是一天就能够完成，你说转型，实际上一些功能还是必然存在。（中央电视台，《新闻 1 + 1——驻京办：撤销？转型？》，2009 年 4 月 9 日）

吕叔湘（1979）认为判断句的结构是"主语—系词—谓语"，其中系词"是"的基本作用是表示肯定、联系、判断、强调。Lyons 认为英语中的系词"is"表示两种语法意义：一是等同（equative）；二是陈述（或曰说明）（predicative）。[①] "is" 作 "等同" 理解时，前项成分和后项成分可以互换位置，这意味着前后项成分都指称个体（individual）；"is" 作 "陈述" 理解时，前项成分和后项成分不能调换位置，这时的后项成分表述前项成分的某种性质。王灿龙认为现代汉语的 "是" 虽不完全等同于英语的 "is"，但在作为判断谓词这一点上，二者基本相同。在 "是" 字类判断句中，如果宾语是专有名词或其他定指性的名词短语，则句子表示人或事物之间具有等同关系，属于个体指认判断；如果宾语是名词的光杆儿形式，则句子表示对人或事物的身份、职业或性质等的判断，属于属性说明判断。[②] 例（129）属于个体指认判断，例（130）属于属性说明判断，"是" 字

[①] John Lyons, *Semantics*, Cambridge: Cambridge University Press, 1977, p. 185.
[②] 王灿龙：《"是" 字判断句名词宾语的指称形式》，《世界汉语教学》2013 年第 2 期。

第五章 "我(们)+思维类心理动词"构式的认识情态研究

类判断句是断言的最佳表达形式之一。根据构式对构式组构成分的选择和限制,断言类认识情态标记"我想"和"是"字判断句是表达断言的最佳组配方式。

根据认识情态标记"强+强"的最佳组配模式,认识情态构式"我想"除了经常和"是"字判断句共现,组成认识情态表达集群(clustering of epistemic modality marker)之外,还经常与其他类型的认识情态标记共现。相似的适宜的组配成员,还包括强调句,比如说"是……的";表强调义的语气副词"肯定、一定、必定";表强调义的无条件条件句;等等。

以"是……的"强调句为例:

(131) 主持人:"对,其实在很多城市我们现在看到的就是车越来越多,路越来越堵,但是面对这样的一个拥堵现象,**我想**仅仅一个'限'字,是完全不能解决问题的,到底如何能够让我们的百姓出行更加地顺畅?更加地便捷呢?稍后的节目继续我们的评论。"(中央电视台,《今日观察——除了限行 还能做点什么》,2010年10月25日)

(132) 窦文涛:"在天上见面,这样一个人,金大中的去世,为什么引起各界这么强烈的反响呢?"

郑培凯:"**我想**金大中,他的形象在韩国是很好的,因为他当年是民主斗士,而且金大中他整个在从政的过程,他一方面是奋斗,为了民主而战。"(凤凰卫视,《锵锵三人行——许子东:亚洲贪腐多源于家庭伦理之爱》,2009年8月20日)

以"肯定、一定、必定"等表强调义的情态副词为例:

(133) 杨勇:"(康复)需要半年以上,因为他手术,整个腰大肌全部都断掉了,恢复需要很长一段时间,肯定是不如一个没有做过手术的人那么健康,**我想**肯定是这样。"(中央电视台,《新闻1+1——农民工血汗钱:莫用血来讨!》,2010年1月14日)

（134）首先我们看到的第一个网友，他说："我只有个笔记本电脑和一个手机，能够上网，但是这两样东西给我的生活带来了很大的变化，让我的生活变得多元化了，**我想**当今社会网络也一定改变了很多人的生活，改变了很多企业的命运，新的一年到来了，随着网络平台的发展，我相信它会给中国的经济带来一个很大的发展空间。"（中央电视台，《今日观察——2010 新动力 移动互联新世界》，2010 年 2 月 8 日）

（135）小费说："**我想**今后悍马必定会在中国设立分支机构，到时自己注册的域名或许具有一定价值。"没想到，当初的想法真的变成了现实，最近，悍马在天津的总经销商牛先生就想购买这个域名。（中央电视台，《第一时间——马斌读报》，2009 年 6 月 12 日）

以无条件条件句标记"不管……都、无论……都"等为例：

（136）主持人："对，所以技术竞争的压力，包括市场转型的压力，加上管理的压力等这一系列，**我想**不管谁作为新通用新的掌舵者，恐怕都是一副不轻的担子。"（中央电视台，《今日关注——通用汽车破产保护 "百年老店"命运堪忧》，2009 年 6 月 1 日）

（137）陈东琪："我想最根本的是在国际金融危机这个大背景条件下，当时的媒体叫作百年一遇的金融危机，中国经济在这样一个大背景条件下，成功地扭转了经济下滑趋势，使中国经济这一辆列车继续平稳较快运行，而且在这样一个背景条件下，我们的经济能够保持一个各方面协调发展的势头，所以**我想**无论是对政府，对企业，对家庭，都意味着一个巨大的收获。"（中央电视台，《今日观察——中国经验：不平凡的"8"》，2010 年 1 月 4 日）

综上所述，"我想"构式可以和"是"字判断句、强调句、强调义副词、无条件条件复句标记等成分共现，组成认识情态表达的集群，表达说话人的断言认识。这只能说明"我想"构式可以表达断言的言语行为，如果想证明"我想"构式本身就表达断言行为，还需要考察"我想"构式单独表示说话人断言行为的情况，即"我想"构式不和断言类句法标记成分"'是'字类判断句、强调句、强调义副词、无条件条件复句标记"等共现的情况。

下面，我们从两个角度来考察"我想"构式单独执行断言行为的言语行为功能。

第一，"我想"构式关涉非判断句。

王力（1943）认为汉语句子可以分为叙述句、描写句和判断句三类。叙述句是以动词为谓词的；描写句是以形容词为谓词的；判断句是在主语和谓语之间，加系词'是'字为联系的工具的。除了前文所述的判断句之外，"我想"构式还可以关涉叙述句和描写句，并表示说话人的断言行为，例如：

（138）白岩松："这是一个绝对的，如果说在汶川大地震有一个中国速度的话，不管是救援，尤其在重建的过程当中体现出中国速度的话，这个中国速度是尤其体现在四川灾区18个省市对口支援18个受灾的地区，**我想**全世界任何一个国家很难复制这个模式，因为每一个省市都那么那么的听话，都拿出了自己上一年财政收入的1%甚至更多投入到灾区这里。"（中央电视台，《新闻1+1——灾区重建：面临更大挑战》，2009年5月12日）

（139）窦文涛："就把以前谈恋爱的时候，拍下这个女的一些艳照，就往网上这么放。"

许子东："而且也是有脸，又有身体的那种。"

周轶君："新闻的当中也有一种推动的力量，如果没有香港艳照门什么的，**我想**他们也不会想到把这种照片放出来。"

窦文涛："但是这个法律的关，要是不摆上去的话，这个太容易了，这种事情太泛滥了。"（凤凰卫视，《锵锵三人行——萨科齐夫妇视频火爆网络 人性天生有污点?》，2009年5月31日）

（140）向松祚："我们就要问一个问题了，我们必须问一个问题，民主党的时候对中国施压，共和党也对中国施压，经济好的时候，没有失业压力的时候也施压，经济不好的时候，失业压力大的时候也施压。这个背后的根本原因是什么？**我想**这个根本原因非常简单，就是美国至少有一部分的政客和战略家，如果我们去读美国一些战略家的书，他们是讲得非常清楚的，不是阴谋，是非常清楚的阳谋。他们不希望中国的经济持续快速的增长……"（中央电视台，《今日关注——货币战硝烟四起，中国如何应对？》，2010年10月16日）

（141）刘江永："**我想**我们中国的作用也很重要，我认为中国政府的政策也可以用我的话来概括一下，我不知道是否正确。首先是一个坚持，一个坚持什么？就是坚持朝鲜半岛无核化，坚持维持这个地区的和平与稳定。"（中央电视台，《新闻1+1——朝鲜半岛不再"停战"》，2009年5月28日）

例（138）和例（139）中的"我想"构式关涉的是叙述句，例（140）和例（141）中"我想"构式关涉的是描写句，例句中的"我想"构式都表达了说话人的断言行为，这充分证明了"我想"构式的断言功能不是由与其共现的其他断言类语言形式（如"判断句、强调句、强调副词和无条件复句标记"等）带来的，而是"我想"构式本身所具有的言语行为功能。

第二，"我想"构式关涉假言断言。

所谓假言断言就是假言判断，就是说话人做出断言的依据是说话人假设的情景，即说话人假定为真的情形（supposed to be ture），这种"假定为真"的情景仅仅存在于说话人的认识里，"我想"构式可以关涉假言断言充分说明了"我想"构式的断言性质，即断言与说话人的信仰（belief）有关，而与事实的真假（fact）无关。"我想"构式所关涉的假言判断有两类。

第一类是表达非现实意义的假设句，包括假设标记"如果""假设""即使""要是"等，例如：

◆ 第五章 "我(们)+思维类心理动词"构式的认识情态研究 ◆

（142）《楚天都市报》说："世界上就怕认真二字"，如果任何一个问题，都有严厉的事后追惩制度，**我想**就不会有那么多人敢创造条件"钻空子"了。（中央电视台，《第一时间——马斌读报》，2009年6月22日）

（143）王丽娜："假设它发生了，**我想**我肯定不会制止，我肯定也会去。首先我觉得领导来了，我作为村长，我肯定要对领导的到来表示欢迎，把村子里近期的发展情况，可以借此机会可以向领导做一汇报。"（中央电视台，《对话——大学生"村官"赶考》，2008年5月25日）

（144）从我的经历来讲我从来没有经历这么强的地震，我不确定它是多少级的，但是**我想**即使它不是发生在震中，这个地方离震中一定不会很远，所以我想把这个事件要跟家里的直播室通报一下。（中央电视台，《今日关注——震区 镜头背后的故事》，2008年6月6日）

（145）李长友："其他说到城市化的问题，现在我估计这位村民关心的是这村拆迁的问题，拆迁近期没有安排，**我想**要是咱们随着城市化进程的加快，未来十年，乃至更长一点，将来会有这样的目标实现，但是现在没有规划，近期没有具体规划。"（北京人民广播电台，《城市零距离》，2010年4月19日）

第二类是条件类假言判断，包括"只有……才……、只要……就……"等条件标记等，例如：

（146）鲁健（记者）："另外，外部环境来讲，中美关系面临挑战，而且世界经济还有可能二次探底，这些都是今后工作当中的难题。但是就像温总理所说的'余心之所善兮，虽九死其犹未悔'，而且他还说'华山再高，顶有过路'，**我想**只要有这种信念的话，这些问题就一定能够解决。"（中央电视台，《今日关注——民意推进中国两会》，2010年3月14日）

169

(147)（现场）主持人刘力："跟大伙聊过之后，我觉得，虽说最近这段日子老百姓的观望情绪减少了些，但也依然存在。**我想**，这只有房价回落到合理水平之后才能消除。那么面对这样一个基本事实，开发商们最好还是实实在在地理性降价，因为，只有活跃的交易行为，才能保证投资的增长。"（天津电视台，《财经视界》，2009年5月8日）

"我想"构式关涉叙述句、描写句和假言判断时，仍然可以表达说话人的断言认识，说明了"我想"构式本身具有执行断言性言语行为的功能，也进一步说明"我想"构式与其他断言认识情态标记（"是"字判断句、强调句"是……的"、强调义副词和无条件条件标记等）共现，是 Coates 关于"强+强"的认识情态标记最佳匹配模式的典型体现。

综上所述，"我想"构式的断言性言语行为功能是说话人向听话人展示自己的信仰，并表达说话人的意图：希望听话人相信说话人所说的话。对于说话人而言，说话人表明了自己的断言立场（asserting stance），并希望听话人相信说话人的断言；对于听话人而言，根据合作原则，听话人应该选择相信说话人的断言，并与说话人保持一致（keep in alignment），这样的话，言语行为的断言语力（asserting force）就由此而产生。从互动交际的角度来看，"我想"构式的断言性言语行为功能是听话人取向的（participator-oriented），说话人做出断言的目的，不仅仅是断言立场的表达，更重要的是断言语力的产生，即使听话人相信说话人的断言，对听话人产生说话人预期的影响。

"我想"构式执行说话人的断言类言语行为，主要有两种话语表达模式：第一种是"'我想'构式+句子/句群"模式[例（148）]，说话人采用的是"断言+证据"的话语组织形式；第二种是"句子/句群+'我想'构式"的模式[例（149）]，说话人采取的是"依据+断言"的话语组织形式，例如：

第五章 "我(们)+思维类心理动词"构式的认识情态研究

(148)"**我认为**这次朝鲜核试验以及导弹试射,这可能是有关各方都不赞成的,都反对的。……都是各方来讨论的,所以**我想**中国政府的立场是很鲜明的:第一,我们坚决反对朝鲜的核试验。第二,希望他重新回到契合的轨道上,能够恢复六方会谈。第三,希望各方克制。各方克制我认为主要是讲韩国、日本以及美国。"(中央电视台,《新闻1+1——朝鲜半岛不再"停战"》,2009年5月28日)

(149)当然,这些伤者或者死者很难用金钱去弥补,但是它至少表示了一种态度,表示了政府的一种关怀和抚慰,这种态度非常的重要,今天我们也在新闻发布会上了解到,由300多个干部组成的专门善后抚慰的工作小组,它会形成一对一甚至是二对一的抚慰状态,就会形成一个不停歇的、没有空隙的抚慰状态,**我想**这对于这些家属来说是一个非常重要的复原的过程。(中央电视台,《新闻1+1——"7·5"打砸抢烧严重暴力事件》,2009年7月8日)

(4)评估类言语行为(assessing act)

根据 Goodwin 和 Goodwin(1992)的论述,"评估"作为术语,至少有五种所指(referents)。

第一,评估片段(assessment segment)。所谓评估片段,指的是出现在语流中某一特定位置的结构单位(a structural unit),对说话人而言,用于对前面出现的事件信息(event information)进行评估(assess or evaluate);而对于听话人而言,则作为一个凸显说话人和听话人之间的相互定位和行为的特定场所(heightened mutual orientation and action)。

第二,评估信号(assessment signal)。所谓评估信号,指的是在语流中对交际的某一方所参与的评估进行显示的语言形式,包括词、短语、句法单位等语言单位,也包括会话中那些超句法的韵律(prosody)、语调(intonation)等语言形式。评估片段构成了评估信号的特

171

定子集（subset of assessment signals）。

第三，评估行为（assessment）。所谓评估行为（assessment），指的是一类特定的言语行为，即评估性言语行为，是指在日常会话中说话人和听话人共同执行的对会话中所谈到的某些人或者事物以某种方式进行评估（evaluating）的一种言语行为，不同于前面所说的评估片段和评估信号。此外，评估性言语行为还包括评估行为人（assessment actor）对正在进行的评估现象所采取的一种立场（taking up a position）。由于这种评估立场是说话人面向公众公开展示的，所以对于会话参与者而言，他们可以判断评估行为人对所遇到的事件是否有能力做出正确的评估；而对于说话人而言，说话人则必须对自己所采取的立场负责，这一互动过程显然是社会文化组织结构的核心所在。评估行为人在进行评估行为的同时，还同时展示了评估行为人对于被评估事件信息的经验（agent's experience of the event），以及评估行为人对被评估内容的情感参与（affective involvement）。这种公开展示评估行为人经验的结构组织可以为共同经验者的互动组织提供资源，这个过程是在评估性言语行为具体细节中完成的。

第四，评估活动（assessment activity）。虽然评估性行为（assessment act）是由单个评估行为人发出的，但是，交际中的评估活动（assessment activity）则往往不限于一人一事，而是包括多个参与者（multiple participants），运用多种本身可能不表示评估的言语行为活动进行评估。在评估活动中，评估活动参与人不仅仅要做出自己的评估行为，同时还要监测其他人与评估活动有关的言语行为。

第五，可评估实体（the assessable）。所谓可评估实体，指的是在评估活动中那些可以被评估的具体的实体对象。

关于评估片段、评估信号、评估行为、评估活动和可评估实体具体所指，举例说明如下：

(150) 刘戈："对对对，所以的话就有一句顺口溜，到新疆旅游呢，叫'天上贵，地上累'。就是说你要坐飞机的话，价钱比较高，你要是从地上坐汽车呢，那么就是经常一走是一整天的

第五章 "我(们)+思维类心理动词"构式的认识情态研究

时间在路程上，所以的话这样的一些地理条件的话，在一定程度上确实是阻碍了新疆这样一个旅游，那么现在一方面的话，刘书记他们在做的这样一些工作，就是说那你要舟车劳顿来了一趟，那你尽量多地看一些地方，我把很多其实也很值得一看的东西，然后我配套很好的服务设施，然后你们来看；另外的话，未来的五年的话新疆会有1200亿到1500亿的资金投入到公路建设上来，5000公里的高速公路会建设起来，**我想**到那个时候，再等五年，可能'天上贵，地上累'的这个问题可能能彻底解决掉。"（中央电视台，《今日观察》，2010年7月30日）

在例（150）中，说话人谈论的是新疆旅游"天上贵，地上累"的问题，通过配套很好的服务设施和建设5000公里的高速公路等措施，说话人做出评估"再等五年，可能'天上贵，地上累'的这个问题可能能彻底解决掉"。其中，"天上贵，地上累"的问题能否得到解决，是说话人的评估对象，是可评估实体（the assessable），认识情态构式"我想"是评估片段（assessment segment），属于句法结构类（syntactic units）评估信号（assessment signal）；"我想到那个时候，再等五年，可能'天上贵，地上累'的这个问题可能能彻底解决掉"是说话人的评估行为（assessment）；而刘戈所占据的整个话轮就是评估活动（assessment activity），包括提出问题、分析问题和解决问题的自然活动的一系列阶段性过程。

执行评估性言语行为的"我想"构式赋予了说话人在与听话人交换对于命题信息的认识的同时，向听话人参与对命题信息的评估提供可能空间的互动交际功能，具有互动主观性特征。具体来说，"我想"的互动主观性体现在两个方面：一是基于说话人视角的互动行为（speaker-oriented interactional actions），即说话人在对命题信息进行评估的同时，向听话人展示了说话人的言者立场、认识视角和情感态度，以期对听话人产生预期的影响。二是基于会话参与者视角的互动言语行为（participator-oriented interactional actions），即对会话参与者而言，会话参与者一方面可以知晓说话人对命题信息的认识立场和情感态度，以便与正在进行的话轮保持一致（alignment with the on-going turn）；另一方面，评估性言语行为也为会话参与者参与评论提供了可能空间，也就是说，为听话人对评估对象或者对说话人的评估做出进一步评估提供了可能的言语空间（possible space）。因此，评估性言语行为不仅仅是说话人对命题信息的判断或个人态度的表达，更是一种人际互动（interpersonal interaction）的方式。[①] 说话人做出评估的目的，除了表达说话人的认识或者态度，客观上，也是在与听话人交换对于命题信息的看法，与此同时，也为听话人参与对事件信息的评估提供了可能的言谈空间，使听话人参与共同评估成为可能，体现了说话人对听话人的互动关照。从互动交际的角度来看，"我想"构式的评估性言语行为功能本质上是听话人取向的（participator-oriented），说话人做出评估的同时，意在为听话人参与对命题信息的评估提供互动空间（interactional space）。

"我想"所执行的评估性言语行为有以下三个角度的分类。

第一，按照评估的确信度来分类，我们可以把"我想"构式所执行的评估性言语行为分为肯定性评估（100%确信度）和可能性评估（<100%）两类。

所谓肯定性评估，是指说话人对评估对象的肯定性评估，即说话人对于命题信息的确信度为100%。此时，说话人做出100%确信度的评估依据有很多，包括说话人的知情状态、说话人的信仰以及说话人所持有的充分证据等。按照断言的判定原则，说话人关于命题信息100%确信度的评估本质上可以看作说话人的肯定性断言，例如：

（151）张召忠："卡梅伦上台以后第一次对印度进行访问，在此之前对美国进行了访问，而且不久以后还要对中国进行访问。选择访问美国和中国，这样中间一个时间对印度访问，**我想**

[①] Susan Hunston, Geoff Thompson (eds.), *Evaluation in Text. Authorial Stance and the Construction of Discourse*, New York: Oxford University Press, 2000, p. 143.

第五章 "我(们)+思维类心理动词"构式的认识情态研究

它是有很深刻的考虑的。"(中央电视台,《今日关注——军购大单铺路 印度缘何屡受"追捧"?》,2010年7月30日)

说话人做出断言的依据是说话人的信仰,即说话人相信该命题为真(确信度100%),因此,"我想"构式经常和"一定、应该"等情态副词共现,形成认识情态标记的表达集群。李命定、袁毓林认为"一定"和"应该"表达了说话人的信念,即"说话人相信该命题为真具有必然性和合理性"[①],所以"我想"构式和"一定""应该"共现,属于"强+强"的认识情态标记匹配模式,例如:

(152)魏玲:"没有说过。我怕他们担心,都没有说。但是**我想**他们应该都是知道的。"(中央电视台,《面对面——魏玲:绝望中的希望》,2010年6月13日)

(153)殷罡:"即便是伊朗的小艇做出了一些挑衅性的举动,**我想**它的命令一定不是来自高层,是一些下级军官所为,所以我们称之为意外事件。而在这个事件过后,美国抓住这个事情公布了录像,公布了录音,而且刚才录音我觉得听起来还是比较真实的,Two minutes还有Few minutes,这个有点不清楚。"(中央电视台,《今日关注——布什首访以色列 和与核的权衡》,2008年1月10日)

所谓可能性评估,就是说话人对可评估对象的可能性评估,即说话人对于命题信息的确信度大于0但是小于100%的评估,表达说话人不确信的认识立场。此时"我想"构式经常和表示不确信的情态副词"恐怕、可能、也许、估计、大概"等共现,形成"弱+弱"的认识情态标记的匹配模式,例如:

[①] 李命定、袁毓林:《信念与概率:认识情态动词的语义差异及其功能分化》,《世界汉语教学》2018年第1期。

（154）孟祥青："我觉得这是俄罗斯当时一再坚持的，**我想**这一方面恐怕美俄双方都得做出一定的妥协。"（中央电视台，《今日关注——伊朗核电站今夏启用 俄美核裁再生变故？》，2010 年 3 月 19 日）

（155）老赵说，不少老乡因为没工开，已经提前返乡了。（采访："我在东莞的朋友很多都走了，说是没有工作了，**我想**今年春运越往后可能人越少。"）（广州电视台，《新闻》，2009 年 1 月 3 日）

（156）陶文钊："**我想**是这样，因为韩国提出一个要求，就是我只能进口 30 个月以下的小牛，因为这些牛据说是犯疯牛病的几率比较小一点，所以我想他说的技术性问题大概是指这些问题。"（中央电视台，《今日关注——韩国：牛肉引起大风波》，2008 年 6 月 17 日）

除了与表达不确定认识的情态副词共现，"我想"构式还经常与表达不确定性的语气副词"吧"共现，例如：

（157）第一位网友，说"貌似证实了人们的担心，市场热钱的确过热，**我想**国家是回笼资金，防止通货膨胀吧"。这是一种判断。（中央电视台，《今日观察——准备金率上调》，2010 年 1 月 13 日）

（158）霍德明："吉利这一次收购了沃尔沃，是不是能够借着今天的核心技术再生产出来，生长出来将来也是新型的核心技术，把这个核心技术的最前沿永远保持在那儿，加上中国的汽车市场，**我想**它是最好的联姻吧。"（中央电视台，《今日观察》，2010 年 3 月 29 日）

从例（154）到例（158），"我想"构式对于命题信息的确信度不高（<100%），带有表达说话人不太肯定的认识情态意义的显性

标记("恐怕""可能""吧"等),因此显然不是确信度100%的断言认识,因此例句中的"我想"构式本质上执行的是一种可能性评估行为,而不是断言行为。可能性评估行为本质上是一种推测性言语行为,所谓推测性言语行为就是说话人经过反复思考,对命题信息做出可能性推测,这种可能性推测的主观性较强,所表达的说话人的确信度比断言行为低(<100%)。说话人用"我想"构式意在表达说话人自己的主观推测,上下文语境中往往没有显性的评估依据,评估行为不太明显,凸显的是说话人的纯主观认识,"我想"构式所表达的推测性认识与认识情态构式"我猜"的认识情态意义类似,例如:

(159)窦文涛:"所以你看,我看网上有一位球迷抱怨就说这个,最近就是这个火箭队和湖人队嘛,说第一个客场,**我想**火箭输定了,没看,结果赢了。第二场我觉得火箭应该乘胜追击,看了,结果输了。第三场**我想**回主场该赢了吧,看了,又输了。第四场**我想**没姚明还打个什么劲啊,都是一帮替补嘛,没看,倒赢了。第五场**我想**原来有的一看呢,看了,惨败了。这位火箭迷至今无缘得见火箭队的一场胜利,很是懊恼,于是在网上捶胸顿足,谁能给我看第六场的勇气啊?"(凤凰卫视,《锵锵三人行——苏群:火箭对湖人 今年是姚明的巅峰时期》,2009年5月15日)

例(159)中,"我想"构式表达了说话人对于命题信息的可能性推测,属于纯主观性的推测,与"我猜"构式的认识情态程度类似,表达了说话人确信度较低的推测性认识。从本质上来讲,"我想"表达确信度较低的主观推测仍然属于评估性言语行为的范畴,只不过,说话人做出评估的依据是说话人的主观意识,评价行为往往发生在说话人的主观世界中,体现"我想"构式的强主观性特征。

第二,按照评估的方式进行分类,我们可以将"我想"构式所执行的评估性言语行为分为直接性评估和间接性评估两类。

所谓直接性评估(direct assessment),指的是说话人直接对评估对象进行评估，直观地表达说话人的认识立场、言者视角或情感态度，例如：

（160）梁静茹："那时候我记得，上陶子姐的节目，娱乐新闻嘛，一上去以前还没有，就直播以前进广告，然后先坐好，她就很严肃地跟我讲说，等一下千万记得不能够随便笑喔，会被骂，所以我觉得我拿着我的新专辑，终于过了两年发了，但是一到那个棚内很紧张，反正想说大家都说，你上通告要笑喔，开心的，大家好，这是我的新歌，但是我就是很悲哀的，我说大家好我是新人梁静茹，这是我的新专辑《一夜长大》，**我想**应该没有人想要买吧，因为，因为整个很哀怨啊。"（凤凰卫视，《鲁豫有约——梁静茹含泪回忆漂在台北的日子 称在录音室唱了两年》，2011年6月30日）

所谓间接性评估（indirect assessment），指的是指说话人不直接对评估对象进行评估，而是采用拐弯抹角的间接形式进行评估，以免违反礼貌原则或对别人的面子造成威胁。比如，不是直接对评估对象进行是非评判，而是提出与听话人不同的观察视角或认识角度，以表达说话人对命题信息的间接评估，例如：

（161）中广网北京11月18日消息 据经济之声《天下财经》报道，"拆旧"和"仿古"的大戏正在中国城市加速上演。……为什么地方政府对古城重建有如此高的热情呢？中国国际经济交流中心专家马庆斌作解析。
马庆斌："**我想**背后的原因总结起来大概有两个，一个就是随着我们国家经济崛起以后的一种所谓的文化自信的增强与传统文化的自觉救赎，这些年来随着中国经济的突飞猛进的发展，尤其是国际地位的提升，中国老百姓对中国传统文化的这种自信心也开始增强，体现在地方政府在推进城市建设的过程中，从简单地照搬西方的规划、西方建筑风格的非理性行为逐步降温，与此

◈ 第五章 "我(们)+思维类心理动词"构式的认识情态研究 ◈

同时,这种对自身文化的建设和规划也开始有所升温,从这个角度来看我想重建和保护古城的这种方向应该是值得鼓励的。另外一个原因是经济方面的原因。"(中央人民广播电台,《天下财经》,2012年11月18日)

(162) CCTV消息:中国和菲律宾在南海黄岩岛的对峙还在继续,据菲律宾军方透露,菲方已经有多艘渔船已经进入黄岩岛的潟湖,而我方本来已经撤回的中国渔政310船也已经返回黄岩岛水域执法。……如何来解读菲方的这个举动?

洪琳(特约评论员):"菲律宾这方面在国际社会上试图造成一个假象,就是说中国在以大欺小,这样的一个假象,菲律宾自己好像很委屈。现在的情况下,中菲在对峙的情况下,如果是正常的渔船,**我想**从它自己利益角度,恐怕未必想担这样的风险,到这样一个对峙的区域来捕鱼。"(中央电视台,《环球视线——野田访美谈防务 驻日美军要搬迁》,2012年4月30日)

例(161)中,对于"拆旧"和"仿古"同时上演的社会现象,作为社会观察员的说话人并没有直接评判是好是坏,而是与听众分享不同的观察视角和认识角度;例(162)中,对于渔船去黄岩岛打渔的现象,说话人提供了不同于菲律宾官方独特的个人视角,指出这些所谓的渔船其实不是正常的、真正的渔船,也不是真正地打渔,而是刻意地宣示国家主权的工具。

第三,按照评估的性质进行分类,我们可以将"我想"构式所执行的评估性言语行为分为认同性评估和否定性评估两类。

所谓认同性评估,指的是说话人对于评估对象给予认同性或支持性的评价(agreement assessment),由于说话人的态度对于命题信息的评估态度是正面的(positive)或肯定性的(affirmative),所以根据Leech(1983)提出的礼貌原则中的"赞同准则"(Agreement Maxim),说话人一般采用直接性评估的方式进行评估;相反,如果说话人对评估对象给予反对性或拒绝性评价(disagreement assessment),那么由于说话人对于命题信息的评估态度是负面的(passive)或否定性（negative）的，所以根据 Brown 和 Levinson（1978；1987）关于礼貌原则和"面子保全理论"（Face – Saving Theory）的相关论述，说话人往往会采用间接性的评估方式进行评估，以保全听话人的面子，从而避免违反礼貌原则。

在话语组织方面，"我想"执行评估类言语行为时，经常采用"句子/句群 + '我想'构式"的话语组织形式。"我想"执行评估类言语行为时，理想的话语组织模式是"可评估实体 + 评估片段（'我想'）+ 评估行为 + 评估证据"的评估活动模式，例如：

（163）2009 年高校自主招生考试在紧凑的时间表上无奈频频撞车。清华、北大同一天考试，人大、北航也是相差一天开考，赶上这扎堆的安排，怎么解决这"择校"的矛盾呢？

孟芊："**我想**这个矛盾应该不大，因为不同的大学有不同的风格，自主招生选拔考试和高考还是有一定的差异的。"（北京电视台，《直播北京》，2008 年 12 月 14 日）

（164）向松祚："其实关于加强房地产市场的管理，特别是预售这个管理，住建部也有相关的文件，北京市只不过是一个细则。但是**我想**任何的政策，任何的细则，如果没有人去执行它，或者说甚至有人刻意地要让这个政策得不到执行，那**我想**这个政策永远是一纸空文。"（中央电视台，《今日观察——楼市内部认购扰乱了什么？》，2010 年 12 月 2 日）

例（163）中，"2009 年高校自主招生考试在紧凑的时间表上无奈频频撞车"是说话人的评估实体，"我想"是评估片段，属于句法结构类评估信号，"这个矛盾应该不大"是说话人根据道义或者情理做出的评估行为，"不同的大学有不同的风格，自主招生选拔考试和高考还是有一定的差异的"是说话人做出评估的依据或理由。

例（164）中，说话人是知名学者和著名经济学家，说话人采用了"可评估实体 + 评估证据 + 评估片段（'我想'）+ 评估行为"的评估活动模式，针对评估实体"房地产预售管理"，提出评估证据

第五章 "我(们)+思维类心理动词"构式的认识情态研究

"住建部也有相关的文件，北京市只不过是一个细则"，然后做出评估行为"任何的政策，任何的细则，如果没有人去执行它，或者说甚至有人刻意地要让这个政策得不到执行，那我想这个政策永远是一纸空文"，这种评估模式一般是专业人士因为有充分而又确实的评估证据时经常采用的评估模式。

此外，在可能性评估活动中，由于没有必要或不便说明评估依据，说话人经常采用"评估片段（'我想'）+评估行为"的省缩模式，"可评估实体"隐含在上下文当中，说话人不提供"评估依据"，评估依据存在于说话人的主观世界或主观意识中，或者说话人认为评估依据没有必要说明或不便说明，所以直接使用"评估标记'我想'构式+评估行为"的话语组织方式来表达说话人关于命题信息的可能性推测，例如：

（165）何帆："因为城市是一个非常复杂的系统，城市是一个生态系统，我们要像去管理一个生态系统那样去考虑他们之间这种非常精妙的平衡。"

主持人："确实城市是一个生态的系统，这是需要非常精算的一个核算去管理的。……那好，现在我们就这个问题呢再来听一听特约评论员他有什么样的建议。"

史其信（清华大学交通研究所教授）："我觉得这是一套系统性的政策执行，不是一个单单地提高停车的价格，它必须跟停车管理，加大执法力度（相配合），更重要的应该是在强调，出行者采用绿色出行方式，所以**我想**短时间内，可能效果不是很明显，但是整个这个趋势是必须得要采用其他各种各样的措施，包括错时上下班等。"（中央电视台，《今日观察——停车费涨了之后》，2010年4月7日）

（166）面对调价很多用户认为，国有商业银行的行为太霸道，他们甚至考虑把存取款业务换到中小商业银行。

市民朱先生："我希望银行能够考虑一些老百姓，老百姓各方面的需求，现在跨行取款还要收费这么高的话，**我想**大部分老百姓

181

都会对你这个银行选择的话可能重新选择吧。"（中央电视台,《今日观察——别把储户当成"提款机"》,2010年7月27日）

例（165）在讨论城市交通管理问题,大家提了很多意见,评论员史其信根据经验主观判断一系列政策的实施需要一定时间才能见效,因此做出了短期内效果不会很明显的评估。说话人并没有说明评估的依据,评估对象是整个会话的话题,所以说话人直接采用"我想+评估行为"的话语组织模式对评估对象进行主观性推测。同理,例（166）中,说话人在句中连用"可能"和"吧"表达了说话人对于命题信息的不确定性推测,前后文语境中也没有提供相应的评估依据。

3. "我想"结构四大言语行为功能之间的关系

（1）"我想"结构四大言语行为功能之间的联系

"我想"结构可以执行意愿性言语行为、告知性言语行为、断言性言语行为和评估性言语行为,其中意愿性言语行为功能是心理动词"想"的语法功能;后三类言语行为功能都是认识情态构式"我想"的言语表达功能。

"我想"构式表达了说话人对于命题信息的主观认识和推断,包括三个方面：一是说话人对于命题信息的认识状态——知情情态（knowing）,"我想"构式执行告知性言语行为时,展示了说话人的知情情态,所以从这个意义上来讲,"我想"构式是一个"知情情态标记"（knowing modality marker）。二是说话人对于命题信息的信仰——断言情态（asserting modality）,"我想"构式执行断言性言语行为时,表达了说话人对命题信息的肯定性判断,这种判断是说话人基于自己的信仰而做出的,所以说话人对于命题信息的确信度为100%,说话人对命题信息的确信度高度负责（fully responsible）。做出断言认识的目的是希望听话人与说话人保持认识上的一致（alignment）,让听话人产生认同性反应,从这个意义上来讲,"我想"构式是一个"断言情态标记"（assertive modality marker）。三是说话人对于命题信息的可能性进行评估——评估情态（evaluating modality）。说话人评估的确信度介于0到100%之间,包括不可能性（impossiblity）、可能性

第五章 "我(们) + 思维类心理动词"构式的认识情态研究

(possibility) 和很大可能性 (probability)。因此从本质上来讲，评估性言语行为表达的就是说话人认识上的盖然性推断，从这个意义上来讲，"我想"构式是一个"可能性评估标记"(evaluating marker)。

综上所述，"我想"构式具有不同的认识情态表达功能，既可以用于告知听话人所不知道的信息，表达知情情态；又可以表达说话人的断言认识，表达断言情态；还可以用于说话人对命题信息进行可能性评估，表达评估情态，即

知情情态（knowing modality）：unknowing——knowing
断言情态（assertive modality）：disbelief——belief
评估情态（evaluating modality）：possibility——probability

知情情态和断言情态本质上有内在的联系，一般来说，认识情态的判断依据是说话人自己的知识状态（knowledge），在说话人知情状态下，说话人既可以做出告知行为，也可以做出断言行为，因此，从这个意义上来讲，告知性言语行为和断言性言语行为是同质的（homogeneous），都表明了说话人的知情立场；二者的不同在于说话人的交际意图。如果说话人的交际意图是进行信息传递，无意对听话人产生影响，无意说服听话人认同说话人的观点或判断，那么，说话人做出的行为就是告知性言语行为；如果说话人有明显的言语行为意图，说话人希望说服听话人相信说话人所说的话，试图对听话人产生骤然影响（immediate changes），那么说话人做出的行为就是具有断言语力的断言性言语行为。

评估情态和断言情态本质上具有上下位的隶属关系，一般来说，在说话人不知情的状态下，说话人一般来说只能做出可能性评估，这种评估既包括小于 100% 的可能性评估，即推测性认识，也包括确信度为 100% 的肯定性评估，即断言认识。因此从这个角度上来看，断言行为是评估行为的一种，是说话人做出的确信度 100% 的肯定性评估。因此，从这个意义上讲，评估包括断言和推测，断言性言语行为和可能性推测行为相对，都属于评估性言语行为的下位分类。

综上所述，告知性言语行为、断言性言语行为和评估性言语行为三者之间的联系，如图 5-1 所示：

```
        ┌ 知情状态 (knowing) ──→ 告知 (informing)：信息的传递（改变听话人的知情状态）
        │                    └→ 断言 (asserting)：断言语力（对听话人产生影响）(根据知识)
        │
        └ 不知情状态 (unknowing) ──→ 评估 (assessing) ──→ 断言 (asserting)（根据信仰）
                                                    └→ 推测 (evaluating)
```

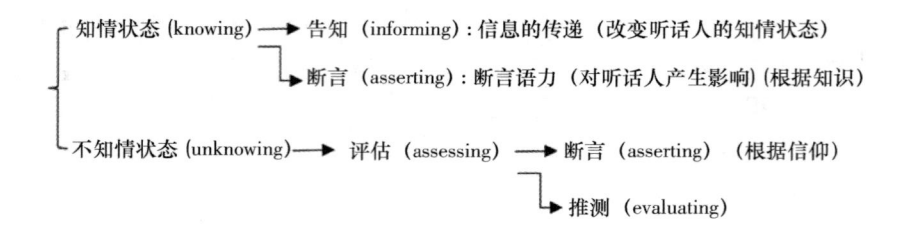

图 5-1　告知性言语行为、断言性言语行为和评估性言语行为之间的关系

根据说话人的知情状态，说话人可以做出告知性言语行为和断言性言语行为；根据说话人的不知情状态，说话人可以做出评估性言语行为，根据评估的依据，又可以分为断言性言语行为（根据信仰做出的断言）和可能性推测行为（根据主观推测做出的可能性推断）。图 5-1 中，之所以会出现两种断言，是因为说话人做出评估的依据不同。说话人的断言性言语行为可以根据说话人的知情状态而做出，也可以根据说话人的信仰而做出。因此评估性言语行为既包括肯定性评估行为，表达断言情态意义，也包括可能性评估行为，即推测情态意义。所以，评估性言语行为的类型与评估标准有关，如图 5-2 所示。

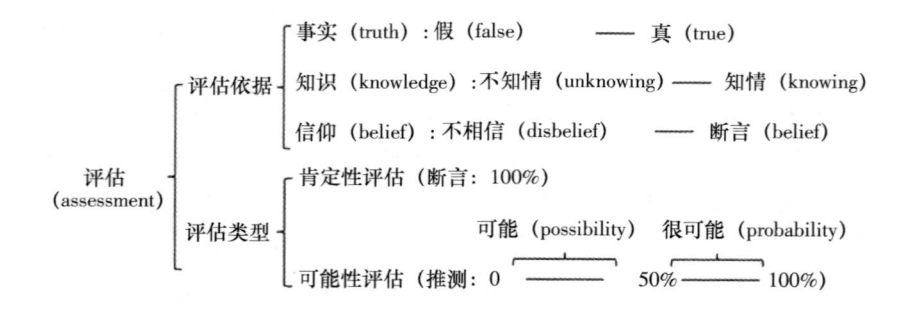

```
              ┌ 评估依据 ┬ 事实 (truth)：假 (false) ──── 真 (true)
              │         ├ 知识 (knowledge)：不知情 (unknowing) ──── 知情 (knowing)
   评估        │         └ 信仰 (belief)：不相信 (disbelief) ──── 断言 (belief)
 (assessment) │
              └ 评估类型 ┬ 肯定性评估（断言：100%）
                        │                    可能 (possibility)  很可能 (probability)
                        └ 可能性评估（推测：0 ────── 50% ────── 100%）
```

图 5-2　评估的类型和依据

（2）"我想"结构四大言语行为功能之间的区别

告知性言语行为、断言性言语行为和评估性言语行为存在着一系列的差异，如表 5-2 所示。

表 5-2　　告知性、断言性和评估性言语行为的对比

	告知性言语行为	断言性言语行为	评估性言语行为
情态类型	知情情态 (knowing stance)	断言情态 (asserting stance)	推测情态 (evaluating stance)
认识依据	优势话语权 (priority)	信仰 (belief)	证据 (evidence)
信息传递	传递命题信息 (conveying information)	传递命题信息 (conveying information)	评估命题信息 (evaluating information)
说话人确信度	100% 确信 (fully certain)	100% 确信 (fully certain)	<100% 不确信 (uncertain)
对听话人的影响	知情状态的改变 (unknowing to knowing)	断言语力的影响 (asserting force)	认识立场的获取 (epistemic stance acquiring)
言谈取向	说话人取向的 (speaker-oriented) 听话人取向的 (participator-oriented)	听话人取向的 (participator-oriented)	听话人取向的 (participator-oriented)

告知性言语行为的言语功能是在进行信息传递（conveying information）的同时，表明了说话人的知情立场（knowing stance），本质上是一种认识上的陈述行为（an epistemic statement），说话人意在向听话人陈述（state）一种知情信息（knowing information）；显示了说话人高于听话人的话语知情权，根据 Grice 会话合作原则（Cooperative Principle）中的"质"的准则（The Maxim of Quality），说话人不能说自知是虚假的话（Do not say what you believe to be false）；而且，说话人不能说缺乏足够证据的话（Do not say that for which you lack adequate evidence）。[1]

---

[1] H. P. Grice, "Logic and Conversation", In Cole, P., Morgan, J. (ed.), *Syntax and Semantics*, New York: Academic Press, 1975, pp. 41-58.

因此，说话人所传递的信息应该是说话人100%知情的信息。对于听话人而言，听话人得到说话人告知的信息之后，听话人关于信息域（domain or territory of information）的认知状态（epistemic status）发生了改变，从不知情（unknowing status）状态变为知情状态（knowing status）。

断言性言语行为的言语功能是在进行信息传递（conveying information）的同时，表明了说话人的断言立场（asserting stance），向听话人展示说话人的信仰，并希望听话人相信说话人对于命题信息的断言。根据断言的理论原则（Max Black，1952；Davidson，1982；Peter Pagin，2007），如果一个人断言一个命题"P"是真的，那么当且仅当说话人自己相信命题"P"是真的，也就是说，说话人对于命题信息的确信度是100%的；说话人做出断言的目的，是希望听话人认同（confirm）并相信（believe）说话人自己的断言，即产生断言语力（asserting force）。Bach和Harnish认为说话人断言命题"P"的同时向听话人表明了两点，一是向听话人表明自己的信仰"P"（speaker's belief that "p"），二是向听话人表明自己的意图（intention），即让听话人相信命题判断的意图（intention that the hearer believes that "p"）。[①] 这是断言性言语行为和告知性言语行为在本质上的区别，换句话说，断言性言语行为会产生断言语力——使得听话人相信说话人的信仰，使听话人相信说话人关于命题信息的断言；而告知性言语行为则是说话人凭借对命题信息的知情状态，向听话人传递听话人所不知道的命题信息（unknown information），使听话人关于命题信息的认知状态（epistemic status）发生从不知情状态（unknowing status）到知情状态（knowing status）的改变（shift），因此断言性言语行为和告知性言语行为在交际意图上有本质的不同，由此所产生的言语行为后果也有根本的差异。

评估性言语行为的言语功能不是传递信息（conveying information），而是在评估信息（evaluating information），表明了说话人不确

[①] K. Bach, R. M. Harnish, *Linguistic Communication and Speech Acts*, Cambridge, M. A.: MIT Press, 1979, p. 42.

第五章 "我(们)+思维类心理动词"构式的认识情态研究

定的盖然性认识立场(possibility or probability epistemic stance)或情感态度(feelings or attitude)。对于听话人而言,说话人在对命题信息进行评估的同时,向听话人展示了说话人的言者立场、认识视角和情感态度。说话人做出可能性评估的依据是说话人掌握的证据(evidences)、不全面的信息(uncompleted information)或者是说话人的感觉(intuitions)或者主观推测(subjective conjecture)等。对于听话人而言,听话人知晓了说话人对于命题信息的认识立场,包括说话人的言者立场、认识视角和情感态度之后,听话人可以接受(accepting)说话人的观点,表达认同性评估(agreement),也可以提出不同的评估依据,进行二次评估(second assessment),表达不同或不一致的观点(disagreement)。说话人和听话人对于同一评估对象的不同评估,不但体现了不同会话参与者(interlocutors)对被评估对象的认识立场,包括评估者的肯定(affirmative)或否定(negative)的言者立场,评估者独特的认识视角(peculiar perspectives),以及评估者对被评估对象的赞同(approval)或反对(opposition)的情感态度(affection)等,还体现了不同会话参与者对评估对象的不同经验的获取渠道(access to experiences of the event being assessed),包括评估者来源不同的各类评估依据等。在日常会话中,这种评估立场和评估依据的交互性互动,正是言语交际的互动行为框架的体现(interactive activity structure)。[1]

此外,通过语料考察,我们还发现告知性言语行为、断言性言语行为和评估性言语行为在互动话语中的分布也有明显的差异。

作为知情标记的"我想"构式往往出现在话轮序列的第二部分(SPPs)的开始位置,用于回答问题,执行告知性言语行为。

作为断言标记的"我想"则有两种话语组织模式,一种是"'我想'构式+句子/句群"组织模式,采取的是"断言+证据"话语组织形式,往往是基于知情状态而做出的断言,此时的"我想"往往

---

[1] C. Goodwin, M. H. Goodwin, "Assessments and the Construction of Context", In A. Duranti, C. Goodwin (ed.), *Rethinking Context: Language as an Interactive Phenomenon*, Cambridge: Cambridge University Press, 1992, p. 165.

出现在话轮的开始位置；第二种是"句子/句群＋'我想'构式"的组织模式，采取的是"线索/依据＋断言"的话语组织形式，往往出现在一个话轮的内部，用于说话人对某一命题信息表达自己的判断，属于说话人在不知情的状态下，根据信仰做出的断言，意图对听话人产生断言语力，从而对听话人产生预期的影响。说话人采用的"句子/句群＋'我想'构式"的断言形式符合评估性言语行为的话语组织模式，是一种100％确信度的评估性类型，在本质上可以归于评估性行为的范围。

作为可能性推测的评估标记，"我想"构式一般采用"可评估对象＋'我想'构式＋评估行为＋（评估证据）"的话语组织模式，"我想"构式的投射范围可以是一个话轮序列，此时的"我想"往往出现在话轮序列的第二部分（SPPs），用于说话人对话轮序列第一部分（FPPs）（其他说话人的话轮）进行评估；"我想"构式的投射范围也可以是一个话轮，即在一个话轮的内部，用于说话人对话轮中出现的某一可评估对象或信息进行评估。

（二）"我想"构式的话语组织功能

在互动言谈中（talk－in interaction），认识情态构式"我想"除了具有执行告知性、断言性和评估性言语行为功能，标记说话人的知情情态、断言情态和可能性认识情态之外，还具有话轮之间的连贯功能、话轮内部话语信息的组织功能、话轮结束功能以及话题的提出、结束和转换功能，等等。

1."我想"构式具有的话轮之间的连贯功能

所谓话轮连贯，指的是在两个或两个以上话轮组成的互动言谈（talk－in interaction）中，话轮和话轮之间的衔接及关联关系。Halliday和Hasan（1976/1985）认为语篇衔接包括指称（reference）、省略（ellipsis）、替代（substitution）、连接（conjunction）和词汇衔接（lexical cohesion）五种衔接手段，后来将其概括为同指（co－reference）、同类（co－classification）和同延（co－extension）三种关系，这些都属于非结构衔接中的成分关系衔接；除此之外，Hasan还证明了包括"毗邻对、连接关系、延续关系"在内的有机关系衔接，将衔接的意义关系扩大到了实现谋篇意义的结构之间的关系。

因此，在日常会话中（talk-in interaction），毗邻对序列是话轮与话轮之间最重要的衔接手段之一。话轮连贯可以指一个完整的话轮序列内部话轮与话轮之间的衔接，有时候也可以指两个或两个以上的话轮序列之间的关联。根据会话参与者（participant）的数量，我们可以将互动言谈（talk-in interaction）分为"一对一"式的轮流交替型互动交际（double-participants interactional conversation）和多个会话者参与的互动交际（multi-participants interactional conversation）两种类型。

在"一对一"式的问答性话轮序列（double-participants turn sequence）中，说话人往往用"我想"来接管话轮，以实现话轮的轮流更替，同时表明说话人的认识状态。因此"我想"具有两个方面的话语功能：一是确定言谈立场并接管话语权的话轮连贯功能，即说话人有权利也有义务接管话轮（the speaker has the right and is obliged to take next turn to speak），从而保持话轮之间的连贯（turn cohesion），避免由于出现长时间的沉默（long silence）或间隔（big gap）而导致说话人的话轮延续（turn-continuing）或交际尴尬（embarrassment）。二是表明说话人知情立场，标记说话人的知情情态。说话人凭借高于听话人的话语权（priority）而建立的知情情态，比如说话人的专业性认识等来执行告知性言语行为，因此，这种话轮序列一般有两个特点：一是"一对一"轮流交替性；二是执行告知性言语行为的说话人往往具有高于听话人话语权，这种话轮序列往往在针对专家或专业人士的访谈话轮序列中比较常见，例如：

（167）深圳卫视《22度观察》："说到辞旧迎新，我们就想到外交部部长杨洁篪在总结2009年中国外交的时候他用了两个词说：'这是个危机之年，也是个变革之年'。如果请您也用几个短语来形容2009年中国外交的话，您会怎么说？"

吴建民：**我想**可以用一句话来表达：中国已经从国际舞台的边缘走到了中心。"

深圳卫视《22度观察》："怎么来看待这个中心？"

吴建民："这个世界这么大，在国际舞台上面，每个国家都发挥自己的作用。有的作用比较突出，有的作用相对来讲就比较边缘一点，**我想**你回顾 2009 年的时候，你看到了中国的作用，已经站到舞台的中央了。"

深圳卫视《22度观察》："看资料，奥巴马应该美国历史上是第一位在上任当年就访华的总统。那么您怎样理解他选择了这样一种时机？或者这里边有什么样的国际背景的考量？"

吴建民："**我想**他是因为这样，他访华首先世界在经历一场严重的金融危机。他选择了上任之后到中国来，到亚洲来，反映了他对中国的重视，从这个访问的时间来看，他对其他亚洲国家也访问了，可是在中国访问的时间特别长。"

深圳卫视《22度观察》："也希望中国能够帮助他比如说度过金融危机这样的考虑吗？"

吴建民："**我想**这是一个互相帮助的问题，胡锦涛主席用词我认为非常确切，叫作'携手合作，同舟共济。'这个说法非常好。"（深圳电视台，《22度观察——2010中美外交大趋势》，2010年1月22日）

在例（167）的四个话轮交替过程中，一方面，说话人吴建民用了三个"我想"构式来接管话轮，标记自己的言谈立场，说话人并没有直接回答问题，而是用"我想可以用一句话来表达""我想他是因为这样""我想这是一个互相帮助的问题"等笼统的方式来应答，主要是为了接管话轮，按照说话人指派下一个说话人的话轮指派原则（current speaker selects next speakership' technique），说话人必须迅速接管话轮，对前一话轮做出回应，这体现了会话的合作原则和礼貌原则；另一方面，说话人凭借丰富的外交知识（professional knowledge）和较高的社会地位（social status），提出了自己对相关问题的专业认识立场（professional epistemic stance），此时"我想"构式主要标记说话人的知情立场（knowing stance），执行告知性言语行为（informing），

第五章 "我(们)+思维类心理动词"构式的认识情态研究

这取决于说话人的话语权威或优势话语权（knowledge authority）。

在多个会话者参与的话轮序列（multi-participants turn sequence）中，"我想"构式经常作为自荐式的话轮接管标记（self-selected turn-taking marker）出现。在由多个会话者参与的互动言谈中，如果说话人没有指派下一个话轮的说话人，那么按照话轮分派原则①（turn-allocation rules），听话人的自我选择机制（self-selection for next speakership）就会自动发挥作用，也就是说，如果当前话轮的说话人没有选择下一个说话人，为了避免冷场或者会话陷入僵持状态，会话的参与者就会通过自我选择的形式接管话轮，第一个说话的人往往会接续话轮，以保证会话持续下去，例如：

（168）查建英："就是中国，一个中国胃，就是吃食物上边你要想改变他的饮食结构，这是最后的堡垒。"

窦文涛："**我想**啊，类比地讲啊，中国人的心里可能也有类似的现象。"

王蒙："对，有。"

窦文涛："就是他可以改变很多思想观念，但是可能也有些中国人的思想观念，他是很难改变的。"（凤凰卫视，《锵锵三人行——印度禁欲又纵欲　欲望和苦修升华融合》，2009年1月12日）

（169）窦文涛："对，然后留下十万字的日记……据说她是求职压力过大，大学三年级，求职压力过大就自杀了。"

马未都："**我想**从根上的问题，就是教育的问题，我觉得我们教育确实有这问题，失业是很正常的。"

窦文涛："正常吗？"

马未都："我看公布美国失业率到8%，非常高。"（凤凰卫视，《锵锵三人行——大三女生跳水自杀　两岸"高学历"就业难》，2009年4月21日）

---

① H. Sacks, E. A. Schegloff and G. Jefferson, "A Simplest Systematics for the Organization of Turn-Taking for Conversation", *Language*, Vol. 50, Issue 4, 1974.

例（168）和例（169）中，说话人使用认识情态构式"我想"自荐成为下一个说话人，抢夺话语权，此时的"我想"构式经常执行评估性言语行为，通过对前一话轮或话轮中某一信息的评估，获得其他会话参与者的关注，从而顺理成章地成为下一个话轮的说话人，进而接管话轮。

认识情态构式"我想"是说话人自荐成为下一个说话人最常用的语言结构之一。由于自荐机制可能会造成话语重叠（overlapping），从而导致"话轮争夺"现象的出现，而认识情态构式"我想"构式在话语权争夺过程中往往具有较强的竞争力，从而成为说话人抢夺话语权的最佳选择之一，其原因有二：第一，"我想"构式本身就可以标记说话人的言谈立场，说话人说出"我想"构式的同时，就已经给其他听话人以预警（precaution），提示其他听话人自己已经接管话轮，一方面避免其他听话人接管话轮，以避免话轮重叠现象（turn overlapping）的出现；另一方面，"我想"构式认识立场的表达功能，也会向听话人预警，即提示其他听话人保持警惕和注意，说话人有重要的认识和观点要表达，从而让听话人对说话人接下来的话轮保持持续关注（holding attention to the following turn）。第二，"我想"具有执行多种类型言语行为的表达功能。如果会话参与者的话语地位不平等（unbalanced knowledge status），话语地位高（knowledge authority）的人就可以使用"我想"构式执行告知性言语行为，理所当然地接管话语权，成为一个自然的话轮接管标记（turn－taking marker）；如果会话参与者的话语地位没有明显的差异，说话人可以通过自荐机制，自我选择成为下一个说话人，成为一个话轮的抢夺标记（turn－seizing marker）。说话人凭借自己的优势话语权，向听话人告知听话人所不知道的信息，执行告知性言语行为（informing）；或者凭借自己的信仰或掌握的某些证据，对前一话轮的某些信息进行断言或评估，执行断言性言语行为（asserting）或者评估性言语行为（evaluating），从而获得新话轮的话语权，继而接管话轮。

此外，在多话轮序列中，"我想"构式还经常引导包孕的话轮结构（embodied turn），用于进行回顾性分析或评估，说话人意在将当前话轮和前面的某一话轮或话轮成分进行关联，体现了话轮序列"向前关联"（up‐forward）的组织特征，例如：

（170）主持人："对，偶然当中其实它是必然的，但是我们会发现，经常就是在这个事故发生之前，经常这些声音都是被大家所忽视的，那么像类似的安全事故，我觉得其实是有一些预防措施的，这种预防措施在我们现在的生活当中，应当怎样去挖掘或者是预防性地防止这个悲剧的发生？"

刘新宇："**我是想**这样，就是说这种预防说白了也蛮简单的，就是说第一个，要把这个规矩立起来；第二个，要把执行严格起来。这两个东西的促成，没有别人能促成，一定是第一用法制，第二，用政府这样的权力，所以**我想**如果回到你刚才这个问题，为什么我们现在有这么大的事情，而且要把它促成它的改变，那么**我想**唯一的一点就是说政府要真正地担当起他的责任。"（中央电视台，《今日观察——警惕身边的"定时炸弹"》，2010年7月29日）

例（170）中的"我想"构式关联了前一话轮出现的某些话语信息，即"怎样去挖掘或者是预防性地防止这个悲剧的发生"。说话人在对这些话语信息进行分析评价的基础上，阐述了自己对于这一信息的认识和看法，此处的"我想"构式在话语表达上体现了话轮序列"向前关联"（up‐forward）的组织特征。

总之，出现在问答毗邻对中的"我想"构式一般都处于第二个话轮的开始位置（initial position of the second pair parts），从话轮定位（turn‐orientation）上来讲，是向前关联的（up‐forward），用于对前一话轮或话轮中的某一信息做出回应，包括告知、断言或者评估等各类言语行为。

2．"我想"构式具有的话轮内部话语信息的组织功能

在同一个话轮内部（middle position of a turn）的"我想"构式，一般来说都是下推式的（down‐forward），用于话轮内部话语信息的组织和推进。

在同一个话轮内部,"我想"往往承担以下三种话语信息的组织和推进功能。

第一,说话人用"我想"构式将对事件的陈述转变为对事件的评估或议论,例如:

(171) 许子东:"这个罗马军团就停在那儿,等他弄完了以后,大军继续前进,然后后来他不要做执政官了,有一天大典,大典之前,要找一个女人,那女人不肯跟他,另外弄来一个丫头,做一回事,然后衣服整整,可以去参加大典了,**我想**这是现代人的一种投射吧。"

梁文道:"不过史书上讲,当时也的确这样。"(凤凰卫视,《锵锵三人行——窦文涛:纪晓岚是奉旨纳妾还是色情狂》,2009年5月23日)

(172) 钱老功勋卓著,生活却非常低调。在航天大院8号院里一栋三层红砖小楼一住就是50年,平日里总穿着蓝色或灰色上装,绿色的军裤。钱学森一生做人有四条原则:不题词;不为人写序;不出席应景活动;不接受媒体采访。钱老走了,**我想**大概天堂里也需要这样一位多才多艺的科学家吧。(中央电视台,《第一时间——王凯读报》,2009年11月8日)

例(171)中,说话人用"我想"构式将对事件的叙述转变为对事件的评论,说话人在结束自己话轮的同时,也为听话人接续话轮提供了较长时间的沉默(silence)或间隔(gap)——较长时间的语音停顿,那么,最佳的话轮转换相关处(transition-relevance place)在此出现。从言语交际的角度来看,说话人叙述完事件之后,开启了对事件的评论,那么,就意味着任何一个会话参与者都可以参与对事件的评论,或者对说话人的评论进行二次评论;从话轮组织的角度来看,说话人用"我想"构式进行评论的同时结束了自己的话轮,为其他会话参与者参与话轮序列提供了可能空间(possible space),根据Sacks、Schegloff和Jefferson(1974)的话轮分派原则(turn alloca-

第五章 "我(们)+思维类心理动词"构式的认识情态研究

tion rules),任何一个会话参与者都可以通过自我选择机制(self-selection for next speakership),通过主动发起对事件进行评论的方式,成为下一个话轮的说话人,从而完成话轮的交替或转换(turn-transition)。例(171)和例(172)话轮的话语信息组织模式是"叙述+评论"的话语组织模式,认识情态构式"我想"的话语组织功能就是将对事件的描述转变为对事件的评论[例(171)],或者将对事件的描述转变为表达对事件的情感态度[例(172)]。

有时候,说话人也会采用叙述中穿插评论的话语组织模式,例如:

(173)梁文道:"去年四月去杭州,首先去岳王庙,好久没去过了再回去看看,岳飞尽忠报国中国人民很崇拜,很了不起,没想到像个闹市一样。最妙的在岳飞坟两边不是有神兽吗,大人小孩纷纷骑在神兽上拍照,抱着墓碑这样,**我想**这够牛的,后来算了,就沿着湖边走到章太炎墓去看,很漂亮很安静,后面几棵大树很庄严,没有游客,但是一到门口就逗了,门口一帮游客有导游,这里头没什么好的,我们走吧,这是谁呀,这是章太炎的墓,有人问他谁是章太炎啊,后来听到人群中有人说老革命家。"(凤凰卫视,《锵锵三人行——梁文道:中国房地产受宠 阳宅限购炒阴宅》,2011年4月5日)

(174)陈鲁豫:"你看我爹去世对我是重创,因为我跟我爹感情很好,他走得又早,他走的时候我四十多岁,他走了以后呢,我都没有哭,我什么时候哭的呢,是我去取他的骨灰盒,这个有点儿太就是过不去,就是你去取骨灰盒儿,(双手比划)那些所有的工作人员都是按照程序走的,拿一什么,把东西一摆,搁到柜台上,然后你一抱着这骨灰盒儿,马上就不行了,就这种哀伤呢,**我想**人一生中不会有几次,那是从内心的、彻底的哀伤,就是我跟我爹是阴阳两隔啊,(吧唧嘴)就隔在这儿了,这是我现在能够回忆起来的,这个事儿已经有二十年了,二十年了。"(自建语料库,《圆桌派——爱哭:何时你变得爱哭了?》,

2018年2月6日）

第二，说话人用"我想"构式对整个话轮进行总结性陈述，例如：

（175）水均益："跟我们说一说，奥巴马的回答你能够满意吗？"

陈曦："我还是比较满意的。总统先生他在回答第一个问题的时候，他首先肯定了加强两国城市之间的交流与合作是非常必要的，特别是能源、气候等一系列人类共同面对的挑战等问题上。然后他还具体提到了上海在节约能源、提高能效方面有很多有益的经验值得美国来借鉴。最后总统先生他还提到了他很乐意来参加世博会，也很欣喜地看到世博会有美国的场馆，所以**我想**他是向中国人民传达了一个非常友好的信号。"（中央电视台，《环球视线——奥巴马，对话中国青年》，2009年11月16日）

（176）吴建民："误解总是有的，因为我们的政治制度跟你们不一样。……（此处省略555字）打不起啊，要面对新形势，要摆脱一种旧的观念。还有一个现象，我觉得非常值得注意，大国没有分裂成对立的集团。这个事情大家不要小视，几百年来第一次啊，这种现象，大国今后若干年，看不到大国打仗的可能性。不打仗，有很多共同利益，气候变化一个国家应对不了，大家联合起来来应对这个挑战，**我想**这样一个思路，世界会变得更加美好。"（深圳电视台，《22度观察——2010中美外交大趋势》，2010年1月22日）

例（175）和例（176）中，话轮内部话语信息的组织模式是"叙述+总结"的模式，认识情态构式"我想"的话语组织功能就是对长篇幅的叙述做出总结性陈述，以便结束话轮。

第三，"我想"构式具有填充话轮内部语音停顿的话语关联功能。当"我想"在一个独立的话轮内部反复出现时，一般用于保持话语信息的连贯性，以免出现大的语音停顿，因为较大的语音停顿对听话人而言意味着话轮转换的最佳关联处，极易出现话轮的转换，因此说话人用"我想"构式填充这些语音停顿，以维持对当前话轮的主导权，保持当前话轮内部话语信息的连贯性，此时的"我想"多用于说话人保持对话轮的占有，"我想"构式的这种填充语音停顿的话语功能在一定程度上体现了说话人心理层面上话语信息的在线组织过程（online-planning），例如：

（177）梁文道："不，是真的，所以**我想**还有一个问题，**我想**的确现在我们为什么要讲多样性？大家都知道这几年讲多样性多了，大家都知道什么叫多样性，但是**我想**多样性也不用太担心，就算有了转基因食品之后，如果我们做好标识系统的话，会出现一个什么现象，将来会有很多人仍然会罢买转基因食品，哪怕你效率再高，哪怕你价格再便宜，他仍然不吃。"（凤凰卫视，《锵锵三人行——叶檀被骂卖国贼 揭秘转基因食品的真相》，2010年3月4日）

（178）窦文涛："我就说中国的电视剧，**我想**，像他们说那个《甄嬛传》，**我想**一定是好看的，那么多人反映好，**我想**一定是好看的，或者还有什么。"（凤凰卫视，《锵锵三人行——李小牧：日本人对中国的事情不感兴趣》，2012年6月21日）

例（177）和例（178）中的"我想"构式主要用于说话人维持话轮，保证话轮内部话语信息之间的连贯性，以免听话人接管话轮，"我想"构式此种功能在一定程度上体现了说话人心理层面上话语信息的在线组织过程（online-planning）。

3. "我想"构式所具有的话轮终结功能

出现在话轮结束位置（completed position of a turn）的"我想"构式，一般来说经常用于标记或者寻求当前话轮的终结，其话语组织功能主要是向听话人暗示当前话轮的结束，并希望向听话人转交话轮，从而实现话轮的自然交替或转换，例如：

（179）董倩："我听别人介绍说，你对自己的形象非常严格，这也是魔术的一部分吗？"

刘谦："我觉得是表演者一定会在意的事情，只要是站在大家面前的人，一定都会对这个有所坚持的，**我想**。"（中央电视台，《面对面——刘谦：魔法奇迹》，2009年2月14日）

（180）窦文涛："她做了很多呀，她是隆胸，你想她又隆胸，还又什么假体什么的，你看，面部拉皮，隆胸，隆下颌，隆鼻子，选择了这个医院最好的丰胸假体，什么叫丰胸假体？"

袁弥明："就是那个放在胸里面的物体吧，**我想**。"

窦文涛："现在最好的物体是什么？"

袁弥明："我也不清楚。"（凤凰卫视，《锵锵三人行——港姐袁弥明自曝整容过程 医学美容拯救了谁》，2009年6月27日）

（181）郝洪军："对，但是他这个盘，他有些时候开的球。因为咱们的联赛场次很多，他有些时候就像诱饵，放出诱饵一样，他可以让你尝到甜头。"

梁文道："就像赌场一样，老虎机让你赢两回。"

郝洪军："对，他有营销，有自己的营销手段，**我想**。"

梁文道："那还有一个问题，就是像这种职业联赛，每一个球队后面有出资方，比如说冠名赞助。那么这种出资方，他又怎么看这些事呢？"（凤凰卫视，《锵锵三人行——操纵赌球金额达百亿 中国足坛再掀打黑风暴》，2009年11月20日）

例（179）到例（181）中，"我想"构式出现在话轮结束的位置，说话人的言谈内容结束，言谈的话轮终结，因此说话人用"我想"构式在标记说话人言谈视角或个人视角的同时，标记了说话人当前言谈换轮的结束，同时也为听话人提供了较长时间的语音停顿，从而为听话人接管话轮提供了话轮转换最佳相关处，使听话人接管话轮成为可能。

4. "我想"构式所具有的话题提出、结束和转换功能

鉴于"我想"结构可以用于执行意愿类言语行为,表达说话人的主观意图,因此在互动言谈中,经常被用于提出一个新话题,成为一个新话题提出标记,而新话题的提出,则意味着当前话题发生的转变,所以也可以看作一个话题转换标记,例如:

(182)吴建民:"是,我们增持了美国的国债,我想不仅仅是为了美国的利益,也是为了中国的利益,也是为了世界的利益。因为美元如果大幅度下滑,那对中国不是好事,对世界也不是好事情,所以我们这样做也是为了从大局出发。当然,目前最大的问题是经济,处于危机状态,所以双方关系也比较好。以后危机过去了,**我想**看两个国家关系,关键是看什么?关键看共同利益是在发展还在减少,如果共同利益发展,你可以断言关系是越来越牢固。如果共同利益在减少,分歧在增加,那就会出问题。"(深圳电视台,《22度观察——2010中美外交大趋势》,2010年1月22日)

(183)李德林等人在石景山法海寺附近掘开的那座古墓经鉴定,为明代太监景聪墓,对研究明代中期宦官制有重要的价值。在警方发现他们的时候,李德林等几人已从中盗走玉腰带片、玉带钩、铜镜等古物。由于李德林等人将古墓彻底毁坏,导致景聪墓已无法复原了。

您瞧,几个犯罪嫌疑人基本不具备任何考古常识,其中有两位连叫他们去干什么,挖什么都压根没搞明白。对不义之财的贪婪,导致了这场无知者无畏的悲剧。**我想**,那些盗墓类小说作者的写作初衷,一定是想提升大家对传统文化的兴趣,而不是让自己的小说成为犯罪分子们的学习材料。(北京电视台,《7日7频道——不省心的点读机》,2009年3月18日)

例(182)所讨论的话题从中美关系的处理转换到两个国家关系的处理,从具体问题转换到更具普遍意义的问题,也就是说在原来话

◈ 现代汉语心理动词构式的认识情态研究 ◈

题的基础上，提出了一个新的话题。例（183）描述了李德林等人盗墓对古墓所造成的巨大破坏，然后话锋一转，用"我想"构式转换了话题，提出了"盗墓类小说作者的写作初衷，一定是想提升大家对传统文化的兴趣，而不是让自己的小说成为犯罪分子们的学习材料"，说话人言谈的话题发生了改变。因此，无论是例（182）新话题的提出，还是例（183）言谈话题的转换，都是依托认识情态构式"我想"构式来完成的。

当然，提出一个新话题或者转换话题，自然就预示着当前话题的结束，除了采用提出新话题或者转换话题的方式，说话人还经常使用认识情态构式"我想"的评论功能，表达对（当前话轮）说话人进行的话题或话轮的欣赏与赞同，同时向会话共同参与者表达不希望说话人继续他的话题或者话轮的话语功能，即采用一种强制接管话题或话轮的方式来结束说话人当前的话题或话轮，例如：

（184）同学："虽然刘校长失去了他的儿子，还有就是謇老师失去了他最爱的女儿，那天我看见謇老师的时候，謇老师抱着我哭了，他说謇韵没有了，我当时就说了，謇老师，虽然你的女儿没有了，但是我们也可以做你的女儿。"

主持人："**我想**你的这番感动是源自老师的那份关爱，你今天向他们表达的这份爱意，对于他们来说是一个莫大的温暖，我们谢谢你，谢谢。"（中央电视台，《对话——和北川中学师生在一起》，2008年6月1日）

（185）王海："这个目前还不能确定，因为我们的工作还在继续。"

主持人："你的期待是什么？"

王海："我希望越快越好。"

主持人："**我想**今天我们对这一段历史的讨论，让我们对于王海的越快越好充满了期待，而且也充满了信心，在这里，掌声谢谢王海，谢谢。好，谢谢您。"（中央电视台，《对话——"3·15"的记忆》，2008年3月15日）

例(184)和例(185)中,说话人使用"我想"构式的评估功能来接管当前说话人正在进行的话轮,既预示了当前话题的结束,又显示出听话人对当前话题的高度参与,Goodwin 将这种话轮或话题的结束方式称为"活动占用式的话语权收回行为"(activity - occupied withdrawal action),① 这种"话语权收回行为"为正在进行的互动交际提供了参与者参与的可能性(mixture of participation possibilities),是会话参与者在谈话中关闭一系列活动(activities)的一种典型方式,也是参与者主动参与互动交际的重要体现,这种话轮或话题的结束方式经常用在访问性会话中,用于主持人终结说话人正在进行的话轮或话题(on - going turn),或者强制进行话轮转换,或强制转换到一个新的话题,或者用于结束整个访问活动序列(terminate interviewing turn sequence)。

(三)"我想说"结构的认识情态研究

根据句法结构的层次分析,"我想说"有两种可能的句法组合形式,一是"我+想说",二是"我想+说"。在"我+想说"结构中,心理动词"想"表达意愿情态,表达句法主语(同时也是言者主语)"我"主观上的意愿或意图,"说"是典型的言说动词,表达言说行为,"我+想说"表达主语"我"主观上想或打算进行的某种言说行为。在"我想+说"结构中,"我想"是表达说话人认识情态意义的认识情态构式,"说"是附着在认识情态构式"我想"后面的准标句词,是一个补足语从句标记(complementizer),相当于英语中的"that",其中"说"从言说动词演化成为准标记词。②

1. "我想说"结构表达意愿情态意义

"我想说"表达第一人称主语"我"想或打算进行某一言说行为,后面往往是直接引语,引述言说的具体内容,例如:

---

① Charles Goodwin, *Conversational Organization: Interaction Between Speakers and Hearers*, New York, N. Y.: Academic Press, 1981, pp. 106 – 108.
② 方梅:《北京话里"说"的语法化——从言说动词到从句标记》,《中国方言学报》2006 年第 1 期。

（186）我们无法知道临刑前的杨玉霞她想说什么。我们知道她在狱中写过一份《迟到的忏悔》。最后，**我想说**："人们啊，要自尊、自爱、珍惜你的家庭，珍惜你们拥有的一切，不要再让类似的悲剧重演！"（《蓝盾》1997年第4期，熊能、赵进一文）

（187）"我从来不向女人进攻。"他觉察到我的拘谨，搓着双手站起来。**我想说**："我也从来不向男人进攻。"却是多余的，我们怎么会走到一起来？（《读者》合订本）

言说动词"说"后面可以引导说话人说出的话语［例（186）］，也可以引导说话人的心理活动，也就是说话人的真实想法，但是在客观上说话人并没有说出这些话语［例（187）］。例（186）表达说话人想要阐述的观点，属于直接引语；例（187）是一个未然的言说行为，句中的心理动词"想"表达的是句法主语"我"的主观意愿，属于比较典型的意愿情态意义的用法。

由于"想"的主观意愿性和未然性特征，所以带直接引语的"我想说"往往不会出现在日常会话中。在日常互动对话中，"我想说"经常引导间接引语，例如：

（188）郭松民："那倒不必，但是我觉得你要去寻找爱情，而不要去寻找房子和车子。"

主持人："小龙女呢？"

小龙女："**我想说**青春不长在，抓紧谈恋爱，要创造一切可能的机会，去帮助自己找到自己心仪的另一半，而且多谈恋爱不吃亏。"（深圳卫视，《22度观察——大女当嫁，你为什么被剩下？》，2010年7月16日）

（189）董倩："而且你得奖，都是因为这些舞台型的魔术？"

刘谦："都是舞台的魔术，做节目的时候，**我想说**，我现在是一个在舞台上高高在上的魔术师，你怎么可以让我到街头去搞这种整人的把戏？那时候觉得很抗拒。但是后来慢慢就体

◈ 第五章 "我(们)+思维类心理动词"构式的认识情态研究 ◈

会到其中的乐趣,再来就慢慢体会到,发现自己学习到很多东西。"(中央电视台,《面对面——刘谦:魔法奇迹》,2009年2月14日)

例(188)用"我想说"引导说话人想要表达的观点,例(189)用于引导说话人某时某地内心的某种想法。此外,"我想说"有时会用于引出说话人想要问的问题,例如:

(190)主持人:"**我想说**,这是不是你们的一个营销手段,通过告张艺谋,让大家知道安顺还有这样的好东西?有的观众更直接说这叫炒作。"(中央电视台,《对话:绝地突围》,2010年3月21日)

或者,采用自问自答的形式来阐述自己的观点,例如:

(191)还有一个重点要追问:经适房配置制度,摆在眼前的是重重漏洞,而发现这些漏洞靠的仅仅是"偶然"的六连号,是幸运还是不幸?**我想说**,必须有人为这起"偶然"事件负责。(中央电视台,《第一时间——马斌读报》,2009年6月22日)

心理动词"我想"表达的是主语"我"的意愿情态意义,"说"是典型的言说行为动词,后面无论是引导直接引语,还是引导间接引语,都是言说行为的言说内容。"想+说"结构是一个连动结构"V_1+V_2",整个结构的句法结构层次为"[我+[[想+说]+VP/S]]"。

2. "我想说"结构表达认识情态意义

当"我想说"结构的句法层次为"[[[我想]+说]+VP/S]","VP/S"所表达的内容不再是说话人"想"或"打算"向听话人言说的言谈内容,而是表达说话人对命题信息的某种认识或观点时,"我想"是认识情态构式,"说"从一个言说动词虚化成为一个准标句词,方梅曾经指出当"说"处在认识义动词后面,且后面的小句

203

是认识的内容时,"说"是一个准标句词,[①] 例如:

(192) 绳岚:"那天晚上我就是翻来覆去怎么样也睡不着,差不多11点多的时候,因为我看了一下表11点多,我把表放下,刚转了一个身,忽然感觉就不对了,自己感觉到好像有一股很热的那种暖流,哗啦一下子就出来了,那我当时心里就咯噔一下子,然后**我想说**应该不是吧,那我自己就用手、用手去摸了一下,然后一看完了,当时我脑子'嗡'一下子,因为我不知道接下来怎么办,然后我赶快喊,叫'护士'。"(中央电视台,《缘分——天津姑娘台湾郎》,2008年7月20日)

(193) 郑华:"我给你三次机会了,我跟他说我数到三,如果你不出来,你等着看好了,我不知道他可能睡着了,对,我真数,我数一二,二个半还不出来,三就开始敲了,可是我试过那种锤子这边是扁扁的,另外一头是带圆头的,因为我那个门是特别按照我的想法去设计出来的,我还蛮喜欢的,**我想说**用这平面敲应该不会坏吧。"(中央电视台,《缘分——当爱情遭遇"9·11"》,2009年1月11日)

例(192)和例(193),"我想说"结构出现在对话语境中,"我想说"中的"说"显然不再表达说话人想或意图向听话人说的话语,显然不是引语标记,而是标记"说"后面的内容是说话人的某种认识或观点,此时的"我想"表达说话人关于命题的认识或判断,"说"标记的是"我想"和后面小句之间的句法关系,而不再表达"言说"的言语行为;另一方面,"说"完全失去了言说动词的语法属性,不再像谓语动词那样被副词修饰,也不能附加时体成分,此时的"说"已经不再是一个言说动词,由于后面所关涉的小句表达的不再是说话人想或打算说的话,而是说话人对于命题的某种判断认

[①] 方梅:《北京话里"说"的语法化——从言说动词到从句标记》,《中国方言学报》2006年第1期。

204

第五章 "我(们)+思维类心理动词"构式的认识情态研究

识,是"我想"的认识内容,因此此时的"说"具有了引导宾语从句的功能,成为具有标记语法功能的功能词(functional word),按照方梅(2006)对标句词总结的四项判断标准来判断,此时的"说"属于准标记词。

言说动词"说"的虚化过程经历了不同阶段,除了从言说动词演变为宾语从句的标记词,从实义动词虚化为语法功能词(方梅,2006)之外,"说"还进一步虚化为一个话语标记语(刘钦,2008)。刘焱、任璐认为"我说"出现在现场对话中时,往往具有引导听话人关注交际进程的话语标记功能。①"我想说"结构中的"说"也可以作为话语标记语来出现,例如:

(194)丁鲲华:"以房地产业来说,我觉得还是信心的问题。其实我觉得资金的情况,我们一般房地产商能够去解决,譬如说缩小规模,或者说我们启动的时间稍微慢一点,或者说有一些其他的厂商合作。那最重要就是说信心的问题,那**我想说**这次金融海啸造成非常大的冲击,可是我觉得说,我们大陆政府的这么多措施,加上我们本来的体制,跟我们是一个高速发展中的国家,我觉得这个时间会很快过去。所以我在想说困难一定有,那如果大家都有信心,我们房地产也有信心。"(中央电视台,《海峡两岸——祖国大陆帮助台资企业渡过难关》,2009年1月9日)

例(194)中出现了"譬如说……或者说……或者说……就是说……我想说……我觉得说……我在想说……"的话语表达,显然,话语中的"说"并不表达言说行为,有些用法也不能看作一个准标句词,而是体现了说话人组织话语的痕迹,即说话人用"X说"来帮助自己构建话语,以增强话语的连贯性。此外,"X说"还具有保持话语权的语用表达功能,是一个话语持续性标记(continual marker)。

---

① 刘焱、任璐:《话语标记"我说"的功能及使用限制》,《海外华文教育》2019年第1期。

按照 Traugott 关于主观化的判断标准,① 句中的"说"经历了从表达命题功能("言说行为意义")到话语组织功能("话语关联功能"),从表达客观意义(objective meaning)到主观意义(subjective meaning),从表达非认识情态(non-epistemic modality)到认识情态(epistemic modality),从句法主语(syntactic subject)到言者主语(speaking subject),从具有完整、自由的词汇形式(full, free form)到句法上失去独立性的黏着形式(bonded form)的演变,因此例(194)中的"说"可以看作一个典型的话语标记,句中的"我想说"结构显然是认识情态构式"我想"加话语标记"说"的组合形式。

3. 小结

现代汉语中的"我想说"是一个多义的同形结构:一是"[我+[想+说]]"结构,"想"表达意愿情态,"说"是一个言说动词,表达主语"我"主观意愿上的言说行为;二是"[[我想]+说]","我想"是一个认识情态构式,"说"具有两种性质,在单句中,"说"是一个具有标记宾语从句功能的准标句词;而在复杂话语表达中,"说"则是一个话语标记语,用于话语的组织和连贯。

言说动词"说"经历了从言说行为动词到准标句词,再到话语标记的语义虚化和主观化过程。

(四) 小结

关于"言语(utterance)",Austin 曾经指出"除了关于意义的旧教义外,我们还需要一种关于所有可能的话语力量(all possible force of utterance)的新教义"②,也就是说,言语除了承载意义之外,还具有某种社会表达功能,即言语行为承载了语力(force of utterance),而这一切的原动力(motivation)就是说话人的交际意图(intentions)。

---

① Elizabeth Closs Traugott, "Subjectification in Grammaticalization", In Dieter Stein, Susan Wright (ed.), *Subjectivity and Subjectification*, Cambridge: Cambridge University Press, 1995, p. 48.

② John Langshaw Austin, "Performative Utterances", In J. L. Austin, J. O. Urmson and G. J. Warnock (ed.), *Philosophical Papers* (2nd Edition), London: Oxford University Press, 1970, p. 251.

在日常会话中，交际意图决定了说话人的交际行为，听说双方交际行为之间的互动决定了交际效果和交际后果。因此，对于言语的研究，不仅要关注语言单位序列的命题意义，还要关注其在言语交际中的互动交际功能。

根据 Searle（1976）关于施事性言语行为的分类，从说话人的交际意图角度来说，"我想"结构可以实现四种交际意图：一是可以被说话人用来表达说话人的主观意愿，执行说话人主观性的意愿行为，从本质上来说，属于 Searle 施事性言语行为中的承诺类言语行为（commissives）。承诺类言语行为意在向听话人承诺自己未来要有一些行为。二是可以被说话人用于向听话人传递听话人所不知道的信息，执行告知性言语行为，体现了说话人的知情状态，从本质上来说，属于 Searle 施事性言语行为中的阐述类言语行为（representatives）。阐述类言语行为会对听话人产生一定的影响，使听话人的认知状态从不知情状态变为知情状态。三是可以被说话人用于向听话人宣告说话人的信仰，用于执行断言性言语行为，以此来影响听话人，产生断言语力，从本质上来说，属于 Searle 施事性言语行为中的宣告类言语行为（declarations）。宣告类言语行为会引起骤变（immediate changes），从而影响或改变听话人的行为。四是可以被说话人用来表达说话人对事件信息的认识评价或情感态度，用于执行评估性言语行为，从本质上来说，属于 Searle 施事性言语行为中的表达类言语行为（expressives）。评估性言语行为意在向听话人参与互动交际提供可能空间，是互动交际中话轮推进的常规话语组织模式。

日常会话中，"我想"除了执行意愿性言语行为、告知性言语行为、断言性言语行为和评估性言语行为之外，还承担着一定的话语组织功能。在问答性话轮序列中，"我想"经常用于发起话轮或提出话题（意愿性言语行为功能）；在应答话轮中，经常用于接管话轮以实现话轮的轮流更替（告知性言语行为功能）；当"我想"在一个话轮内部时，往往具有话语信息的组织功能，包括将对事件的陈述转变为对事件的评估或议论，或者在叙述中穿插评论，也可以对整个话轮进行总结性陈述；或者用于话题的结束和转换（评估性言语行为功能或断言性言语行为功能）；当"我想"构式在一个话轮结束位置时，往往用于标记或者寻求当前话轮的终结，其话语组织功能主要是向听话人暗示当前话轮即将结束，并希望向听话人转交话轮，或希望听话人主动接管话轮，从而实现话轮的自然交替。

第五节 "我（们）+推理类心理动词"构式的认识情态研究

一 "我（们）+推理类心理动词"构式概述

（一）"我（们）+推理类心理动词"的核心构式意义

推理类心理动词包括"推理""推测""推断""推定""推论""推算""推想"等，《现代汉语词典》（第五版）对上述推理类心理动词的释义如下：

> 推理：动词，逻辑学指思维的基本形式之一，是由一个或几个已知的判断（前提）推出新判断（结论）的过程，有直接推理和间接推理等。
>
> 推测：根据已经知道的事实来推想不知道的事情。例如：无从推测。
>
> 推断：动词，推测断定。例如：正确地分析事物的历史和现状，才有可能推断它的发展变化。
>
> 推定：动词，经推测而断定。例如：一时还难以推定他变卦的原因。
>
> 推论：动词，用语言的形式进行推理。例如：根据事实推论。
>
> 推算：动词，根据已有的数据计算出有关的数值。例如：根据太阳、地球、月球运行的规律，可以推算日食和月食发生的时间。
>
> 推想：动词，推测。

根据词典的释义，我们可以把上述推理类心理活动动词分为两类：一类是推测类，包括"推测、推想、推算、推定、推断"等，主要表达思维主体根据已有事实或者数据等客观证据对思维客体进行推测，并做出相应的判断；另一类是推理类，包括"推理、推论"等，主要表达思维主体根据逻辑学理论对思维客体进行主观推理或推论。

根据构式与构式中动词之间的互动关系，受推理类心理活动动词词义的影响，由推理类心理活动动词构成的"我（们）+ 推理类心理动词"构式的核心构式意义是表达说话人对于命题内容较为肯定的个人认识、态度或者感情，或者表达对命题信息确信度较高（epistemic likelihood）的认识或判断。

（二）"我（们）+ 推理类心理动词"构式的认识量级

受到推理类心理动词语义的影响，"我（们）+ 推理类心理动词"构式的认识量级（epistemic scale）在认识等级序列（epistemic scale index）中处于较高的位置：

"我（们）+怀疑类心理动词"构式＜"我（们）+ 猜想类心理动词"构式＜"我（们）+ 评估类心理动词"构式＜"我（们）+ 推理类心理动词"构式／"我（们）+ 预料类心理动词"构式

在"我（们）+ 推理类心理动词"构式内部，"我（们）+ 推理类心理动词"构式与"我（们）+ 推测类"构式相比，说话人认识上的确信度更高，即

"我（们）+ 推测类心理动词"构式＜"我（们）+ 推理类心理动词"构式

（三）"我（们）+ 推理类心理动词"构式中的显赫构式

通过对北京大学中国语言研究中心现代汉语语料库（CCL）中关

于"口语"和"相声小品"口语语料库以及媒体语料库（MLC）的考察，我们发现，在"我（们）推理类心理动词"构式中，"我（们）+推测类心理动词"构式占有主导地位，其中的"我（们）+推测"构式在口语和书面语中比较常见，使用频率较高，属于显赫构式；而"我（们）+推想"构式、"我（们）+推算"构式、"我（们）+推定"构式和"我（们）+推断"构式书面语色彩比较明显，因此很少出现在日常口语对话语料中，仅仅在少数文学作品或翻译作品中见到极少的用例。尤其是"我（们）+推理/推论"构式，由于其逻辑推理性太强，书面语色彩浓厚，而且重在"示证信息"（也叫"传信信息"）的表达，而非仅仅是说话人的主观态度或认识的体现，所以在日常口语对话中使用的频率极低，即使在书面语语料中出现的频率也很低，因此属于非显赫构式。

二 "我（们）+推测类心理动词"构式的认识情态研究

"我（们）+推测类心理动词"构式包括"我（们）+推测"构式、"我（们）+推想"构式、"我（们）+推算"构式、"我（们）+推定"构式和"我（们）+推断"构式，其核心构式意义是表达说话人关于命题信息的主观认识，其认识维度具有一定的弹性，处于从不太确信到较为确信的弹性区域。一般来说，如果说话人没有提供推测的依据或者证据，那么说话人关于命题的确信度和肯定性较低，往往表达说话人单纯的主观性猜测；如果说话人是根据已有的事实或者数据做出相关的推断，说话人在表达认识情态意义的同时，又提供了做出推断的证据型信息，那么说话人关于命题信息判断的确信度则相对较高，属于较为肯定性的判断。

（一）"我（们）+推测类心理动词"构式低确信度的认识情态意义

在"我（们）+推测类心理动词"构式中，"我（们）+推测/推想"构式可以表达说话人对于命题信息不太确信的认识情态意义，所表达的认识量级较低，此时的"我（们+）推测/推想"构式往往只是单纯地表达说话人主观的猜测，并不提供说话人做出推测的依据或证据性信息，例如：

（195）张学刚："也有一些认为是阴谋论，觉得是他自己搞的苦肉计，**我推测**这个可能性不太大，如果是搞苦肉计，搞得也太真实了，他自己身负重伤，所以我觉得不太可能。"（中央人民广播电台，《新闻纵横》，2009 年 4 月 18 日）

（196）从中既能够看出那埋藏在画家心底的童年情结，也能够看出他的乡土之恋、之思和地域文化的熏陶。**我推想**，这几个方面的因素，很可能是他创造这个艺术世界的深层动因。(《人民日报》1994 年第 3 季度）

通过对北京大学中国语言研究中心现代汉语语料库（CCL）中关于"口语"和"相声小品"口语语料库以及媒体语料库（MLC）的考察，我们发现表达说话人确信度和肯定性较低的"我（们）+ 推测/推想"构式使用频率极低，只有少数几例；而大多数"推测"和"推想"的用例都是以"据/按……推测"的格式来表达说话人的传信意义。

（二）"我（们）+推测类心理动词"构式高确信度的认识情态意义

在"我（们）+推测类心理动词"构式中，"我（们）+推测/推想"构式可以表达说话人对于命题信息较为肯定的认识情态意义，说话人对于命题信息的确信度较高，原因在于说话人在做出推测的同时，一般都提供了做出推测的证据或依据，因此此类构式所表达的认识量级较高，例如：

（197）同期："**我推测**应该是我爷爷吧，因为上边有我爷爷的名字，他一个小章，这个小章就是，是我爷爷的名字。"（山东电视台，《公共频道——民生直通车》，2013 年 10 月 11 日）

（198）何亮亮："这个世界还是有各种的声音，有各种利益，比方说普京就挺布里特。为什么？因为莫斯科他们已经拿到了主办权,**我推测**他们肯定也是花了钱,既然花了钱我就不想让这个事情功败垂成,所以我看到布里特一方面跟媒体公然地摆出一副对抗的姿态,两次在发脾气,但同时他还是当选以后表现了一个很谦卑的姿态,表示说今后会有一个比较透明的建设。"(凤凰卫视,《何亮亮:国际足联无法律约束 腐败还将持续》,2011年6月3日)

"我(们)+推算"构式往往表达说话人根据现有的数据或证据,对命题信息做出合理科学的判断,因此说话人认识的肯定性和确信度较高,例如:

(199) 没事儿招灾,这就是他们的砝码。**我推算**,今年还不到发水的年头儿。(孙犁《风云初记》)

(200) "要杀要剐随你啦。"达硌士恨恨地说。

"我是背对门的,"她说,"所以我看不到外面,可是**我推算**那个警卫一定会定时过来检查我拷问你的进度,所以只要你一看到那个拉门开了,打个信号给我,我就给你来这么一小下。"([美]杰夫·葛伦著,章泽仪译,《龙枪——兄弟之战》)

"我(们)+推断/推定"构式主要表达说话人对于命题信息的断言性认识,因此,说话人的确信度也比较高,例如:

(201) 记者:"今年1—2月份,中国医药行业增加值同比增长了10%以上,整个行业,**我们推断**医药行业会有100亿以上的利润,同比增长20%以上。"(中央人民广播电台,《新闻纵横》,2009年4月8日)

(202) 主持人:"他是不知情的。"

刘新宇:"逻辑上**我推断**他是肯定不知情,他如果知道底下有个这么危险的管子,他去挖,那一定是脑子出了问题,所以他在不知情的情况下去挖,只有两种可能,要不他这个公司没有去备这个案,直接先开的工,或者他去查了,但是记录不全。因为我们考虑到这块地它特殊性在,这个厂子实际上它停产多年。"(中央电视台,《今日观察——警惕身边的"定时炸弹"》,2010年7月29日)

(三)"介词+X+推测类心理动词"构式的传信意义

通过对北京大学中国语言研究中心现代汉语语料库(CCL)中关于"口语"和"相声小品"口语语料库以及媒体语料库(MLC)的考察,我们发现,除了由第一人称主语"我(们)"和心理动词构式组构成的"我(们)+推测类心理动词"构式之外,还经常出现"介词+X+推测类心理动词"构式。"介词+X+推测类心理动词"构式中,介词主要包括"据""依""照""按""由""以""根据""依据""按照"等;"X"主要是名词、代词或者名词性短语;"推测类心理动词"主要包括"推测""推算""推断""推定"等。

根据"X"的构成类型,我们可以将"介词+X+推测类心理动词"构式分为两大类。

1. "X"表示推测的主体,即"介词+推测主体+推测类心理动词"构式

在"介词+推测主体+推测类心理动词"构式中,根据推测主体的人称类型,我们可以将构式分为三个小类。

第一,当推测主体是第一人称时,推测的主体和言者主语一致,即"说话人",包括"据我推测""据我推断"等,此类"介词+我(们)+推测类心理动词"构式主要表达说话人关于命题信息的主观推断,具有表达说话人认识情态意义的功能,例如:

(203)那为什么老头要补上这么一句话呢,这里头学问可就大了去了,**据我们推测**,很有可能是有人逼宫,把老头逼下去的,明明是还想干满这一届,可别人不给他这个机会了,你就得下台。(天津人民广播电台,《话说天下事》,2008年9月2日)

(204) 马光远："到现在为止，我觉得这次上涨，而且应该说中国股市 19 年以来，这次上涨的周期，**据我推算**是最长的，中间没有任何像样的调整，2006 年、2007 年大牛市的时候，也没有这么长。"（中央电视台，《今日观察》，2009 年 8 月 20 日）

第二，当推测主体是第二人称时，推测的主体和言者主语不一致，例如"据你推测"，此时的"介词＋你（们）＋推测类心理动词"结构既不表达说话人的认识情态意义，也不表达传信情态意义，一般来说用于询问对方（一般是"听话人"）或者引用对方（一般是"听话人"）的观点，例如：

(205) "哥哥，"杜尼娅坚决地回答，语气也很冷淡，"这都是因为你有个错误的想法，我反复考虑了一夜，找出了你的错误。这都是因为，似乎，**据你推测**，好像我要嫁给什么人，是为了什么人而牺牲自己，根本不是这样，我要出嫁，只不过是为了自己，因为我很痛苦；其次，如果我能为亲人做点儿有益的事，我当然感到高兴，但这不是我作出这一决定的最主要的动机。"（[俄] 陀思妥耶夫斯基著，朱海观、王汶译，《罪与罚》）

第三，当推测主体是第三人称时，推测的主体和言者主语也不一致，例如"据专家推算"，此时的"介词＋第三人称＋推测类心理动词"结构既不表达说话人的认识情态意义，也不表达传信情态意义，主要用于引用第三方的观点，例如：

(206) 张阿姨说，对方称为了保密，只能在自动取款机上操作，转账过程太紧张了，张阿姨都已经忘记，都是按了什么键，**根据专家推测**，犯罪嫌疑人没有用让人怀疑的转账、查账和综合提示，很可能用的只有银行内部人才用的语言指令，专家们还说，即便这样也会出现一些提示，比如金额之类的确定，这些提示也会让犯罪分子露出马脚。（中央电视台，《东方时空——解密

第五章 "我(们)+思维类心理动词"构式的认识情态研究

新型电话诈骗》,2009年1月14日)

（207）位于夏威夷的太平洋海啸预警中心向智利、秘鲁、厄瓜多尔、哥伦比亚、巴拿马、哥斯达黎加和南极洲发布海啸预警。**据专家推算**,海啸可能于28号到达太平洋西岸,周边国家正在加紧采取疏散民众等预防措施,严阵以待。（中央电视台,《中国新闻》,2010年2月28日）

综上,在"介词+推测主体+推测类心理动词"构式中,只有推测主体是第一人称时,"介词+推测主体（'我'或'我们'）+推测类心理动词"构式才会表达说话人的认识情态意义,此时的言者主语外化为第一人称主语,有的时候,言者主语也采用隐含的形式,即采用"介词+推测类心理动词"的形式,例如：

（208）羊城晚报报道,今年三七主产地——云南文山壮族苗族自治州政府公布的数据显示的是30万亩,比2012年的15万亩增长一倍,创下历史新高,**据推算**,今年三七产量将不低于10000吨。（中央人民广播电台,《中国之声——央广新闻》,2013年3月17日）

例（208）中,"据推算"中的主语是一个零形式"Φ",言者主语"羊城晚报"承前省略,表达的是言者主语"羊城晚报"关于命题信息的推测性认识。

2. "X"表示推测的凭借或依据,即"介词+推测依据+推测类心理动词"构式

在"介词+推测依据+推测类心理动词"构式中,推测依据是说话人向听话人提供的做出推测的依据或证据性信息,构式的核心意义是表达说话人的传信意义,主要包括两类。

第一,"X"是一个近指代词,常用的固定构式包括"由此推测""据此推断""照此推断"等,这些固定构式重在凸显说话人做出推测的证据来源,表达的是一种"示证信息",因此,从本质上讲是一

种传信意义的表达，例如：

（209）立新："我说，这两天还堵不堵了？要这么分析的话，咱们说不出意外的话，节前拥堵最高峰已然过去了。那位说了，你这么肯定啊？交管局指挥中心说的。昨天全天道路车辆的流量是明显增加，但是没有发生大范围、大规模的拥堵，那么**照此推测**，国庆假日期间道路大拥堵的可能性不大。"（北京人民广播电台，《话里话外》，2010年9月27日）

（210）泰国副总理素贴13号说，在曼谷10号爆发的流血冲突中出现军备枪支，**由此推断**一些前总理他信支持者正暗藏在军队中，配合"红衫军"的行动。（中央电视台，《中国新闻》，2010年4月14日）

（211）徐保满介绍，房地产是不动产，房子是不可移动的，因此，各地房价降价也都只是其城市的行为，并不具有传导性。其次，有些房子在降价后，每平方米的价格依旧在1万元左右，**以此推想**，降价前的房价是处于虚高状态。（天津人民广播电台，《聚焦房地产》，2008年9月17日）

第二，"X"是相对灵活的形式，灵活性源自推测依据来源的多样性，不过构式中的"X"一般都是名词或名词性短语，例如：

（212）7月19日，3位鼋头渚风景区员工在途经翠湖时，偶然发现水中漂浮着大量不明白色生物，呈碗形。无锡市园林局等单位有关专家经现场察看，**依据资料推测**，物体可能是水母。（新华社，《新闻报道》，2002年7月）

（213）据经济之声《天下财经》报道，记者从有关渠道了解到，1月份工、农、中、建四大行新增人民币贷款不足3400亿元。**根据以往的规律推算**，1月份银行业全部新增人民币贷款约在9000亿元左右，明显少于之前市场普遍预期的超过万亿元。（中央人民广播电台，《天下财经》，2012年2月8日）

第五章 "我(们)+思维类心理动词"构式的认识情态研究

三 "我(们)+推理类心理动词"构式的认识情态研究

与"推测类"心理动词不同,推理类心理动词"推理"和"推论"的词义强调根据某一个或几个前提推出新判断的逻辑过程,推理的理据性和科学性较强。根据构式与构式中动词之间的互动关系,"我(们)+推理/推论"构式在表达说话人关于命题信息确信度较高的认知判断的同时,更多的是向听话人传达所得出新判断(结论)的来源或依据,从本质上讲,是一种传信情态和认识情态的混合情态表达(hybrid modality)。一方面凸显了根据逻辑推理过程而得出判断的客观性和科学性;另一方面通过提供判断的来源和根据来弱化说话人认识上的主观性,以提高说话人的确信度,提升说话人的认识量级,例如:

(214)这猿人庚地地层中含有猿人的牙床、石器,烧的有碎的骨头,而同时又没有许多的食肉类动物化石,于是**我们推论**:这个地方,从前猿人寄居过。(当代报刊《1994年报刊精选》)

(215)马家辉:"有人把他骂,有人把他赞,可是我觉得这个不仅是中国网络的问题,坦白讲全世界,比方说英文网络,任何一件简单的事情,任何一个公共政策,以至于对于一位流行明星,批评他跟捧起他来,都是用一样的语言,只要你看那些英文,也是一样要多狠毒就有多狠毒,你要有无限上纲就有无限上纲,因为我们都知道,因为我看不懂俄文,看不懂日文,**我推理说**,这种站在全球化现象,为什么网络这种特性啊,我觉得对于人性的弱点黑暗面啊,是吸引得很厉害的,你完全躲在后面。"(凤凰卫视,《锵锵三人行——法国人的高傲导致他国的抵制》,2008年4月23日)

(216)"我个人感觉,这个F15S1比较适合于韩国,价格也不算太贵,几千万美元,七八千万美元也很好。但是韩国我注定它不要买这个,因为这属于老黄瓜刷绿漆。60年代、70年代一个飞机现在改了改型,就作为三代半买,韩国不会上这个当,另

217

外买了之后，它马上就比日本要矮半截。因为将来日本人家要买 F35 生产线。人家四代机用着，结果它这个三代半，老黄瓜刷绿漆的 F35，你想它买吗？所以**我推论**下来，就是 F35，73 亿美元，60 架，按 1.2 亿美元一架预算的。"（中央电视台，《今日关注——韩国巨资购战机 备战朝鲜核试爆？》，2012 年 5 月 3 日）

以例（216）为例，说话人做出推理的前提是"韩国买 F15S1，会比日本矮半截"，由此推理得出结论"韩国买的不是 F15S1，而是 F35"，逻辑推理的过程如下：

大前提：韩国自尊心比较强，不愿意比日本弱。
小前提：日本要买 F35 的生产线。
结论：韩国买的不是 F15S1，而是 F35。

根据大前提（人类一般的认知习惯或认知规律），在小前提的基础上做出推断，这是典型的逻辑推理过程。如果没有"日本要买 F35 的生产线"作为小前提，就不可能得出结论——说话人的推断"韩国买的不是 F15S1，而是 F35"，因此，做出推理的小前提是说话人高确信度证据的保证，严密的逻辑推理过程是说话人做出判断的客观性保证。这种"强证据性"和"强逻辑性"导致"我推理/推论"构式所表达的认识上的主观性大大降低，反映在句法形式上就是言者主语（"我们"）经常以隐含的形式存在，句法主语省略，言者主语在言外直接进行逻辑推理，表达说话人的逻辑断言，这种用法在说理性或评论性话语中尤为常见，再比如：

（217）与湖北监利钒污染事件同时令人关注的，还有当地棉农出现的群体性皮肤病。本月 16 号，湖北省组成的医疗专家组宣布：**初步推论**，监利县 1300 名棉农皮肤病感染是昆虫引起的接触性皮炎。（中央电视台，《新闻 30 分》，2008 年 10 月 19 日）

（218）报道引用新华网评论说，整个事件的挑头者究竟是谁不得而知，但**可以推理**，必然是利益相关者，继而带动网上无数好事者的跟进，最终愈演愈烈。中国网民总人数已经位居世界第二："但我们的'网德'在世界上排第几，还真不好说。"（天津人民广播电台，《观点》，2008年1月23日）

（219）《解放日报》评论文章认为，开征保有税以降低日益上涨的房屋价格，这个掌可以鼓。但好政策还需要更好的执行力。以交易契税为例，政府多次调高交易契税以控制频繁交易，打击投机。而事实的结果是，卖家将所有费税计入成本，由买家埋单，房价不跌反升。由此也**可推论**，保有税也将被计入租金成本，从而导致房屋租赁价格上扬。因此不能寄希望于通过价格工具一劳永逸地解决房地产市场痼疾，最根本的出路是通过调节供求关系，加大经济适用房、廉租房的建设，做大市场供应量，同时降低需求成本。（上海广播电视台，《东广早新闻》，2010年4月13日）

例（217），做出推理的言者主体是"湖北省组成的医疗专家组"，推理的内容是言说动词"宣布"的小句宾语，即"初步推论，监利县1300名棉农皮肤病感染是昆虫引起的接触性皮炎"，其中，推理内容采用了直接引语的形式。在直接引语中，当句法主语和言者主语一致的情况下，句子采用了句法主语省略的形式，由言者主语在言外直接做出推理性断言。例（218）、例（219）中，推理的主体是"新华网"或"解放日报"等媒体，推理的内容是时事评论中评论文章所得出的判断，评论的言者主语应该是相关媒体的评论员，因此评论性文章经常采用"句法主语省略，言者主语隐含"的形式进行推理性断言。例（217）到例（219），言者主语的隐含意味着个人判断视角的隐含，因此言者主语隐含的形式在一定程度上弱化了说话人认识的主观特征，反过来说，弱化说话人认识的主观性在一定程度上增强了言语的客观性（即"传信性"）特征。

通过对北京大学中国语言研究中心现代汉语语料库（CCL）中关于"口语"和"相声小品"口语语料库以及媒体语料库（MLC）的

考察，我们发现隐含言者主语的"推理/推论"构式占有主导地位，包括"按此推理""以此推论""由此可以推理"等，这些都是传信意义的重要表达形式之一，而兼表传信意义与认识情态意义的"我（们）+推理/推论"构式在语料中所占的比重较低。

第六节 "我（们）+预料类心理动词"构式的认识情态研究

一 "我（们）+预料类心理动词"构式概述

（一）"我（们）+预料类心理动词"的核心构式意义

预料类心理动词包括"预测""预料""预感""预想"等"预"类心理活动动词和"料想""料定"等"料"类心理活动动词，《现代汉语词典》（第五版）对上述预料类心理动词的释义如下：

> 预测：动词，预先推测或测定。例如：预测明年的服装流行款式。
>
> 预料：动词，事先推测。例如：预料这个区秋收比去年增产百分之十。
>
> 预感：动词，事先感觉。例如：天气异常闷热，大家都预感到将要下一场大雨。
>
> 预想：动词，事先料想，事先推想。例如：预想不到事情的结果会这样。
>
> 料想：动词，猜测未来的事；预料。例如：他料想事情定能成功。
>
> 料定：动词，预料并断定。例如：我料定他会来的。

根据词典的释义，我们发现预料类心理活动动词主要表达思维主体通过事先对思维客体进行推测而做出相应的判断，属于思维主体预先的主观判断。

根据构式与构式中动词之间的互动关系，受预料类心理活动动词词义的影响，由"预测"类心理活动动词构成的"我（们）+预测类心理动词"构式的核心构式意义是表达说话人对于命题信息的确信性判断（certainty），属于断言认识情态范畴（assertion modality）。

根据断言的判定原则（Max Black，1952；Davidson，1982），断言命题"P"是真的，当且仅当说话人自己相信命题"P"是真的。因此说话人做出断言的同时，同时对命题信息真实性和可靠性做出了承诺（certainly commitment），表明了说话人对命题信息的认同态度（endorsable attitude）。一般来说，说话人做出断言的依据是说话人的信仰（belief），因此，"我（们）+预测类心理动词"构式在表达说话人对命题信息预先判断的同时，表明了说话人的肯定性态度，即在说话人的信仰（belief）中，说话人确信命题必然发生或者出现（certainty）。Lyons 曾经指出说话人在说出一段话的同时，也常常表明自己对这段话的立场、态度和情感。[①] "我（们）+预测类心理动词"构式在对命题信息做出断言的同时，也表明了说话人肯定性的态度立场（attitude stance），因此从这个意义上来讲，"我（们）+预测类心理动词"构式是一个态度立场标记（attitude stance marker）。

（二）"我（们）+预料类心理动词"构式的认识量级

受到预料类心理动词语义的影响，"我（们）+预料类心理动词"构式的认识量级（epistemic scale）在认识等级序列（epistemic scale index）中处于较高的位置：

"我（们）+怀疑类心理动词"构式＜"我（们）+猜想类心理动词"构式＜"我（们）+评估类心理动词"构式＜"我（们）+推理类心理动词"构式/"我（们）+预料类心理动词"构式

"我（们）+预料类心理动词"构式包括"我（们）+预 X 类心理动词"构式和"我（们）+料 X 类心理动词"构式。"我（们）+

---

① John Lyons, *Semantics*, Cambridge: Cambridge University Press, 1977, p.739.

预 X 类心理动词"构式的核心成员包括"我（们）+ 预测"构式、"我（们）+ 预料"构式、"我（们）+ 预感"构式和"我（们）+ 预想"构式；"我（们）+ 料 X 类心理动词"构式的核心成员包括"我（们）料想"构式和"我（们）料定"构式。从认识量级上来看，"我（们）+ 料 X 类心理动词"构式与"我（们）+ 预 X 类心理动词"构式相比，说话人对于命题信息的确信度更高，即

"我（们）+ 预 X 类心理动词"构式 ＜ "我（们）+ 料 X 类心理动词"构式

下面将从"我（们）+ 预 X 类心理动词"构式和"我（们）+ 料 X 类心理动词"构式中分别选取典型构式成员"我（们）预测"构式和"我（们）料定"构式展开专题研究。

二 "我（们）+ 预测"构式的认识情态研究

"我（们）+ 预测"构式的核心构式意义是表达说话人关于命题信息的肯定性判断，即说话人确信命题必然发生或者出现（certainty），体现了说话人的态度立场（attitude stance），属于断言认识情态范畴（assertion modality）。

根据对媒体语言语料库（MLC）的考察，我们发现"我（们）预测"构式表达说话人关于命题出现或发生的必然性推断，主要采用三种语言表达形式。

第一，"我预测 + 肯定性命题"的语言表达形式，例如：

（220）商务部部长高虎城表示："在事实上这几年来中国利用外资一直是非常稳定的，而且今年上半年是增长的。增长来源于美国、欧盟和日本，所以**我预测**今年的整体利用外资的形势是稳中有一个令人满意的增长幅度。"（中央人民广播电台，《新闻和报纸摘要》，2013 年 8 月 13 日）

（221）北京科技大学冶金学院教授许中波："建材的价格，

第五章 "我(们)+思维类心理动词"构式的认识情态研究

我预测就在四千块钱左右波动,现在稍微利用铁矿石谈判的恐慌期,大家先涨一点,随后呢,如果用户不买账他会跌下来,所以,贸易商如果错误地估计形势,现在买的钢材放着不卖,将来又要亏损。"(中央人民广播电台,《新闻和报纸摘要》,2010年3月18日)

第二,"我预测+否定性命题"的语言表达形式,例如:

(222)当然谁也不敢打保票,但是我想如果让我打赌,给一个答案,**我预测**不能上升。但是未来一年半以后到两年,经济过热会不会出现,这是值得我们警惕的。(深圳电视台,《22度观察:全民医保是不是中国医改的救命良药?》,2009年3月26日)

无论是关涉肯定性命题还是关涉否定性命题,"我预测"构式关涉的都是一个判断句,表明说话人"我"对命题必然发生或出现与否的断言,体现了说话人对于命题出现或发生的肯定或否定态度。

第三,"我预测+会+命题"的语言表达形式,例如:

(223)大卫瑞尼(国际太阳能学会主席):"过去的十多年里,中国在太阳能方面交出了一张优秀的成绩单,特别是光热,太阳能热水器这一领域。**我预测**未来十五年,中国的太阳能领域还会保持强劲的发展势头,因为中国在财政上政策上给予很大的支持。"(中央电视台,《今日观察——太阳能:从减排到微排》,2010年9月21日)

(224)黄明:"我觉得首先危机到了病入膏肓的程度,而且**我预测**迟早希腊会违约的,但是目前还得拖延下去。"(中央电视台,《今日观察——救助希腊 进退两难?》,2011年6月28日)

例(223)和例(224)的"我预测+命题"构式中,说话人凭借自己的社会地位或者专业知识对命题出现或发生的必然性做出断言，体现了说话人关于命题必然出现或发生的肯定态度。于康认为一个句子可以分为"命题部分"（proposition）和"主体表现"（modality），① 也就是说，任何一个句子都必定有言语使用者所要传递的信息和言语使用者对所要传递信息的态度。在例（223）和例（224）中，同时出现了另外一个态度立场标记"会"，李命定、袁毓林认为"会"表达了说话人的信念，是一个信念算子，即在说话人的信念中，说话人认为命题所表达的事件会发生。② 因此，"我预测"构式和信念算子"会"的共现，是 Coates（1983）关于多个认识情态语言表达形式"强+强"最佳组配模式的典型体现。

既然"我预测"是一个态度立场标记，表达说话人对于命题发生或出现的肯定态度，那么根据交际语境的需要，考虑到言者的身份和地位，说话人可以通过添加情态算子"肯定"或"一定"来加强（strengthening）说话人的肯定态度，即采用"我预测+一定/肯定+会+命题"的语言表达形式，例如：

（225）嘉佳："所以**我预测**，到了第三季度的时候房价一定会继续保持在第一位。"（北京人民广播电台，《1039 都市调查组——二季度北京市居民关注热点报告》，2012 年 7 月 17 日）

（226）我们的消费者购买热情是被调动起来的，他的购买热情被调动起来之后，**我预测**到 10 月份之前，尤其是今年我们又是 60 周年国庆，有很大的阅兵仪式，很多消费者如果有换代的需求，肯定会在这个时期选择购买产品，比如像电视机，这个时候确实会拉动很大的市场。（北京人民广播电台，《议政论坛——解读家电以旧换新政策》，2009 年 8 月 26 日）

---

① 于康：《命题内成分与命题外成分——以汉语助动词为例》，《世界汉语教学》1996 年第 1 期。

② 李命定、袁毓林：《信念与概率：认识情态动词的语义差异及其功能分化》，《世界汉语教学》2018 年第 1 期。

第五章 "我(们)+思维类心理动词"构式的认识情态研究

情态算子"一定"主要表达通过某种征兆或迹象对已经发生(已然)或可能出现(或然)的情况的判断或评论;[①] 张则顺和肖君(2015)、潘海峰(2017)、王莹莹和邢丽亚(2019)曾先后论证过"一定"是一个表达说话人必然认识情态意义的情态词;"肯定"与"一定"语义接近,潘汜津认为"一定"侧重于"坚决地认定情况的必然性",而"肯定"则侧重于"承认、接受情况的必然性"。[②] 情态表达算子"肯定"和"一定"的出现,进一步加强了说话人关于命题必然出现或发生的主观认定和态度。

此外,基于礼貌原则或者鉴于对交际对象面子的互动关照,说话人在表达肯定态度的同时,也会采用情态表达算子"可能""大概""也许"等来削弱(hedging)说话人肯定性断言可能带来的面子威胁或冒犯。因此,说话人也经常采用"我预测+可能/大概+会+命题"的语言表达形式,目的就是缓和说话人的肯定性断言语气,以体现对听话人面子的关照,例如:

(227)张召忠:"这倒很难讲,因为现在发射卫星一般都是从西往东发,顺着地球自转。按照现在轨道,**我预测**它有可能会通过济州岛上空,然后走那个石垣岛和千岛群岛上头,说不定助推器要落在那上头。现在它在石垣岛和千岛群岛上面部署了三套爱国者-3,海上它是部署了两艘,在这个方向部署了两艘标准-3型宙斯盾导弹。"(中央电视台,《今日关注——朝鲜发卫星 日韩要拦截 东北亚烽烟再起》,2012年3月29日)

(228)窦文涛:"达芬奇公司现在没承认,等着新闻发布会,**我预测**他们的新闻发布会,大概也会往你们说的这两个方向去聊。"(凤凰卫视,《锵锵三人行——马家辉:高税率打击中产阶级不能惩罚有钱人》,2011年7月13日)

[①] 李成军:《副词"一定"说略》,《理论月刊》2005年第5期。
[②] 潘汜津:《表必然的副词"一定""肯定""必定""势必"的对比考察》,硕士学位论文,暨南大学,2006年,第9—10页。

情态算子"大概、也许、可能"属于揣测评注副词,① 具有［+不确定性］［+推测性］［-结论真］,② 表达说话人对某一命题发生或实现的可能性进行推测或估计,用于弱化说话人关于命题断言的肯定性程度,以期产生缓和语气的语用效果。

"我预测"构式关涉的不同命题在媒体语言语料库（MLC）中的语料分布情况如表5-3所示。

表5-3　"我预测"构式关涉不同命题形式的情况

关涉命题类型		肯定性命题	否定性命题	"会"+命题		
				"会"+命题	"一定"+"会"+命题	"可能"+"会"+命题
"我预测"构式	数量（个）	6	1	6	2	4
	比例（%）	31.5	5.2	31.5	10.5	21.0

"我预测"构式关涉判断命题（包括肯定性命题和否定性命题）和表达信念命题的比重最高,共计占比68.2%,再加上加强肯定语气的"'一定'+'会'+命题"的10.5%,共计占比78.7%。根据语料的占比,我们认为"我预测"构式主要表达说话人关于命题必然发生或出现的肯定性判断,表明了说话人的肯定性态度。

首先,与"我预测"构式稍有不同,"我们预测"构式关涉肯定性命题的比重最高,约占44.1%;其次,关涉表达信念的命题（关涉信念算子"会"）,约占32.3%;再次,关涉表达概率的命题（关涉概率算子"可能""大概"等）比重较少,仅占11.8%;最后,关涉表达道义判断的命题约占11.8%,如表5-4所示。

---

① 张谊生:《揣测与确信评注的兼容模式及其功用与成因》,《世界汉语教学》2016年第3期。

② 罗耀华、刘云:《揣测类语气副词主观化与主观性》,《语言研究》2008年第3期。

第五章 "我(们)+思维类心理动词"构式的认识情态研究

表 5 – 4　　"我们预测"构式关涉不同命题形式的情况

关涉命题类型		肯定性命题	"会"+命题	"可能/大概"+命题	"应该"+命题
"我们预测"构式	数量（个）	15	11	4	4
	比例（%）	44.1	32.3	11.8	11.8

"我们预测"关涉肯定性命题和表达信念的命题最高，合起来占比76.4%，说明"我们预测"构式主要表达说话人关于命题出现或发生的肯定性态度，这一核心构式意义与"我预测"构式的核心构式意义相同。总之，"我（们）预测"构式的核心构式意义是表达说话人关于命题发生或出现的肯定性断言，体现了说话人的肯定性态度，是一个肯定性态度立场标记。

三 "我（们）+料定"构式的认识情态研究

与"我（们）预测"构式相似，"我（们）+料定"构式的核心构式意义也是表达说话人对命题发生或出现的肯定性断言（certainty），表明说话人的肯定性态度，是一个态度立场标记。所不同的是，"我（们）+料定"构式比"我（们）预测"构式的断言程度更高，态度更鲜明，属于强断言认识情态范畴。

通过对北京大学中国语言研究中心现代汉语语料库（CCL）的考察，[1] 我们发现"我（们）+料定"构式的强断言性质主要体现在五个方面，包括所关涉命题是判断句、强调句、双重否定句、条件句以

---

[1] 我们在媒体语言语料库（MLC）中没有发现"我（们）料定"构式的语料，说明"我（们）料定"构式在口语语料中使用频率极低，这与其强断言性质相关。基于礼貌原则和避免面子威胁的原则，说话人一般避免在口语交际中直接使用表达强断言语气的"我（们）料定"构式；在北京大学中国语言研究中心现代汉语语料库（CCL）中，"我料定"构式共出现31频次，"我们料定"仅出现1频次，所有语料几乎出现在文学作品中，这也说明了"我（们）料定"构式在口语语料中的使用频率之低。综合口语和书面语语料的使用情况，我们认为，正是"我（们）料定"的强断言语气导致了其在互动口语对话语料中使用频率普遍较低的分布情况。

及在命题中出现表达强化断言性质的情态表达成分"一定""必然""根本""准""会"等。

第一,"我(们)+料定+判断句"构式,例如:

(229) 他盯我一眼,马上转脸去看那些牲口,这样看了一会儿,突然哈哈大笑了,**我料定**这是一个疯子。(张炜《柏慧》)

第二,"我(们)+料定+强调句"构式,例如:

(230) "而我心中所想:使尽全身伎俩说服他收留我的馈赠之物。如此便保得小夫人平安,至于我自己,**我料定**他是不肯放过的。"(《作家文摘》,1993年)

(231) 我们离婚了,**我料定**是老汉儿告的密,我将这料定通知了我妈,我妈一下子就气病了,住进了医院,还宣布要同老汉儿离婚。(莫怀戚《透支时代》)

第三,"我(们)+料定+双重否定句"构式,例如:

(232) "**我料定**我们的敌人不会永远不犯错误,如果日本人进攻我们,我将争取国会批准我参加这场战争。"(百家讲坛,《马骏:罗斯福》)

第四,"我(们)+料定+条件句"构式,例如:

(233) 达西先生说:"**我料定**他一旦买到了合适的房子,马上会退租。"([英]简·奥斯汀著,王科一译,《傲慢与偏见》)

第五,"我(们)+料定"构式所关涉的命题中出现了表达强化断言语气的语言成分"一定""必然""根本""准""会"等,例如:

(234) 赵鞅说:"你以为他会向我低头?"

素宁说:"不会的。范吉射性高气傲,为人又急躁,**我料定**他急切之下,一定会作乱,进攻咱们赵家。"(冯向光《三晋春秋》)

(235) "斯土斯民,岂容夷狄久占,**我料定**西夏也会与吐蕃一样,最终必然归去。届时我辈的子孙,正如原野上的荒草,仍旧是'野火烧不尽,春风吹又生'。"([日]井上靖著,刘慕沙译,《敦煌》)

(236) 有位作家写道:崇拜是一种最无私的感情,**我料定**他根本就没崇拜过谁。(冯骥才《一百个人的十年》)

(237) "你看,我对你的信心已经证明是不错的了。**我料定**你准能平平安安回到家里,也料定你一路上决不会碰到北方佬的!"([美]玛格丽特·米切尔著,唐建党译,《飘》)

(238) "**我料定**你会这么说的,"索罗咕哝道,"你是个十足的傻瓜,老头子。"([美]乔治·卢卡斯,《星球大战》)

"我(们)+料定"构式所关涉的命题排斥出现弱化断言语气的语言成分"可能""也许""大概"和"吧"等。因此,在这一点上,"我(们)+料定"构式与"我(们)预测"构式相比,其断言语气更强,态度更肯定。

第六章 "我(们)+认知类心理动词"构式的认识情态研究

第一节 "我(们)+认知类心理动词"构式的界定

一 "我(们)+认知类心理动词"的构式形式

所谓"我(们)+认知类心理动词"构式,指的是认知类心理活动动词出现在认识情态构式"我(们)+心理动词"中而构成的认识情态构式。出现在构式中的认知类心理活动动词主要有"相信、确信、深信、坚信"等心理动词,因此"我(们)+认知类心理动词"构式主要包括"我(们)+相信"构式、"我(们)+确信"构式、"我(们)+深信"构式和"我(们)+坚信"构式等,举例如下:

(1)安东:"那么我们看,按照我们节目的播出时间来推算的话,**我相信**14名保钓人士包括我们的记者蒋晓峰应该已经是安全抵达香港了,那么咱们就一个一个问题来分析,那首先要请问您对于这次日本对这个保钓人士的遣返决定,您怎么看?"(凤凰卫视,《时事开讲——邱震海:保钓过程英勇悲壮 实际效果却有限》,2012年8月18日)

(2)国际奥委会主席罗格:"**我们确信**空气污染不会对奥运会产生大的影响,我们坚持认为中国政府在最大程度上,给

第六章 "我(们)+认知类心理动词"构式的认识情态研究

予媒体在中国报道的自由。"(中央电视台,《中国新闻》,2008年7月11日)

（3）北京大学新闻与传播学院硕士研究生赵琬微说,**我们深信**,一个在改革开放中强盛起来的中国,一代成熟和理性的爱国青年,能够从容应对各种分歧和对立,不会以政治化的方式来反对"奥运政治化"。(中央电视台,《朝闻天下》,2008年4月21日)

（4）（录音）：天津发展势头蓬勃,滨海新区后劲十足,城市基础设施越来越完善,政府办事效率很高,这增强了我们的信心,**我坚信**在天津的投资会不断增加,而且企业发展会越来越好。(天津人民广播电台,《新闻909》,2009年8月10日)

除了典型构式"我（们）+相信"构式、"我（们）+确信"构式、"我（们）+深信"构式和"我（们）+坚信"构式之外,还有两类扩展构式。

第一类是"相信"类构式,构式中的言者主语承前省略或采用隐含的形式,此类构式是"我（们）相信"类核心构式的扩展构式,两类构式的核心构式意义相同,例如：

（5）主持人："还是那句话,我们只负责观察,大家来选择,还好我们的观众在这个时间段都是成年观众,**相信**你们能做出符合自己的要求的选择,谢谢大家,下周再见。"(深圳电视台,《22度观察——中医养生还可信吗?》,2010年6月17日)

（6）自称国内某建材杂志副主编的李晓燕爆料称,经多方核实,**确信**万科近年来在十多个城市上万套项目中,大量使用甲醛严重超标、劣质的安信地板。(北京电视台,《北京您早》,2012年2月22日)

（7）贺信说,今天的澳门已站在一个新的历史起点上,**深信**澳门特别行政区政府一定能够团结带领广大澳门同胞,以主人翁精神再创澳门新的辉煌,为实现中华民族伟大复兴做出新的更大

的贡献！(中央电视台,《新闻联播》,2009年9月24日)

(8)"当年李昌镐之所以那么强大,不是说他不出错,而是他在出错后不乱方寸,还能耐心等待时机,那就是对自己的信心,**坚信**自己能等到机会。"张璇说道。(中央人民广播电台,《体育天地》,2008年2月25日)

在媒体语言语料库(MLC)中,"相信"构式(约4400例)与原型构式"我(们)相信"(约6300例)相比,二者出现的比例约为1：1.5;"确信"构式(约10例)和"我(们)确信"构式(约60例)出现的比例约为1：6;"深信"构式(约9例)和"我(们)深信"构式(约36例)出现的比例约为1：4;"坚信"构式(约63例)和"我(们)坚信"构式(约160例)出现的比例约为1：2.5。

说话人省略或隐含的"相信"类构式在对话语体中出现的比例比较高,占比接近50%,原因有两点：一是,在对话语篇中,言者主语往往采用隐含的形式出现,这是对话语篇的典型语体特点;二是,言者主语出于礼貌原则和面子保护策略等原因,在表达言者观点和言者视角的时候,为了避免突出言者的个人观点或个人立场,故意隐含了言者主语"我"或"我们"。

第二类是同义复合构式,即在构式中添加了同样表达言者主语较高确信程度副词类成分的复杂构式,即"我(们)相信"构式与其他同样表达说话人认识情态意义的副词类语言成分共现(co-existence),形成认识情态表达集群(clustering of epistemic modality marker),例如：

(9)谢飞："我从得知得了这个病,**我一直相信**能治好。我每天都能看到电视,看到我们政府啊,全市的人民,全国人民,真是非常伟大的精神,一下子都行动起来了。"(中央电视台,《中国电影报道——十年见证：大事件中的明星大腕》,2008年10月6日)

(10)西藏的前途是不言而喻的,当我在寺院里一次又一次地看到小喇嘛们熟练地摆弄我们的摄像器材时,**我深深地相信**,

第六章 "我(们)+认知类心理动词"构式的认识情态研究

一个以开放的心态对待新生事物的民族是不可限量的,更何况,他们脚下是一片曾经那么神奇的土地。(《1994年报刊精选》)

(11) 温家宝说:"我知道在这一段时间,你为了确定美国债务上限,降低赤字,保持美国经济的稳定,协助奥巴马总统做了大量的工作,发挥了关键性的作用。尽管美国经济目前还有些困难,但**我完全相信**,美国能够克服困难,重新走上健康的发展轨道,美国的繁荣和稳定有利于整个世界。"(中央人民广播电台,《新闻和报纸摘要》,2011年8月20日)

(12) 梅德韦杰夫俄罗斯总统:"我想直截了当地说,也许我们以相当快的速度克服了危机的影响,还因为金砖四国一直采取自身一致的行动方式,因此金砖四国,也就是今天的金砖国家,已经成为一个协调若干迅速发展的大国,其中包括中国、印度、巴西、俄罗斯,当然还有现在的南非共和国立场的完全成熟的运作机制,一个非常重要的沟通工具。**我绝对相信**,即将举行的会晤,将会产生非常积极的影响。"(中央电视台,《环球视线——专访俄罗斯总统梅德韦杰夫》,2011年4月12日)

在例(9)到例(12)中,"我(们)+相信"构式中间插入了表达说话人确信程度的副词类成分"一直""深深""完全""绝对"等,以加深说话人关于命题信息的断言程度。"我(们)+确信"构式、"我(们)+深信"构式和"我(们)+坚信"构式则因为构式中的心理动词在概念意义的形成过程中就已经复合了加深说话人程度的副词成分"确定地""深深地""坚定地"等,即"确信"="确定地"+"相信";"深信"="深深地"+"相信";"坚信"="坚定地"+"相信",因此一般不能再在构式中插入表达确信程度的副词类成分。

二 "我(们)+认知类心理动词"的核心构式意义

认知类心理动词包括"相信、确信、深信、坚信"等,《现代汉语词典》(第五版)对上述认知类心理动词的释义如下:

233

相信：动词，认为正确或确实而不怀疑。例如：我相信他们的实验一定会成功。

确信：动词，确实地相信；坚信。例如：我们确信这一崇高理想一定能实现。

深信：非常相信。例如：深信不疑；深信这种说法。

坚信：坚决相信。例如：坚信我们的事业一定会胜利。

通过词典释义，我们发现认知类心理动词主要表达思维主体对客体对象或者客体命题肯定性的主观判断，由此而引申出可以表达思维主体的某种主观信念（doxastic）或者信仰（belief）。根据构式与构式中动词之间的互动关系，受到认知类心理动词表达说话人肯定性主观判断或信念信仰的词义影响，认识情态构式"我（们）+认知类心理动词"的核心构式意义是表达说话人对于命题信息的肯定性断言，重在向听话人传递说话人的某种信念或者信仰。

"我（们）+相信"类构式在互动口语对话中出现频率非常高（在媒体语言语料库中出现的语料高达6200余条），被广泛运用于多种类型的断言语境中。受到断言与真值、断言与知识、断言与信仰复杂关系的影响，"我（们）+相信"类构式在互动口语对话中具有多种认识情态表达功能。

第二节 "我（们）+相信"构式的认识情态研究

一 "我（们）相信"构式的认识情态功能

通过对北京大学中国语言研究中心现代汉语语料库（CCL）中关于"口语"和"相声小品"口语语料库以及媒体语料库（MLC）的考察，我们发现在日常互动会话中，"我（们）相信"构式具有五种不同类型的认识情态表达功能，包括：一是表达说话人关于命题真值判断的确信程度；二是传达说话人的某种知识；三是向听话人传递说话人的某种信仰；四是用在断言性言语行为中，意图对听话人产生某种预期的影响，从而产生断言语力，造成言外行为的后果。

（一）"我（们）相信"构式用于表达说话人的确信程度

"我（们）相信"构式经常用于表达说话人关于命题为真的肯定性和确定性（certainty）。

受到心理动词"相信"表达"认为正确或确实而不怀疑"的词汇意义的语义影响，根据构式和构式中准入动词的互动关系，"我（们）相信"的核心构式意义是表达说话人关于命题真值或事件状态的肯定性判断（certainty），当然这种肯定性判断往往是基于一定的证据（evidences）而做出的，例如：

（13）刘戈："现在明显的周末的时候堵车比以前多多了，那么在这里面的话，所以作者就在怀疑，这里面是不是有很多公车，在周末的时候，本来它应该歇在车库里头，这时候也加入到这样的一个行列里来。"

主持人："再来看这第二幅。"

霍德明："你看这个就是现在科技的应用，你看GPS可以装在现在出租车上面了，将来GPS也可以装在公交车上面，包括你要怎么样报账这些东西，**我相信**科技能够解决这些问题。"

主持人："其实这是一个技术的管理方式，在技术上是可以解决的，而且很容易，对于这一点媒体也是相当的关注，现在我们就集中地来了解媒体方面的观点。"（中央电视台，《今日观察——公车与公交》，2010年11月1日）

（14）主持人："刚才两位也都谈到了'自由号'的濒海战斗舰，这个也是很多朋友非常关心的，说这个濒海战斗舰代表美国舰艇未来的发展方向？"

叶海林："应该是首次亮相吧，但**我相信**它的表现能力一定会很优越，因为美国设计濒海战斗舰，并不是用在美国的濒海，是用在我们中国的濒海的，由于濒海战斗舰这样一种新型的海军武器的投入使用，美国实际上就是在把自己的海军基地前移，因为毕竟濒海战斗舰只有几千吨重,相对来说它的吃水要比航空母舰浅得多得多,它是可以到近海作战的。"(深圳电视台,《22度观察——环太军演:最大规模还是最大威胁?》,2010年7月12日)

例(13)针对将科技应用到对公车和公交的管理上来的问题,说话人首先陈述"GPS可以装在现在出租车上面了",然后做出了"科技能够解决这些问题(即'对公车和公交进行管理的问题')"的肯定性判断;例(14)说话人首先做出了肯定性判断"它(濒海战斗舰)的表现能力一定会很优越",然后陈述了自己的判断理由。

"我(们)相信"构式表达的是说话人的主观判断,属于认识论范畴(epistemology),从本质上讲属于非叙实范畴(non-factivity),相对于叙实范畴(factuality)而言,其判断的确信度(degree of commitment)相对较低。根据 Palmer(1986)、Hooper(1975)的分析,心理动词"相信"(believe)表达的是一种弱断言性质的非叙实性(non-factivity with weak assertiveness),是说话人情态判断报告的重要形式(a form of reports of modal judgments),[①] 其所表达的说话人关于命题为真的确信度在低和高之间(between low and high),即使与表达命题确定为真(defnitive truth)的半叙实动词(semi-factive)"知道"(know)相比,其所表达的说话人确信程度仍然较低,属于认识性信仰的表达(the epistemic belief)形式。Urmson 也认为"相信"(believe)在说话人关于命题可靠性的等级序列(degree of reliability)中处于中间位置,即存在"知道(know)>相信(believe)>怀疑(suspect)>猜测(guess)"的可靠性等级序列。[②] 既然说话人关于命题真值的确信度处于中间位置(medium),那么就易于表达一种"中性承诺(neutral commitment)"。所谓"中性承诺"就是不偏向于某一

[①] F. R. Palmer, *Mood and Modality (1st edition)*, Cambridge: Cambridge University Press, 1986, p. 146.

[②] J. O. Urmson, "Parenthetical Verbs", *Mind*, *New Series*, Vol. 61, 1952, pp. 480 – 496.

极端情况——高或者低,① 这种"不偏不倚"的认识情态表达方式不仅仅适合表达说话人对于命题真值的"中性承诺",以免把说话人关于命题真值的判断强加于人,也特别适合表达说话人对听话人的态度,从而保护了听话人的面子不受威胁,避免违反礼貌原则。

由于"我(们)相信"构式表达说话人关于命题信息的承诺"居中",即"中性承诺"。一方面,说话人的承诺程度低于叙实类的情态动词(例如"同意、知道"等),因为"我(们)相信"构式表达的是非叙实性,属于认识论范畴;另一方面,由于"我(们)相信"构式表达的是"说话人认为正确或确实而不怀疑"的肯定性判断,所以说话人的承诺程度又普遍高于一般的认识情态动词(例如"认为、觉得、猜测"等),所以"我(们)相信"构式的认识情态表达具有"由弱到强"的相当大的弹性认识空间。

1. 说话人用"我(们)相信"构式强化(boosters)说话人关于命题为真的肯定性承诺

说话人用"我(们)相信"构式强化(boosters)说话人关于命题为真的肯定性承诺的方式包括语音、词汇和句法等多种语言表达形式。

(1) 典型的语音手段包括采用重音、降调等形式

根据对语料的考察,我们发现说话人用"我(们)相信"构式强化说话人的承诺程度时,往往采用"我(们)相信+小句命题"的形式,其中句子的重音放在主语"我(们)相信"的主要动词"相信"上,整个句子往往采用降调的形式,例如:

(15) 主持人:"听听我们的乡约观察员作何感想?"
黄欢:"真的是非常了不起!……人的一生我们所能消费的财富事实上是有限的,但是我们能够为他人创造的功德却是无限的,所以**我相信**这片土地和这里的人会记住您!"(中央电视台,

---

① Tofan Dwi Hardjanto, Nala Mazia, "We Believe in Democracy...: Epistemic Modality in Justin Trudeau's Political Speeches", *Humaniora*, Vol. 31, Issue 2, 2019, p. 138.

《乡约——江西星子县》，2012年10月11日）

（16）嘉宾："比方我在好莱坞现在目前在搞巡演，我主要是飞车，还想搞高难度的一个大动作，能够自己展现一下，外国人做到的我们中国人也能做得到！"

主持人："**我相信**你的愿望一定会很早实现的。"（中央电视台，《乡约——亚洲车神》，2009年4月26日）

（2）典型的词汇手段是在句中添加强化说话人认识程度的情态副词

添加情态副词的手段包括两类：第一类是在主谓结构（"我/我们+相信"）中添加情态副词"绝对""一直""坚定"等，例如：

（17）梅德韦杰夫（俄罗斯总统）："而且应该承认，我想直截了当地说，也许我们以相当快的速度克服了危机的影响，还因为金砖四国一直采取自身一致的行动方式，因此金砖四国，也就是今天的金砖国家，已经成为一个协调若干迅速发展的大国，其中包括中国、印度、巴西、俄罗斯，当然还有现在的南非共和国立场的完全成熟的运作机制，一个非常重要的沟通工具。**我绝对相信**，即将举行的会晤，将会产生非常积极的影响。"（中央电视台，《环球视线——"专访俄罗斯总统梅德韦杰夫"》，2011年4月12日）

（18）梁文道："当然、当然，所以我觉得我去年的时候我记得我还写了一些悼词。那个悼词，**我一直相信**，悼词啊，或者仪式这些东西是给生者的，不是给死者的，死者已矣，对不对？"（凤凰卫视，《锵锵三人行——川震周年回顾：我所经历的"5.12"》，2009年5月13日）

（19）即使在最黑暗的年月我也没有绝望过，我**坚定地相信**，"四人帮"倒行逆施是决不可能长久的。（《读书》）

第二类是在"我（们）相信+小句宾语"的小句宾语中添加

第六章 "我（们）+认知类心理动词"构式的认识情态研究

"一定""必定""肯定"等表达肯定性判断的情态副词，例如：

（20）博林："来到这儿一看，山清水秀，而且博白居住着众多的客家人，客家人接触不多，但一接触，感觉好啊，而且客家人又很勤劳，**我相信**博白的明天一定会博大精深，大白于天下。"（中央电视台，《乡约——广西博白》，2012 年 6 月 15 日）

（21）编后：济南"犀利哥"的传奇经历，都能出本书了。城市有很强的包容性，允许每个人选择自己的生活方式。可是身强力壮的小刘呢，360 行，偏偏喜欢加入丐帮。但是，如果找份正经工作，那 20 块钱一包的烟少抽点，又会是什么样的生活呢？小刘被称为刘聪明嘛，**我相信**聪明的他一定会有答案，我们祝愿他过得更好。（山东卫视，《公共频道——民生直通车》，2013 年 2 月 26 日）

（3）典型的语法手段是通过词汇化的方式形成特定的词汇单位

除了采用上述语音、词汇等手段加强（boosters）说话人对命题信息的承诺程度之外，汉语语法系统还通过词汇化的手段形成了汉语中独有的词汇单位——带有说话人承诺程度的心理动词，例如"确信""深信""坚信"等，由此而产生了加强说话人承诺程度的扩展构式"我（们）确信"构式、"我（们）深信"构式和"我（们）坚信"构式等，例如：

（22）法国总统萨科齐："**我确信**，今年的中国上海世博会将会像 2008 年的奥运会一样获得巨大成功。北京奥运会的开幕式给我留下了非常深刻的印象，我对中国人民筹办世界级盛事的卓越能力表示钦佩。"（中央电视台，《中国新闻》，2010 年 2 月 17 日）

（23）乐团乐手西西丽亚："想要弹奏和谐的乐曲，我们需要学会倾听别人，**我深信**我们能够保留住那些美好的事物。"（中央电视台，《今日亚洲》，2008 年 10 月 22 日）

（24）前国际奥委会主席萨马兰奇："五天之后，我们要在北京迎来我们第 29 届奥运会的开幕式，我们所有人都知道也目睹了在过去 7 年里，所有中国人民为举办这届奥运会所做出的艰苦努力，**我坚信**我们会迎来一届精美绝伦的奥运会，本届奥运会也将成为中国举办的世界上最成功的一届（奥运会）。"（中央电视台，《新闻联播》，2008 年 8 月 3 日）

"我（们）确信"构式、"我（们）深信"构式和"我（们）坚信"构式等扩展构式常用于表达说话人对命题信息或事件未来发展状态或趋势的肯定性预测，用于表达关于未来的美好愿望。

2. 说话人用"我（们）相信"构式缓冲（hedges）或弱化（soften）说话人关于命题为真的肯定性承诺

"我（们）相信"构式出现在句首位置时，往往用于加强（booster）说话人关于命题为真的肯定性承诺，处于句首位置的"我相信"构式属于"我相信"构式的常规用法；当"我（们）相信"构式出现在句中或句末时，往往用于缓冲（hedges）或弱化（soften）说话人关于命题为真的肯定性承诺，处于句中或句末的"我相信"构式属于插入语用法，属于"我相信"构式的非常规用法，例如：

（25）问："请介绍哪些中国官员将会见下周访华的英国外交大臣米利班德，主要讨论什么议题？去年 12 月英国公民阿克毛被执行死刑后，英国表示抗议。能否评价当前的中英关系？"

答："关于米利班德外交大臣对中国的访问，我在上次记者会上已经介绍了有关情况。在他访问期间，中国国家领导人将与其会见，杨洁篪外长将同他举行会谈，双方将就中英关系及当前共同关心的重大国际和地区问题交换意见。**我相信**，这次访问能进一步增进双方的了解与政治互信，促进双方在广泛领域的合作及在重大国际问题上的沟通与协调，从而推动中英关系进一步向前发展。"（中央电视台，《中国新闻》，2010 年 3 月 11 日）

（26）白岩松："我觉得不一定借助这个点。首先这个事情

第六章 "我(们)+认知类心理动词"构式的认识情态研究

分成两个层面:第一个层面是,这么多年来,一步一步走到了糖醋活鱼现在在北京恨不得只有一家店做,而且这个事情**我相信**如果登在国内网站上的时候,也会有很多反对的意见,对吗?这是一个。"(中央电视台,《新闻1+1——糖醋活鱼:谁的糖?谁的醋?》,2009年12月9日)

(27) 刘谦:"当然这是我的目标跟理想。"

董倩:"是近期目标,还是远期目标?"

刘谦:"成功这个事情是没有界限的,它永远是我这一辈子的目标,**我相信**。"(中央电视台,《面对面——刘谦:魔法奇迹》,2009年2月14日)

从句法形式上来说,插入语不属于句子的必要句法成分,因此句法位置不固定,而且删除插入语,句子能够句法自主,能够独立成句,不影响句子的合法性;从语义表达上来讲,插入语是一种辅助的语义成分,不表达命题意义,而是句子意义的附加语义或补充语义,因此删除插入语,并不影响句子的命题意义,语义自主,表义完整,并不影响句子主要意义的表达。从信息论的角度来说,插入语不属于句子的主要信息,而是以插入的形式对句子信息进行补充。从语用功能上来讲,插入语往往具有标记说话人言说视角和言者态度的话语标记功能。根据插入语的形式是否固定,我们可以把插入语分为固定形式的插入语和临时组合的插入语,"我相信"是一种属于带谓词性宾语的高层主谓短语的插入语形式。[1] 温锁林(2001)认为由心理动词构成的插入语(例如"我相信")是表达说话人情态意义的语法语义范畴;Urmson认为说话人可以用"I believe"的插入语形式来修正或弱化说话人关于命题真值的主张(modify or to weaken the claim to truth)。[2] 在"我相信"构式的插入语用法中,主谓短语"我相信"句法地位发生了降级,不再是句子的主句,也不再是句义表达的中

---

[1] 王力:《中国现代语法》,商务印书馆1985年版,第547页。
[2] J. O. Urmson, "Parenthetical Verbs", *Mind, New Series*, Vol. 61, 1952, pp. 484-485.

心，不再承载句子的语法重音；而谓词性的宾语则升级为句子的主句，成为句子的表义中心，承载句子的语法重音。因此"我相信"作为一个固定的构式，句法位置灵活，可以在主句的不同位置自由移动，成为标记说话人言者视角和言者态度的话语标记成分，主要表达说话人关于句子命题意义的主观态度和认识视角，是一种认识情态意义的表达成分。

由于"我相信"构式强调说话人言者视角和言者态度，属于认识论范畴，主要表达非叙实意义，因此意义的主观性尤其明显，凸显了说话人的个人视角，因此在话语交际中，说话人经常用"我（们）相信"构式缓冲（hedges）说话人关于命题为真的肯定性承诺，试探性（tentative）地表达说话人对命题真值的委婉看法，从而使得"我（们）相信"构式具有弱化说话人认识立场（tentative）及缓和（hedges）说话人语气的话语调解功能。

说话人用"我相信"构式来调解说话人关于命题信息判断的认识立场和态度情感，是基于语用表达的需要，而不是语义精确性表达的需要，具体来说，"我相信"构式在语用表达上具有五大话语功能：用于说话人面子的主动维护；用于听话人面子的主动保护；用于凸显说话人的个人视角和认识立场；用于表达说话人有保留的确认或谨慎的判断；用于既往话题的追溯和话题的转换，等等。

（1）"我相信"构式系基于说话人面子保护的消极礼貌策略之一

说话人弱化（hedging）对命题真值的判断不是因为说话人对于命题真值不确信，而是基于对听话人反应的不确定性而主动采取的语用表达策略。换句话说，由于说话人无法预料听话人对于说话人关于命题真值所做出判断的反应，说话人无意冒犯听话人或威胁听话人的面子，所以不愿意明确地（definitely）向听话人展示自己的认识立场，以避免导致听话人可能的反感或者反对，从而避免自己的面子受到威胁。因此，说话人经常用"我相信"构式弱化说话人对命题真值的判断，即将说话人关于命题信息的认识判断弱化为说话人个人的认识视角，从说话人的交际意图来看，是基于自己面子免受威胁而在语用表达上做出的"让步行为"，是一种"基于说话人面子保护"

第六章 "我(们)+认知类心理动词"构式的认识情态研究

(speaker – oriented face – saving) 的消极礼貌策略（as negative politeness strategies），例如：

（28）巴拉迪在结束了与俄外长伊万诺夫的会谈后说，他看到"有关各方已做好充分准备"，通过外交手段解决朝鲜核危机，促使朝鲜收回上周宣布的退出《不扩散核武器条约》的决定。"解决问题的因素就在桌面上，现在只是需要一个诚实的中间人或对话人把它们集合起来，"巴拉迪说，**我个人相信**俄罗斯将在化解这一问题中发挥领导作用。"（《新华社新闻报道》，2003年1月）

（29）主持人："有些听众朋友也再问，目前的悬念在哪里？比如涉及下一步的经济刺激方案，会不会有一些侧重点？"

嘉宾："G20这个峰会之后日本出台了1500亿，史上最大规模的应急刺激计划，俄罗斯是990亿，但是经济总量占比来算的话俄罗斯的力度是最大的。大家自然而然会想到美国和中国会不会有第二波的刺激经济的计划出来？种种迹象表明美国会在最近几周内有新的方案，从上周六奥巴马比较明确的讲话，还有鼓励大家买房子，所以观察家认为美国一周内可能有新一波的方案出来。中国现在也有说法会出台一些新的刺激经济计划，**我个人相信**会出一些计划，但是我个人不认为是刺激经济计划。"（北京人民广播电台，《行走天下——以军事的眼光看天下》，2009年4月14日）

例（28）、例（29）中，说话人用"我个人相信"扩展构式的形式来表达说话人关于命题判断的个人视角，对说话人关于命题为真的承诺加以限制或弱化，以免将自己的主观判断"强加于（听话）人"，或者说，说话人意在消减听话人因为与说话人的判断相左而可能产生的潜在抵触心理，避免导致听话人的不满或反对，从而在客观上避免自己的面子受到威胁，体现了"基于说话人的面子保护"的消极礼貌策略。

(2)"我相信"构式系基于听话人面子保护的积极礼貌策略之一

说话人主动弱化关于命题为真的判断,是为了避免对听话人的面子产生威胁,体现了说话人对听话人面子保护的主动关照,体现了人类语言的普遍共性——礼貌原则(politeness principle)和面子保护策略(face-saving strategy),Coates 把认识情态标记的这种语用功能称为"基于听话人面子保护(addressee-oriented face-saving)"的积极礼貌策略(positive politeness strategies),[①] 例如:

(30)记者:"你觉得财政负担不是一个很大的压力吗?"

王振耀:"你把 300 亿再扣除一下,让老百姓再承担一半,就是 150 亿,150 亿是多大的一个项目,是相当小的一个项目,如果 150 亿就能建立起来一个对于所有的儿童大病有比较好的这样一个保险的话,那我觉得这个钱**我相信**大家都会觉得是非常值得的。"(中央电视台,《新闻调查——父爱迷途》,2011 年 5 月 28 日)

(31)赵启正:"我深知新闻发言人的使命庄严、责任重大、压力重重。有人说是高危岗位,根本不存在问不倒的发言人,**我相信**各位记者是同意这一判断的。我们新闻发言制度以及新闻发言人本身都要与时俱进,发言人应该走向职业化,要专职化,需要一个成长的过程,也需要社会的支持。"(中央人民广播电台,《新闻纵横》,2012 年 3 月 3 日)

例(30)和例(31)中,命题内容是关于听话人相关内容的判断。对于听话人而言,与听话人相关的内容听话人最熟悉,最具有发言权,所以说话人关于听话人相关内容的判断极易导致对听话人面子的威胁,从而违反礼貌原则,因此说话人意图用凸显个人视角的"我相信"构式来弱化说话人关于命题信息的肯定性判断可能对听话人带

[①] Jennifer Coates, *The Semantics of the Modal Auxiliaries*, London: Croom Helm, 1983, p. 120.

来的面子威胁,体现了说话人对听话人面子的主观关照,是一种"基于听话人面子保护"的积极礼貌策略。

(3)"我相信"构式用于凸显说话人的个人视角和认识立场

在语用表达方面,说话人经常用"我相信"构式来表明自己的个人立场或个人态度。Urmson 认为,像由"知道"(know)、"相信"(believe)、猜测(guess)、"怀疑"(suspect)等构成的插入语表达形式"我知道""我相信""我猜测""我怀疑"等,本质上是"感觉"(feel)的一种隐喻用法(a metaphorical use),[①] 他们可以按照说话人所掌握证据的丰富程度(wealth of evidence),来表达说话人关于命题为真的可靠程度(reliability of truth),所以说,从"我知道"到"我相信",再到"我猜测""我怀疑",说话人掌握的证据由多到少,体现了说话人从高到低的可靠度等级(scale of reliability)序列。按照 Urmson 的观点,"我知道"表明说话人掌握了命题为真的所有证据,说话人关于命题为真判断的可靠度最高;"我猜测"则表明说话人没有关于命题为真的相关证据,仅仅是说话人的一种主观猜测,所以话人关于命题为真判断的可靠度最低,这也在客观上警示听话人应该对说话人做出的判断保持一定的警惕(caution)。而"我相信"构式恰恰居于证据数量的中间状态,因此往往表达说话人拥有一定的判断证据,但是证据又不如"我知道"充分,所以经常用于表达说话人关于命题为真谨慎的宣称(a guarded claim for the truth)。虽然"我相信"(I believe)和"可能"(probably)功能类似,但是仍然存在一定的区别,即副词"可能"表达的是说这句话的任何人的观点,这种附加的态度或观点是属于一个群体(a group)的任何成员;而"我相信"则是属于说话人自己当时当下的个人看法,具有个体主观性;更重要的是,"我相信"类认识情态构式重在表达说话人的个人视角和个人认识立场,来展示说话人个人关于命题为真这一判断的合理性(reasonableness)和正当性(justifiability)——说话人"个人"

[①] J. O. Urmson, "Parenthetical Verbs", *Mind*, *New Series*, Vol. 61, 1952, pp. 485 – 488.

认定"命题为真"这一判断是合理的和正当的，而不是属于某一个群体或群体内任何一个成员的普遍看法，例如：

（32）梁文道："所以你就认为刘翔是在表演。"

许子东："**我相信**刘翔是真性情，是他自己的一时冲动，那就像你说的，有很多马拉松运动员，摔倒了，睡下了，第二天还跑回来都有，这都是奥运史上的奇迹。"

梁文道："但是你要有证据啊许子东，没有就不能这么说，你要有证据才能说。"

许子东："我的证据是**我相信**他是对的。"

梁文道："你要很小心，你现在要指控做这样的一个指控，一定要搞清楚，我们现在是不是有证据说，有一个团队在运作什么，我知道很多人有这个怀疑，但是只要一天我们没有人有任何这种证据，所有的利益都要归于被怀疑的人。"

许子东："对呀，所以我刚才说**我相信**刘翔是个人的冲动做这个事情，你没听清楚我说的话，但是假如像有些人怀疑的那样，我说的是假如。"（凤凰卫视，《锵锵三人行——梁文道：刘翔最后亲吻土地和跨栏做得很恰当》，2012年8月8日）

（33）赵航："我认为应该是调整结构，加快重组，因为我们的汽车业厂点太多，规模太小，不适应我们现在大规模化、集团化这样的发展。"

李书福："只要支持自主品牌汽车工业发展，前面这个四条都包含在里边了，如果说忘掉了自主品牌，前面这四条做得再好，最终还不是中国自己的东西。"

主持人："不管说你们二位关注的角度是如何的不同，但是**我相信**你们的愿望和信心是相同的，我想接下来我们从三个方面来探讨你们的观点。"（中央电视台，《对话——穿越寒冬》，2009年2月23日）

（34）这个中秋节，22岁的小霞还在等待丈夫的消息。两个月前，她正准备带出生不久的孩子找外出打工的丈夫照全家福，

第六章 "我(们)+认知类心理动词"构式的认识情态研究

却听说丈夫又被抓了,此时丈夫出狱刚两年半。

天等县温江村服刑人员家属:"现在照不了了,**我相信**他一定能改,可是他还是改不了,我想他在里面中秋节快乐,不管怎么样我都会等他。"(中央电视台,《新闻1+1——"疗伤"的村庄》,2011年9月19日)

例(32)中,梁文道和许子东就"刘翔在奥运会上亲吻土地和跨栏"这一现象进行争论,虽然网上有很多评论或者团体认为刘翔是在故意炒作,但是许子东连续使用三个"我相信"构式来表达自己个人的认识立场和态度,并强调自己没有证据,自己做出断言的依据是个人的信仰(belief),凸显了"认识仅仅属于个人"的主观性,表达个人判断的合理性和正当性。例(33)、例(34)与例(32)类似。例(33)中,尽管交际双方赵航和李书福针对同一问题做出了不同的选择,主持人仍然做出了"你们的愿望和信心是相同的"的个人主观判断;例(34)中,尽管她的丈夫改不了,再次入狱,妻子仍然做出了"我相信他一定能改"的主观判断。

(4)"我相信"构式用于表达说话人有保留的确认或谨慎的判断

由于"我相信"构式凸显说话人判断的个体主观性,凸显说话人个人做出判断的合理性和正当性,因此在互动交际中,当说话人被问及对他人或某一观点的认识时,说话人经常用"我相信"构式来表达说话人有保留的确认或者谨慎的判断,以免对听话人的面子有所冒犯,例如:

(35)黄文:"我家小朋友已经出现了对电子游戏的浓厚兴趣,我们是以书为主的,允许他玩,但是不让他太长时间玩。但是到现在为止还是一个比较听话的乖孩子,但是**我相信**随着时间的发展和周围事物环境的越来越复杂,他可能会有比较重要的改变,因为他的年龄也在增长。"(北京人民广播电台,《新闻天天谈——假ATM机引发的争论》,2010年6月24日)

(36)记者在采访过程中还发现,莫言的作品影响力十分广泛，很多"80后""90后"都读到过他的作品，除了大家所熟知的被张艺谋搬上屏幕的《红高粱》以外，长篇小说《蛙》《丰乳肥臀》等等也是大家诵读的对象。市民汤小姐说："那**我相信**这一次莫言得奖，也许会在社会上掀起一股莫言潮，很多人会重新翻开他的作品，能够得到更多的更深刻的体会吧。"（湖南人民广播电台，《湖南新闻》，2012年10月12日）

例（35）中，说话人（黄文）对别人对自己"怕孩子玩网游"的猜测给予了谨慎的确认和肯定；例（36）中，汤小姐对莫言获得2012年度诺贝尔文学奖这一社会现象做出了自己有保留的确认和谨慎的判断——"那我相信这一次莫言得奖，也许会在社会上掀起一股莫言潮，很多人会重新翻开他的作品，能够得到更多的更深刻的体会吧"。Anders Nes 也指出"I believe"经常用于表达说话人谨慎的确认或认可（guarded affirmations），是一个话语缓冲装置（a device of conversational mitigation），用以缓冲说话人关于相关内容认可或确认的肯定语气。①

（5）"我相信"构式用于既往话题的追溯和话题的转换

作为话语缓冲装置的"我相信"构式，经常用在让步转折关系复句中，被说话人用于做出让步，肯定或承认某一既定的事实或者信息，例如：

（37）康晓阳："第四维空间是什么？是你犯错误的概率有多大。第五维是刚刚韩总也讲的，你买多少。**我相信**微软这种公司很多人买了，但是你买多少？你的配置是多少，所以投资是很难的事情，这么多年我总结也不一定对。其实最好的方法就是以开放的心态、系统的方法，把你喜欢股票的类型随时找出来。"（当代《国内私募基金经理对话》）

---

① Anders Nes, "Assertion, Belief, and 'I Believe' – Guarded Affirmation", *Linguist and Philos*, Vol. 39, 2016, pp. 57–86.

第六章 "我(们)+认知类心理动词"构式的认识情态研究

(38) 但斌:"说实话,刘建位包括别人写的巴菲特的书,任何一本,按在座各位的理解力,读完并理解价值投资的方法是没有问题的。**我相信**在座的每一位都有这样的智慧,但能不能完全做到像巴菲特一样却又是非常不容易的事。"(当代《国内私募基金经理对话》)

例(37)中,说话人用"我相信"构式承认"微软这种公司(的股票)很多人买了"这一客观事实或既定事实;例(38)中,说话人用"我相信"构式承认"在座的每一位都有这样的智慧"这一事实,说话人将"我相信"构式引导的句子作为在语义上做出转折的让步性前提。

因为"我相信"构式可以弱化说话人关于命题判断的确信语气,可以表达对事实谨慎的确认或者表达对某一既定事实或信息的认可,所以"我相信"构式所关涉命题具有已然性特征,因此,说话人经常用"我相信"构式对既往的话题进行追溯——提醒听话人之前讨论过的话题或者以前出现过的信息。

用具有话语缓冲功能的"我相信"构式对既往话题进行追溯,一方面,可以弱化说话人的肯定性语气,避免因为听话人忘记或忽视而造成尴尬,从而在客观上保护了听话人的面子;另一方面,可以给听话人对接下来的话轮所讨论的话题以提醒(reminding),避免因突然提起某一话题而可能产生的突兀感,是互动交际过程中对听话人面子的主动关照,举例如下:

(39) 水均益:"美国国务卿希拉里·克林顿今天抵达了缅甸的首都内比都,开始了对缅甸为期三天的访问。

"有媒体评论说,希拉里·克林顿敲开了被国际媒体称为'隐士之国'的缅甸这个国家的大门。那么她的这次访问能否使美国与缅甸几十年来的恩怨开始化解?希拉里的破冰之旅又意欲何为呢?我们接下来继续来讨论。**我相信**孙先生肯定记得当年的希拉里的前任,曾经在形容缅甸的时候,把缅甸称为当今世界上的独裁前哨。"

孙哲:"对,2005年的时候。"(中央电视台,《环球视线——英关闭使馆驱逐所有伊朗外交官》,2011年11月30日)

(40)水均益:"虽然8年的时间过去了,但是**我相信**很多人依然能够清晰地记得刚才大家看到的这一幕。为了纪念'9·11'8周年,美国公布了一组8年前的今天的照片,2001年9月11号美国东部时间早晨8点40分左右,4架美国国内民航航班几乎同时被基地恐怖分子所劫持,其中两架飞机直接冲向了位于纽约曼哈顿的世界贸易中心大楼。"(中央电视台,《环球视线——水均益:中印两国"必然冲突"吗?》,2009年9月11日)

(41)记者:"就在几分钟前,一辆炫酷、亮丽的380A动车组缓缓驶入站台,眼下它已经卧在1号轨道上,静静等候着第一批前往杭州的乘客。**我相信**很多的听众都还记得,9月28号就是在沪杭高铁这条线路上,中国高铁人在动车试运行时,创造了时速416.6公里的世界高铁运营最高时速,创造历史的正是我眼前的CRH380A新一代高速动车组。"(中央人民广播电台,《新闻和报纸摘要》,2010年10月26日)

例(39)到例(41)中的"我相信"构式都引导了一个既往话题或者过去已经发生的事件。说话人用具有话语缓冲功能的"我相信"构式追溯这些既往话题或者已然信息,既体现了说话人的个人视角,避免话题的突兀,也在客观上保护了听话人的面子,避免听话人对话题的遗忘或不知所措。

"我相信"构式这种对既往话题或信息的追溯功能源于其弱化说话人肯定性语气的话语缓冲功能。由于"我相信"具有弱化说话人肯定语气的话语缓冲功能,属于试探性(tentative)的话语表达方式,特别契合人类语言的共性原则——礼貌原则和面子保护策略,所以在语用表达上可以用于发起一个新话题或者转换话题,而不会显得特别突兀,不会对听话人的面子造成威胁,例如:

第六章 "我(们)+认知类心理动词"构式的认识情态研究

（42）主持人："其实我们回顾一下国产的饮料，在当年也有一些饮料很出名，你比如说最早在咱们本地还有北冰洋这样的汽水，挺出名的，包括健力宝。"

司马平邦："也是属于一种碳酸饮料，又是中国的，很大方。"

主持人："我记得当时李宁还专门给它做广告。"

司马平邦："记忆犹新。"

主持人："喝一口、露一手之类的，相当潇洒，为什么后来没有起来呢？这里面原因何在呢？"

司马平邦："健力宝**我相信**有很多原因吧，一个它可能在口味上完全是碳酸口味，在市场上还是借着可口可乐，和它比较接近。后来健力宝主要是在资本链上出了大问题，有金融神童，在资本链上出了问题。我要用一个比较流行的话来说就是自己折腾，折腾过了。"（北京人民广播电台，《博闻天下——中国民族品牌走向世界》，2009年3月7日）

（43）主持人："要治理拥堵，难免会有一部分交通参与者的利益受到约束或者是限制，那么岩松你看，从这个方案来看的话，哪些群体受到了约束？"

白岩松（评论员）："这个'靴子'终于扔下来了。我想又是几个小时过去了，大家已经可以更理性的态度去看待它。**我相信**一个大城市要出台一个治堵方案，其实首先就是没有办法的办法。公众面对这一点的时候，是一种两难的心境。"（中央电视台，《新闻1+1——首都治"堵"！》，2010年12月23日）

例（42）讨论的话题是国产饮料，说话人"司马平邦"将话题"国产饮料"自然地转换到"健力宝"失败原因的探讨上，将谈论的话题缩小到"健力宝"这一款饮料。例（43）讨论的话题是"治理拥堵导致哪些群体受到了约束"，说话人白岩松却将话题自然地转换到"一个大城市要出台一个治堵方案"的两难心境的讨论，避免了

251

直接讨论"治理拥堵导致哪些群体受到了约束"这样的问题可能导致的不良影响（可能导致某些群体的不满）。

3. 小结

"我（们）相信"的核心构式意义是表达说话人关于命题为真的肯定性和确信性（certainty）。但是在互动性口语对话中，"我相信"经常作为具有缓冲（hedges）说话人语气的话语缓冲装置（hedging device）来使用，具有缓和说话人肯定语气的语用表达功能，既可以用于对说话人面子的消极保护，也可以用于对听话人面子的积极保护；既可以用于凸显说话人的个人视角和认识立场，也可以用于表达说话人谨慎的认可和判断，还可以用于对既往话题的追溯功能或新话题的转换功能，这些都源于"我相信"构式在语用表达上的话语缓冲功能。

Infantidou（2001）和 Anders Nes（2016）都持有"'I believe' – guarded affirmation（IBGA）"具有双重言语行为功能的观点（a "double speech act" view），即"IBGA"可以执行两种言语行为功能：一是断言行为（asserting），即表达说话人关于命题为真的肯定性承诺，这种断言行为包括说话人有意强化（boosters）自己对命题为真的肯定性和确信度——强断言行为，也包括说话人有意弱化（hedging）自己对命题为真的肯定性和确信度——缓和说话人的断言语气；二是提供行为（proffering），即说话人不是意在断言命题"P"的真值，而是意在向听话人提供命题"P"。[①] Anders Nes 指出断言行为和提供行为是不同的，断言行为从本质上是一种"保证行为（guaranteeing）"[②]，"保证行为"的判定原则是"如果一个人真诚地保证命题'P'（sincerely guaranteeing that P），那么必须保证这个人确信命题'P'为真（being certain that P）"；而"提供行为"的判定原则是"如果一个人真诚地提供命题'P'（sincerely proffering that P），那么这个人至少相信命题'P'（at

---

[①] Anders Nes, "Assertion, Belief, and 'I Believe' – Guarded Affirmation", *Linguist and Philos*, Vol. 39, 2016, p. 68.

[②] Anders Nes, "Assertion, Belief, and 'I Believe' – Guarded Affirmation", *Linguist and Philos*, Vol. 39, 2016, p. 69.

least believes that P)",由此"我相信"就从做出"保证性"行为发展出"提供性"行为,进一步发展出表达知识或信息(knowledge – based belief)的认识情态表达功能。

(二)"我(们)相信"构式用于传达说话人的知识

根据 Anders Nes(2016)的论述,"我相信"构式从做出"保证性"行为(保证命题为真)发展出"提供性"行为(提供说话人所相信的命题),进一步发展出向听话人传递说话人某种知识或信息(knowledge – based belief)的认识情态表达功能。因此,在日常互动交际(talk – in interaction)中,说话人经常用"我(们)相信"构式向听话人传递某种知识(knowledge)或信息(information),说话人的意图(intention)是向听话人传递其所不知道的信息,从而使命题信息所表达的知识实现从说话人向听话人的转移(information conveying),言语行为的后果是使听话人关于命题信息知识的状态(epstemic status)从不知情状态(unknowing)转变为知情状态(knowing)。

"我(们)相信"构式表达说话人的知识,一般来说有两个显著特征:一是问答的交互语境,即一问一答,说话人回答的是听话人询问的信息,或者是听话人所不知道的信息,或希望得到听话人的确认,例如:

(44)张向东:"三年内你觉得土豆最挣钱的方式还是广告吗?"

王微:"**我相信**是广告,我也相信很快会有其他的收入方式,比如3G成熟了,我们可以做收费观看。这个也没有什么神奇的地方,无非就是广告、服务收费以及买卖的模式。"(当代《创业者对话创业者》)

(45)陈鲁豫:"地震你就可以不用比了,你说是你当年压力大,还是现在的刘翔的压力大?"

高敏:"**我相信**刘翔的压力非常大,一定。我觉得他甚至可以说,比我大多了,因为我们全国人民都那样子盯着他。"(凤凰

卫视,《鲁豫有约——"跳水女皇"高敏：总是拿冠军 压力很大》,2012年9月5日)

二是说话人具有一定的话语权。按照 Akio Kamio (1979；1994；1997) 的"信息域理论"(Territory of Information Theory),所谓话语权指的是说话人对信息的状态 (information status) 具有的所有权或者资格 (ownership of or entitlements over information), Cook (1988) 称之为知识的权威性 (authority for knowledge), Bond 和 Fox (2001) 称之为信息的权威性 (issues of authority)。对于参与交际的人 (interlocutors) 来说,都对信息具有一种相对可获得性和所有权 (Relative Information Accessibility or Possessorship),① 也就是说,听话人也可以获得或者占有信息,这依赖于信息在人际之间的交流,即说话人拥有一定的知识,且说话人认定听话人不知道这些知识,说话人有意识地向听话人传递这些知识,从而使听话人关于知识的状态 (knowledge status) 发生从不知情状态 (unknowing) 到知情状态 (knowing) 的改变。由于说话人享有话语权,所以说话人往往对信息或者知识具有独有的获取渠道,比如说,说话人是专业人士、专家学者或者职能部门的负责人等,举例如下：

(46) 晓白："3G 门户在想象力和理解力方面各做了哪些工作和努力？"

张向东（中国万网 CEO）："我觉得这个问题可以这样去回答,首先,我们自己可以存活下来,或者我们今天有机会跟网友说这些事情,就是因为我们的理解是正确的。实际上,**我相信**对手机的理解有很多不同的模式,就像在 3G 门户刚开始的时候,也有很多公司在 2001 年就开始做手机互联网,那时候是拨号式,但失败了。邓裕强在那个时候想到的就是,手机要和互联网一

---

① Senko K. Maynard, *Discourse Modality: Subjectivity, Emotion and Voice in the Japanese Language*, Philadelphia, P. A. : John Benjamins Publishing Co. , 1993, p. 193.

样，就这么简单。"(当代《创业者对话创业者》)

（47）叶笃初（中共中央党校教授）："所以想想我们党和群众的关系，甚至于党内的关系当中，这个互信，将信将疑，或者是半信半疑，都是有过的，教训很深刻，所以**我相信**我们再经过一年，比如说两年的努力，到党的十八大的时候，我们就会看到党务公开以及相联系的一些具体的载体和办法，它不光是推动社会民主的进程，而且推动社会整体素质的进步，在道义、社会互信方面，也会出现一个新的局面。"（中央电视台，《新闻1+1——"89岁"时的坦诚！》，2010年7月1日）

（48）董倩："那如果是创作型歌手呢？要是我自己创作我自己唱？"

刘平："**我相信**创作型歌手他的谋生的来源、他的获利来源根本不是他的创作，按照目前的法律状态或者法律实施的状态，而是靠他的演唱、靠他的演出，商演这个东西才是他的利益来源或者他谋生主要的利益来源，指着爬格子、创作就是五千、八千，两三万就到头了，那是极个别的词曲作者，绝大多数五千、八千，而且是买断转让，作者甚至连署名权都没有。"（中央电视台，《面对面——我的音乐谁做主》，2012年4月15日）

例（46）中，张向东是中国万网CEO，是从事互联网工作的专业人士；例（47）中，叶笃初系中共中央党校教授，是专家学者；例（48）中，刘平是专业人士，从1995年至2006年一直从事知识产权律师工作，具有一定的社会职位和专业知识。他们都是从专业的角度，凭借对相关知识或信息的独有获取渠道，向听话人传递听话人所不知道的知识或者信息，"我（们）相信"构式既是说话人对知识或信息具有话语权的知情标记（marker of knowing status），也是知识或信息在人际之间的传递标记（marker of information conveying）。

（三）"我（们）相信"构式用于传递说话人的信仰

在互动言谈中，说话人经常用"我（们）相信"构式向听话人传递自己的某种信仰（belief），即说话人相信命题"P"，说话人的交际意图在于向听话人传递自己的信仰"P"，告诉听话人自己相信"P"。

根据说话人所表达信仰的类属或特点，我们可以把信仰分为三类：

第一类，说话人所表达的信仰是人类一般的信仰或某一言语社团共享的信仰，一般来说，大多是言语社团普遍认可的认知规律和认知经验，例如：

（49）主持人："你可以不喜欢、厌恶以及不买，但封杀的言论还是少提为好，暴戾气氛重了点。**我相信**，每个人心中都有一杆秤，消费者会做出自己的判断和选择的。"（中央电视台，《新闻1+1——郭美美：不想红会，只想红》，2011年9月13日）

（50）主持人："这目标不小啊。"

李广春："不小，我是还在努力，**我相信**只要努力就能成功，世上无难事，只要肯登攀，我什么都能达到目的。"（中央电视台，《乡约——神鞭老李》，2009年10月13日）

（51）黎明："那**我相信**人的命运是很奇妙的，很难说你什么时候会重来一次，就像我们今天开《鸿门宴》的记者招待会在这个酒店里面，那酒店是我1995年去了一次，就在我住的酒店住了一次。"（凤凰卫视，《鲁豫有约——刘亦菲被折服：黎明太有大将风范》，2011年11月30日）

例（49）中的"每个人心中都有一杆秤"，例（50）中的"世上无难事，只要肯登攀"，例（51）中的"人的命运是很奇妙的"等，都是人类共同的认知规律，属于人类的一般信仰，说话人用"我相信"构式引用人类的一般信仰来对自己的认识或观点进行说明，属于"旁征博引式"的论证法。

第二类，属于说话人所独有的信仰，即"说话人坚定地认为正确

第六章 "我(们)+认知类心理动词"构式的认识情态研究

而不怀疑的某种认识",例如:

(52) 记者:"你不要去扮演那个完美的扮相是吗?"

魏玲:"对,我就是这样一个残缺的。我就是我,我为什么为你而做作,对吧?"

记者:"但是也可能会有人觉得说,如果换了他们自己,他没有办法接受这样的生活。"

魏玲:"如果换成他们,他们也会这么做的,**我相信**每个人都会这么做,因为有些东西是逼出来的。"(中央电视台,《面对面——魏玲:绝望中的希望》,2010年6月13日)

(53) 主持人:"你那时候相信你有一天会去残奥会吗?"

侯斌:"**我相信**我能够圆了我的梦,但这个梦不一定是在今天,但是一定会在明天。"(中央电视台,《面对面——侯斌:生命的高度》,2008年9月15日)

(54) 刘伯明:"一句话,十年铸一剑。"

董倩串场:"在看神七发射直播的时候,**我相信**很多观众也都和我一样,从倒计时开始到点火,升空,就一直揪着心。尤其是飞船内部的画面可能因为出了点传输的问题,三位航天员的画面突然停顿了……心才稍微放下了一点。"(中央电视台,《面对面——飞天随想》,2008年10月19日)

例(52)中的"(面对不幸)每个人都会这么做",例(53)中的"我(作为'残疾人')能够圆了我的梦",例(54)中的"很多观众……就一直揪着心",等等,这些观点和看法都仅仅属于说话人自己,是说话人自己坚定地认为正确而坚持的信仰,不一定符合事实,也不一定被所有人认可。说话人向听话人传递自己的信仰,目的是让听话人知道说话人自己心里一直以来坚持的信仰和自己坚持的看法或观点,从而为自己的行为或认识提供佐证。

第三类,与其说是说话人的信仰,不如说是说话人对未来美好的愿景,或者说说话人对未来事件状态的美好预测与期待,例如:

（55）崔天凯："人民之间的感情是两国关系的一个基础，这个跟两国之间的政治互信实际上也是相关联的，应该说两国人民之间的感情，从古代到现在，从邦交正常化到现在，总体上是比较好的，两国人民的感情也在进一步地拉近，**我相信**通过胡主席这次访问，一定会进一步巩固和加深两国人民之间的相互了解和友谊。"（中央电视台，《东方时空——胡锦涛访日行程解读》，2008年5月4日）

（56）普拉底乡月各村灾民余利春："虽然我家被泥石流冲走了，但是**我相信**在党和政府的帮助下，我们一定可以重建自己的家园。"（中央电视台，《新闻联播》，2010年8月31日）

（57）李教授："我觉得他们目前这个模式，像是在几乎没有政府投入的情况下实现的，那么未来的随着政府的投入的加大，**我相信**他们医务人员的待遇会提高的。"（中央电视台，《东方时空——公立医院如何走向公益》，2008年3月6日）

例（55）到例（57）中，"我相信"构式不仅仅表达了说话人认识上的肯定性和确信性，更多地表达了说话人关于事件发展趋势的美好预测或期待，所以"我相信"构式所关涉的命题或事件往往是尚未发生或即将发生的未然事件，这类信仰的表达在政论性文体中所占比重较高。

（四）"我（们）相信"构式用于影响听话人，产生言外行为的后果

在互动言谈中，"我（们）相信"构式不仅仅表达说话人的信仰，而是意图对听话人产生说话人预期的影响，产生断言语力，产生言外行为的后果——让听话人相信说话人的信仰，并形成与说话人相同或相似的信仰。在面对面实时互动的言语交际过程中，说话人往往采用断言性言语行为的形式对听话人产生预期的影响，产生断言语力，例如：

（58）主持人："从来没领她出去玩过？"

第六章 "我(们)+认知类心理动词"构式的认识情态研究

乡贤："从来没（出去）玩过。"

主持人："别太难过了张书记，**我相信**嫂子的身体状况很快会好转的。好转之后，希望你能够腾出点时间，陪她出去走一走。"（中央电视台，《乡约——南京江宁》，2012年6月7日）

（59）主持人："就练成了这门神功啊？接下来，请我们现场的评委做一下点评。"

笑林："我刚才试过啊，非常的疼，我相信，就刚一开始练的时候，你也非常的疼，对不对？"

储诚正："对对对。"

笑林："有了你这种认真的精神，**我相信**，不仅这个能做好，其他的你都能做好，谢谢你。"（中央电视台，《乡约——安徽岳西》，2012年3月2日）

（60）贺国强说："我受党中央、国务院和胡锦涛总书记的委托来看望大家。天灾无情人有情，一方有难八方支援。**我相信**，有中央的坚强领导，有全国人民的大力支持，有灾区广大干部群众的顽强奋斗，我们一定会夺取抗震救灾和灾后恢复重建的全面胜利。"（中央电视台，《新闻联播》，2010年8月18日）

除了上述面对面交互式互动交际语境［例（58）至例（60）］之外，"我（们）相信"构式还经常出现在面向广大观众或听众的广播电视媒体语境中，例如：

（61）梁冬："其实情绪和健康之间的问题，有很大的关系。……那么，我们想在下一期的时候，就有请罗老师和我们详细地来讲解一下，到底朱丹溪所开创的这个学派，他在情志方面的治疗，如何影响到整个中医的发展，而在这一点上来说，**我相信**各位听众朋友和观众朋友呢，能够在这个过程当中充分地明白一个道理，那就是不枉我们今天做的这个节目，那就是你的情绪对你的身体的影响，比你吃的东西要大得多。"（当代《梁冬对

259

话罗大伦》）

（62）梁冬："可能要花一些时间，不过能够有机缘通过散点透视的方法浮光掠影地了解一下这个过程呢，其实**我相信**对于每一个中国人来说，都是难得的一次补课，也许绝大部分的人都从来没有想过：为什么我们成为今天这样的人。"（当代《梁冬对话王东岳文字版》）

具有断言语力的"我（们）相信"构式还经常出现在政治交往中，例如政治讲话、政府宣告、官方致电、新闻发布会和政府之间的联合宣言等政论性语体语境等，意在让受众相信政治话语中的某些断言内容，例如：

（63）习近平在机场发表的书面讲话中说，中白互为好朋友、好伙伴……两国在对方关切的重大问题上相互坚定支持，在国际事务中密切协作，为维护地区和平稳定，促进共同发展繁荣做出积极贡献。**我相信**，在双方共同努力下，此访一定会取得圆满成功。（中央电视台，《新闻联播》，2010年3月25日）

（64）本台消息，国家主席胡锦涛2月27号就智利中南部发生里氏8.8级地震，造成人员伤亡和严重财产损失，向智利总统巴切莱特致慰问电……胡锦涛表示，在此危难时刻，中国人民感同身受，愿向智利人民提供紧急救灾援助，支持智利人民抗震救灾。**我相信**，在智利政府的领导下，智利人民一定能够战胜这场地震灾害，重建美好家园。（中央电视台，《新闻30分》，2010年2月28日）

（65）温家宝说，我此次访问，旨在增进友谊，扩大合作，继往开来，开创两国互利共赢、共同发展的新局面。**我相信**，在双方的共同努力下，中印关系一定会迎来更加美好的明天。（中央电视台，《新闻联播》，2010年12月15日）

例（63）属于政治人物的书面讲话，例（64）属于政府的慰问电，例（65）属于政治宣告行为。在此类政治语体中，说话人广泛采用"我（们）相信"构式的形式向受众（一国或多国及其人民）灌输某些断言内容（即"信仰"），并希望其形成相同的认识和看法（即"信仰"）。

二 小结

（一）"我相信"构式的四种认识情态表达功能

"我（们）相信"构式表达了说话人关于命题"P"的判断（judgement），从语言功能上讲是说话人的一种断言行为。断言与命题真值（truth）、知识（knowledge）和信仰（belief）相关，因此"我（们）相信"构式具有四种认识情态表达功能。

1. "我（们）相信"构式经常用于表达说话人关于命题为真的肯定性承诺

由于认知类心理动词"相信"所表达的认识程度低于叙实类动词，而高于一般的感觉类心理动词或猜疑类心理动词，所以"我（们）相信"构式所表达的认识维度具有"由弱到强"的相当大的弹性认识空间。一方面，说话人可以用"我（们）相信"构式强化（boosters）说话人关于命题为真的肯定性承诺，从而凸显说话人个人的认识立场或认知主张；另一方面，说话人也可以用"我（们）相信"构式（多采用插入语的形式）缓冲（hedges）说话人关于命题为真的肯定性承诺。

此外，在互动交际过程中，"我（们）相信"构式还经常作为缓冲装置，用于弱化（hedges）说话人的认识立场或缓和说话人的肯定语气，表现出一定的话语调解功能，具体来说，在语用表达上可以用于：(1) 保护说话人的面子避免受到威胁，体现"基于说话人面子保护"的消极礼貌策略的运用；(2) 主动对听话人的面子加以关照，体现"基于听话人面子保护"的积极礼貌策略的运用；(3) 凸显说话人做出判断的个体主观性，凸显说话人"个人"做出判断的合理性和正当性；(4) 表达说话人关于某一话题或事件有保留的确认或者谨慎的判断；(5) 在让步转折关系复句中，用于肯定或承认某一既定的事实或者信息，从而帮助说话人做出让步；（6）提醒听话人之前讨论过的话题或者以前出现过的事件，对既往的话题进行追溯，或者转换新的话题，成为一个话题标记。

2. "我（们）相信"构式表达说话人的知识或信息

当"我（们）相信"构式表达说话人的知识或信息时，往往具有两个显著特征，一是问答的交互语境，即一问一答，说话人回答的是听话人所不知道的信息，或者是听话人不确定的信息，希望得到听话人的确认；二是说话人往往具有较高的话语权（knowledge authority）。"我（们）相信"构式的话语表达功能是标记知识或信息从信息的掌握者（说话人）向信息的未掌握者（听话人）传递（knowledge conveying），体现了知识或信息的流动（flowing），体现了言语互动交际（communication）最初的也是最重要的特征——信息交流（information exchange）。

3. "我（们）相信"构式用于说话人意图向听话人传递自己的某种信仰（belief）

所谓传递说话人的信仰，是指说话人相信命题"P"，说话人的交际意图在于向听话人传递自己的信仰"P"，告诉听话人自己相信"P"。一般来说，说话人的信仰有三种类型：（1）说话人所表达的信仰是人类一般的信仰或某一言语社团共享的信仰，一般来说，大多是言语社团普遍认可的认知规律和认知经验；（2）说话的信仰是属于说话人所独有的信仰，即说话人坚定地认为正确而不怀疑的某种认识；（3）与其说是说话人的信仰，不如说是说话人对未来美好的愿景，或者说话人对未来事件状态的美好预测与期待。

4. "我（们）相信"构式用于影响听话人，产生言外行为的后果

"我（们）相信"构式不仅仅表达说话人的信仰，而是意图对听话人产生说话人预期的影响，产生断言语力——让听话人相信说话人的信仰，并形成与说话人相同或相似的信仰，这是"我（们）相信"构式典型的断言用法，有三种典型语境：（1）在面对面实时互动的言语交际中凸显言外行为的后果，体现交际的互动性。（2）在面向

广大观众或听众的广播电视媒体语境中,意在对听众或观众产生预期的影响。(3)在某些特定的政论性语境——讲话、宣告、宣言和致电等政治性话语中,意在向受众(一国或多国及其人民)灌输某些内容,让受众相信某些断言内容。

(二)"我相信"构式四种认识情态表达功能之间的历时发展关系

作为一种断言行为的言语表达形式,"我(们)相信"构式所表达的认识情态功能经历了以下历时演变过程:第一阶段,从"做出保证"的承诺性行为(保证或承诺命题为真,即"第一种功能")发展出"提供某种信息"的行为(提供说话人所相信的命题信息——知识,即"第二种功能");第二阶段,从"提供一般的知识"到提供说话人的信仰,从而发展出向听话人传递说话人的信仰(信仰的传递,即"第三种功能");第三阶段,从单纯向听话人传递信仰,到意图用自己的信仰影响听话人,产生预期的言外行为的结果(产生断言语力,即"第四种功能")。

第七章 "我(们)+判断类心理动词"构式的认识情态研究

第一节 "我(们)+判断类心理动词"构式的界定

一 "我(们)+判断类心理动词"的构式形式

所谓"我(们)+判断类心理动词"构式,是指判断类心理活动动词出现在认识情态构式"我(们)+心理动词"中而构成的认识情态构式。出现在构式中的判断类心理活动动词主要有三类:第一类,强断言类心理活动动词"认为、认定、以为$_1$、断定、判断、确定";第二类,弱断言类心理活动动词"觉得$_2$、想$_2$";第三类,误断言类心理活动动词"以为$_2$"。

"我(们)+判断类心理动词"构式主要包括三类。

第一类是强断言类构式,包括"我(们)+认为/认定/以为$_1$/断定/判断/确定"构式等,例如:

(1)肖东坡:"你要跟她说,我是世界500强的,她就故意要坐到你身边了。人家是这样的反应,你怎么想?"

陆强:"任何大生意都得从小做起,比如说我现在做这个面疙瘩,在绍兴、在江浙一带,我都非常火爆,我把它推向浙江省,然后把它推向全国,全国都能见到我这个店,肖老师,您说我这个还是小生意吗?**我认为**是一门大生意。"(中央电视台,

第七章 "我(们)+判断类心理动词"构式的认识情态研究

《乡约——简单事业》,2010年4月26日)

(2)贺铿:"我国还有60%—70%人口是农村人口,要想在2050年达到中等发达国家水平,最少每年由农村净转移1600万以上人口到城市。但是,城市化一定是重心向下的,发展小城市、发展县域经济。房地产将来的天地在下面,三四线城市。**我断定**,以后十年、二十年,中国经济增长的重要方面是城市化,是城市化推动经济发展,而且房地产仍然是将来经济发展中的重要角色。"(中央人民广播电台,《天下财经》,2012年9月7日)

第二类是弱断言类构式,包括"我(们)+觉得$_2$/想$_2$"构式等,例如:

(3)肖东坡:"那你干这个门童一个月能挣多少钱?"
陆强:"七八百元吧。"
肖东坡:"七八百元,那你不干你有钱吗?"
陆强:"没钱啊。"
肖东坡:"那七八百元总比没钱多啊?"
陆强:"那**我觉得**面子比钱重要。"(中央电视台,《乡约——简单事业》,2010年4月26日)

(4)从2004年药物面世到本周正式上市,制药商对自己的产品充满信心。
制药商:"**我想**这是一个巨大的里程碑。我们站在一个前所未有的位置,已经能够看到艾滋病的终结。"(中央人民广播电台,《新闻纵横》,2012年7月18日)

第三类是误断言类构式,包括"我(们)+以为$_2$('错误地认为'义)"构式等,例如:

(5)彭小龙:"**我以为**泰国很豪华,可能比我家乡比广东都好,没想到去了泰国,你们知道吗?根本就不好,全是那个海,

265

全是芭蕉树,擂台你知道吗?就是一个沙滩,然后一个绳子围着。"(中央电视台,《乡约——泰拳王》,2010年11月11日)

(6) 当地居民:"**我以为**会花好几万日元呢,没想到这么便宜,非常高兴。"(中央电视台,《今日亚洲》,2009年3月12日)

二 "我(们)+判断类心理动词"的核心构式意义

《现代汉语词典》(第五版)对三类判断类心理动词的释义如下。

第一类,强断言类心理活动动词:认为、认定、以为$_1$、断定、判断、确定。

　　认为:动词,对人或者事物确定某种看法,做出某种判断。例如:我认为他可以担任这项工作。

　　认定:动词,确定地认为。例如:我们认定一切事物都是在矛盾中不断向前发展的。

　　以为$_1$:动词,认为。例如:这部电影我以为很有教育意义。我以为是谁呢?原来是你。

　　断定:动词,下结论。例如:我敢断定这事是他干的。

　　判断:动词,断定。例如:你判断得很正确。

　　确定:①形容词,明确而肯定。例如:确定的答复;②动词,使确定。例如:确定了工作之后就上班。

第二类,弱断言类心理活动动词:觉得$_2$、想$_2$。

　　觉得$_2$:①动词,产生某种感觉。例如:游兴很浓,一点也不觉得疲倦。②动词,认为,语气较不肯定。例如:我觉得应该先跟他商量一下。

　　想$_2$:①动词,开动脑筋;思索。例如:想办法。②动词,推测,认为。例如:我想他今天不会来。

关于第一类强断言类心理活动动词中的"确定"一词,《现代汉语词典》(第五版)的释义是：①形容词，明确而肯定，例如：确定的答复；②动词，使确定，例如：确定了工作之后就上班。但是，经过对语料的考察，我们发现"我（们）确定"结构后面也可以跟谓词性宾语或小句宾语，表达说话人的断言认识情态意义，例如：

（7）韩德胜："通用人为通用做出了很大牺牲，不管是被临时解雇的工人，还是代表工人利益的工会，以及我们的领薪员工，他们已经为现在的局面做出了巨大牺牲，这是关于牺牲的问题。我们能够具有竞争力，我们会很有竞争力，**我确定**。当然这是一个美国社会共同面临的问题，关于医疗保障的、关于经济的都需要解决，我们的挑战就是专注于解决通用公司的问题，我们将花时间解决美国行政部门和国会提出的关于制造业竞争力的问题。"（中央电视台，《东方时空》，2009年4月20日）

（8）"**我确定**这个夏天我们会收获很多，"里德说道，"我希望能够在夏天重整旗鼓，为新赛季做好准备。"（中央人民广播电台，《体育天地》，2008年4月1日）

（9）徐会利（期平原县前曹镇宫徐村村民）：我可以检测，**我确定**就是这个污水造成的，我答应检测。（山东电视台，《民生直通车》，2013年9月6日）

第三类，误断言类心理活动动词"以为"。《现代汉语词典》（第五版）没有单独作为一个义项，但是张邱林（1999）、冯军伟（2011）、许光灿（2014）都认为"以为"有两个义项：①"认为"义［例（10）］；②"错误地认为"义［例（11）］，例如：

（10）王旭明："这里面有一个最大的问题，多年来人们对语文有一个误区，**我以为**语文不是语言文字的意思，**我以为**语文是语言文化的意思，从这个角度讲，刚才王岳川教授讲的我很赞同，我们学语文不是仅仅学文字，而是学一种文化，这种文化包括了生活当中的很多方面，不仅仅是十几个字、撰几个文的问题。"（中央电视台，《新闻 1+1——语文"失语"》，2010 年 1 月 27 日）

（11）去招生办补填志愿的考生当中，不少人因为填报志愿不合理落榜。小陈的文科超过二 A 线 10 多分，当初只填报了两所学校都录取不上。

（采访）考生小陈："**我以为**这两所大学一定能录取到，所以第二组志愿就一所学校都没填。"（广州电视台，《广视新闻》，2010 年 7 月 25 日）

通过词典的释义，我们发现判断类心理动词主要表达思维主体对客体对象或者客体命题的主观判断。因此，认识情态构式"我（们）+判断类心理动词"的核心构式意义在于表达说话人对于命题为真的断言性认识，由于受到心理动词词义的影响，其断言的程度有高低之分，"我（们）+认为/认定/以为$_1$/断定/判断/确定"构式一般表达说话人的强断言认识；"我（们）+觉得$_2$/想$_2$"构式往往表达说话人的弱断言认识；"我（们）+以为$_2$（'错误地认为'义）"构式则表达说话人关于命题信息的错误断言认识。

"我（们）+觉得$_2$"构式的认识情态意义已经在第四章第二节中论述过；"我（们）+想$_2$"构式的认识情态意义已经在第五章第四节第三部分中论述过。因此，本章主要考察"我认为"构式的强断言认识情态表达功能以及"我以为$_2$"构式的误断言认识情态表达功能。

第二节 "我认为"构式的认识情态研究

一 国外关于"I think"的相关研究

关于认识动词"think"的性质，学术界展开了广泛的研究：Urmson（1952）根据"think"在句中出现的句法位置，把"think"称为插入语动词（Parenthetical Verbs）。Stubbs（1986）将"think"看

第七章 "我(们)+判断类心理动词"构式的认识情态研究

作私人动词(private verbs),除了"think"之外,私人动词还包括"believe、suspect、guess"等心理动词,这些动词都可以有心理动词意义(psychological meaning)和情态意义(modal meaning)两种语义解读。K. Aijmer 认为"think"原型是一个思考动词(cogitation),但可以通过推理(inference),表达信仰(belief)、观点(opinion)和意图(intention)。①

关于由第一人称"I"和心理动词"think"组合而成的"I think"结构的性质,学术界也有较多的争论:Whorf(1956)把"I think"看作一个模态标记(modalizers)或者语气成分(mood elements)。Caton(1969)把"I think"看作一个认识插入语标记(epistemic parentheticals),是认识情态标记(epistemic qualifier)的一种。Andersson(1976)认为"I think"在句法上是一个言语行为状语(speech-act adverbials),功能相当于一个典型的言语行为副词,并在句法上通过添加的方式添加到话语的左边或者右边,并作为一个新的语法或语用形式(the grammaticalized or pragmaticalized form),通过"更新"等语法手段,成为一个表达说话人需求反应(a response to the speaker's expressive needs)的特殊句法结构,其中的谓语动词可以扩展为"believe、guess"等其他动词。Van Bogaert(2011)、Kaltenböck(2013)从句法结构的语法化视角来研究"I think"结构(usage-based perspective of constructional grammaticalization),将"I think"类表达形式称为评论小句(comment clauses)或带补足语的心理动词结构(complement taking mental predicates)。② Mulac 和 Tompson(1991)根据"I think"出现的高频特点,将其称为"单一的认识短语"(a unitary epistemic phrase),并认为其语用功能无法从其词汇意义推导出来。K. Aijmer 认为"I think"的功能和一个情态动词的功能相似,是一个

---

① K. Aijmer, "I Think – An English Modal Particle", In T. Swan, O. J. Westvik (ed.), *Modality in Germanic Languages*, De Gruyter Mouton:Berlin/New York, 1997, pp. 12 – 14.
② J. van Bogaert, "'I Think' and Other Complement – Taking Mental Predicates:A Case of and for Constructional Grammaticalization", *Linguistics*, Vol. 49, Issue 2, 2011, p. 295.

"情态算子"（*a modal particle*），① 可以看作一个话语标记（a discourse marker）。Fraser（1980）根据"I think"所起的会话缓冲（conversational mitigation）功能，将其定义为缓冲标记（softener）或缓冲连接标记（softening connective）。Kärkkäinen认为"I think"具有"离题话语的起点标记"② （flagging of a discursive "starting-point"）的功能。

关于"I think"结构的语用表达功能，各家也有不同的观点：Holmes认为"I think"既可以表达说话人关于命题的"不确信性"（uncertainty），具有缓和语气的功能（softeners），并将其称为缓和功能（tentative）的用法，也可以表达说话人的确信性（certainty），是说话人权威（authority）的标记形式，并把这种用法称为评议性功能（deliberative）用法。③ Preisler（1986）也曾经指出"I think"结构既可以标记说话人认真的评议立场（careful deliberation）、客观性（objectivity）或者权威立场（authority），也可以表达说话人的不确定性（uncertainty），具有弱化或缓和语气的表达功能（tentative function）。K. Aijmer的观点和Holmes、Preisler的观点相似，并且认为"I think"结构认真的评议立场（deliberative）及弱化缓和功能（tentative function）在韵律（prosodic）、语法（grammatical）和位置（positional）上都有系统的对立和区别：④ 在韵律上有明显的语调或强化韵律标记（例如在转写过程中使用感叹号"！"等），并且在句法上有补足语标记"that"，同时出现在句首位置时，"I think"一般表达说话人认真的评议立场，以增加断言的力量或者说话人的保证力，表达积极的礼貌原则（positive politeness）或友好关系（"rapport"），具有一定的强

---

① K. Aijmer, "I Think – An English Modal Particle", In T. Swan, O. J. Westvik (ed.), *Modality in Germanic Languages*, De Gruyter Mouton: Berlin/New York, 1997, p. 1.

② E. Kärkkäinen, *Epistemic Stance in English Conversation: A Description of Its Interactional Functions, with a Focus on "I Think"*, Philadelphia: John Benjamins Publishing, 2003, p. 172.

③ Janet Holmes, "Hedges and Boosters in Women's and Men's Speech", *Language and Communication*, Vol. 10, 1990, p. 199.

④ K. Aijmer, "I Think – An English Modal Particle", In T. Swan, O. J. Westvik (ed.), *Modality in Germanic Languages*, De Gruyter Mouton: Berlin/New York, 1997, pp. 21–26.

化或增强功能（intensifying）。相反地，在句中或者句末位置的"I think"，如果没有韵律强化标记，则往往用于表达说话人的"不确信"（uncertainty），具有语用缓和功能，同时还具有削弱断言力量的人际关系意义（interactive meaning），这往往与社会距离（social distancing）和否定礼貌原则（negative politeness）相关。此外，句中或句末位置的"I think"往往还具有在线组织话语（planning）和与听话人互动（interaction with the hearer）的人际话语功能。

Kaltenböck 把"I think"结构的语用功能概括为四大功能：[①] 一是保护功能（shielding），出于礼貌原则或缓和语气等语用上的考虑，意在减少说话人的承诺性；二是表达语义接近的近似标记（an approximator），表达一种语义上的不精确性（semantic imprecision）；三是结构或填充功能（a structural or filler function），用于弥补话语的不连贯性（contexts of disfluency）或服务于话题化策略（topicalisation strategies）；四是强化标记（booster），用于强化说话人的承诺性（reinforcing speaker commitment）。

Simon Vandenber（2000）通过对比正式话语和非正式话语中"I think"的不同语用表达功能发现，在正式话语中出现的"I think"往往不是表达说话人的不确定性，而是意在凸显"这是我的观点"（this is my opinion），因此交际意图不是传递说话人的"犹豫"或者"不确信"，而是表达说话人的权威性（authority）。

综上所述，认知动词"think"是一个思考类心理动词，通过隐喻从物理世界（physical world）投射到意图或计划世界（world of intentions and planning）（Sweetser，1990）。认知短语或结构"I think"是具有表达认识情态意义（epistemic modality）的情态标记，其功能相当于一个认识情态副词（epistemic adverbs）（Thompson and Mulac，1991）；学术界普遍认为"I think"结构具有强化说话人视角的评议性用法（deliberative function）和弱化说话人关于命题承诺或判断的缓

[①] G. Kaltenböck, "Pragmatic Functions of Parenthetical 'I Think'", In W. Mihatsch, S. Schneider and G. Kaltenböck (eds.), *New Approaches to Hedging*, Leiden: Brill, 2010, p. 257.

和功能用法（tentative function），在强化说话人视角的评议性用法（deliberative function）上是一个具有较强话语组织功能的话语标记成分（a pragmatic element）。

二 "我认为"构式的认识情态功能
（一）"我认为"构式和相似构式的对比

Doro-Mégy 曾经将"I think"的功能归纳为三个方面：一是表达说话人的不确信（uncertainty），二是表达说话人的个人观点（personal opinion）；三是表达命题的反叙实性（counter-factuality）（过去时形式 I thought）。[①]

英语中的"I think"在现代汉语中有三组对应的语言表达形式：第一组是以"我觉得"为代表的感觉类心理动词构式，往往表达说话人关于命题信息较低的确信度或承诺程度，即表达说话人的不确定性（uncertainty）；第二组是以"我认为"为代表的判断类心理动词构式，往往表达说话人关于命题为真的较高确信度或承诺程度，表达说话人的确定性（certainty），前两组都属于非叙实类心理动词构式；第三组是以"我以为$_2$"为代表的反叙实类心理动词构式，表达说话人说话时间之前曾经有过关于命题为真的错误判断和认识。

从认识量级序列（epistemic scale index）的高低程度上来看，"我认为"构式所表达的说话人认识的确信度明显高于"我觉得"构式，即存在如下的认识等级序列：

"我觉得"构式 < "我认为"构式

Chafe 认为"认识情态和传信情态相关"，认识情态是传信情态的一个次类，而传信情态和知识的来源（source of knowledge）、知情的状

[①] F. Doro-Mégy, *Étude Croisée de Think, Believe, Croire et Penser*, Paris: Ophrys, 2008, pp. 28–32.

态（mode of knowing）和知识的可靠性（reliability of the knowledge）相关。[①] 按照认知常识，通过个人感觉而获得的知识或得出的判断，其认识的可靠性程度往往较低，因为缺乏相应的证据或者依据，所以个人的主观性较强，倾向于表达说话人单纯的主观认识，这就不难解释"我觉得"构式为什么在认识等级序列中处于较低的位置了。而"我认为"构式往往表达说话人关于命题信息的肯定性判断，属于说话人信仰（belief）或信念（doxastic）的表达，Persson（1993）和 Aijmer（1997）认为"信仰"表达的是一种基于较大可能性的观点（probability-based opinion），这和基于较小可能性（probability-based opinion）的单纯观点（"我觉得"构式）在认识的确信度上有较大的区别。

从动词的叙实性（Kiparsky and Kiparsky，1970）角度来看，"觉得"和"认为"都属于非叙实性动词，"我觉得"构式和"我认为"构式表达的是说话人关于命题的主观判断，与客观事实（命题本身的真假）无关。而"以为"则是反叙实动词（counter-factuality predicate），"我以为"构式表达的是过去时间点说话人关于命题的判断与当前的客观事实相反，是基于与当前客观事实对比而对过去关于命题的判断或所持有观点的一种回顾性陈述（representation），说话人意图通过对过去某一认识和判断的回顾性陈述，与当前的客观事实形成鲜明对比，在语用上起到标记说话人当前认识立场改变的话语表达功能。

（二）基于话语表达的"我认为"构式的认识情态研究

根据"我认为"构式出现的话语类型和说话人的交际意图，我们把"我认为"构式的认识情态表达功能概括为两大类：

第一类，"我认为"构式出现在信息交流性话语中，陈述命题内容，说话人的交际意图不是对命题真值进行判断，而是向听话人传递听话人所不知道的命题信息，属于知识的传递（knowledge conveying），"我认为"构式标记命题信息的来源（knowledge resource），

[①] Wallace L. Chafe, "Evidentiality in English Conversation and Academic Writing", In Wallace Chafe, Johanna Nichols (eds.), *Evidentiality: The Linguistic Coding of Epistemology*, Norwood, N. J.: Ablex, 1986, p. 263.

因此本质上属于传信范畴（evidentiality）。当说话人用"我认为"构式向听话人传递命题信息时，说话人和听话人在信息域的范围、信息可及度和占有度以及认知状态上都存在一定的不平衡性，信息从说话人到听话人单向传播过程体现了说话人关于信息的高可及度和高占有度，特别是专业知识的权威性等；信息交流的交际后果是听话人信息域和认知状态发生了改变，即一方面扩大了听话人的信息域界限；另一方面改变了听话人关于命题信息的认知状态（epistemic status）：由不知情状态（unknowing status）变为知情状态（knowing status）。

第二类，"我认为"构式出现在评估性话语中，表达说话人关于命题真值的评估，体现出说话人关于命题信息较高的确信度和承诺程度，说话人的交际意图是传递说话人关于命题为真的肯定性态度或承诺，主要有两种表达形式。

第一种表达形式是"我认为"构式的评议性表达功能（deliberative function），表达说话人关于命题信息100%确定为真的肯定性判断（certainty），属于强断言情态范畴（assertion modality）。"我认为"构式的断言认识功能体现在三个方面：一是凸显说话人的个人观点，强调与共同说话人（co-speaker）、言语社团（community），甚至是听话人不同的个人观点，体现说话人断言的权威性特征；二是说话人意图通过向听话人表达关于命题确信为真的个人信念来影响听话人，以期让听话人认同说话人关于命题确定为真的信念或形成相同的信念，以体现断言语力（asserting force）；三是说话人的交际意图是表达说话人关于命题或事件发生的必要性或义务性的情感态度。

第二种表达形式是"我认为"构式弱化认识的表达功能（tentative function），说话人通过以插入语的形式或与表达不确定性的其他情态标记共现的方式，来弱化（softening）说话人关于命题为真的确信度和承诺程度，具有一定的语用缓冲功能（pragmatic hedging function）。具体来说，包括两个方面：一是表达说话人为了达到求同存异，寻求一致性和共同性的交际目的，采取弱化说话人确信程度或缓和判断语力的语用策略；或者说话人通过降低对命题为真的承诺程度，来减少自己未来可能承担的责任，达到免责或少责的目的，等等，这些都属于基于说话人面子保护的消极礼貌策略。二是说话人为了保护听话人的面子不受威胁，或者减少对有潜在对立认识的听话人的面子冒犯而采取的有意弱化确信程度或承诺程度的行为，这些都属于基于听话人面子保护的积极礼貌策略。

1. 信息交流性话语中"我认为"构式的认识情态功能

所谓信息交流性话语（information-communicating discourse）是指在互动交际过程中专注于信息交流的话语类型。从交际的内容来看，交际不是人际关系的维护，而是信息（information）或者知识（knowledge）在交际双方之间的交流（communicating）与传递（conveying），即信息从交际双方的知情一方转移到不知情的一方；交际目的是交际的一方希望从交际对方获取自己想要的不知情信息；交际的结果是信息寻求方的认知地位或认知状态（epistemic status）发生了变化，即从不知情状态（unknowing status）变为知情状态（knowing status）。

信息或者知识在世界上的分布不是均衡的，正是因为这种分布的不均衡性，导致了信息的不平等性，因此形成了信息的领域性特点，Akio Kamio（1979；1994；1995；1997）将这种信息的领域性特征描述为"信息域理论"（Territory of Information Theory），Cook（1988）称之为知识的权威性（authority for knowledge），Bond、Fox（2001）称之为信息的权威性（issues of authority）。在互动交际的参与者之中，存在着两个平行的心理尺度（psychological scales），即

```
Speaker  | ······ | ······················ |
         1        information              0
Hearer   | ······················ | ······ |
         1        information              0
```

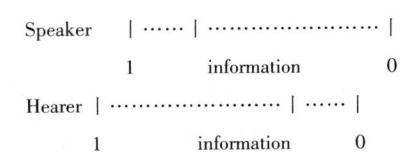

图 7-1　信息域理论[①]

---

① Akio Kamio, "Territory of Information in English and Japanese and Psychological Utterances", *Journal of Pragmatics*, Vol. 24, Issue 3, 1995, p. 237.

按照 Akio Kamio 的信息域理论,[①] 说话人所拥有的有价值的信息 $\geq n$,"n"的取值在 1 和 0 之间。如果既定的信息在说话人心理尺度上取值 m($\geq n$),而在听话人的心理尺度上取值 m'($n > m'$)(如图 7-1 所示),那么信息在某种程度上属于说话人心理领域,而不属于听话人的心理领域,n 是信息落入说话人心理领域的阈值,即当 $m > n > m'$ 时,信息属于说话人所有,反之,当 $m' > m \geq n$,信息属于听话人所有。

决定信息归属的条件一般有四个:一是说话人或听话人通过内在的直接经验(internal direct experience)获得的信息;二是包含知识的相关信息,这些信息属于说话人或听话人的专业知识(professional knowledge)范围;三是说话人或听话人通过外部直接经验(external direct experience)获得的信息;四是说话人或听话人身边所熟知的人(persons)、事物(objects)、事件(events)和事实(facts)等相关信息,也包括关于说话人或听话人自己的相关信息(information about the speaker/hearer him/herself)。以上四类信息如果归属于说话人,那么信息就属于说话人的信息域内;相反,如果属于听话人,那么,就属于听话人的信息域内。这是从信息来源(resource)的角度来界定说话人或听话人的信息域。

但是,对于世界上的信息而言,无论是内部直接经验而得来的信息还是外部直接经验而得来的信息,无论是专业性知识还是身边熟悉的人、事物、事件或事实信息,对每一个交际主体(听话人或说话人)而言都是不同的,某一些特定的信息属于某一些特定的交际主体。因此,信息的不同获取主体、不同获取方式、不同信息来源等都会导致信息获取对每一个交际主体的不平衡性或不平等性,Maynard 用信息可及性或信息占有性的水平来描写这种信息在交际双方之间的不平衡性(level of accessibility to and/or possessorship of information)。[②]

[①] Akio Kamio, "Territory of Information in English and Japanese and Psychological Utterances", *Journal of Pragmatics*, Vol. 24, Issue 3, 1995, p. 237.

[②] Senko K. Maynard, *Discourse Modality: Subjectivity, Emotion and Voice in the Japanese Language*, Philadelphia, P. A.: John Benjamins Publishing Co., 1993, p. 202.

第七章 "我(们)+判断类心理动词"构式的认识情态研究

也就是说，总有一些人容易获取某一些信息，而另一些人则不容易获取某一信息，即信息可以部分地被说话人或听话人所获取或占有，但程度往往是不同的，具有相对可及度或可占有度（a relatively different degree）。[1] Heritage 把说话人或听话人关于信息的相对访问权限描写为说话人或听话人关于知识的认知状态（epistemic status），并根据它们在认知梯度上占据的不同位置，描写为更多知识（more knowledgeable）状态（"knowledge +" status）和更少知识（less knowledgeable）状态（"knowledge –" status），[2] 这些或多或少的认知状态构成了由浅到深（from shallow to deep）的认知状态斜坡（epistemic status slope）。

一般来说，互动交际过程中的话语交际双方在信息的获取度或占有程度上存在三种可能的情况。

一是说话人更容易地获得或占有信息（speaker – more），与此同时，听话人则往往较少地获得或占有信息（hearer – less），因此说话人的认知状态是"更多知识（knowledge +）"，听话人的认知状态是"较少知识（knowledge –）"。因为交际双方在信息占有程度上存在不平衡，那么交际的目的就是说话人有意向听话人传递说话人认为听话人不知道的新信息，在语言形式上，往往采用直接的语言表达方式（direct forms），体现了说话人享有的优先信息话语权（authority of information），这种话语权是基于说话人所拥有的对信息相对较高的可及性或可占有性（higher accessibility to and/or stronger possessorship of the relevant information）而获得主导话语权（dominance），这种主导话语权往往体现出说话人所具有的社会权力（social power）或社会地位（social status）。

从社会文化的认知视角来看，具有一定社会权力、社会地位或专业知识的人，往往享有高于常人的话语权。具有一定社会权力的人，比如社会或政府的各个职能部门的负责人或工作人员等［例（12）］；

---

[1] Senko K. Maynard, *Discourse Modality: Subjectivity, Emotion and Voice in the Japanese Language*, Philadelphia, P. A.: John Benjamins Publishing Co., 1993, p. 193.

[2] John Heritage, "Epistemics in Conversation", In Jack Sidnell and Tanya Stivers (ed.), *The Handbook of Conversation Analysis*, Oxford: Blackwell Publishing Ltd., 2013, p. 376.

具有一定社会地位的人，比如学者、长辈等［例（13）］；具有专业知识的人，比如特定领域内的专业人士、专家、教师、科学家、技术人员等［例（14）］。在媒体语言语料库（MLC）中有大量访谈类对话节目，这类对话语料往往涉及上述人群，说话人（一般是"具有话语权的人"）经常用"我认为"构式来向听话人传递听话人可能不知道的信息，以此来展示自己的话语权，例如：

（12）主持人："接下来我们再引入一个声音，我们听听国务院参事冯骥才先生对这个问题是怎么看的？"

冯骥才（全国政协常委国务院参事）："**我认为**一个历史，一个城市，或者一块土地，产生的一个历史的名人，最重要的是土地的精神的一种体现，它的价值主要还是精神的精神，如果政府要是参与的话，还是要引导一种精神的转动，让它能够转下去，而不是和经济直接挂钩。"（中央电视台，《新闻1+1——被"劫持"的历史名人！》，2010年6月15日）

（13）白岩松："那我们要听一听，身在香港的时候如何去看待这样的一个带有'礼包'性质的一个政策呢？我们来听一下中银国际高级研究员、香港特区政府中央政策组顾问王春新对此的分析和看法。"

（中银香港经济研究员）王春新："**我认为**这次中央支持香港的六个方面，三十六条措施对两地合作来讲，是一个新的里程碑，这里面主要表现在三个方面，一个方面是开拓了两地高端服务业合作的新的机缘……另外一个方面是对香港的金融合作是一个新的突破……第三个方面，这些措施对中产阶层，特别是基础能源来讲，是开放了技术的服务。"（中央电视台，《新闻1+1——中央再挺香港》，2011年8月18日）

（14）今天我们请到海军少将尹卓和社科院军控与防扩散中心的秘书长洪源来共同回答这些问题，欢迎二位的到来。首先我们大家一起通过短片来深入了解一下这三艘逼近中国的俄亥俄级核潜艇究竟是什么样子。

◈ 第七章 "我(们)+判断类心理动词"构式的认识情态研究 ◈

主持人:"这些反潜手段非常多,也很厉害,我们刚才说了潜艇也很厉害,中国如果面对一开始谈到周围这么多潜艇的重重包围的话,我们该怎么突围呢?"

洪源:"首先**我认为**应该从政治上来考虑这个问题,应该是对这些国家进行交涉,而且对这些国家的容留有攻击性的战略性的潜艇进行限制,而且进行早期的通报,并且是不适宜让它停留在这些港口的。"(深圳电视台,《22度观察——以美为首的多国潜艇怎样包围中国?》,2010年8月19日)

二是听话人更容易获得或占有信息,即(hearer – more);同时,说话人则往往较少地获得或占有信息,即(speaker – less)。那么听话人的认知状态是"更多知识(knowledge +)",而说话人的认知状态是"较少知识(knowledge –)"。此时,话语交际的目的是说话人有意向听话人寻求某些信息,此时的说话人往往采用问句的语言形式进行信息的索取。此种情形下,说话人往往很少用"我认为"构式进行言语表达,而较多地运用"你认为呢""你觉得呢"(相当于英语中的"what do you think")的语言表达形式,此时的"你认为呢"和"你觉得呢"功能相似,都用于向听话人询问或寻求某些信息,并不表达说话人的认识情态意义,例如:

(15)主持人:"也就是说这样矛盾的情况的出现,其实会给经济带来很多后果。"

向松祚:"这是非常危险的。"

主持人:"非常危险的一件事情。吴教授**你认为呢**?"

吴晓求:"我认为这样的,我还是略有不同,这个像资本市场的价格,它的变动,它和实体经济的盈利状况和数据,它不是说一一对应的关系,也不是说实体经济盈利了,股市就起来了,不是这样的。"(中央电视台,《今日观察——CPI再降,底在哪里?》,2009年8月11日)

(16)任志强:"他们是以为这个征房产税会把房价降下来,

279

他好买房子。"

窦文涛:"**你觉得呢,晓波?**"

吴晓波:"我觉得跟房价降下来没关系,其实房子的问题真的是重新利益分配的问题。"(凤凰卫视,《锵锵三人行——任志强:政府监管商品房价格违背法律法规》,2010年11月5日)

三是说话人和听话人分享相关信息的质量和数量是大致相同(speaker/hearer – same)的,说话人和听话人关于命题信息的认知状态相当。当交际双方围绕着共享的命题信息展开交际时,话语交际的目的往往不再是客观性信息的交流或交换,而是主观态度或主观情感的交流,交际的目的是表达言者态度——"表态",说话人向听话人表达关于命题信息的看法、态度和情感。当说话人的交际目的不是向听话人传递信息,而是向听话人传递说话人关于某一命题信息的看法或认识时,"我认为"构式的语用功能发生了改变,即由知识的传递功能(knowledge conveying)转变为对命题信息的评估(knowledge evaluating)功能。那么,与此同时,"我认为"构式出现的话语类型也发生了相应的改变,从信息交流性话语(information – communicating discourse)转变为评估性话语(assessment discourse)。

2. 评估性话语中"我认为"构式的认识情态功能

在评估性话语(assessment discourse)中,"我认为"构式具有表达说话人关于命题为真的评估功能,即表达说话人关于命题为真的确信程度或承诺程度。与信息交流性话语的交际目的不同,评估性话语的交际目的不是信息的交流或交换,而是表达说话人关于命题为真或者事件状态的评估(evaluate)。

从言语行为的角度来看,评估性话语往往在执行评估性言语行为,即在互动言谈过程中,说话人和听话人共同执行的对会话中所谈到的某些人或者事物以某种方式进行评估(evaluating)的一种言语行为。受说话人的交际意图和交际策略等各种语用因素的影响,"我认为"构式在执行评估性言语行为时,往往具有两种常见语用表达功能:一是强化说话人断言认识的评议性功能(deliberative function);

二是弱化（tentative function）说话人认识的语用缓冲功能（hedging）。

（1）"我认为"构式表达说话人断言认识的评议性功能

"我认为"构式表达说话人关于命题真值的评估时，表达的是说话人关于命题确定为真的断言（asserting），即说话人确信命题为真（It is certainly that "P" is true），表达的是说话人的确定性（certainty），凸显说话人的个人观点和认识立场，例如：

（17）戴尔（中国）有限公司大中华区总裁闵毅达："中国的投资环境和消费能力都非常好，我们很高兴在这里有很好的商机。"

汇丰银行（中国）有限公司行长兼行政总裁翁富泽："**我认为**目前外商在中国的投资环境是非常积极的，这是一个非常有吸引力的投资市场。"（中央电视台，《新闻联播》，2010年4月10日）

（18）梁文道："乾隆是历代皇帝，不只是皇帝，甚至可能是中国古文里面写诗最多的人。像陆游写最多也才几千首，他写过万首了。"

窦文涛："**我认为**他是成瘾了。"

梁文道："没错，所以以前有诗圣、诗仙，乾隆可以改诗霸，然后乾隆在上面拼命写，写满了。"（凤凰卫视，《锵锵三人行——〈富春山居图〉为何会"一分为二"》，2010年3月17日）

"我认为"构式表达说话人的断言认识时，往往出现在句首位置，着重于表达说话人的个人观点和认识立场，例如：

（19）温家宝："**我认为**这个世纪生命科学和生命科学有关的产业是大发展时期，可以说方兴未艾，而生物制药在中国来讲，起步比较晚。"（中央人民广播电台，《新闻和报纸摘要》，2011年7月6日）

（20）王鹏："**我认为**这次下调不会对中国经济产生较大或者较深远的影响，因为它毕竟是下调了0.3%。现在下调之后的数据是9.3%，这个还是远高于'十二五'规划中7%年均增长目标。"（中央人民广播电台，《天下财经》，2011年9月15日）

有时候，"我认为"构式在表达说话人的断言认识时，还经常与表达肯定性判断的其他情态标记"一定、肯定、必然"共现，以强化说话人关于命题为真的肯定性断言程度，属于强断言认识情态表达，例如：

（21）杜芳慈："**我认为**一定会产生影响，至于严重程度如何就看它工厂设备的损坏程度以及它的上游产业的损坏程度。因为汽车的零部件还要受到上游产品的影响，比如说电子业的这些影响，到底影响程度多少，就要看它工厂恢复的时间要多长时间。"（中央人民广播电台，《新闻纵横》，2011年3月15日）

（22）宋鸿兵："在我看来这个大的牛市并不是出现了反转，只不过出现了调整。**我认为**白银现在肯定是被低估了，它是处在价值洼地状态之下。"（中央人民广播电台，《新闻纵横》，2011年5月16日）

（23）因为对传统政治之忽视，而加深了对传统文化之误解。我们若要平心客观地来检讨中国文化，自该检讨传统政治，这是我想写中国政治制度史之第一因。再则**我认为**政治制度，必然得自根自生。纵使有些可以从国外移来，也必然先与其本国传统有一番融合媾通，才能真实发生相当的作用。（钱穆《中国历代政治得失》）

"我认为"构式在表达说话人的断言认识时，与"我觉得"构式相比，断言的程度更高，与叙实谓词相比，断言的程度则稍弱，以例（19）为例，试比较：

（19）这个世纪生命科学和生命科学有关的产业是大发展时期。

第七章 "我(们)+判断类心理动词"构式的认识情态研究

(19a) **我知道**这个世纪生命科学和生命科学有关的产业是大发展时期。

(19b) **我认为**这个世纪生命科学和生命科学有关的产业是大发展时期。

(19c) **我觉得**这个世纪生命科学和生命科学有关的产业是大发展时期。

例(19)是一个判断句,表达命题判断;例(19a)中的"知道"是一个叙实动词(factive verb),① 预设着小句所表达的命题"这个世纪生命科学和生命科学有关的产业是大发展时期"为真;例(19b)和例(19c)中的"认为""觉得"都是非叙实动词(non-factive verb),不能预设小句所表达的命题为真,而是作为一个非叙实标记,表明命题为真的判断属于说话人所有,是说话人关于命题信息的主观认识和主观判断,因此在断言的程度上由低到高排序为"19c＜19b＜19a"。

"我认为"构式表达说话人的断言认识时,常常有三种不同的语用表达功能。

第一种是强调说话人断言认识的个人观点、个人立场或个人态度,表明关于命题的断言属于个人所有,凸显与共同说话人(co-speaker)、言语社团(community),甚至是听话人不同的个人观点和个人立场,体现说话人断言认识的个人性和权威性,例如:

(24)主持人:"我们今天要观察的命题'为爱为救命抢钱实施的抢劫该不该得到法院的轻判?'"

陈浩然:"一点都没轻判,这个法院判决得非常合适。"

石述思:"认同刑法专家的说法。"

主持人:"杨先生有什么不同的意见?"

杨延超:"我的观点很明确,只要是法官他是基于事实和法

---

① Palmer(1986)和Hooper(1975)认为英语中的"know"是半叙实动词(semi-factive)。

律做出的判决我们都支持,但如果说在法律之外基于人情,或者说基于怜悯之心做出的判决,**我认为**就判轻了。"

程立耕:"要简单地说就是轻判很人性,后果很严重。"(深圳电视台,《22 度观察——抢钱救妻该不该轻判?》,2010 年 8 月 26 日)

(25) 面对每一年的毁誉参半,春晚悄悄地做出了许多改变。……这种结构的调整受到了不少观众的好评,也受到了一些异议。

观众 1:"我觉得今年小品相声类节目挺精彩的,节目特别多,类型也特别丰富。"

观众 2:"**我认为**春晚比如说那个小品也好,就是语言类的节目我倒是觉得今年有点多了,语言类的节目是应该有,但是不能过多,过多也让人觉得有点烦了。"(中央人民广播电台,《新闻纵横》,2011 年 2 月 3 日)

按照 Kamio 关于"信息域"理论①的论述,例(24)中的说话人系法学博士后这一类专业人士,从专业的视角阐述了专业的认识和专业的判断,即案例是基于人情或怜悯之心做出的判决,不属于基于事实和法律做出的判决,因此判决较轻,这些判断是基于专业知识而做出的断言,属于说话人专业信息领域内的信息;例(25)中,"说话人"所表达的仅仅是说话人的个人感受或个人情感,属于内在的直接经验(internal direct experience),属于说话人个人信息域内的信息。

为了进一步凸显说话人的个人观点、认识立场和个人态度,现代汉语语法系统还形成了专门的认识情态构式"我个人认为",在表明个人态度和个人立场的同时,也表明说话人所持有的态度和立场与共同说话人、听话人或所属言语社团无关,凸显认识的个人主观性特征,在媒体语言语料库(MLC)中,"我个人认为"构式出现的频次

---

① Akio Kamio, "Territory of Information in English and Japanese and Psychological Utterances", *Journal of Pragmatics*, Vol. 24, Issue 3, 1995, p. 237.

高达1189次，例如：

(26) 主持人："我们也看到这次新医改里面也是明确提出了这样一个要求，要逐步地推进医和药分开，二位怎么理解？"

李玲："**我个人认为**医和药分开不仅仅是把药店给分出去，因为无论如何，其实住院那部分药，你还是分不出去的。"（中央电视台，《今日关注——公立医院改革四问》，2009年4月7日）

(27) 天气又闷又热，跑在路上的各种车都毫不犹豫地开了空调，凉是凉快了，可这油耗上去了，花的银子多了。这汽油不便宜，不少车主都琢磨节油办法，大家伙出的主意可是五花八门。有用吗？下面咱们就来看看。

……

（采访）车主："**我个人认为**空挡滑行是比较省油的。"（天津电视台，《财经视界》，2009年7月23日）

除了"我个人认为"构式之外，凸显说话人个人观点、认识立场和个人态度情感的认识情态构式还有"我个人觉得"构式和"我个人以为"构式。三个构式在凸显说话人个人观点的用法上是一致的，其核心构式意义是表达说话人关于命题信息的个人认识，凸显说话人的个人观点、个人立场和个人态度，三个构式在媒体语言语料库（MLC）中出现的频次，如表7-1所示。

表7-1 "我个人认为"构式、"我个人觉得"构式和"我个人以为"构式的出现频次对比

构式类型	"我个人认为"构式	"我个人觉得"构式	"我个人以为"构式
出现频次	1189	550	4

第二种是说话人将命题为真的断言作为自己的个人信念，并试图将这一个人信念灌输给听话人，以期让听话人认同说话人的个人信念并形成相同的信念，从而产生断言行为的言外后果，这体现了"我认

为"构式的断言语力（asserting force），这一类功能往往用于表达说话人关于未然事件的预判或预期，并希望得到听话人相信或认同性反馈，例如：

(28) 陈刚（北京市朝阳区委书记）："**我认为**通过对'798'的积极引导，能够创造一个我们国家当代艺术发展的一种新潮流。"（中央电视台，《新闻联播》，2010年9月4日）

(29) "我感到很悲伤，命运对切尔西非常不公平，但**我认为**在一个两手空空的赛季后，切尔西在下个赛季必将会迎来丰收，而我也将永远成为切尔西的支持者。"（中央人民广播电台，《体育天地》，2008年5月26日）

(30) 对于即将到来的20国集团峰会，卡梅伦说："**我认为**本次20国集团峰会将会成为一个达成共识的平台。关键的问题在于，我们能否就全球经济再平衡达成一致。"（中央电视台，《中国新闻》，2010年11月10日）

第三种是说话人的交际意图不是表达说话人对命题真值的判断，而是表达说话人关于事件发生的必要性或义务性的某种情感或态度，例如：

(31) 庞宏："我想首先对陈光标先生和冯军先生，应该表示崇高的敬意。对他们的裸捐的承诺，**我认为**应该给予充分的肯定和支持。他们思想境界很高，社会责任感也很强，应该受到我们社会的尊重和鼓励。"（北京人民广播电台，《城市零距离——裸捐》，2010年9月16日）

(32) 施进军："因为高考结束了，还有中考，还有更多的国家考试，这些都是不能有意外的，所以**我认为**这个细则或者方案必须要尽快来调研，将来要实施。"（中央电视台，《新闻1+1——时间错乱的高考!》，2012年6月12日）

例（31）中的"应该"和例（32）中的"必须"都表达认识情态意义，这种认识情态意义是从道义情态意义演化而来的，强调说话人根据道义规则做出相应的认识或推断，此时的"我认为"构式主要侧重于凸显说话人从道义视角上对事件发生所持有的某种个人情感或态度。

（2）"我认为"构式表达说话人弱化断言性认识的语用缓冲功能

虽然"我认为"构式主要表达说话人关于命题为真的肯定性断言（certainty），但是在面对面的互动言语交际过程中，直接表达对命题为真或对事件必然发生的断言，往往是一个高风险性行为（high-risk behaviour），可能会导致听话人潜在的面子威胁（比如"说话人和听话人的观点不一致或对立的情形下"），从而违反礼貌原则。因此在互动交际过程中，"我认为"构式经常以插入语的形式或与其他表达不确定性的情态标记共现的方式，在表达上起到一定的语用缓冲功能（hedging function）。

据 Goodwin 和 Goodwin（1992）关于评估行为的论述，评估性言语行为不仅仅包括对互动交际中出现的人或者事物、命题信息或者事件状态的评估，还包括评估人对正在进行的评估现象所采取的一种言者立场（taking up a position）。由于评估人的评估立场是面向公众公开展示的，所以对于其他会话参与者而言，他们可以判断评估人对所遇到的事件是否有能力做出正确的评估；而对于评估人（即"说话人"）而言，评估人则必须对自己所采取的立场负责，即负全责的承诺性责任（fully responsible commitment）。因此，在评估性行为中，评估人的评估立场具有公开展示性和负全责的承诺性责任特点，往往会导致在互动言谈过程中主动"表态"的行为——表达言者立场和言者态度，这种"表态行为"具有高风险性特征（high-risk），往往会引起共同说话人、所属言语社团以及听话人可能的、潜在的反对或对立态度，在这种高风险的、带有侵略性（aggressive）的"表态"情形下，"我认为"构式在语用上的缓冲功能对面对面互动交际的和谐性和融洽性来说，就显得格外重要和突出。

此外，根据信息的可及性和占有性理论，信息的可及性和可占有性程度的高低往往反映了社会权力和社会地位的高低（a relative right to social power）。① 也就是说，具有更高社会地位的人往往有权获得或占有更多的信息。因此，如果说话人向听话人展示的信息具有相对较高的信息可及度或占有度，即说话人占有更多信息（speaker - more）时，则往往可能导致对听话人的面子威胁，是一种面子威胁行为（a face - threatening act），所以当说话人认为自己和听话人分享的信息大致相同时，为了避免对听话人的面子威胁，所以，说话人往往倾向于采用相对较少信息（speaker - less）的方式进行言语交际，即采用间接的语言表达形式——往往是表达不确定（uncertainty）的语言形式——来交流信息，以期得到听话人的确认（confirm），或者与听话人达成一致或共识（convergence）。这就是"我认为"构式经常用于语用缓冲和委婉表达的社会文化动因。

Hengeveld 和 Mackenzie（2008）把命题真值的评估方式描写为命题内容的限定词（modifiers of propositional content），这些限定词限定了两方面的内容：一是对命题内容理性承诺的种类和程度（the kind and degree of commitment）的限定，属于知识评估范畴（knowledge evaluation），即认识情态（epistemic modality）；二是对命题内容非语言来源的规范（a specification of the non - verbal source）的限定，属于知识归属范畴（knowledge attribution），即传信情态（evidentiality）。那么，语用缓冲（hedging）属于知识评估的范畴，是一种试探性的、尝试性的（tentativeness）或可能性（possibility）的语言表达方式（Lakoff，1972；Hyland，1995）。

Crompton（1997）把"语用缓冲"界定为说话人用来明确限定自己对听话人所说命题的真实性缺乏承诺的一种语用表达形式。

Salager - Meyer（1994）把语用缓冲功能概括为三个方面：一是说话人有意模糊化（purposive fuzziness and vagueness），交际目的是将可能造成的威胁最小化；二是反映作者对自己个人成就或避免个人过

---

① Senko K. Maynard, *Discourse Modality: Subjectivity, Emotion and Voice in the Japanese Language*, Philadelphia, P. A.: John Benjamins Publishing Co., 1993, p. 196.

分介入的谦虚（modesty for their achievements and avoidance of personal involvement）；三是表达一种不可能（impossibility）或不愿意（unwillingness）达到的绝对准确性（absolute accuracy）和量化程度（quantifying）。Hyland（1995；2005）在 Salager - Meyer 研究的基础上提出了三级分类系统，包括作者定位的缓冲（writer - oriented）、表达精确性定位的缓冲（accuracy - oriented）和读者定位的缓冲（reader - oriented hedges）三种类型。

本书根据 Hyland（1995；2005）关于缓冲功能类型的分类和"我认为"构式在媒体语言语料库（MLC）中的使用情况，把互动口语对话中"我认为"构式的语用缓冲功能也相应地分为两类。

第一类是言者定位的语用缓冲功能（speaker - oriented）。

基于说话人面子保护的消极礼貌策略，说话人通过附加说话人的个人视角来减少自己未来可能承担的责任，达到免责或少责的目的；或者说话人有意"求同存异"，与听话人达成一致或结盟（alignment），以便与听话人达成共识（convergence），故意边缘化个人的认识视角或观点，以免因为和听话人观点不一致导致自己的面子受到不必要的威胁，此时"我认为"构式经常以插入语的形式出现，例如：

（33）深圳卫视《22 度观察》："也希望中国能够帮助他比如说渡过金融危机这样的考虑吗？"

吴建民（全国政协外事委员会副主任）："我想这是一个互相帮助的问题，胡锦涛主席用词**我认为**非常确切，叫作'携手合作，同舟共济'，这个说法非常好。"（深圳电视台，《22 度观察——2010 中美外交大趋势》，2010 年 1 月 22 日）

（34）吴建民（全国政协外事委员会副主任）："这就是随着中国的崛起，随着相互依存关系在加深，西方世界出现一些疑虑，说'强大起来之后你会怎么样？'西方世界对中国的这个疑虑**我认为**还是相当深的，短期内不会很快消除的。"（深圳电视台，《22 度观察——2010 中美外交大趋势》，2010 年 1 月 22 日）

（35）刘思伽："现在自己觉得这个工作也是很喜欢，然后自己也还在努力，想要做得更好，你现在还担心有别人投诉你吗，还害怕投诉吗？"

潘爱花："我确实不担心，而且也不能说是不害怕，但是我觉得只要你工作做到了，都是按照工作要求，还有自己尽职了、尽责了，该去的、该了解的都了解到了，投诉可以真的避免的，**我认为**。"（北京人民广播电台，《行家——景观设计师——马智育》，2009年9月17日）

（36）尽管只是一枚银牌，但也是中国选手在男子400米自由泳中的最好成绩，孙杨对自己接下来的中长距离表达了信心。

孙杨："从心态上来说自己没什么，完全比较放松的，然后因为今后重点还是在800米、15000米吧，然后第一次像这样上午预赛、下午决赛，也是第一次完成这样的比赛，觉得自己还是比较满意吧，**我认为**。"（中央人民广播电台，《新闻纵横》，2011年7月25日）

"我认为"构式作为断言认识标记，凸显说话人个人观点、个人认识立场和个人态度情感，其典型的句法位置是句首位置，而插入语形式的"我认为"构式则是将说话人的个人视角或认识立场隐藏在句中或句末位置，以缓冲说话人的强断言语力，从而减少自己对命题为真断言的承诺，达到"免责"或"少责"的目的。另外，先表达观点，然后再表明认识视角，是说话人为了求同存异，与听话人达成一致（alignment）或共识（convergence），而刻意边缘化或弱化个人视角所采用的特定言语表达方式，是为了避免自己的面子受到不必要的威胁。

例（33）和例（34）中，"我认为"构式以插入语的形式处于句子的主谓之间，与"我认为"构式典型的评议性功能（deliberative function）的用法不同，试比较：

（33） **我认为**胡锦涛主席用词非常确切。

（33a） 胡锦涛主席用词**我认为**非常确切。

第七章 "我(们)+判断类心理动词"构式的认识情态研究

例（33）是"我认为"构式表达断言认识的典型句法环境，属于"我认为"构式的评议性功能（deliberative function）的用法；例（33a）中的"我认为"构式采用插入语的形式，是"我认为"构式的弱化功能（tentative function）的用法，即通过将说话人的个人视角隐藏在句中的方式来弱化说话人的个人视角和认识立场。

例（35）、例（36）中，"我认为"构式处于句末位置，说话人通过追加补充的方式（attached form），来表明说话人评估的个人视角。根据句子的信息结构理论，最重要的信息往往在句子的前面出现，不重要的信息往往在句子后面出现，相对于断言内容而言，说话人的断言视角或断言立场是第二位的。这种非常规的信息组织模式，反映了说话人在语用上缓冲断言语气的心理意图。

第二类是听者定位的语用缓冲功能。

说话人为了保护听话人的面子不受威胁，或者减少对有潜在对立认识的听话人的面子冒犯而采取的有意弱化确信程度或承诺程度的行为，这些都属于"基于听话人面子保护"的积极礼貌策略。由于"我认为"构式的断言性较强，所以为了缓和"我认为"构式在语义上的强断言性质，说话人往往在命题中添加其他表达不确定（uncertainty）的情态标记，以缓和说话人关于命题为真的断言。"我认为"构式经常和"大概、可能、也许、恐怕、吧"等表达不确定性（uncertainty）的情态标记共现，有意弱化说话人关于命题为真的承诺程度，以减轻说话人所做出的断言对听话人可能造成的面子威胁，例如：

（37）黄明："根据我对一些企业蒙受巨额亏损，尤其涉及极其复杂的、不该去做的衍生产品蒙受亏损的了解，**我认为**大概有几个原因，首先企业内部，有的交易员也许是为了投机，他对市场有一个走势的判断，他想去投机，投行就给他设计了这么一个过于复杂、他不太理解的产品。"（中央电视台，《经济热点面对面——追问美国经济：金融危机如何波及大宗商品市场？》，2008年11月24日）

（38）杨禹："我觉得像眼前这几天，我们大家所担心的，好像如果你有一点闲钱的话，几乎没有地方可以去放了，我觉得这样的局面，从历史上看，从规律来看，不会延续很长时间，它总会给我们多余的钱有一个很好的去处，这个去处**我认为**也许在下周就会出现。"（中央电视台，《环球视线——欧洲告急 考验中国制造》，2010年5月21日）

（39）尹卓（特约评论员）："我跟很多科学爱好者一样，我相信在宇宙里头，不光是地球有高级生命，在其他的太阳系里头，像太阳这样的星系，有成亿计的，可能有像地球这样的，能够生长外星生命的，可能有几十亿个这样的行星，有可能产生生命。到底能不能产生生命，还有很多偶然的因素，**我认为**可能有高级生命在世上存在。"（中央电视台，《环球视线——中美军事交流：冻结数月开始回暖》，2010年9月28日）

（40）王军："**我认为**当前下放定价权的时机恐怕还不成熟，因为成品油是与国民经济发展和人民生活关系重大的极少数的产品，石油石化的行业也是典型的行政垄断性的行业，我们知道现在民间资本还不能无障碍地进入这个行业所有的经营环境和领域，虽然说成品油定价权交给市场实现价格的市场化是一个大的趋势。"（中央人民广播电台，《天下财经》，2011年11月5日）

（41）购房人："我觉得现在太高了，已经超出了百姓承受的范围，**我认为**会稳中有降吧。"（中央电视台，《朝闻天下》，2008年2月25日）

根据 Coates（1983）关于多个认识情态标记的最佳匹配模式——"强+强"模式和"弱+弱"模式——的相关论述，表达强断言认识的"我认为"构式（certainty）与表达不确信（uncertainty）的"大概、可能、也许、恐怕、吧"的认识情态标记共现，属于反常规用法，这种反常规的用法必然具有特定的语用表达功能。也就是说，"我认为"构式和表达不确信的情态标记共现是出于语用交际策略——礼貌原则、合作原则和面子保护原则而采取的委婉表达方式，

第七章 "我(们)+判断类心理动词"构式的认识情态研究

即说话人通过采用弱化（softening）说话人确信度和承诺程度的方式来达到缓和断言语气的语用交际目的，以避免对听话人的面子产生威胁，避免违反礼貌原则，体现出一定的语用缓冲功能（hedging function）。

（三）小结

英语中的认知短语"I think"具有强化说话人个人视角的评议性用法和弱化说话人关于命题为真判断的缓和功能用法，在语用表达上是一个具有较强话语组织功能的话语标记成分（a pragmatic element）。

在现代汉语中，与认知短语"I think"相对应的认知短语有三组：第一组是以"我觉得"为代表的感觉类心理动词构式，往往表达说话人关于命题判断的较低确信度或承诺程度，即表达说话人的不确定性（uncertainty）；第二组是以"我认为"为代表的判断类心理动词构式，往往表达说话人关于命题判断的较高确信度或承诺程度，即表达说话人的确定性（certainty）；第三组是以"我以为$_2$"为代表的反叙实类心理动词构式，表达说话人说话之前曾经有过关于命题为真的断言认识，这种断言认识与当前的客观事实相反，表达反叙实（counter-factive）意义。

根据"我认为"构式出现的话语类型和说话人的交际意图，本书把"我认为"构式的认识情态表达功能概括为两类：一是"我认为"构式出现在信息交流性话语中，陈述命题内容，说话人的交际意图不是对命题真值进行判断，而是向听话人传递听话人不知道的命题信息，属于知识的传递（knowledge conveying），标记命题信息的来源（knowledge resource），因此本质上属于传信范畴（evidentiality）。二是"我认为"构式出现在评估性话语中，表达说话人关于命题真值的评估，体现出说话人较高的确信度和承诺程度，说话人的交际意图是传递说话人关于命题为真的肯定态度或承诺，主要有评议性表达功能（deliberative）和语用缓冲功能（tentative）两种表达形式。

第一，"我认为"构式的评议性表达功能（deliberative）。"我认为"构式具有表达说话人关于命题100%确定为真的肯定性判断（certainty），属于强断言情态范畴（assertion modality）。"我认为"构式的断言认识功能体现在三个方面：一是凸显说话人的个人观点，强调与共同说话人（co-speaker）、言语社团（community），甚至是听话人不同的个人观点，体现断言的权威性（authority）。二是说话人意图通过向听话人表达关于命题确信为真的个人信念来影响听话人，以期让听话人认同说话人关于命题确定为真的信念或形成相同的信念，以体现断言语力（asserting force）。三是说话人的交际意图是表达说话人关于命题或事件发生的必要性或义务性的情感态度（feelings or attitude）。

第二，"我认为"构式弱化认识程度的表达功能（tentative），说话人通过"我认为"构式的插入语形式或与表达不确定性的其他情态标记共现的方式，来弱化（softening）说话人关于命题为真的确信度和承诺程度，在语用表达上起到一定的语用缓冲功能（pragmatic hedging function），包括：一是表达说话人为了达到"求同存异"，寻求一致性和共同性的交际目的，而采取的弱化说话人确信程度或缓和断言语力的语用策略；或者说话人通过降低对命题为真的承诺程度，来减少自己未来可能承担的责任，达到"免责"或"少责"的目的等，这些都属于基于说话人面子保护的消极礼貌策略。二是说话人为了保护听话人的面子不受威胁，或者减少对有潜在对立认识的听话人的面子冒犯，而采取的有意弱化确信程度或承诺程度的行为，这些都属于基于听话人面子保护的积极礼貌策略。

第三节 "我以为"构式的误断言认识表达功能

现代汉语中的"以为"有两个：一是"以为$_1$"（"认为"义）；二是"以为$_2$"（"错误地认为"义）。"以为$_1$"与"认为"相当，"我认为$_1$"构式表达说话人关于命题为真的断言认识，断言的语义强度较高，表达说话人强断言认识，凸显说话人的个人观点和个人立场，因此和"我认为"构式强化说话人断言认识的评议性（deliberative function）用法一致。关于"以为$_2$"（"错误地认为"义）的用法，学术界有多种语义解读，① 本节将在综述"以为₂"用法的基础上，讨论"我以为₂"构式的语用表达功能。

一 "以为"的反叙实性

Kiparsky 和 Kiparsky（1970）从叙实性的角度将谓词分为"叙实谓词"（factive predicate）和"非叙实谓词"（non-factive predicate），叙实动词预设了其宾语小句命题为真，非叙实动词则不能预设宾语小句命题的真值。Leech 根据谓词对从属述谓结构所规定的性质，把谓词分为叙实谓词（factive predicate）、非叙实谓词（non-factive predicate）和反叙实谓词（counter-factive predicate）三类。② 其中，反叙实谓词预设从属述谓结构所表达的命题为假。沈家煊把汉语中的"装作、梦想、幻想"等词语称为"逆叙实词"（counter-factives），意味着相关的命题不符合事实。③ 袁毓林（2014）把肯定式预设宾语所表示的命题不是一个事实的动词称为逆叙实词（counter-factives）。

从所关涉命题的叙实性角度来说，"以为"是一个反叙实动词（counter-factive predicate）（曹其升，2008；李新良、袁毓林，2016等），即"以为"所关涉的述谓结构表达的命题为假，不是一个事实，例如：

（42）陈鲁豫："但都是你每次主动要求的，是吧？"
张家辉："有时候要的，要求到她，然后就按摩啊，脚底啊，然后她，**我以为**她睡着了，然后我就停下来，然后她的腿又动一动，就叫我，'我还没睡'。"（凤凰卫视，《鲁豫有约——任达华育女用心良苦　张家辉成"吃醋老爸"》，2012 年 3 月 20 日）

根据"以为"的反叙实性特点，例（42）中"以为"所关涉命

---

① 下文中的"以为"均指"以为₂（'错误地认为'义）"，出于论述的方便，因此不再做出数字标识。
② G. N. Leech, *Principles of Pagmatics*, London/New York: Longman, 1983, pp. 427–452.
③ 沈家煊：《不对称和标记论》，江西教育出版社 1999 年版，第 140 页。

题"她睡着了"真值为假,即"她没有睡着"。换句话说,"她睡着了"并不是客观事实。因为后续句"她的腿又动一动,就叫我,'我还没睡'",说明她没有睡着,"以为"所关涉的命题"她睡着了"不是事实,或者与客观事实相反,所以称之为"反叙实谓词"。

从所关涉命题的真值与客观事实关系的角度来判断,"以为"是一个反叙实谓词,即所关涉命题与当前的客观事实相反。

二 "以为"的自反预期意义

Heine、Claudi 和 Hünnemeyer 认为人类语言都有区别符合常规与偏离常规情状的表达手段,偏离常规的就是反预期(counter-expectation),一般用某些标记加以编码,符合常规的通常都是无标记的。[①] Traugott 和 Dasher 把反预期标记称为反意标记(adversativity),也就是说话人或作者用以标示他们所表达的信念或观点与自己或他人预期相反的特殊标记。这种标记的作用是唤起一种对立,反对他人或自己之前说过的内容。[②] 吴福祥(2004)把话语信息分为三种,预期信息(expectation)、反预期信息(counter-expectation)和中性信息(neutral information),同时,把反预期信息分为与说话人的预期相反、与受话人的预期相反和与社会共享的预期相反三种类型。袁毓林(2008)根据预期与语句命题的字面意义(焦点意义)的关系,将预期分为正预期、反预期与解反预期。陈振宇、姜毅宁(2019)根据预期产生的源头,把预期分为句内主体预期、前文预期、自预期、他预期和常规预期等。

王晓凌(2007)认为"以为"是非现实词汇标记,表达某个事件"可能发生,但最终没有发生,最终结果与原来说话者的预期相反",称为反预期(anti-expectation)标记。冯军伟(2011)认为"以为"是用于表达"反预期信息"的动词,具有表达说话人反预期

[①] Heine Bernd, Urike Claudi and Friederike Hünnemeyer, *Grammaticalization: A Conceptual Framework*, Chicago: University of Chicago Press, 1991, p.192.

[②] Elizabth Closs Traugott, Richard B. Dasher, *Regularity in Semantic Change*, Cambridge: Cambridge University Press, 2012, p.157.

意义的表达功能。谷峰(2014)则认为"以为"是反叙实动词,认为在"以为P"中,"以为"的作用是指明宾语小句陈述的内容为假,当"以为"的主语为"我"时,语句看上去似乎是在否定说话者先前的看法,这是在特定语境中出现的解读,"P"所陈述的内容并非反预期信息。

综上所述,从所关涉命题的真值与客观事实关系的角度来判断,"以为"毫无疑问是一个反叙实谓词,即所关涉命题与当前的客观事实相反。但是如果从命题所陈述的内容与说话人的认识之间关系的角度来看,"以为"则具有一定的反预期表达功能。以例(42)为例来说,说话人做出了"她睡着了"的断言,即说话人认定"她睡着了"这一命题为真,但是现实的客观事实是"她的腿又动一动,就叫我,我还没睡",即"她没有睡着",现实的客观事实和我过去的某一断言认识相反,所以"我以为"构式具有反预期的表达功能。"以为"所表达的反预期意义属于自反预期,即说话人认为客观事实与自己对命题的预先判断不符或者相反,也就是说,"以为"所表达的反预期是对自己对命题为真这一判断的否定。

三 "我以为"构式的误断言认识表达功能

(一)"我以为"构式的核心构式意义

从所关涉命题的真值与客观事实之间关系的角度来判断,"以为"是一个反叙实谓词,关注的是命题"P";但是从客观事实与说话人认识之间关系的角度来看,"以为"具有一定的自反预期功能,关注的是说话人的认识。无论是反叙实意义,还是自反预期意义,都是基于与当前客观事实对比而得来的,即命题"P"与客观事实相反,所以具有反叙实性;客观事实与说话人的认识相反,所以具有反预期功能,这些都是基于对比而得来的,都不是"我以为"构式本身的表达功能。

"我以为"构式的核心构式意义是关于命题真值的错误判断,即说话人关于命题真值的误断言认识(false belief),说话人的交际意图是告知听话人自己曾经做出的错误断言认识。通过对媒体语言语料库

（MLC）的考察，我们发现"我以为"构式经常和以下词语搭配使用，有以下几种常用的语言表达形式：

① "我以为……不料/不想/谁知/哪料/哪想……"
② "我以为……没想到/没成想/不成想/哪成想……"
③ "我以为……可是/但是/但……"
④ "我以为……事实上/实际上……"
⑤ "我以为……结果……"
⑥ "我以为……不是……"
⑦ "我原来/原先/原本/本来/本/曾经/曾/过去/以前以为……"
⑧ "我以为……后来……"
⑨ "我一直/总是/总/常常/常/一般以为……"
⑩ "我误/自以为……"

关于第①、②种语言表达形式，陆方喆、曾君（2019）认为"不料、不想、谁知、哪料、哪想、岂料、岂知""没想到、没料到"是反预期标记；李洋（2018）认为"没成想、不成想、谁成想、哪成想"是反预期标记；关于第③种语言表达形式，张健军（2013）认为"虽然……但是"转折复句具有反预期表达功能；曾君、陆方喆（2016）认为"但是"是一个反预期标记；陆方喆、曾君认为"但是、可是"等连词是反预期标记；① 关于第④种形式，陆方喆、曾君认为"事实上、实际上"等短语类语言成分也是常用的反预期标记②；第⑤种语言表达形式中的"结果"和第⑥种语言表达形式中的否定短语"不是"与"事实上、实际上"功能类似，在一定语境下也有反预期表达功能；关于第⑦⑧种语言表达形式，陈振宇、姜毅宁（2019）认为"本来、本、原来、原本"等时间副词，本义上是

---

① 陆方喆、曾君：《反预期标记的形式与功能》，《语言科学》2019 年第 1 期。
② 陆方喆、曾君：《反预期标记的形式与功能》，《语言科学》2019 年第 1 期。

第七章 "我(们)+判断类心理动词"构式的认识情态研究

"根本上讲应该如何或者在过去如何",但是,从这些词汇的使用上看,它们都反映了说话者对自己认识正确性的强调,凸显了事实与自己的预期相反,具有反预期的表达功能。关于第⑨种形式,"一般、总是、常常、一般"等词语反映了说话人的某种惯常认识,也可以用于反预期表达。第⑩种形式中的"误"已经表明说话人认识的错误性,"我以为"本义是表达说话人个人的认识,"自"的出现看似语法赘余,但实际上是突出说话人认识的个人归属性,为表达反预期或反常规语气进行语义铺垫。因此,以上十种常见语言组合形式中的搭配成分都具有反预期的表达功能,都可以看作反预期标记,"以为"也是反预期标记。那么,多个反预期标记出现在同一个句子当中,句子的反预期意义到底是哪一类语言成分的表达功能?是"以为"的表达功能,还是与"以为"共现的其他语言成分(例如"不料、没成想、但是、实际上"等)的表达功能,还是两类语言成分结合所形成构式的语言表达功能?这是值得进一步思考的问题。

考察"我认为"构式所在句子和后续句之间的关系,我们发现前后句之间往往具有相对或相反的语义关系,前后句之间具有转折关系,其语篇的语义组织模式是:"我以为"构式表达说话人过去或惯常关于命题信息的断言,后续小句陈述说话时发生的客观事实或说话人意识到已经发生的客观事实,这个客观事实和说话人过去或惯常的断言具有相对或相反的对立语义关系,从而导致语义上的转折,而这种语义转折也是转折类连词或词语常见的语境。后续小句关于已然客观事实的陈述导致"以为"具有了反叙实谓词的特征,即所关涉的小句命题真值和客观事实相反;从客观事实与说话人过去或惯常的认识判断对比的角度,让人误以为"以为"具有反预期表达功能,这种语义上的相对或相反正是反预期的"反"的意义所在。因此转折语义关系,本身就蕴含了反预期表达的可能,转折语义关系是使预期性反转的典型语境之一,我们称之为"反预期语境"(context of counter-expectation)。[1] 这种反预期语境常见的形

---

[1] 陈振宇、邱明波(2010)曾经指出"疑问句"等是可以使预期翻转的"反预期语境"。

式就是"表达认识的认知动词短语引导的小句+转折性词语引导的后续句",当然经常采用过去和现在时间副词对照的形式,以凸显过去的认识,从而设立"预期"意义,以便后续句进行"反转",例如:

(43)窦文涛:"这里边,英国的文化当中确实有一种很有意思的东西,它是一种老人。好比说,**我过去以为**我像法国人,**现在**我发现我有点像英国人。"(凤凰卫视,《锵锵三人行——中国人已将奥运看成自己的事情》,2012年7月28日)

上述十类常见的"我以为"的语言表达形式是一种反预期语境,反预期意义是由反预期语境带来的,而不是由某一个语言成分——"以为"或者是"但是、不料、没成想"等语言成分带来的。那么在反预期语境中,"我以为"构式所起的语用功能就是为反预期语境提供说话人过去或惯常的"预期",从而为后续小句的"反预期"的"反转"提供语义基础和语义前提。一般来说,说话人关于命题真值的判断,往往表达的是非叙实意义,并不预设命题真值,即命题无所谓真假。但是,如果说话人关于命题信息的判断是过去的判断,那么,现在已然的客观事实自然验证了命题的真值,如果说话人关于命题为真的判断是正确的,那么就不存在语义转折关系,就不是反预期语境,而是合预期语境;如果说话人过去关于命题真值的判断是错误的,那么就是反预期语境,所以,是合预期语境还是反预期语境,跟语境有关,而跟动词无关,试比较:

(44)**我昨天认为**今天会下雨,今天果然下雨了。(自省语料)(合预期语境)

(44a)***我昨天认为**今天不会下雨,果然下雨了。(前后句语义关系和"果然"语义矛盾)

(44b)**我昨天认为**今天不会下雨,没想到今天下雨了。(反预期语境)

(44c) **我（昨天）以为**今天不会下雨，没想到今天下雨了。（反预期语境）

后续小句的已然性导致了对过去断言认识的可证实性或可证伪性，由此而形成了两种语法表达手段：一种是情态副词"果然"（"可证实性"），另一种是"我以为"（"可证伪性"）。在英语中，"I thought"也有合预期（"可证实性"）和反预期（"可证伪性"）两种表达功能。[①] 李明（2003）也认为"以为"经历了从言说动词到认知动词的语法化过程，即"言说义＞认为义（非/半叙实）＞以为义（反叙实）"，进一步说明"以为"的反叙实意义是从其非叙实意义在反预期语境中（前后语义相对或语义相反的语义关系）发展而来的。从非叙实意义（"认为"义）到反叙实意义（"错误地认为"义）的发展是反预期语境固化或内化的语用结果。

"我认为"构式的核心意义是关于命题真值的错误判断，表达关于命题真值的误断言认识（false belief），说话人的交际意图是通过告知听话人自己曾经做出的错误断言认识，来为后续的语义表述提供语义基础或语义前提，其"反叙实性质"和"反预期意义"都是由其经常出现的"反预期语境"带来的，而不是"我以为"构式自身的言语表达功能。

（二）基于语用考察的"我以为"构式的表达功能

"我以为"构式的核心构式意义是表达说话人关于命题信息的错误断言，从语用表达（used-based）的角度来看，说话人有着不同的交际意图，"我以为"构式承载着不同的话语表达功能。

1. 将前景信息背景化，承担反衬或对比功能

从语篇的信息结构角度来看，"我以为"构式引导的句子是说话人要向听话人传达的新信息，是听话人所不知道的信息，即说话人过去或惯常关于命题信息的错误断言（false belief），属于听话人所不知

---

① 王建平：《"I thought＋主语＋过去式"结构调型的辨义功能——预期性和非预期性反应》，《考试周刊》2009年第5期。

道的信息，这些信息对听话人而言，毫无疑问是新信息，但是这些新信息却不是说话人的交际意图或交际重心。换句话说，说话人想要向听话人传达不是"我以为"构式小句，而是后续小句，"我以为"构式所表达的错误断言认识是后续小句所表达的客观事实的语义背景，所以"我以为"构式小句在语用表达上就起到了语义衬托或语义对比功能，这种语义衬托和语义对比形成了前后小句之间的语义对立。也就是说，在语篇信息结构中，说话人用"我以为"将"我以为"所关涉小句这一前景信息（说话人所不知道的新信息）背景化，（因为"我以为"构式引导的小句不是说话人的交际目的和交际重点），形成反预期语境的预期语境，从而为后续小句的"反预期"奠定语义基础，后续小句才是说话人想要向听话人传递的重点信息（即交际目的和交际重点），例如：

（45）窦文涛："你觉不觉得你现在简直没法儿规划你明天的事儿，因为一切都在急速改变。今天想好明天这三件事，咔啦，全没有了。你比如说你到北京来，**我以为**我今天早上出去，我上午办一件事，下午办一件事。但是，事实上我发现呢，到晚上我还在办第一件事的路上，我还堵着呢。就你无法预测的，你不知道，你比方说你在北京，你一天出去你就打算办一件事情就行，你办两件事是不可能的。"（凤凰卫视，《锵锵三人行》，2008年1月14日）

（46）窦文涛："对，昨天我还紧急补课，翻翻这本书，给大家宣传一下《一个经济学家的良知与思考》。你知道我看完感觉是什么呢？**我以为**讲什么房价啊，讲这个什么税啊。哎呀，我一看第一个讲的是什么？《人生的意义》。哎，茅老师您对这个《人生的意义》很关心吗？"（凤凰卫视，《锵锵三人行——张茵提案：富人的税该不该降？》，2008年3月11日）

（47）乌克兰记者："来之前**我以为**北京信天主教的人不多，没想到今天一看原来北京有这么多天主教信徒。"（中央电视台，《中国新闻》，2008年8月17日）

第七章 "我（们）+ 判断类心理动词"构式的认识情态研究

以例（45）为例，说话人所要表达的语义重心是因为一切都在急速改变，所以没法规划明天的事"。所以，"我以为我今天早上出去，我上午办一件事，下午办一件事"属于说话人过去的某种断言认识，对听话人而言是新信息，是听话人所不知道的信息，但是这个新信息并不是说话人所要表达的语义重点，说话人要表达的语义重点是"但是"后面的句子"事实上我发现并非如此，一天只能办一件事情"。"我以为"构式引导的句子仅仅是后面句子的语义背景，是说话人事先向听话人交代的背景信息，因此，"我以为"构式承担的语用功能为后续小句提供语义对比的参照点，将听话人所不知道的新信息背景化为旧信息。

2. 通过对过去错误断言认识的重述，为后续行为做出解释，承载解释功能

当后续小句缺省的情况下，说话人的交际重心不再强调后续小句引导的客观事实，而是凸显"我以为"构式引导的小句，那么此时"我以为"构式引导的小句，不是作为背景信息来出现的，而是说话人交际的核心，是说话人想要表达的前景信息。也就是说"我以为"构式小句是说话人语义表达的重心或重点。"我以为"构式关于命题的判断往往是听话人当时认为最可能或最合理的判断，通过对过去错误断言的重述（说话人当时做出自认为合理的断言），为当时后续做出的行为或出现的后果进行辩解，承担着语义解释功能，例如：

（48）"五一"节前，杨女士和朋友前往观音岩某银行 ATM 机取钱。杨女士取完钱准备离开时，朋友叫住她，说机器上有张卡。杨女士有两张该银行的银行卡，其中一张与落在 ATM 机上的极为相似：旧卡，在中段偏下处有条折痕。"**我以为**是我的卡从钱包里滑出来了，就把卡收了起来。"5 日中午，杨女士前往临江门某银行，从钱包中取出 1300 元在 ATM 机上存入银行卡。然而，查询余额时，杨女士输入的密码怎么都不对。（天津人民广播电台，《打开晚报》，2009 年 5 月 8 日）

（49）听着前夫的话，一旁的范女士眼里噙满了眼泪。"当

时我也在现场,他说他想死,**我以为**他在说气话,就回了句'你去死啊'。"范女士说,当她反应过来时已追悔莫及,汽油点燃了,她赶紧用水将地上的塑料地毯上的火扑灭,又扑灭徐宏身上的火,虽然前后不过一分钟,但是已将徐宏严重烧伤。(天津人民广播电台,《打开晚报》,2009年7月3日)

(50)窦文涛:"我跟你讲汉字是非常有意思的,你看夫妻两个人躺在床上,是一个什么字呢?'北'北斗星'北'字,对吗?"

……

窦文涛:"你知道嘛?"

许子东:"**我以为**还是讲'北京'的'京'呢,你从'北'开始到'京'嘛。"(凤凰卫视,《锵锵三人行——从日食说登月四十年 美国就为争口气》,2009年7月22日)

以例(48)为例,按照认知常识,在ATM上取钱时,把落在ATM上的银行卡当作自己不小心掉落的银行卡,这符合人类的理想化认知模式,所以说话人用"我以为是我的卡从钱包里滑出来了"来对自己后续的行为"就把卡收了起来"进行解释。因此,说话人通过"我以为"构式来对过去所做的错误的断言认识来为后续的行为做出合理性解释,说话人语义表达的重心或者交际的目的,不是强调当前的客观事实如何,不是强调当前的客观事实证明我过去的断言是错的,也就是说,说话人的交际意图不是告诉听话人"说话人当时的认识是错误的",凸显反预期意义,而是对当时后续行为的合理性做出解释。因此,当后续小句所表达的客观事实缺省,说话人的交际意图不是通过强调客观事实证明过去的断言认识是错误认识的时候,反预期语境就不再存在了,此时"我认为"构式自然不再承载反预期的表达功能,而是通过对过去错误断言认识的重述,为后续行为进行辩解,承载解释的语用表达功能。

第八章 "我(们)+情感类心理状态动词"构式的认识情态研究

第一节 "我(们)+情感类心理状态动词"构式的界定

一 "我(们)+情感类心理状态动词"的构式形式

所谓"我(们)+情感类心理状态动词"构式,是指情感类心理状态动词出现在认识情态构式"我(们)+心理动词"中而构成的认识情态构式。出现在构式中的情感类心理状态动词主要有"怕、害怕、恐怕、担心"等,例如:

(1) 肖东坡:"来,把这个撒一下,我看我看。"
陆强:"接着啊,肖老师。"
肖东坡:"**我怕**你接不住,我这个球是很旋转的。"
陆强:"旋转啊,跟孔令辉学的是吧。"(中央电视台,《乡约——简单事业》,2010年4月26日)

(2) 窦文涛:"不是,我不信的关键原因,是因为我觉得一起又一起的事啊,对当事人好像是伤害吧,难道他能觉得是占便宜吗?"
孟广美:"你别说你不相信,我在这行干那么久了,其实今天何老师的阴谋论,我也不太相信。但是因为**我害怕**他回去写博客,把我写上,所以我觉得还是?"
窦文涛:"装作相信?"(凤凰卫视,《锵锵三人行——过多

限制和包装　艺人没法说真话》，2010 年 4 月 3 日）

（3）许戈辉："是，他们没有把这个仅仅是当作孩子的一句戏言而忽略掉。"

马中珮："对，因为他那时候如果送我去哪里去再学琴的话，**我恐怕**就会变成一个音乐家，但是我现在觉得，我常常发现，就是我到了麻省理工学院念这个，我那个学士跟博士都在那里念的。"（凤凰卫视，《名人面对面——马中珮：研究黑洞不为创纪录　小孩是新课题》，2012 年 4 月 9 日）

（4）张锋："有病咱还得看，张女士，但是您的担心我们听出来了。"

张女士："**我担心**两万块钱不够，现在我就不敢看了，颈椎犯得也挺厉害的，他那个什么吧，特色门诊就贵，但是他看的这个效果挺好，就是贵，我说你们那儿怎么这么贵，看一次得1300元呢，又泡脚，又吃药的。"（北京人民广播电台，《城市零距离——居民医疗》，2010 年 10 月 19 日）

二　"我（们）+情感类心理状态动词"的核心构式意义

《现代汉语词典》（第五版）对情感类心理状态动词的释义如下：

怕：①动词，害怕、畏惧。例如：老鼠怕猫；任何困难都不怕。②动词，禁受不住。例如：瓷器怕摔。③动词，担心。例如：他怕你不知道，要我告诉你一声。④副词，表示估计，有时还含有忧虑、担心的意思。例如：这个瓜怕有十几斤吧？如果不采取措施，怕要出大问题。

害怕：动词，遇到困难、危险而心中不安或发慌。例如：害怕走夜路；洞里阴森森的，叫人害怕。

恐怕：①动词，害怕；担心。例如：他恐怕把事情闹僵，所以做出了让步。②副词，表示估计兼担心。例如：恐怕他不会同意；这样做，恐怕效果不好。③副词，表示估计。例如：他走了

第八章 "我(们)+情感类心理状态动词"构式的认识情态研究

恐怕有二十天了。

　　担心：动词，放心不下。例如：担心情况有变；一切都顺利，请不要担心。

情感类心理状态动词"怕、害怕、恐怕、担心"等，表达的是人的某种心理情绪或者心理状态，这种心理状态是"我（们）+心理动词"构式所表示的对未然或未知事件的个人态度或者个人情感的事件类型的一个子类，因此可以进入认识情态构式"我（们）+心理动词"中，用于表达说话人对未然事件或未知事件的带有某种特定情绪的认识和判断，即表达说话人关于未然或未知事件可能发生的担心认识，属于担心认识情态（apprehensional–epistemic modality），属于复合认识情态，即同时复合了说话人的特定心理情绪（不愿意事件发生的某种情感）（feelings）和对于事件可能发生的某种认识或判断（uncertainty）。

Lichtenberk Frantisek 考察了澳大利亚所罗门群岛上的土著语言 To'aba'ita，发现有一个情态标记"ada"。从语法上来看，它是一个补足语的标记，但是具有表达担心认识情态意义的功能（apprehensional–epistemic modality），即"ada"不仅仅反映了说话人对于事件状态的不确定性认识，还包含了说话人对于事件状态的个人态度——不情愿的（undesirable）。[1]

高增霞从共时语法化的角度，结合词语的句法语义特征考察了现代汉语中的"怕""看"和"别"，指出它们分别由害怕义动词、观看义动词、禁止义否定副词发展出了表示"担心—认识情态"的标记词用法。担心认识情态不仅仅表明说话人对命题真值的确信程度，还表达了说话人对命题真值的主观态度和主观期望值。[2]

张敏认为，"怕"由心理动词演变为表达揣测语气的评注性副词，

---

[1] Lichtenberk Frantisek, "Apprehensional–Epistemics", In Joan Bybee, Suzanne Fleischman (eds.), *Modality in Grammar and Discourse*, Amsterdam: Benjamins, 1995, pp. 293–328.

[2] 高增霞：《汉语担心——认识情态词"怕""看""别"的语法化》，《中国社会科学院研究生院学报》2003年第1期。

经历了词类转变和词义虚化两个同时发生的过程。① 周晓林在考察假设连词"哪怕"的语法化时,也考察了心理动词"怕"的虚化过程,认为"怕"经历了从动词演变为副词又演变为连词的语法化过程,其中句法位置的改变和词义的虚化是"怕"语法化的主要动因。② 冯军伟考察了"恐怕"的认识情态意义及其语义演变的历程。"恐怕"同时具有担心认识情态意义和可能认识情态意义的表达功能,"恐怕$_1$"可以表达说话人对于事件可能发生的不确定性认识的同时,还表明了说话人对于未然事件或未知事件的个人态度——不情愿或不希望其发生,这种由说话人的推测和意愿相互融合而产生的混合认识情态意义(hybrid modality),即担心认识情态意义;"恐怕$_2$"表达的是说话人对于事件倾向于发生的可能性认识,并考察了二者在语用表达中的区别:"恐怕$_1$"表达担心认识情态意义时,主要用于表示结果的小句中,表达"由因及果"的演绎推理;而"恐怕$_2$"表达可能认识情态意义时,主要用于表示原因的小句中,常用于"由果及因"的回溯推理。③ 由心理动词"担心害怕"到副词"担心认识"或"推测认识"的语义演变方式和主观化过程符合人类的一般认知规律,因此"恐怕"表达担心认识情态意义和可能认识情态意义具有一定的类型学共性。

第二节 "我(们)+怕/恐怕"构式的认识情态研究

"我(们)+怕/恐怕"构式主要表达说话人对于未然或未知事件将要发生的不确定性认识(uncertainty),同时表明说话人对于事件将要发生的个人情感和个人态度——恐惧(apprehensional)和不情愿

---

① 张敏:《"怕"的历时演变》,《文教资料》2008 年第 11 期。
② 周晓林:《假设连词"哪怕"的演变及其动因》,《宁夏大学学报》(人文社会科学版)2009 年第 1 期。
③ 冯军伟:《"恐怕"的认识情态意义及其意义的主观性》,《中国学论丛》(韩国高丽大学校中国学研究所主办)2016 年第 53 辑。

◈ 第八章 "我(们)+情感类心理状态动词"构式的认识情态研究 ◈

（undesirable），例如：

（5）在浙江宁波、义乌等地火车站，这段时间，返乡农民工明显增多，尤其是云贵川方向的客流，增幅达到30%以上。

外来务工人员巩艳飞："工人少了，**我怕**（年底）请不到假，所以提前辞工回家了。"（中央电视台，《新闻联播》，2010年12月24日）

（6）霍德明："我觉得这次的贸易保护，我们得说，它跟30年以前贸易保护政策是不太一样的，而这次的贸易保护，如果发达国家它的这种思路保护它自己本国的国货，保护它本国自己劳工的话，**我怕**这个世界贸易战一发不可收拾。"（中央电视台，《今日观察——警惕新贸易保护主义》，2009年2月3日）

（7）记者："有什么冲击呢？"

王振耀："很多别的部门就说，你这也太不够意思了，怎么不跟我们说一声，我就开着玩笑，我和你说你马上不让它出来，**我恐怕**光这个标准得定一年。"（中央电视台，《面对面——王振耀：迎接现代慈善》，2011年5月29日）

（8）袖珍创作者蔡旺达："39岁那一年，去参观袖珍博物馆那一年，我看到这个东西的时候，我就在心里面想，我这一生，我如果再没有机会去做我想做的事，**我恐怕**没有机会。"（中央电视台，《中国新闻》，2008年4月13日）

以例（5）为例，"（年底）请不到假"这一事件既是说话人的担心害怕，在主观上不愿意发生的事情，又是说话人对将来"（年底）请不到假"这件事可能出现的认识和判断，表达的是说话人的一种担心认识情态意义。

"怕"和"恐怕"同时兼有心理动词和情态副词的词性，除了出现在认识情态构式"我（们）怕/恐怕"构式当中表达说话人的担心认识情态意义之外，还可以作为情态副词，直接表达说话人的担心认识情态意义，例如：

(9)（采访）楼盘销售人员："这个月已经卖出了十几二十套，很多客人入市意愿很强烈。"

（采访）市民："以前都是越调控越升，**怕**以后再升又买不起，永远都追高。"（广州电视台，《广视新闻》，2010 年 9 月 12 日）

(10)（采访）市民："我比较怕冻，**怕**冷着会感冒。"（广州电视台，《广视新闻》，2010 年 10 月 9 日）

(11) 主持人："但是我们的特种部队**恐怕**还是在实战经验上有欠缺。"

王大伟："那就得练，为什么咱们反而特警队这些年来锻炼得好一点，因为他老是接触真实的案子。"（深圳电视台，《22 度观察——美国染指南海，中国如何出招？》，2010 年 8 月 7 日）

(12) 张大春："可是你仔细去研究，冒托苏东坡之名写《艾子》的真正的作者，他**恐怕**不单是一个会说笑话、有智慧的人，还是一个风趣、有知识背景的人，他恐怕还真的很能够学苏东坡的语法、苏东坡的辩论的技术。"（凤凰卫视，《锵锵三人行——张大春："山寨"有其正义性 或可激发创意》，2010 年 9 月 23 日）

与情态副词"怕"不同的是，情态副词"恐怕"的语法化程度更高，不仅可以表达说话人的担心认识情态意义，还可以表达说话人关于事件可能发生的认识情态意义（冯军伟，2010；2016），例如：

(13) 李楯："我在今天不是说那些东西一定是正确的，我都不用'科学'这个词。因为我们对科学有个误解，好像什么都是科学，人不是为科学活着的，**恐怕**只有很少数人是为科学活着的。"（深圳电视台，《22 度观察——中医养生还可信吗？》，2010 年 6 月 17 日）

(14) 张燕生："在这一点上我们会发现，它一旦收购了，沃尔沃最有价值的东西是什么，是百年经验的积累，无论是品牌还是人才，还是技术，因此我们说最有内生性的中国吉利收购最

第八章 "我(们)+情感类心理状态动词"构式的认识情态研究

有价值的、百年历史经验积累的沃尔沃,这两个合到一起是最有创新的一个画面,我们有一点期待。"

专家观点:"吉利人需要用行动留住人才、增值品牌、掌握技术。"

水均益:"而且按北京俗话来说,这**恐怕**是一件非常靠谱的事情,非常感谢张先生。"(中央电视台,《环球视线——吉利收购沃尔沃还有变数》,2009年10月29日)

例(13)和例(14)中的"只有很少数人是为科学活着的"和"是一件非常靠谱的事情"仅仅表达了说话人的可能性推断,并不表达说话人的担心害怕或不愿意其发生的情感态度,因此句中的"恐怕"仅仅表达说话人的可能认识情态意义。

"怕""恐怕"同时兼有心理动词和情态副词的词性,这种双重词性体现了其从词汇范畴向语法范畴的语法化过程和语义演变过程,即情态副词的"怕""恐怕"是由心理动词的"怕""恐怕"演变而来的,因为从心理动词到情态副词的演变具有普遍意义的类型学特征。①② "恐怕"从担心认识情态意义到表达可能性认识情态意义体现了"恐怕"的进一步虚化,"恐怕"的担心认识情态意义实际上是心理动词"恐怕"词汇意义的语义滞留(persistence)(冯军伟,2010;2016),所谓语义滞留是指一个实义词演变为功能词以后,原来的实词意义往往并未完全丧失,新出现的功能词多少还保留原来实义词的某些特征,这些残存的特征对功能词的用法会施加一定的影响。③

---

① Jan Nuyts, *Epistemic Modality, Language, and Conceptualization*, Amsterdam: Benjamins, 2001, p. 141.
② Sandra A. Thompson, Anthony Mulac, "A Quantitative Perspective on the Grammaticization of Epistemic Parentheticals in English", In E. Traugott, B. Heine (eds.), *Approaches to Grammaticalization* (Volumes Ⅱ), Amsterdam: Benjamins, 1991, p. 327.
③ Paul Hopper, "On some Principles of Grammaticalization", In Elizabeth Closs Traugott, Bernd Heine (ed.), *Approches to Grammaticalization: Focus on Theoretical and Methodological Issues* (Volume Ⅰ), Amsterdam/Philadelphia: John Benjamins Publishing Company, 1991, pp. 28–30.

第三节 "我(们)+害怕/担心"构式的认识情态研究

根据《现代汉语词典》(第五版)关于"害怕""担心"的词义解释,我们知道"害怕""担心"都是心理状态动词,与"怕""恐怕"相比,语法化程度更低。因此,一般来说,认识情态构式"我(们)+害怕/担心"常用于表达说话人的担心认识情态意义,主要表达说话人对于未然或未知事件将要发生的不确定性认识(uncertainty),同时表明说话人对于事件将要发生的个人情感和个人态度——即"恐惧(apprehensional)和不情愿(undesirable)",例如:

(15)王佳一:"什么时候带视频了,我扭两下。"

顾峰:"你真会扭,一般经常扭动的跨步是不是应该比较大一点,你这样的应该是很少扭的吧?"

王佳一:"你转得够快的呀你,我听出来了。"

顾峰:"**我害怕**你抽我,大过节的。"(北京人民广播电台,《一路畅通——小时候最爱去的地方》,2009年5月4日)

(16)金香华:"我们村里有不少汉族人,房子里面的炕呀、锅台呀跟我们的都不一样,**我害怕**要按统一样子盖房,我们住着不习惯,咋办!"(中央电视台,《新闻联播》,2008年1月10日)

(17)一位庄女士就说,"这些词语透着一股暴力味道。我儿子每天上学都路过这些广告牌,**我担心**他会受到不良影响。"(中央电视台,《第一时间——马斌读报》,2008年4月25日)

(18)日本民众:"我不知道福田为何突然辞职,就如同去年9月安倍首相突然辞职一样,作为一个日本人,**我担心**福田的辞职会影响世界对我们的看法,尤其在世界正对我们失去信任这个关键时期。"(中央电视台,《今日关注——后福田时代的日本悬念》,2008年9月2日)

◆ 第八章 "我(们)+情感类心理状态动词"构式的认识情态研究 ◆

"我（们）+害怕/担心"构式在表达说话人担心认识情态意义时，心理动词"害怕""担心"词汇意义的语义滞留比较明显，体现出说话人较强的"害怕"和"担心"的心理情感或心理态度。但是，从构式所关涉的谓词性宾语或小句宾语的性质来看，"我（们）+害怕/担心"构式具有表达说话人担心认识情态意义的功能，因为构式所关涉谓词性宾语或小句宾语所表达的事件往往是一个未然事件，或者是说话人未知的事件，对未然事件或未知事件的担心，本质上就是说话人的一种推断性认识，从说话人对未然/未知事件不愿意发生的态度推理出说话人对事件发生的可能性推断符合人类的一般认知规律和认知常识。

第四节 小结

"我（们）+情感类心理状态动词"构式是指情感类心理状态动词出现在认识情态构式"我（们）+心理动词"中而构成的认识情态构式，主要用于表达说话人对未然事件或未知事件的带有某种特定情绪的认识和判断，即表达说话人关于未然或未知事件可能发生的担心认识，即担心认识情态（apprehensional – epistemic modality），属于复合认识情态类型，同时复合了说话人的特定心理情绪（不愿意事件发生的某种情感）（feelings）和对于事件可能发生的某种认识或判断（uncertainty）。

说话人对未然事件或未知事件的"担心"和"害怕"的心理情感和心理态度可以看作说话人的一种担心认识，从说话人对未然/未知事件不愿意发生的态度推理出说话人对事件发生的可能性推断，符合人类的一般认知规律。情感类心理动词从表达说话人担心害怕的心理状态，到表达说话人关于事件可能发生的担心认识，再到表达说话人关于事件可能发生的判断，体现了情感类心理动词从词汇范畴向语法范畴的语法化过程和语义演变过程。其中，最为典型的就是"怕""恐怕"同时兼有心理动词和情态副词的词性，这种双重词性表明情态副词的"怕""恐怕"是由心理动词的"怕""恐怕"演变而来的,这进一步表明从心理动词到情态副词的演变具有普遍的类型学特征。在从心理动词到情态副词的语法化过程当中,"我(们)+情感类心理动词"构式是情感类心理动词向情态副词语法化和虚化过程中的重要一环,Nuyts曾经指出"I think"相当于一个副词,处于语法化早期的词汇化或结构化阶段。① Thompson和Mulac发现,欧洲语言中有很多皮钦语(Pidgins)都有从"I think"发展出成为副词的经历②,因此这进一步证明了认识情态构式"我(们)+情感类心理动词"结构是从心理动词到情态副词演化过程中非常重要的一环,是语法化早期的词汇化和结构化的环节。

---

① Jan Nuyts, *Epistemic Modality, Language, and Conceptualization*, Amsterdam: Benjamins, 2001, p. 141.

② Sandra A. Thompson, Anthony Mulac, "A Quantitative Perspective on the Grammaticization of Epistemic Parentheticals in English", In E. Traugott, B. Heine (eds.), *Approaches to Grammaticalization (Volumes Ⅱ)*, Amsterdam: Benjamins, 1991, p. 327.

第九章 "我(们)+不+心理动词"构式的认识情态研究

第一节 否定转移及其语用动因

一 否定转移

所谓否定转移（transferred negation），是指在主从复合句中，否定词（not 或否定变体 n't）在某种特定条件下，从句中的谓语动词转移到主句中的谓语动词上，从而强调否定范围的某种词序变化现象，[1] 最早是由 Quirk 等在研究英语的否定句时提出的，[2] 例如：

(1a) I believe that [the] Labour Party isn't going to be able to produce [...] .

(1b) I don't believe that [the] Labour Party is going to be able to produce [...] .

转引自（Rublitz, 1992）

Horn认为允许否定转移的主要动词包括" thinking、believing、

---

[1] Wolfram Rublitz, "Transferred Negation and Modality", *Journal of Pragmatics*, Vol. 18, 1992, pp. 551–555.

[2] R. Quirk, et al., *A Comprehensive Grammar of the English Language*, New York: Longman, 1985, p. 1033.

supposing、perceiving、assessing、wanting" 等;① Quirk 等把它们归为 "私人动词（private verbs）" 的一个次类;② Rublitz 认为这些动词往往是非现实动词（non-factive verbs）和非含义动词（non-implicative verbs），或多为状态动词（stative verbs），并将之称为认识情态范畴的表达形式（expressions of epistemic modality）。③

据 Svartvik 和 Quirk 统计，"think、believe、suppose、perceive" 等动词发生否定转移的用法（例如 1b）和不发生否定转移（1a）的用法在英语日常口语中出现的比重约为 10∶1，④ 也就是说，相对于不发生否定转移的用法而言，这些动词的否定转移用法更加常见。

在现代汉语中，与英语中的 "think、believe、suppose、perceive" 类似，汉语中的心理动词 "觉得" "相信" "认为" 等在关涉一个谓词性宾语或小句宾语时，也可以发生否定转移，例如：

（2）美国百姓："**我不觉得**美国存在食品危机问题，因为在全球市场中，美国还是位于经济食物链的上端，不会由于粮食危机受太大影响，当然有些国家有很严重的食品安全问题。"（中央电视台，《中国新闻》，2008 年 6 月 5 日）

（3）主持人："也就是说不仅要管人，还要管机构？"

丁一凡："要管机构，而且要管市场。"

主持人："管市场。"

丁一凡："就是说**我不相信**市场本身是万能的，是可以自动调节的。"（中央电视台，《今日观察——峰会前瞻》，2010 年 6 月 25 日）

---

① Laurence R. Horn, "Remarks on NEG-Raising", In Peter Cole (ed.), *Syntax and Semantics (Vol. 9): Pragmatics*, New York: Academic Press, 1978, p. 187.

② R. Quirk, et al., *A Comprehensive Grammar of the English Language*, New York: Longman, 1985, p. 1181.

③ Wolfram Rublitz, "Transferred Negation and Modality", *Journal of Pragmatics*, Vol. 18, 1992, p. 559.

④ Jan Svartvik, Randolph Quirk (eds.), *A Corpus of English Conversation*, Lund: Gleerup, 1980, p. 525.

◆ 第九章 "我（们）＋不＋心理动词"构式的认识情态研究 ◆

（4）石述思："不错。一个连自己都不心疼的人，我不相信她能心疼孩子，**我不认为**这个社会需要一代一代的含辛茹苦才能进步。我们过去受的苦就是为了今天过得好一点，想使孩子受到教育，享受的生活条件更加地优越一点，没有罪过。"（深圳电视台，《22 度观察——因为穷而不生孩子，错了吗》，2010 年 7 月 8 日）

按照否定转移的观点，上述例句都经历了从从句否定到主句否定的否定转移过程，其从句否定的原型形式如下：

（2a）**我觉得**美国没有食品危机问题。
（3a）就是说**我相信**市场本身不是万能的，是不可以自动调节的。
（4a）**我认为**这个社会不需要一代一代的含辛茹苦才能进步。

二 否定转移的语用动因

学术界普遍认为否定转移的动因是来自语用方面的，即说话人在语用表达上通过否定转移来减弱言语的否定语力，从而避免因直接否定带来的强否定语气导致对听话人可能的面子威胁或冒犯，是一种基于礼貌原则的、听话人定位的面子保护策略。

Horn 认为否定语力的高低与否定词和否定成分在逻辑上和语义上的距离相关，[①] 也就是说，否定词和否定成分之间的距离越近，否定的语力越强（例 1a），否定词和否定成分之间的距离越远，否定的语力越弱（例 1b），所以按照 Horn 的观点，否定转移的主要原因在于说话人有意弱化说话人关于命题的否定语力。

Rublitz 从言语交际的语用表达策略和表达效果来考察动词发生否定转移的原因，指出"think、believe"等动词否定转移的用法是认识

[①] Laurence R. Horn, "Remarks on NEG‑Raising", In Peter Cole（ed.）, *Syntax and Semantics*（*Vol. 9*）: *Pragmatics*, New York: Academic Press, 1978, p.132.

情态范畴的重要表达方式之一。① Rublitz 从四个方面进行了证明，具体来说：

第一，Rublitz 认为"think、believe"等动词否定转移的用法具有明显的人际表达功能（a markedly interpersonal function），即降低或弱化说话人关于命题和会话参与者的否定态度，更易于被会话参与者所接受（make it acceptable），也就是说，说话人意图向会话参与者寻求认同或相互理解和关照，试图和会话参与者保持良好的社会关系。

第二，运用"否定语力的高低与否定词和否定成分在逻辑上和语义上的距离成正相关"理论②来分析否定词移位所导致的表义差异。一方面，否定词从从句的谓语动词转移到主句的谓语动词，在句法表层的词序排列上，人为地拉长了否定词（not 或变异形式 n't）和否定成分（命题成分）之间的距离，这种距离的加大必然导致否定语力的弱化；另一方面，否定词从从句的谓语动词前移（forwarding）到主句的谓语动词，在客观上不仅保证了听话人在第一时间或第一位置意识到否定词，而且还为"I don't think"等否定转移类结构在复杂的言语表达中，从一个普通的句法格式发展成为一个谚语（idiom）提供了先决条件（essential precondition）。

第三，运用"量级否定"（negation of scalar）理论，即对于高量级（a strong scalar）动词的否定就会得到一个低量级（a weak scalar）表达，相反，对于低量级动词的否定就会得到一个高量级表达，而对于中等量级（a middle scalar）动词的否定，得到的还是一个中等量级的语义表达。③④ "think、believe"等允许否定转移的动词属于非叙实动词（non-factive verb），往往表达说话人关于命题的不确定性承诺

---

① Wolfram Rublitz, "Transferred Negation and Modality", *Journal of Pragmatics*, Vol. 18, 1992, pp. 551–574.

② Laurence R. Horn, "Remarks on NEG-raising", In Peter Cole (ed.), *Syntax and Semantics (Vol. 9): Pragmatics*, New York: Academic Press, 1978, p. 132.

③ Laurence R. Horn, "Remarks on NEG-raising", In Peter Cole (ed.), *Syntax and Semantics (Vol. 9): Pragmatics*, New York: Academic Press, 1978, p. 193.

④ Wolfram Rublitz, "Transferred Negation and Modality", *Journal of Pragmatics*, Vol. 18, 1992, p. 566.

(commitment of uncertainty),其确定性程度明显低于叙实动词(factive verb)"know"等,而高于表达不确定性的词"possible"等。因此,其所表达的确定性程度恰恰在确定性量级序列(由高到低)中处于中等量级,根据对中等量级动词的否定得到的还是中等量级的量级否定理论,"think、believe"等动词为了避免由于对命题内容做出直接断言或(不受欢迎的)承诺可能带来的强语力表达,而采用"否定转移"的方式来表达一种折中的可能性(即表达"中等量级"),从而弱化直接否定所带来的强否定语力,因此Perkins把否定转移的方式称为说话人意图提供"少于必要的承诺"(less committal than necessity),[①]也就是说,说话人试图通过提供比"必需的承诺"在程度上少一点的承诺,来表达说话人意图弱化承诺的语用目的。

第四,从信息结构的加工顺序角度来讨论否定转移所导致的信息表达差异。根据Prince(1981)关于主述位信息结构的理论,即主位(theme)承载旧信息和已知信息(given or known information),往往处于句子的起始位置(initial position),述位(rheme)承载新信息和未知信息(new or unknown information),往往处于或接近句子的末尾(final or near final position),这种信息结构理论同样适用于复杂的话语。在发生否定转移之前,否定词原本在从句的谓语动词之前,在句中处于或接近句子的末尾,是新信息的重要组成部分,而在发生否定转移之后,否定词前移至主句的谓语动词之前,在句中处于或接近句子的起始位置,因此原本处于述位的否定词就转移到了处于主位的主句中,这导致了述位不连续现象,Rublitz称之为述位分离现象(rhematic splitting)。[②]当述位分离现象发生的同时,否定词则发生了半主位化过程(process of quasi-thematization),即从原本是述位的一部分,转变为主位的一部分。半主位化过程在语用上所导致的后果就是弱化了关于命题的否定语力,即弱化了原本对命题的直接否定所产

[①] Michael R. Perkins, *Modal Expressions in English*, Norwood, N.J.: Ablex, 1983, p. 118.

[②] Wolfram Rublitz, "Transferred Negation and Modality", *Journal of Pragmatics*, Vol. 18, 1992, p. 567.

生的强否定语力。如果直接否定述位，否定语力很强，而如果把否定词转移到主位中，使之成为已知或旧信息，不再承载焦点和新信息的表达，那么自然就弱化了关于命题的否定语力。否定转移的这一弱化语力功能，在言语交际过程中适用于说话人用以表达和听话人关于某一命题所具有或采取的不同认识和判断，从而达到易于被听话人接受的语用表达效果。

国内关于否定转移的研究主要围绕着两方面内容展开：一是否定转移主要包括哪些类型（熊学亮，1988；李鲁，1997；等等）；二是否定转移的多角度阐释，具体来说包括否定转移的动因解读（韩景泉，1990；杨纳让、汪运起，1999）；否定转移的语用视角解读（周雪林，1996）；否定转移的强制性与否（徐盛桓，1983；1990）；否定转移的认知隐喻解读（张会平、刘永兵，2011）；语义强度、强度等级和否定转移的关系（沈家煊，1989；袁毓林，2012），等等。

三 本章的研究内容

现代汉语中的很多心理动词都可以进行否定转移，例如"认为、以为、觉得、相信"等。"我（们）+心理动词"构式主要表达说话人关于命题信息的认识和判断，具有认识情态意义的表达功能，那么，其否定转移形式"我（们）+不+心理动词"构式是否也具有认识情态意义的表达功能？"我（们）+心理动词"构式和"我（们）+不+心理动词"构式在认识情态表达上有什么区别？

本章将以心理动词"相信"为例，在考察"我+相信"构式和"我+不+相信"构式区别的基础上，研究"我+不+相信"构式的认识情态表达功能。

第二节 "我相信+……不/没……"和"我不相信"的对比研究

徐盛桓在区别否定范围、否定中心和转移否定时，曾经指出转移否定和一般否定的区别在于两点：第一，在理解时，否定转移必须是

第九章 "我(们)+不+心理动词"构式的认识情态研究

强制的,即必须发生否定转移。第二,否定必须是从主句转移到从句中,有些句子在理解时不应发生否定转移,因为上下文或讲话者的语义意图比较强烈地表示句子所代表的事物本身的确没有这种思想活动(mental activity),这时就应该理解为"我并不认为""他并不相信"等,这样的句子就等同于"一般否定"的句子,不属于否定转移,不受强制性否定转移的限制。[①]

根据徐文的论述,我们认为与一般否定最大的不同就是否定转移在语言解码上的可逆性操作。也就是说,对于说话人而言,否定转移是在语言表层结构的生成过程中,在礼貌原则和面子保护策略语用动因的促动下,句子的表层结构发生了否定词从从句谓语动词移位到主句谓语动词的位移过程,这个过程是语用条件限制下的强制位移,这个过程发生在语言编码阶段;而对于听话人而言,在语言意义的理解过程中,听话人需要在深层结构中还原表层的否定位移——将否定词从主句的谓语动词位置还原到从句的谓语动词位置,这就是否定转移在语言解码上的可逆性操作,这个过程发生在语言解码阶段,而这个否定还原的可逆性操作过程也应该是强制的,因为只有这样,才能保证句子语义表达的准确性,这是基于语义准确性的强制位移过程,因为按照传统否定转移观(Horn,1978;Rublitz,1992;周雪林,1996;熊学亮,1988;等等)来理解,"我相信……不/没……"("I believe not")结构和"我不相信"("I don't believe")结构之间仅仅存在弱化否定语力的语用表达差异,是基于礼貌原则和面子保护策略做出的语用策略调整。换句话说,"我相信+谓词性宾语/小句宾语(……不/没……)"结构和"我不相信+谓词性宾语/小句宾语"结构在语义表达上应该是相同的;两类句子除了语用表达策略方面的语用差异之外,语义上应该没有什么不同,但是事实并非如此,"我相信+谓词性宾语/小句宾语(……不/没……)"结构和"我不相信+谓词性宾语/小句宾语"结构在语义上存在着一系列的差异和区别。

根据对汉语复合句"我相信+谓词性宾语/小句宾语(……

[①] 徐盛桓:《否定范围、否定中心和转移否定》,《现代外语》1983年第1期。

不/没……)"和"我不相信 + 谓词性宾语/小句宾语"对比考察，我们发现：第一，"我相信 + 谓词性宾语/小句宾语（……不/没……)"和"我不相信 + 谓词性宾语/小句宾语"是不同的，两个结构之间不能自由变换。第二，"我相信 + 谓词性宾语/小句宾语（……不/没……)"和"我不相信 + 谓词性宾语/小句宾语"在表义上有明显的区别，"我不相信 + 谓词性宾语/小句宾语"是"我相信 + 谓词性宾语/小句宾语"的否定结构，而不是"我相信 + 谓词性宾语/小句宾语（……不/没……)"的否定转移。第三，"我相信 + 谓词性宾语/小句宾语（……不/没……)"和"我不相信 + 谓词性宾语/小句宾语"在语用背景和语用表达方面都有明显的对立和差异。

一 "我相信 + ……不/没……"和"我不相信"的转换对比

根据否定转移的观点，从语言编码的角度来看，"我相信 + 谓词性宾语/小句宾语（……不/没……)"是句子的原型结构，"我不相信 + 谓词性宾语/小句宾语"结构是"我相信 + 谓词性宾语/小句宾语（……不/没……)"否定转移后的表层结构形式，句子经历了从"我相信 + 谓词性宾语/小句宾语（……不/没……)"到"我不相信 + 谓词性宾语/小句宾语"的转换过程；从语言解码的角度来看，"我相信 + 谓词性宾语/小句宾语（……不/没……)"应该是语义表达的原型结构，语义的解读需要经历从"我不相信 + 谓词性宾语/小句宾语"到"我相信 + 谓词性宾语/小句宾语（……不/没……)"的转换过程。这意味着"我相信 + 谓词性宾语/小句宾语（……不/没……)"和"我不相信 + 谓词性宾语/小句宾语"结构应该是可以自由转换的，转换后，除了语用表达效果的差异之外，语义表达应该是相同的。

（一）"我相信……不/没……"和"我不相信"使用频次对比

根据对媒体语言语料库（MLC）的考察，我们发现"我相信 + 谓词性宾语/小句宾语（……不/没……)"和"我不相信 + 谓词性宾语/小句宾语"结构在语料中出现的频次有明显的差异，如表 9-1 所示。

第九章 "我(们)+不+心理动词"构式的认识情态研究

表9-1 "我相信+谓词性宾语/小句宾语（……不/没……）"
和"我不相信+谓词性宾语/小句宾语"使用频次对比

	"我相信+谓词性宾语/小句宾语（否定）"		"我不相信+谓词性宾语/小句宾语"结构
	否定词"不"	否定词"没"	
出现频次	417	102	86

在媒体语言语料库（MLC）中，"我相信+谓词性宾语/小句宾语（……不/没……）"和"我不相信+谓词性宾语/小句宾语"结构出现频次的比例约为6∶1。

一般来说，如果两个结构可以自由转换，那么两者出现的频次应该大致相当，而差别不应该如此悬殊；此外，汉语在语用表达方面特别注重礼貌原则和面子保护策略的运用，因此出于语用表达策略的考虑，"我不相信+谓词性宾语/小句宾语"结构出现的频次应该更高，而事实却恰恰相反，"我不相信+谓词性宾语/小句宾语"结构出现频次却不及"我相信+谓词性宾语/小句宾语（……不/没……）"构式使用频次的1/6，这也从一个侧面反映了"我相信+谓词性宾语/小句宾语（……不/没……）"和"我不相信+谓词性宾语/小句宾语"结构有本质的不同，不是简单的否定转换，二者必然有深层次的区别。

此外，"我相信+谓词性宾语/小句宾语"和英语中的"I believe"在使用比例上也有很大的差别。根据Svartvik和Quirk的统计，日常会话中关于"think""suppose"否定转移的用法（"I don't + verb"）和非否定转移用法（"I + verb + not"）的比例接近10∶1。[①] 熊学亮通过对8位英语是母语的作家的作品中摘录74句主动词是"think、suppose、believe、imagine"的否定句进行考察，发现主句否定（I don't + verb）和从句否定（I + verb + not）的比例分别是32∶5、8∶1、3∶1

[①] Jan Svartvik, Randolph Quirk (eds.), *A Corpus of English Conversation*, Lund: Gleerup, 1980, p. 525.

和1∶0。① 显然，汉语中"我相信"结构和英语中"I believe"结构在主句否定和从句否定的使用频次上有天壤之别，汉语中"我相信……不"和"我不相信……"的使用比例是6∶1，而英语中"I believe not"和"I don't believe"的比例是1∶3，相差接近18倍。换句话说，与英语中的否定转移情况相比，汉语的谓词性宾语/小句宾语否定形式"我相信……不/没……"是显赫结构，而在英语中，主句否定形式"I don't believe"则是显赫结构。

（二）"我相信……不/没……"和"我不相信"转换情况考察

"我相信+谓词性宾语/小句宾语（……不/没……）"和"我不相信+谓词性宾语/小句宾语"除了使用频率差距悬殊之外，我们通过转换实验发现，两个结构之间不能自由转换。

我们进行了"双向转换"实验：一是将519例"我相信+谓词性宾语/小句宾语（……不/没……）"转换为"我不相信+谓词性宾语/小句宾语"的否定转移实验；二是将86例"我不相信+谓词性宾语/小句宾语"转换为"我相信+谓词性宾语/小句宾语（……不/没……）"的否定还原实验，以期发现上述两类结构在本质上的差异。

1. 从"我相信……不/没"到"我不相信"的否定转移情况考察②

通过将媒体语言语料库（MLC）中出现的519例"我相信+谓词性宾语/小句宾语（……不/没……）"结构转换为"我不相信+谓词性宾语/小句宾语"结构的否定转移实验，我们发现有六种情况不能进行从谓词性宾语/小句宾语否定到主谓结构否定的否定转移操作；可以进行从谓词性宾语/小句宾语否定到主谓结构否定的否定转移操作的情况有两种。

（1）不能通过从谓词性宾语/小句宾语否定到主谓结构否定的否

---

① 熊学亮：《试论英语中的否定转移》，《现代外语》1988年第4期。
② 英语有主句和从句的对立，因此就有主句否定和从句否定的对立；而汉语没有主句从句的对立，因此下文采用主谓结构否定（即"我不相信"）和谓词性宾语/小句宾语否定（即"我相信……不/没"）相对立的称呼。

定转移实验的情况

通过对 519 例"我相信+谓词性宾语/小句宾语（……不/没……）"结构转换为"我不相信+谓词性宾语/小句宾语"结构的否定转移实验，我们发现有以下五种情况不能通过从谓词性宾语/小句宾语否定到主谓结构否定的否定转移操作。

第一种情况，当谓词性宾语/小句宾语中有明显的加强说话人肯定或否定语气的情态副词，"我相信+谓词性宾语/小句宾语（……不/没……）"构式表达说话人关于命题信息的强断言认识时，一般不能进行否定转移，或者进行否定转移操作后，语义差别较大。例如：

（5）"有才华的年轻人，他对于音乐有自己的见解，**我相信**我们的组合演出，**肯定**不会令观众失望！"（湖南人民广播电台，《湖南新闻》，2012 年 9 月 28 日）

（5a）"有才华的年轻人，他对于音乐有自己的见解，**我不相信**我们的组合演出，**肯定**会令观众失望！"

例（5a）是例（5）经过否定转移操作之后得到的句子，虽然在句法上是合法的；但是语义表达有自相矛盾之嫌，且否定转移之后，和例（5）相比，语义上也有较大的变化。如果把例（5a）中的"肯定"替换为"一定"以后，语义上和例（5）的语义更加接近。原因在于情态副词"肯定"和"一定"在情态意义上的区别。例（5）中，"我相信……不/没……"表达了说话人关于事件不会出现的断言，断言语气强烈，从语用表达上来看更加接近表达说话人对于未然事件不会发生的一种主观承诺，这源于两点：一是"肯定"的情态意义，潘泜津（2006）指出"肯定"侧重于"承认、接受情况的必然性"，体现了说话人的主动性和意愿性；二是"肯定"的语义辖域，在例（5）中"肯定"关涉的语义范围是"不会令观众失望"，否定词"不"在"肯定"的辖域内，因此，"肯定"加强的是否定语气。而否定转移之后的"我不相信"结构虽然也表达说话人的断言，但是断言语气相对缓和,这符合"否定转移观"对否定转移的语用表达效果的解释。但是,一方面,谓词性宾语/小句宾语中的"肯定"侧重于"承认、接受情况的必然性",体现了说话人的主动性和意愿性的情态意义,和主谓结构"我不相信"的主观断言相矛盾,自然就不合时宜,而"一定"则是评注性副词,表达通过某种征兆或迹象对已经发生(已然)或可能出现(或然)情况进行判断或评论(李成军,2005),侧重于"坚决地认定情况的必然性"(潘汜津,2006),也就说"一定"更多地强调基于一定征兆或常规规律对事件状态进行的一种认识上的必然性推断,关注事件发生的必然趋势,而并不表达说话人关于事件必然发生的"承认"和"接受",不体现说话人的主动性和意愿性。既然"我不相信"表达说话人不认为命题为真,那么谓词性宾语/小句宾语中用情态副词"肯定"表达说话人"承认"和"接受"事件必然发生就显然自相矛盾了,但是情态副词"一定"则只是表达认识上的一种必然性,避免了说话人主观态度和立场的表达,所以将"肯定"替换为"一定"后,语义的自相矛盾性解除,在语义上和例(5)的语义更加接近。另一方面,即使不考虑"肯定"和"否定"在情态意义表达上的差别,仅仅从情态副词语义辖域的变化角度来看,例(5)和例(5a)也有较大的语义差异。在例(5a)中,否定词"不"的否定辖域是"相信我们的组合演出,肯定会令观众失望",而在例(5)中,情态副词"肯定"的语义辖域是"会令观众失望","肯定"加强的是"会让观众失望"这一命题为真的肯定语气;而在例(5a)中,"否定"已经跳出了"肯定"的辖域,因此"肯定"的语义辖域发生了变化,导致说话人语气也发生了变化,即从加强否定的语气(例5)转变为加强肯定的语气(例5a)。

综上,以上多种因素导致了进行否定转移操作之后,例(5)和例(5a)在语义上有较大的差别,且例(5a)在语义表达上也不顺畅(自相矛盾),这些都意味着在谓词性宾语/小句宾语中有明显的、加强说话人肯定语气的情态副词"肯定""一定""绝对""绝"等时,一般不能进行否定转移操作,再比如:

(6)水均益:"宋先生,刚才一直在演播室参与我们的讨论,但是有一个问题特别想您来给我们评价一下。截至目前,似乎我们没有看到太多的来自日本方面救援的画面,**我相信**这**肯定**不是日本方面日本政府救援不力,但是可能很多的画面我们还没有收集到。"(中央电视台,《环球视线——专家称日本海啸破坏力不亚于地震》,2011年3月17日)

(7)黄洁夫:"红会的事情我不能去说红会的什么,因为这个**我相信一定**不会是红会的主要领导去说这个话,他们不会去说这样的话。"(中央电视台,《面对面——韩亚空难:噩梦5分钟》,2013年7月1日)

(8)洪琳:"这一次F-22尽管说吹得很先进,但是到现在为止没有经过实战检训,而且现在出了这么大漏洞的时候,**我相信**美国人**绝对**不敢放在那里面去,因为这个参战风险确实太大了。"(中央电视台,《环球视线——"猛禽"患上"缺氧症"停飞!》,2011年5月10日)

(9)医院照B超,女人可以照出"前列腺",**我相信**这**绝**不是一个个案,曾几何时,我们广电集团体检,医院都检出了我的男同事有盆腔炎,晕!(深圳电视台,《18点新闻》,2012年5月5日)

此外,如果"我相信"结构后面出现了表示坚决肯定的强调副词"是"时,一般也不能发生否定转移,因为否定转移操作会导致强调"是"的语义辖域发生改变,从而导致整个句子的语义发生变化,例如:

(10)叶檀:"短期内可以达到效果的,**我相信**起码在两三个月内这些行业是不会涨价的,表面上物价会平稳一段时间,当然这个效果特别短期。从长期来看,这个稳定物价的倡议根本没有用。"(中央人民广播电台,《新闻纵横》,2011年4月14日)

（11）徐茂栋："一些垂直细分的领域是有机会的，小的公司创业者是有机会的，而某一个垂直细分领域里面，被巨头忽略的市场是有机会的，就像我们今天看到的一些3C的市场，突出的市场，**我相信**今天小的公司是不可能有机会进来，包括团购市场。"（中央电视台，《今日观察——"金九银十"看大势 网购大战 谁能挺到最后》，2011年10月3日）

（12）王军："那么在这个地方为了一个房地产项目，而且是一个东城区国有企业的一个项目，就要撅地三尺，这毫无疑问违反了规划的要求，**我相信**市政府是不会批准的。"（北京人民广播电台，《记者视线——重温革命烈士的光辉事迹》，2010年4月8日）

除了谓词性宾语/小句宾语中有明显的加强说话人肯定语气的情态副词不能进行否定转移操作之外，如果谓词性宾语/小句宾语中有加强说话人否定语气的情态副词，那么，句子也不能进行否定转移操作，经常出现的加强否定语气的副词有"并"等，例如：

（13）何亮亮："使用完大棒之后，可以继续用萝卜来跟菲律宾交往，菲律宾的政治和经济商界的精英，其实大部分祖籍都是中国的，**我相信**他们并不想跟中国作对，但是他们必须要考虑，中国国家的核心利益受到了伤害以后，中国肯定要用自己的力量来维护这个利益。"（凤凰卫视，《时事开讲——何亮亮：菲律宾欲投靠美国当"阿拉伯国家"》，2012年4月27日）

例（13）发生否定转移后，变成"我不相信他们并想跟中国作对"，句子不合语法，因为"并"只用在否定词前面，加强否定的语气，并带有反驳的意味。否定转移发生后，否定词前移到主谓结构后，谓词性宾语/小句宾语的命题变成肯定命题，使得表达加强否定语气的"并"不再合语法。这样的例子还有很多，例如：

第九章 "我(们)+不+心理动词"构式的认识情态研究

(14) 何刚："按照刚才的分析,我们看到同花顺并不是国内在一些细分的领域比较好的软件公司,**我相信**他暂时没有机会,并不意味着其他的公司没有机会。"(中央人民广播电台,《新闻纵横》,2009 年 9 月 26 日)

(15) 谈到严峻的分组形势时,姚明说道:"显然,我们组有些球队实力明显超出一块,不过**我相信**我们并不是完全没有机会,关键在于你自己要去争取。"(中央人民广播电台,《体育天地》,2008 年 5 月 9 日)

第二种情况,当谓词性宾语/小句宾语中出现了表达类同的副词"也"时,如果主谓结构前面的句子也是否定形式,那么句子不能发生否定转移,例如:

(16) 张焕波:"实际上居民对水电、油气的需求并不是很高,以电为例,居民用电 2008 年的时候才是 12.76%,**我相信**这几年的增长也不是很高,主要的消费是在产业经济方面。"(中央人民广播电台,《天下财经》,2012 年 5 月 4 日)

(17) 汤本:"所以这里面就面临一个问题,联合国能不能做出决议,联合国能不能立即进行策划,派遣维和部队到现场,用维和部队的实力来阻止双方的开火,来阻止双方进一步恶化局势,让双方放下武器停火,这是一个非常重大的抉择,所以**我相信**美方也不希望看到形势越来越恶化,因为目前状态下,西方用武力干涉的可能性越来越小。"(凤凰卫视,《时事开讲——汤本:爆炸案使叙利亚缓和的可能性越来越小》,2012 年 3 月 20 日)

(18) 窦文涛:"是嘛,那怎么回事啊,A 货啊?"
孟广美:"其实这个东西我们没有办法去追问人家,就像你看这把剑,它的价值在你的心里,马老师拿这把剑很合适,这把剑如果是我拿来节目里,**我相信**你也不认这把剑了吧。"(凤凰卫视,《锵锵三人行——窦文涛:中国富人成了西方奢侈品行业救

星》，2011年2月4日）

以例（16）为例，说话人认为"居民对水电、油气的需求并不是很高"，对这几年增长的情况做出了类似的判断，即"我相信这几年的增长也不是很高"。我们都知道，副词"也"表示类同，因为前面的句子是否定形式，所以谓词性宾语/小句宾语的命题形式也必须是否定形式，而发生否定转移操作之后，句子变成"我不相信这几年的增长也是很高"，谓词性宾语/小句宾语的命题变成肯定命题，前面的句子是否定形式，谓词性宾语/小句宾语的命题是肯定形式，这就导致了表达类同意义的"也"在句中显然不再合语法。例（17）中，联合国不希望双方进一步恶化局势，美方也不希望看到形势越来越恶化，所以发生否定转移操作后的句子——"我不相信美方也希望看到形势越来越恶化"——句子语义发生了根本性变化。例（18）也是如此，孟广美意在表达"拿剑"的情况和"拿包"的情况类似，大家不认为助理拿的名牌包是真的，同理，大家也不认为她拿的剑是真的。

第三种情况，当谓词性宾语/小句宾语中出现了"应该、当然"等情态词时，往往不能进行否定转移，例如：

（19）向松祚："资金我觉得仅仅是一个比较次要的部分，以他的影响力，**我相信**他来拉几千万的赞助，应该不是一件困难的事情。"（中央电视台，《今日观察——姚明收购上海男篮，从球员到老板》，2009年7月16日）

（20）国台办副主任郑立中："协商谈判很多东西需要大家来互相商量，大家从大局出发，要彼此关照，大家要互相体谅。总体进程前景是乐观的，大家也都是努力的，**我相信**时间应该不会很远。"（中央电视台，《中国新闻》，2010年6月20日）

（21）主持人："是不是意味着这种事情在你的身上永远不会发生？"

向贵成："我觉得我作为一个新股民都没有发生这样的事，

第九章 "我(们)+不+心理动词"构式的认识情态研究

我相信以后应该不会。"(中央电视台,《对话——股市暴跌:抛? 还是不抛?》,2008年4月20日)

《现代汉语词典》对"应该"的解释是"理所当然",吕叔湘对能愿动词"应该"的释义为"估计情况必然如此"和"表示情理上必须如此";① 而彭利贞、刘翼斌认为"应该"表达说话人对命题真值的盖然性推断,其所表达认识情态在情态级差上介于"可能"和"必然"之间;② 乐耀认为"应该"是一个具有推测意义的认识情态词,在对某类证据评价的基础上强调说话人对所言信息的信度,具有表达汉语传信范畴意义的功能。③

在现代汉语中"应该"用于表达两种情态意义:一是道义情态意义;二是认识情态意义。道义情态属于事件情态范畴(event modality),认识情态属于命题情态范畴(prepositional modality)。④ "应该"所表达的是道义情态意义,关注的是负有道义责任的施事施行某些行为的必要性,其道义情态意义源于某种来源或原因(source or cause),这种来源或者原因可以是某个权威的个人或组织,也可以是道德规范或法律规则,还可能是某种内在的动力。"应该"的认识情态意义关注的是说话人关于命题必然为真的看法或者态度,往往表达说话人对命题情景出现的必然性认识。根据Palmer关于认识情态语义类型的分类,⑤ 我们知道"应该"所表达的认识情态意义属于以得到的证据为基础的推论的推断。从"应该"在现代汉语中所表达的认识情态意义来看,"应该"的认识情态意义和其道义情态意义密切相

---

① 吕叔湘:《现代汉语八百词》,商务印书馆1980年版,第550—551页。
② 彭利贞、刘翼斌:《论"应该"的两种情态与体的同现限制》,《语言教学与研究》2007年第6期。
③ 乐耀:《汉语认识情态词"应该"用以表达传信意义》,《语言学论丛》2013年第2期。
④ F. R. Palmer, *Mood and Modality* (2nd Edition), Cambridge: Cambridge University Press, 2001, p.22.
⑤ Palmer(2001)根据语义类型将认识情态分为三类:一是表达不确定性的推测(speculative);二是以得到的证据为基础的推论的推断(deductive);三是以常识为基础的推论的假设(assumptive)。

关。换句话说，"应该"的认识情态意义源于其道义情态意义，"应该"所表达的认识情态意义往往意在突出说话人根据已经得到的证据（evidences）或经过推导出来的征兆（signals），或者是某种常理（conventions）、社会规则（social norm）、道德规范（morals）或者某种法律规章（legal regulations）而对命题发生或情景出现做出的必然性推断，这种判断属于说话人确信度较高的判断。"应该"表达认识情态意义的语义强度高于表达可能性推测的"可能"，但是低于表达必然性判断的"一定"，与同样是表达说话人关于命题必然性推断的"一定"相比，"应该"的认识情态意义更强调必然性推断的"合理性"和"合法性"，即二者在根据已经得到的证据或经过推导得来的征兆做出的推断上是一致的，而在事关命题必然发生的"合理合法性"上存在差异，"应该"的认识情态意义更加凸显根据社会规则、社会常理、道德规范和法律规章做出必然性推断，而"一定"的认识情态意义则往往凸显说话人个人的主观判断，因此"一定"的主观性更强，语义强度更高。

我们将例（19）进行否定转移操作后，对比如下：

(19) 以他的影响力，**我相信**他来拉几千万的赞助，应该不是一件困难的事情。

(19a) 以他的影响力，**我不相信**他来拉几千万的赞助，应该是一件困难的事情。

例（19）"应该"所关涉的命题是"不是一件困难的事情"；而进行否定转移操作后，例（19a）中"应该"所关涉的命题是"是一件困难的事情"，显然命题发生了改变，意味着"应该"的语义辖域发生了改变，那么说话人根据社会规范、道德、法律等一般规律关于命题所做出合"情"、合"理"、合"法"的推断发生了语义上的翻转，从而导致例（19）和例（19a）在语义上有根本的区别。

在现代汉语中，与"应该"有相同认识情态功能的还有"应、应当、该"等，都表达了说话人根据常识、常理、道德或法律做出必

◆ 第九章 "我(们)+不+心理动词"构式的认识情态研究 ◆

然性推断的认识情态意义。

此外,"当然"也与"应该"有类似的认识情态表达功能。《现代汉语词典》(第五版)对"当然"的解释是"表示合乎事理或情理,没有疑问",《现代汉语八百词》将"当然"界定为副词,表示肯定,有加强语气的作用,表示不必怀疑。① 管志斌认为"当然"表达"说话人的某种主观情态,是一种主观述实"②;张则顺把"当然"看作一个"合语气标记和确信标记"③,其功能是表明说话人陈述的背景是一种包括听话人在内的社会公众的共有知识,说话人的陈述是以共有知识为背景的合预期推理,而这种合预期推理则为"确信"提供了适当的理由和证据,传达说话人对所陈述情况的确信。基于上述分析,本书认为"当然"和"应该"相同,也具有表达说话人根据社会常识、常理、道德或法律的规范或规则做出确信度较高推断的认识情态意义,所以,如果谓词性宾语/小句宾语中出现了"当然"时,句子也不能进行否定转移操作,试比较:

(22)郭一鸣(时事评论员):"如果这样的话,**我相信**日本当然不希望中日关系出现现在的僵局,其实中方也不希望现在中日关系全面恶化,在这样一个大前提下,大家有个台阶下,球现在其实在野田这边,信已经收到了,回应也有了,看下一步野田怎么处理。"(凤凰卫视,《时事开讲——郭一鸣:韩晓清"保钓害国论"是谬论》,2012年8月30日)

(22a)如果这样的话,**我不相信**日本当然希望中日关系出现现在的僵局。

例(22a)中,主谓结构"我不相信"和句中表达说话人确信语气的"当然"显然在语义上是互相矛盾的,发生否定转移后的例(22a)在语义上不通顺。

---

① 吕叔湘:《现代汉语八百词》,商务印书馆1980年版,第125页。
② 管志斌:《"当然"的语义和功能分析》,《楚雄师范学院学报》2010年第8期。
③ 张则顺:《合预期确信标记"当然"》,《世界汉语教学》2014年第2期。

第四种情况,当谓词性宾语/小句宾语中出现了明确表达说话人主观倾向性的语言成分"倒、反而"等时,也不宜进行否定转移操作,例如:

(23) 霍德明:"如果到中国来了,大部分情况下,也许小费就不需要另外再付,或者总是有一个情况来解决这个问题,但是重点不应该是这个行业规定把它明白地标示出来,**我相信**如果把它明白标示出来的话,倒反而不是一个惯例了。"(中央电视台,《今日观察》,2009年4月6日)

《现代汉语八百词》认为"倒"可以表达"跟一般情理相反",相当于"反而"或"反倒";[①] 李宗江(2005)认为"倒"可以表达相反关系;彭小川(1999)、洪波(2006)则认为"倒"的基本语义是对比;其实,相反关系包括与一般情理相反,也包括和客观事实相反,因此这种相反关系本质上是基于对比得来的。周红(2006)认为"倒"表达反预期,即实际与预期相反。王翠(2017)认为说话人的预期包括说话人对事实的某种看法和要求,所以反情理预期包括违反说话人对事实的某种看法或者某种要求。例(23)中"倒"主要表达与客观事实相反,属于反情理范畴,关涉的是"不是一个惯例",而发生转移否定之后,"倒"关涉的是"是一个惯例",说话人的语义发生了反转。吴中伟、傅传凤(2005)认为"倒"可以表达"确认",并隐含着某种对立面的存在——非预期的或不认可的情形。换句话说,例(23)中,说话人对"如果标出来,就不是一个惯例"这一情形进行确认,或者说,说话人不认可"如果标出来是一个惯例"的情形,所以例(23)进行否定转移操作后,"倒"的语义与句子的意义格格不入。

第五种情况,当主谓结构"我相信"关涉两个以上的句子,且否定词只出现在其中一个句子当中,另一个句子是肯定形式时,往往不

[①] 吕叔湘:《现代汉语八百词》,商务印书馆1980年版,第129页。

第九章 "我(们) + 不 + 心理动词"构式的认识情态研究

宜进行否定转移操作，因为发生否定转移操作后，否定词的辖域扩大，从原本否定一个命题，扩大到否定两个以上的命题，例如：

（24）南开大学环科院教授冯银厂表示："冬天首要污染物是颗粒物，主要是 PM2.5、PM10；到夏天 PM2.5、PM10 就会降下来，臭氧就会升上去。但是总体环境空气质量，6月、7月、8月**我相信**只能是越来越好，不会比冬天差。"（天津人民广播电台，《新闻广播——新闻909》，2013年6月24日）

（25）王嘉："而且还有一种心态就是说，大家目前恐慌性的购房人比较多，都担心房子价格上涨，包括有的人就说赶紧买，不买等五六月份还高，大家甭管是萝卜白菜，只要是能卖我就买，我相信这些人也不在少数，**我相信**他们也不是为了买房，就是为了投资。"（北京人民广播电台，《新闻2010——谷歌街景地图》，2010年3月24日）

（26）编后："价格虽然涨了，但**我相信**大部分的洗车工作人员，宁肯不赚这个钱，而是早早回家过年。过年还坚持在工作岗位上，天寒地冻的为大家服务，我们也该多一些理解。您说呢？"（山东电视台，《民生直通车》，2013年2月8日）

以例（24）为例，主谓结构"我相信"关涉两个句子：一是"只能是越来越好"；二是"不会比冬天差"。其中，否定词"不"的辖域是第二个句子的命题"会比冬天差"；而发生否定转移操作后，变成"我不相信只能是越来越好，会比冬天差"，否定词"不"的辖域扩大为"只能是越来越好，会比冬天差"，否定语义和第一个命题"只能是越来越好"相矛盾，因此不能进行否定转移操作。

（2）可以通过从谓词性宾语/小句宾语否定到主谓结构否定的否定转移实验的情况

通过对519例"我相信 + 谓词性宾语/小句宾语（……不/没……）"结构转换为"我不相信 + 谓词性宾语/标句宾语"结构的否定转移实验，我们发现有以下两种情况可以进行从谓词性宾语/小句宾语否定到主谓结构否定的否定转移操作。

　　第一种情况，"我相信"所关涉的谓词性宾语/小句宾语中没有情态副词，否定词关涉的命题是一个单纯的判断句或者强调句，这类句子进行否定转移后，句子的语义基本保持一致，只是在语气强弱和语义强度上体现出一定的差异，体现了说话人的礼貌原则和面子保护策略，这种情况在可以进行否定转移操作的语料中是最常见的，例如：

　　（27）胡伟："电池**我相信**不是问题，因为新技术的应用都会面临挑战，从波音公司和我们飞行员对这方面的理解，我觉得都不是问题，因为它的设计方案已经得到批准，已经完全解决了这个问题。"（中央人民广播电台，《中国之声——新闻纵横》，2013年6月3日）

　　（28）主持人："对，100万人，那个时候的日本军国主义给菲律宾留下的伤痛，**我相信**菲律宾老百姓是不会忘记的。"（中央电视台，《环球视线——朝鲜推迟发射卫星引各方猜测》，2012年12月11日）

　　第二种情况，句中如果出现了"可能""能""能够""会"等情态词，那么，句子往往可以进行否定转移操作，例如：

　　（29）张鹏："如果不是在资本层面上实现真正整合，**我相信**这种联盟不可能持续非常长的时间，总有名存实亡甚至就此打破的那天。"（中央人民广播电台，《新闻纵横》，2012年4月25日）

　　（30）朱峰："比如说我们说后奥运的效应，包括促进经济发展以及带来社会和谐，甚至进一步推动奥运主办国的民主化进程，对于这些后奥运效应在中国如何体现，**我相信**我们不能只是简单照搬其他国家的经验，而是说能够结合中国具体的实践，来进一步思考我们今天应该去发动，应该进一步去发掘什么样的奥运效应的问题。"（北京人民广播电台，《议政论坛——政协委员

第九章 "我(们)+不+心理动词"构式的认识情态研究

谈如何利用好这些奥运会留给我们的财富》,2008年10月30日)

(31) 王帆:"我觉得日本的做法是极端的错误,也是极端危险的,**我相信**它的意图是不能够实现的,我觉得在这个问题上,我们要说美国实际上扮演着一个非常特殊的角色,所以说中美之间就东亚地区的一系列热点问题进行磋商、战略的协调是非常重要的。"(中央电视台,《新闻1+1——钓鱼岛,不容他国随意"买卖"!》,2012年9月4日)

(32) 锋行者:"**我相信**这种极端的情况不会出现,因为携带病毒的老师被学校聘任之后,他会带着感恩的心来回报社会。"(中央人民广播电台,《中国之声:新闻纵横》,2013年5月29日)

例(29)到例(32)中的"可能""能""能够""会"都属于表达较低概率的概率情态词,处于概率强度等级序列的较低位置。

沈家煊(1999)将肯定等级和否定等级的强度等级[1]分别描写如下:

肯定等级	可能	很可能	肯定
	0	0.5	1
否定等级	不肯定	不很可能	不可能
	0	-0.5	-1
	弱项	中项	强项

按照沈家煊关于否定和语义强度关系的相关论述,在一个等级上否定弱项"可能"得到另一个等级上的强项(不可能);"相信"属

---

[1] 沈家煊:《不对称和标记论》,江西教育出版社1999年版,第138—140页。

于中项词语，对于中项词语而言，~F（p）和 F（~p）的语气差别较小，也就是说"我不相信"和"我相信不"的语义差别不大。以例（29）为例，分析如下：

（29）**我相信**这种联盟不可能持续非常长的时间。
（29a）**我不相信**这种联盟可能持续非常长的时间。

例（29）中，"不可能"是对命题的否定，语义强度较强，即"这种联盟不持续非常长的时间"，而主谓结构"我相信"则表达了说话人关于命题为真的确信，即说话人确信"这种联盟不持续非常长的时间"为真；而例（29a）中，"可能"是对命题为真的低肯定性（肯定度为"0"），"我不相信"表达了说话人关于命题为假的判断，即说话人确信"这种联盟持续非常长的时间"为假，也就是对"这种联盟持续非常长的时间"为真的否定，即认为"这种联盟不会持续非常长的时间"，此时例（29a）和例（29）的语义差别不大，也就是说，进行否定转移操作之前（例29）和否定转移操作之后（例29a）相比，"可能"都在否定词"不"的辖域之内，都表达了说话人对于命题的推断，句中的概率情态词"可能"并没有影响否定意义，因此否定词可以在句中"游移"，而不会影响句子的语义表达。同理，例（30）中的"能"、例（31）中的"能够"和例（32）中的"会"都可以通过上述否定转移测试。

需要说明的是，有一些相对固定的表达"不大、不太"等本身表示程度较低，因为凝固性化程度很高，所以往往不宜进行否定转移操作，以"不大"为例：

（33）杜平："像伊拉克那样，但是那就要看西方的本事了，但这个政府是不是很有效、很有力，全国人民都支持他，**我相信**是不大可能的，因为现在已经看出来了，卡扎菲还没倒，现在就已经两派相互斗，你要完全是西方扶持政府的话，那内乱是肯定的，跟伊拉克一模一样，会出现这种状况。"（凤凰卫视，《时事

开讲——杜平：奥巴马被法国"绑架"攻击利比亚 美军方不支持》，2011年3月22日）

（34）画外音："听了专家的解释，**我相信**有些观众朋友可能还是不大明白权证是个什么东西，其实说穿了它也并不神秘。"（北京电视台，《城市——权证财梦》，2008年1月4日）

以"不太"为例：

（35）李德林："当然**我相信**德国不会那么愚蠢，因为把欧元区国家的财权统一收来，就相当于把人家关了禁闭，所有的国家都得听你的，但是欧元区以和平的方式收回财权，我相信这不太现实。"（中央人民广播电台，《天下财经》，2011年12月10日）

（36）高婷："可能很多人都知道，美国是世界上胖子最多的国家，不过**我相信**不少朋友都不太清楚，咱们北京可是全中国'小胖子'和'小眼镜'最多的城市。"（北京人民广播电台，《议政论坛——北京成为全国"小胖子"和"小眼镜"最多的城市》，2009年10月21日）

2. 从"我不相信"到"我相信……不/没"的否定还原考察

通过对媒体语言语料库（MLC）中出现的86例"我不相信+谓词性宾语/小句宾语"结构转换为"我相信+谓词性宾语/小句宾语（……不/没……）"结构的否定还原实验，我们发现有三种情况不能通过从主谓结构否定到谓词性宾语/小句宾语否定的否定转移操作；有三种情况可以通过从主谓结构否定到谓词性宾语/小句宾语否定的否定转移操作。

（1）不能通过从主谓结构否定到谓词性宾语/小句宾语否定的否定还原实验的情况

通过对86例"我不相信+谓词性宾语/小句宾语"结构转换为"我相信+谓词性宾语/小句宾语（……不/没……）"结构的否定还

原实验，我们发现有以下三种情况不能将主谓结构否定还原为谓词性宾语/小句宾语否定的原型状态。

第一种情况，当"我不相信"构式所关涉的谓词性宾语/小句宾语是一个否定命题时，一般不能进行否定还原操作，因为进行否定还原操作后，要么句子不合语法，要么从句就会变成肯定形式，例如：

（37）马家辉："当时坦白讲，**我不相信**你当时没有烦恼，对不对？"（凤凰卫视，《锵锵三人行》，2008 年 12 月 26 日）

（38）吴淡如："后来换我打给他，他真的消失了，然而**我不相信**他不是在一个角落里面默默地等着我的。"（凤凰卫视，《锵锵三人行——女人换衣服的快乐就像男人换女友?》，2008 年 7 月 4 日）

以例（37）为例进行否定还原实验，试比较：

（37）**我不相信**你当时没有烦恼。（否定还原前）
（37a）***我相信**你当时不没有烦恼。（否定还原后）
（37b）**我相信**你当时有烦恼。（肯定表达）

当"我不相信"所关涉的谓词性宾语/小句宾语是一个否定命题［例（37）］时，不能进行否定转移，否则句子不合语法［例（37a）］，只能变成相对应的肯定形式［例（37b）］，而肯定形式的谓词性宾语/小句宾语则不存在"否定转移"一说，就更谈不上"否定还原"了，因此这就很难解释"我不相信"结构是经过否定转移操作而得来的，所以此类句子不能进行否定还原操作。

另外，由于主谓结构是否定形式，谓词性宾语/小句宾语也是否定形式，所以整个句子本质上是一个双重否定形式。一般来说，双重否定表达肯定意义，且在语用上所表达的肯定语气比一般肯定形式的肯定语气更强。这一点与否定转移操作的语用动因是相矛盾的。因为在"否定转移观"看来，否定转移的动因是语用因素，即说话人基于礼貌原则和面子保护策略而采取特定语用形式，意在弱化说话人的否定语力（Horn，

第九章 "我(们)+不+心理动词"构式的认识情态研究

1978；Rublitz，1992；周雪林，1996；熊学亮，1988；等等)，试比较：

（39）范冰冰："因为**我不相信**这个世界上没有真理。"（凤凰卫视，《鲁豫有约——15岁范冰冰闯北京被导演批 对做演员曾很绝望》，2011年3月1日）（双重否定形式）

（39a）因为**我相信**这个世界上有真理。（肯定形式）

（39b）因为**我相信**这个世界上一定（肯定）有真理。（加强肯定形式）

与例（39a）比较，例（39）所表达的语气更强，与例（39a）的加强肯定形式（例39b）肯定程度大致相当。显然这一类主谓结构是否定形式，谓词性宾语/小句宾语也是否定形式的句子不能进行否定转移操作。

此外，双重否定的情况也包括谓词性宾语/小句宾语是"连"字句的情况，例如：

（40）**我不相信**日本作为一个民主国家，连这个基本的常识都没有，就像我说在二战时候，我们都知道任何一个敌国的随军记者不能等同于敌国的士兵一起被误杀，或者一起被逮捕，所以这是一个基本常识。（凤凰卫视，《时事开讲——邱震海：保钓过程英勇悲壮 实际效果却有限》，2012年8月18日）

（40a）***我相信**日本作为一个民主国家，连这个基本的常识都有。

（40b）**我相信**日本作为一个民主国家，应该有这个基本的常识。

把例（40）进行否定还原操作后，得到的句子应该是例（40a）（例40a中"不"和"没"否定之否定，否定语义抵消），但是显然例（40a）在语义上是不合法的；例（40）进行否定还原后与例（40b）在语义上比较接近。无论是例（40a），还是例（40b）都是肯

341

定句，显然不能作为否定转移操作之前的原型句。

第二种情况，当谓词性宾语/小句宾语中有明显加强说话人肯定语气的语言成分时，一般不能进行否定还原操作；进行否定转移操作后，如果想保持语义基本不变，则需要变换表达肯定语气的语言成分的句法位置，例如：

（41）冯树勇说："美国人一向都是雄心壮志，他们经常在比赛开始前就说要拿冠军或者破纪录之类的。但是，真正到了赛场上就不是说说那么简单，比赛是要看实力和发挥的，而且左右运动员发挥的因素有很多，所以**我不相信**特拉梅尔在奥运会的时候百分之百能战胜刘翔。"（中央人民广播电台，《体育天地》2008年7月11日）

（41a）**我相信**特拉梅尔在奥运会的时候百分之百不能战胜刘翔。

（41b）**我相信**特拉梅尔在奥运会的时候不能百分之百战胜刘翔。

从语义表达相近程度的角度来看，例（41）进行否定还原操作后的形式应该是例（41b），二者的语义相当；而与例（41a）的语义相差较大，例（41）否定了"特拉梅尔在奥运会的时候百分之百能战胜刘翔"，但是并不一定否定低于百分之百的情形，即有可能战胜刘翔，也有可能战胜不了刘翔；而例（41a）则意在强调"特拉梅尔在奥运会的时候百分之百不能战胜刘翔"，即百分之百确定"特拉梅尔不能战胜刘翔"的情况，即高度确信"特拉梅尔不能战胜刘翔"这一命题，换句话说，说话人高度确认"特拉梅尔一定不能战胜刘翔"。因此例（41）和例（41a）语义相差较大。因此，例（41）不能进行直接否定还原操作（例41a），需要进行相应的词序调整（例41b），才能保证语义基本不变。

第三种情况，句子虽然可以进行否定还原操作，但是需要添加一些表达说话人推断的语言成分（例如"会"），否则句子显得比较生硬，试比较：

(42) 老郭:"咱们有统计吗?**我不相信**是女的比男的多。"(北京人民广播电台,《城市零距离》,2008年5月13日)

(42a) 老郭:"咱们有统计吗?**我相信**不会是女的比男的多。"

(43) 范甘迪说:"**我不相信**在湖人连续输给山猫和灰熊队后,你还把科比放在首位。"杰克逊说:"这和MVP候选人没关系。"(中央人民广播电台,《体育天地》,2008年3月31日)

(43a) 范甘迪说,"**我相信**在湖人连续输给山猫和灰熊队后,你不会还把科比放在首位。"

有时候,为了在语义上与前文保持语义上的连贯性,还需要添加表达类同的副词"也",试比较:

(44) 日本东京市民:"我觉得野田的上任,也不过是接着走菅直人的路子,不会有什么改变,野田在做财务大臣时,也没有什么特别贡献,**我不相信**他做了首相,就能突然有出息。"(中央电视台,《今日观察——日本新首相"黑马"能跑多远?》,2011年8月30日)

(44a) **我相信**他做了首相,**也**不会突然有出息。

(2) 可以通过从"我不相信"到"我相信……不/没"的否定转移还原实验的情况

通过对86例"我不相信+谓词性宾语/小句宾语"结构转换为"我相信+谓词性宾语/小句宾语(……不/没……)"结构的否定还原实验,我们发现有以下三种情况可以将主谓结构否定还原为谓词性宾语/小句宾语否定的原型状态。

第一,谓词性宾语/小句宾语是一个肯定命题或者强调句形式,表达说话人的断言认识时,可以进行否定还原操作,例如:

（45）马未都："我一开始，我认为这个事是很久远的事，拿根绳子拴住，我一开始以为是谁恶搞，**我不相信**这是一个真事。"（凤凰卫视，《锵锵三人行——许子东：抓卖淫女示众是群众道德教育专政》，2010年7月22日）

（46）张鸿："对，这是房地产大佬说的话，但是你注意他旁边还有小的这个地产商，**我不相信**开发商是铁板一块，肯定有一些小的开发商在持续的调控下面，肯定他会撑不住的。"（中央电视台，《今日观察——房地产调控不回头》，2010年8月24日）

（47）丁一凡："就是说**我不相信**市场本身是万能的，是可以自动调节的。"（中央电视台，《今日观察——峰会前瞻》，2010年6月25日）

第二，当谓词性宾语/小句宾语中出现了"会""能""能够""可以"等情态词时，句子往往可以进行否定还原操作，例如：

（48）利拉的父亲："我女儿才七岁，**我不相信**一个小女孩在表演时，别人会把她和'性感'联系起来。"（中央电视台，《中国新闻》，2010年2月9日）

（49）石述思："不错。一个连自己都不心疼的人，**我不相信**她能心疼孩子，我不认为这个社会需要一代一代的含辛茹苦才能进步。"（深圳电视台，《22度观察——因为穷而不生孩子，错了吗》，2010年7月8日）

（50）陆克文："我与决定政策和议员的同事进行了沟通，我非常荣幸地能够获得部分议员的支持和鼓励，鼓励我成为澳大利亚工党党首竞选人，**我不相信**总理吉拉德能够带领工党获得下一届大选的胜利。"（中央人民广播电台，《新闻纵横》，2012年2月24日）

（51）窦文涛："我一看见这种书，我闻见味儿就走，为什么？因为**我不相信**成功可以复制，谁复制贝多芬出来了，那条件是你先得成个聋子。"（凤凰卫视，《锵锵三人行——杨舒：唐骏这人捧红了野鸡大学》，2010年7月14日）

第三，有的时候，"我不相信+谓词性宾语/小句宾语"结构可以进行否定还原，但是否定还原后，否定词需要从"不"变成"没"，这一类情况以谓词性宾语/小句宾语是"有"字句的情形居多，例如：

（52）2011年11月份，我亲生母亲给我打电话的时候，让我回来有事，我说什么事，她跟我说了，然后我就回来了。因为**我不相信**我爸死了。（中央电视台，《经济与法——遗嘱的秘密》，2013年1月9日）

（53）陈斌："你靠哪个机构来盖棺论定呢？清华大学到现在一言不发，同行之间也是互相遮掩，所以**我不相信**唐骏和汪晖事件有盖棺论定。中国的司法部也不会说，或者证监会也不会说走出来就此事做出判决，只是说天地之间有杆秤。"（北京人民广播电台，《新闻天天谈——麦乐鸡事件》，2010年7月10日）

（54）查建英："我觉得这个被夸张了，肯定被夸张了，**我不相信**人性有这么巨大的差别。"（凤凰卫视，《锵锵三人行——查建英：饥渴过度 导致男女生活太开放》，2010年12月11日）

3. 小结

一方面，通过对媒体语言语料库（MLC）中出现的519例"我相信+谓词性宾语/小句宾语（……不/没……）"转换为"我不相信+谓词性宾语/小句宾语（……不/没……）"的否定转移实验，我们发现有以下五种情况不能进行否定转移操作：（1）当谓词性宾语/小句宾语中有明显的加强说话人肯定或否定语气的情态副词"肯定、一定、绝对、并"等时，"我相信+谓词性宾语/小句宾语（……不/没……）"一般不能进行否定转移操作；（2）当谓词性宾语/小句宾语中出现了表达类同的副词"也"，且主谓结构前面的句子也是否定形式时,"我相信+谓词性宾语/小句宾语(……不/没……)"一般不能进行否定转移操作;(3)当谓词性宾语/小句宾语中出现了"应该、当然"等副词时,"我相信+谓词性宾语/小句宾语(……不/没……)"一般不能进行否定转移操作;(4)当谓词性宾语/小句宾语中出现了明确表达说话人主观倾向性的语言成分"倒、反倒、反而"等时,"我相信+谓词性宾语/小句宾语(……不/没……)"一般不能进行否定转移操作;(5)当主谓结构"我相信"关涉两个以上的句子,而否定词只出现在其中一个句子当中,另一个句子是肯定句形式时,"我相信+谓词性宾语/小句宾语(……不/没……)"一般不能进行否定转移操作。

通过对媒体语言语料库(MLC)中的86例"我不相信+谓词性宾语/小句宾语"结构转换为"我相信+谓词性宾语/小句宾语(……不/没……)"的否定还原实验操作,我们发现有以下三种情况不能通过否定还原实验:(1)当"我不相信"所关涉的谓词性宾语/小句宾语是一个否定句时,一般不能进行否定还原操作;(2)当谓词性宾语/小句宾语中有明显加强说话人肯定语气的语言成分时,一般不能进行否定还原操作;(3)"我不相信+谓词性宾语/小句宾语"结构虽然可以进行否定还原操作,但是需要添加一些表达说话人推断的语言成分(例如"会""也")等,否则句子显得比较生硬。

另一方面,通过对媒体语言语料库(MLC)中出现的519例"我相信+谓词性宾语/小句宾语(……不/没……)"转换为"我不相信+谓词性宾语/小句宾语(……不/没……)"的否定转移实验,我们发现有两种情况可以通过否定转移实验:(1)"我相信"所关涉的谓词性宾语/小句宾语中没有情态副词,我相信关涉的命题是一个单纯的判断句或者强调句时,可以进行否定转移;(2)句中如果出现了"可能""能""能够""会"等情态词,那么句子往往可以进行否定转移操作;

通过对媒体语言语料库(MLC)中的86例"我不相信+谓词性宾语/小句宾语"结构转换为"我相信+谓词性宾语/小句宾语(……不/没……)"的否定还原实验,我们发现可以进行否定还原的情况有三种:(1)当谓词性宾语/小句宾语是一个肯定命题或者强调句形式，表达说话人的断言认识时，"我不相信+谓词性宾语/小句宾语"结构一般都可以进行否定还原操作；（2）当谓词性宾语/小句宾语中出现了"会""能""能够""可以"等情态词时，"我不相信+谓词性宾语/小句宾语"结构往往可以进行否定还原操作；（3）"我不相信+谓词性宾语/小句宾语"结构可以进行否定还原操作，但是否定还原后，否定词需要从"不"变成"没"，这一类情况以谓词性宾语/小句宾语是"有"字句的情形居多。

（三）"我相信……不/没……"和"我不相信"之间的转换条件

根据我们对"我相信+谓词性宾语/小句宾语（……不/没……）"和"我不相信+谓词性宾语/小句宾语"的转换对比，结合"我（们）相信"构式的四大认识情态功能（参见第六章第二节"'我（们）+相信'构式的认识情态功能"），我们将"我相信+谓词性宾语/小句宾语（……不/没……）"和"我不相信+谓词性宾语/小句宾语"转换条件概括如下。

第一，"我相信"构式表达说话人关于命题为真的可能性推断或承诺，有两种用法：一是说话人可以用"我（们）相信"构式强化（boosters）说话人关于命题为真的肯定性承诺，从而凸显说话人个人的认识观点或认识主张；二是说话人用"我（们）相信"构式弱化（hedges）说话人关于命题为真的肯定性承诺。

第一种，"我相信"构式强化（boosters）说话人关于命题为真的肯定性承诺的用法，往往不允许进行否定转移。因为强化说话人肯定性程度的功能和"否定转移"弱化说话人"否定语力"的语用功能相矛盾，因此谓词性宾语和小句宾语中不可以出现表达说话人明确主观性态度的情态词"一定、肯定、绝对"等。

第二种，"我（们）相信"构式弱化（hedging）说话人关于命题信息肯定语气的用法往往可以进行"否定转移"操作，此时谓词性宾语和小句宾语中往往出现表达说话人不确定性评估或推断的情态词"会、能、可能"等，但是句中不能出现表达说话人较高肯定性程度的情态词"一定、肯定、绝对"等，也不能出现表达说话人明确主观性态度的情态词"并、也、应该、反、反倒"等。原因在于"会、能、可能"往往出现在谓词性宾语/小句宾语否定词的辖域内，否定词的前移不会改变其否定辖域，因而"否定转移"不会导致句子语义发生改变；而"并、也、应该、反、反倒"等表达说话人明确主观性态度的情态词往往出现在否定词的前面，不在否定词的辖域内，此时上述情态词加强的是说话人的否定语气；而否定转移之后，否定词的前移会导致否定辖域的扩大，将原本不在否定辖域内的上述情态词纳入否定辖域内，与此同时，上述情态词的辖域也发生了改变，表达功能由加强否定语气转变为加强肯定语气，从而导致句子语义发生根本性的改变。

第二，当"我相信"构式传达说话人的知识时，则往往不能进行否定转移。原因在于"我相信"构式往往是说话人主动向听话人传递信息，"我相信"构式标记知识从信息的掌握者（说话人）向信息的未掌握者（听话人）主动传递，体现了知识或信息从说话人向听话人的单向性流动，而"我不相信"构式一般不能用于主动向听话人传递信息，而是用于反驳前一话轮中说话人的某种认识或观点。

第三，当"我相信"构式表达说话的断言认识，意在向听话人传递说话人关于命题信息的某种判断时，往往可以进行否定转移。此时"我相信"构式关涉的谓词性宾语或小句宾语往往是一个判断句或者强调句。说话人通过"我相信"构式表达说话人关于命题信息的肯定性判断，即"关于命题为真"的判断，如果命题是一个否定命题，那么"我相信＋否定命题"表达的是说话人关于命题为假的判断；而"我不相信"构式表达的是说话人关于命题信息的否定性判断，即"关于命题为假"的判断，二者在语义表达上是一致的，因此可以进行"否定转移"操作，"否定转移"操作机制正是将对命题的否定，转变为说话人关于命题信息的否定性判断。

第四，当"我相信"构式表达说话人的断言认识，意在对听话人产生说话人预期的影响，产生断言语力（即"使听话人相信说话人的信仰，并形成相同或相似的信仰"）时，往往不可以进行否定转移。因为"我相信"构式意在对听话人产生预期的影响，往往倾向于加强说话人的断言语力，而这与"我不相信"构式"否定转移"意在弱化说话人"否定语力"的语用策略相矛盾，所以，这种情况

第九章 "我(们)+不+心理动词"构式的认识情态研究

下一般不能把谓词性宾语/小句宾语否定转化为主谓结构否定。

二 "我相信……不/没……"和"我不相信"的表义差别

"我相信+谓词性宾语/小句宾语(……不/没……)"和"我不相信+谓词性宾语/小句宾语"在表义上也存在一定的区别,试比较:

(55) **我相信**她不是中国人。(自省语料)
(55a) **我不相信**她是中国人。(自省语料)

对比例(55)和例(55a)的语义,我们发现,例(55)中,"我相信"结构是认识情态表达构式,有两种语义上的解读:一是表达说话人关于命题"她不是中国人"的推断或承诺。由于"相信"的词汇意义是"认为正确或确实而不怀疑",受到词汇意义语义滞留的影响,"我相信"构式所表达的说话人关于命题判断的确信度和承诺度都较高。二是表达说话人的断言,即说话人持有"她不是中国人"的认识(belief)或信念(doxastic),并把这种信念告知(conveying)听话人。

例(55a),"我不相信+谓词性宾语/小句宾语"在理论上可以有两种可能的语义解读:① 第一种语义解读,"我不相信+谓词性宾

---

① "主语+不相信+宾语"结构实际上有三种可能的语义解读:第一种语义解读,就是"相信"取心理动词的本义,即表达"正确或确实而不怀疑"之义,此时主语往往是第二人称或第三人称,例如:(1)他不相信我已经通过了考试。(2)你不相信我已经通过了考试了吗?取心理动词本义时,宾语还可以是体词性宾语,例如:(3)他从来就不相信孩子。而当主语是第一人称"我"或"我们",同时宾语是谓词性宾语或小句宾语时,就满足了言者主语和句法主语一致的条件,即言者主语外显为句法主语,再加上谓词性宾语或小句宾语表达命题,两个条件同时满足,"我(们)+不相信+谓词性宾语/小句宾语"结构可以表达说话人关于命题真值的主观认识或判断,例如:(4)我不相信她是中国人。因此,例(4)中的"相信"不再表达说话人的认知心理活动,而是表达说话人关于命题真值的评估或断言,具有了认识情态意义的表达功能,所以本书把"我(们)不相信+谓词性宾语/小句宾语"结构看作一个认识情态的表达构式。作为认识情态表达构式的"我(们)不相信",还具有两种可能的语义解读:第一种是"我不相信+谓词性宾语/小句宾语"是"我相信+谓词性宾语/小句宾语(不/没)"的否定转移;第二种就是"我不相信+谓词性宾语/小句宾语"不是"我相信+谓词性宾语/小句宾语(不/没)"的否定转移,而是一种与"我相信+谓词性宾语/小句宾语"在表义上相反的、独立的认识情态表达构式。

语/小句宾语"是"我相信+谓词性宾语/小句宾语（不/没）"的否定转移。"否定转移观"认为"我不相信+谓词性宾语/小句宾语"结构是"我相信……不/没……"结构发生否定转移后的语用结果，否定转移的过程如下所示：

我不相信她是（不）中国人。

在语义表达上，"我不相信+谓词性宾语/小句宾语"结构与"我相信……不/没……"结构相比，"否定语力"减弱，是说话人根据交际需要（"礼貌原则"和"面子保护策略"等）而采取的弱化或减少否定语力的委婉表达方式（Horn, 1978；Rublitz, 1992；周雪林，1996；熊学亮，1988；等等），这是学术界较为普遍的认识。

第二种语义解读，"我不相信+谓词性宾语/小句宾语"不是"我相信+谓词性宾语/小句宾语（不/没）"的否定转移，而是一种独立的认识情态表达构式，其核心构式意义是表达说话人关于命题为假的断言或推断。从语用上来看，"我不相信+谓词性宾语/小句宾语"构式着重于表达说话人持有与前一论断相反或不同的断言或认识。由于"我相信+谓词性宾语/小句宾语（不/没）"中关于命题的否定和"我不相信+谓词性宾语/小句宾语"中关于说话人断言或认识的否定在语义上极为接近，因此才导致进行"否定转移操作"之后，二者在语义上基本可以保持不变，原因就在于谓词性宾语或小句宾语本身也可以表达判断，试比较：

（56）她是中国人。（自省语料）
（56a）她不是中国人。（自省语料）

对比谓词性宾语或小句宾语，我们发现，从命题性质来看，例（56）是一个肯定命题，例（56a）一个否定命题，二者在语义上是对立的；从否定的性质上来看，例（56a）是对例（56）的客观否定,即"她是中国人"描述了一个客观事实,属于客观判断,那么"她不是中国人"就是对这一客观事实的否定,属于客观否定。

对比主谓结构,我们发现,"我不相信"是对"我相信"在主观认识上的否定,表达了说话人关于命题的否定性认识,属于语用否定或话语否定的范畴,试比较:

(57) **我相信**她是中国人。(自省语料)
(57a) **我不相信**她是中国人。(自省语料)

由于谓语动词"相信"是一个非叙实动词,表达说话人关于命题的主观认识和判断,所以例(57a)中的"我不相信"与一般的句法否定不同,否定词"不"不是对谓语动词"相信"的否定,而是对说话人关于命题认识和判断的否定,即不是对"相信"这个心理动词的否定,而是对说话人认识或断言的否定,所以例(57a)本质上是一种语用否定或话语否定。根据非叙实动词的衍推模式,[①] 我们知道,无论是"我相信"结构,还是"我不相信"结构,都不衍推命题,即

F(P)不衍推 P。
例如:**我相信**她是中国人,也许她是中国人/不是中国人。
~F(P)不衍推 P,也不衍推~P。
例如:**我不相信**她是中国人,也许她是中国人/不是中国人。

"我相信"和"我不相信"都和命题本身的真假无关,而是与说话人的主观认识有关,即"我相信"是肯定的主观认识,"我不相信"是否定的主观认识,换句话说,"我不相信"是"我相信"在认识上的否定,是一种主观性质的否定。

综上所述,主谓结构的否定是主观否定,谓词性宾语/小句宾语

---

① 沈家煊:《不对称和标记论》,江西教育出版社 1999 年版,第 140 页。

的否定是客观否定，二者是两种不同性质的否定，根据动词"相信"的非叙实性特点，"我相信"和"我不相信"都和命题本身的真假无关。因此，主谓结构的否定与谓词性宾语或小句宾语的否定不宜采用否定转移的形式进行解读，"我相信"和"我不相信"在本质上都是认识情态表达构式，不过，二者的核心构式意义不同，具体来说，"我相信她不是中国人"是对命题"她是中国人"为假的断言，本质上是对命题的断言；而"我不相信她是中国人"则是对"命题'她是中国人'为真这一判断"为假的断言认识，因此"我不相信她是中国人"是对断言（"她是中国人"）的断言。此外，"我相信"构式除了表达说话人关于命题真值的断言之外，还可以表达说话人关于命题真值的确信程度或承诺程度，例如"我相信她是中国人"，表明了说话人关于命题"她是中国人"为真判断的较高确信度，即说话人有70%—90%的确信度，或者说话人的承诺程度在70%—90%，说话人认为"她很可能是中国人"。而"我不相信她是中国人"表达的只是说话人的否定断言，即"她是中国人"断言为假，并不表达说话人的确信程度和承诺程度，因此"我不相信她是中国人"并不等于"我相信她不是中国人"（"她很可能不是中国人"），二者语义相差还是很大的。

综上所述，"我不相信她是中国人"不是"我相信她不是中国人"的否定转移，也不是说话人意图弱化或削弱"否定语力"的委婉表达，因为二者从语义强度上来看并没有明显的强弱之分，"我不相信+谓词性宾语/小句宾语"既可以强化说话人的断言，也可以弱化说话人的断言，而是一个独立的认识情态表达构式。因此，"我不相信+谓词性宾语/小句宾语"和"我相信+谓词性宾语/小句宾语（不/没）"是不同的，二者仅仅在语义层面上不易分辨，还需要依靠句子出现的言谈语境——情景语境（context）来进行语用层面上的区别，同时还需要考虑到说话人的交际意图、说话人采用的交际策略和所要达到的交际效果来协助判断。

三 "我相信……不/没……"和"我不相信"的语用差异
(一)"我相信……不/没……"构式的语用表达功能

根据前文分析,可以进行否定转移操作的"我相信"构式,一般有两类。

第一类是表达说话人关于事件不可能发生或不会出现的可能性预测或承诺,谓词性宾语或小句宾语中经常出现"可能、能、能够"等,例如:

(58) 主持人:"这也是一个很实在的、很掷地有声的一段发言,的确在中国这样一个很特殊的讲究人情世故的地方,好像我们每一个人很难避免去求人或者被人求,**我相信**岩松可能你也不例外。"(中央电视台,《CCTV-新闻——两会上的"女人们"!》,2013年3月8日)

(59) 陈平原:"今天明显看得出我们的招生质量在上升,我们的学生明显比几年前要好得多,就业也是这个样子,大家认为中文系的学生就业很困难,其实不是这个样子的,所以**我相信**它不可能成为一个热门的专业,也不可能将来有一天全国人民都在读你的文学作品或者是关于文学的书,不可能再这样,但不像大家想象得那么无能,这是我想说的。"(凤凰卫视,《马未都——文学高于科学是我一贯的态度》,2013年7月16日)

有时,谓词性宾语或小句宾语中也经常出现情态动词"会"等,例如:

(60) 余斌:"如果我们把通胀的目标定得过低,我们就很难推进价格改革,如果我们不能够及时有效地推进价格改革,那么结构调整就很难取得实质性进展,因此在这样的情况下,我们适当提高通胀的容忍度,比如4%,甚至5%,**我相信**在这样的水平上,不会对大多数人的生活产生影响。"(中央人民广播电

台,《新闻纵横》,2012 年 3 月 27 日)

(61) B:"前段时间,我记得有一个宾馆的 CEO 说他允许他们的员工反驳或者是正当防卫,我觉得这个东西是不正确的,因为你是服务性行业,不讲理的人毕竟是少数,用理去说服他,**我相信**不会出现这种情况的。"(北京人民广播电台,《1039 都市调查组——服务的尊严》,2012 年 2 月 28 日)

从语用表达背景上来讲,"我相信"构式侧重于在某些客观分析或证据的基础上对事件可能出现或将要发生做出推测、评估或承诺,所以"我相信"构式所关涉的句子和前面句子之间是"论证+结论(推论)"的话语组织模式;从语用表达上看,"我相信"构式往往表现出一定的话语调解功能,包括:第一,可以避免说话人的面子受到威胁,体现"基于说话人面子保护"的消极礼貌策略;第二,可以主动对听话人的态度或观点加以关照,体现"基于听话人面子保护"的积极礼貌策略;第三,可以表达说话人关于某一命题或事件的有保留的确认或者谨慎的判断;第四,可以在让步转折关系复句中,用于肯定或承认某一既定的事实或者信息,从而帮助说话人做出让步,等等。

第二类是表达说话人关于命题为假的断言,例如:

(62) 胡伟:"电池**我相信**不是问题,因为新技术的应用都会面临挑战,从波音公司和我们飞行员对这方面的理解,我觉得都不是问题,因为它的设计方案已经得到批准,已经完全解决了这个问题。"(中央人民广播电台,《中国之声——新闻纵横》,2013 年 6 月 3 日)

(63) 许子东:"我不知道他们把事情讲清楚是不是对当地的政绩有好处,我不知道,**我相信**他们没有这个动机,他们实事求是,但是现在大家在网上也好,在我们的公众传媒也好,这样公开的讨论这些女孩子的身体器官,我觉得我们丢掉了一条最重要的底线就是所谓隐私。"(凤凰卫视中文台,《许子东——当地

似乎在掩盖"校长带女生开房案"》,2013年5月16日)

从语用表达背景上来说,例(62)和例(63)中的"我相信"构式侧重于在某些客观分析或证据的基础上,对命题的真假做出判断,是一种断言行为。"我相信"构式所关涉的句子和前面句子之间是"论证+断言"的话语组织模式;从语用表达上来看,说话人的交际意图在于向听话人传递自己的信仰"P",即告诉听话人自己相信命题"P"为假。

(二)"我不相信"构式的语用表达功能

与"我相信+谓词性宾语/小句宾语(不/没)"的语用背景和语用表达功能不同,"我不相信+谓词性宾语/小句宾语"的语用背景是用于说话人对前一话轮的某些观点或者论断进行反驳,在语用表达上不是弱化说话人对命题的否定语力,而是表达说话人与前一话轮中的某种论断相反的认识或判断,因此,如果将"我不相信+谓词性宾语/小句宾语"还原为"我相信+谓词性宾语/小句宾语(不/没)"结构后,原句中说话人所表达的"反驳意义"消失,从而造成"我相信+谓词性宾语/小句宾语(不/没)"与前面话语之间在语义上的不连贯,造成语义断裂,试比较:

(64)字幕提示:2006年3月17日,江苏沭阳县总投资53.16亿元的36个项目集中开工,开工仪式在"江苏富源硅业有限公司"场地举行。

2010年8月8日,四年之后,总投资3亿元的富源归业项目,现场一片荒凉。

2006年11月25日,宿迁长江热电有限公司,投资总额2.4亿元。

……

主持人:"你怎么看它这种强烈的对比?开始的时候那种轰轰烈烈的热情,还有开工仪式和现在的这种荒凉?"

白岩松:"首先,我觉得我们应该客观地去看待,**我不相信**

所有的招商引资过来了之后,都是这样的一种局面,应该还是有相当多的一些招商引资的项目,它拥有一定不错的效益,也是这个地区发展需要的。但是有很多问题是这样的,有时候可能50个好的当中,如果旁边有5个不好的,这5个不好的容易给人产生不好的印象,包括破坏人的某种信任。"(中央电视台,《新闻1+1——地质灾害,防上加防!》,2010年8月17日)

(64a) 首先,我觉得我们应该客观地去看待,**我相信**所有的招商引资过来了之后,不都是这样的一种局面。

(65) 央视网消息:……这名巴西女孩名叫朱莉娅·利拉。今年只有7岁的她此前一直在里约热内卢维拉杜罗桑巴舞学校学习跳舞。不久前,她刚被学校选为桑巴王后,并将在本月13号开始的里约嘉年华中献艺,表演长达80分钟的桑巴舞。

但这一做法随即招到政府部门和社会人士的指责。一些人认为领舞王后通常是穿着性感的成年女性,让小女孩扮演恐怕会错误引导社会风气,一名法官更考虑阻止她演出。

但女孩的父母都表示支持女儿参加此次表演,认为这能够展示女儿的舞蹈天赋。

利拉的母亲:"我的女儿爱跳舞,在家时总是跳个不停,但我从没想到她能达到这个高度,社区和学校都很喜欢她。"

利拉的父亲:"我女儿才七岁,**我不相信**一个小女孩在表演时,别人会把她和'性感'联系起来。"(中央电视台,《中国新闻》,2010年2月9日)

(65a) 我女儿才七岁,**我相信**一个小女孩在表演时,别人不会把她和"性感"联系起来。

例(64)中,字幕、解说和主持人都用大量的篇幅陈述了一个个案例:招商引资失败,大量的土地荒废和闲置,并就此询问白岩松的看法,因此说话人白岩松认为应客观看待,不能以偏概全,招商引资失败的案例是少数,并对主持人关于招商引资失败的认知立场进行了反驳,即用"我不相信"构式凸显与主持人关于招商引资的断言或者认知立场相反的认识立场或者断言,并在后文中详细解释了自己的理由——绝大多数招商引资是成功的,但是少数几个失败的案例往往导致非常不好的影响,特别是人的信任的丧失。考虑到语义上的连贯性,白岩松用"我不相信"构式意在反驳主持人的认识立场,或者意图纠正观众可能受到字幕、解说或者主持人的影响而形成的认识立场和判断。所以,从这个意义上来说,否定还原以后的例(64a)与例(64)相比,说话人白岩松对既有认识立场(主持人持有的认识立场或者观众持有的认识立场)的反驳意义[例(64)的语用表达功能]消失,而是侧重于用"我相信"构式表达说话人关于招商引资的断言[例(64a)的语用表达功能],侧重于"立论" [例(64a)的语用表达功能],而不是"辩论"("反驳义")[例(64)的语用表达功能],因此,否定还原后的例(64a)虽然在语义上并没有破坏前后语义表达的连贯性,但是却导致说话人的交际意图或交际目的发生改变。

例(65)中,"我不相信"的语用背景是"政府部门和社会人士指责小女孩穿着性感,做领舞王后会影响社会风气"。面对这一公开的论断,利拉的父母进行了相应的反驳,因此,利拉的父亲用"我不相信"构式对前一论断("政府部门和社会人士指责小女孩穿着性感,领舞王后会影响社会风气")进行反驳或驳斥。所以,否定还原后的例(65a)与例(65)相比,说话人反驳听话人认识立场的交际意图消失,而是表达说话人关于命题的断言认识,侧重于"立论"式表达,而非"反驳"式辩论,由此而导致否定还原后的例(65a)的"立论"式表达与全文的语篇逻辑结构(论辩语篇中常见的"现象+评论+辩论"模式)不符,从而导致在语义表达上的不连贯。

第三节 基于语境考察的"我不相信"构式的认识情态研究

一 语境及其分类

Malinowski认为意义与语境密不可分,因此,词汇的意义总是有赖于语境，脱离语境的意义研究不是真正的意义研究；① Halliday 指出我们不仅要理解语言文本自身，还要理解语境，以及语境和文本之间的系统关系。② 因此，意义不是抽象的，而是和一定的语境紧密联系的，离开了使用语言的时间、地点、场合、使用语言的人以及使用语言的目的等语境因素，便不能确定语言的具体意义，对语义的研究便算不上全面。③ 语境对意义而言如此重要，以至于 Fillmore (1977) 认为"意义是相对于情景而言的"。因此，意义通常是通过情景来确定的。Goldberg 就曾经指出"意义通常被定义为与某个特定的背景框架 (frame) 或情景 (scene) 相联，且该框架或者情景自身有着高度的组织"④。

意义的研究不仅仅包括语素意义、词汇意义，还包括构式的意义。对于构式的意义而言，情景则尤为重要。Goldberg 就曾经指出，每一个小句层面的构式都可以看作一个与人类经验有关的情景⑤。按照 Goldberg (1995) 的观点，构式本质上是与人类经验有关的情景的概念化，Langacker 曾经这样描述：在我们的经验中，那些反复出现并且截然不同的方面，它们是作为原型出现的。在尽可能的情况下，我们一般使用这些原型来组织我们的思想，我们把这些原型看作基本的语言构体 (constructs)。⑥ 也就是说，构式本质上是反映人类基本经验的一个个原型，我们可以理解为一个个人类的理想化认知模式 (idealized cognitive models)。所以，构式是语言使用的产物，而语言使用总是伴随着语境，并受其制约，各类构式不仅在语言层面交互，

---

① 转引自 John Rupert Firth, "The Technique of Semantics", *Transactions of the Philological Society*, Vol. 34, Issue 1, 1935, p. 37.

② M. A. K. Halliday, *An Introduction to Functional Grammar*, London: Edward Arnold, 1994, p. 41.

③ 何兆熊等：《新编语用学概要》，上海外语教育出版社 2000 年版，第 4 页。

④ A. E. Goldberg, *Construction: A Construction Grammar Approach to Argument Structure*, Chicago/London: The University of Chicago Press, 1995, p. 24.

⑤ A. E. Goldberg, *Construction: A Construction Grammar Approach to Argument Structure*, Chicago/London: The University of Chicago Press, 1995, p. 37.

⑥ Ronald W. Langacker, *Foundations of Cognitive Grammar (Vol. 2): Descriptive Application*, Stanford: Stanford University Press, 1991, pp. 294–295.

第九章 "我(们)+不+心理动词"构式的认识情态研究

而且还与说话的场合（即"情境"，在书面语中需借助语篇表达）交互。①②

语境对于构式意义如此重要，那么，什么是语境呢？构式的意义与哪些类型的语境或语境的哪些要素相关呢？

语境理论是语用学的重要研究课题，一般来说，语境有广义和狭义之分，狭义的语境指的是一个语言单位（语素、词、短语、句子、话语）所处的上下文，我们称之为文本语境，Halliday就将语境定义为文本在其中展开的整个环境。③ 广义的语境一般指的是文本语境之外相关的各种社会文化要素。此外，语境还有其他很多种分类方式。Malinowski（1923）曾将语境分为"情景语境"（context of situation）和"文化语境"（context of culture）；Halliday和Hasan曾经将语境分为情景语境、文化语境、互文语境和语篇语境（intratextual context）；④ Langacker将语境分为系统语境、情景语境和组合语境，⑤ 等等。

情景语境是学术界关注最多的语境类型。情景语境与文本语境（上下文）不同，情景语境不仅仅包括言语要素语境（词、短语、句子和话语前后关联的语言单位），还包括非言语要素语境（交际发生的时间、地点和环境要素；言语交际者的社会地位、社会关系以及交际的方式、语气等非语言要素）。Firth认为情景语境应该包括四个方面的内容：（1）参与者的有关特征：任务和性格等；（2）参与者的言语活动以及参与者的非言语活动；（3）和情景相关的其他事物；（4）言语活动产生的影响。⑥ Halliday认为情景语境包括语场（field

---

① 王初明：《论外语学习的语境》，《外语教学与研究》2007年第3期。
② 王初明：《构式和构式语境与第二语言学习》，《现代外语》2015年第3期。
③ M. A. K. Halliday, *Language as Social Semiotic: The Social Interpretation of Language and Meaning*, London: Edward Arnold, 1978, p. 5.
④ M. A. K. Halliday, R. Hasan, *Language, Context and Text: Aspects of Language in a Social-semiotic Perspective*, Victoria: Deakin University, 1985, pp. 48–49.
⑤ Ronald W. Langacker, *Cognitive Grammar: A Basic Introduction*, Oxford: Oxford University Press, 2008, p. 464.
⑥ 转引自 M. A. K. Halliday, R. Hasan, *Language, Context and Text: Aspects of Language in a Social-Semiotic Perspective*, Victoria: Deakin University, 1985, pp. 5–14.

of discourse)、语旨(tenor of discourse)和语式(mode of discourse)三个方面,并指出情景语境的语场、语旨和语式等变量的变化可能导致语言功能的变化,从而引起语言的变化,并将由情景语境变化产生的语言语篇变体称为语域(register)。① 对于构式研究而言,每一个构式都可以看作一个与人类经验有关的情景,② 所以构式的意义和功能研究离不开情景语境。此外,构式的功能还与语篇关系密切,Halliday 和 Hasan 认为语境与语篇之间是一种双向预测关系(bi-directional prediction),并把语篇视为语境的"示例",并指出语篇语境同语篇的连贯性相关,涉及体现语篇内部语义联系的语言衔接。③

对"我不相信"构式认识情态功能的研究离不开"我不相信"构式出现的情景语境和语篇语境。本书将在考察"我不相信"构式出现的情景语境(context of situation)和语篇语境(text-based)的基础上,对"我不相信"构式的认识情态功能展开研究。

二 "我不相信"构式出现的语境
(一)"我不相信"构式出现的情景语境

根据 Halliday 关于情景语境的概念模型,即"情景语境"包括"语场"(field of discourse)、"语旨"(tenor of discourse)和"语式"(mode of discourse)三个变量,每一个变量的变化都可能导致情景语境发生改变,从而导致语言的功能发生变化。④ 认识情态构式"我不相信"认识情态表达功能就受到"语场""语旨"和"语式"三个变量的影响。

---

① M. A. K. Halliday, *Language as Social Semiotic: The Social Interpretation of Language and Meaning*, London: Edward Arnold, 1978, pp. 144-146.

② A. E. Goldberg, *Construction: A Construction Grammar Approach to Argument Structure*, Chicago/London: The University of Chicago Press, 1995, p. 37.

③ M. A. K. Halliday, R. Hasan, *Language, Context and Text: Aspects of Language in a Social-Semiotic Perspective*, Victoria: Deakin University, 1985, pp. 48-49.

④ M. A. K. Halliday, *Language as Social Semiotic: The Social Interpretation of Language and Meaning*, London: Edward Arnold, 1978, pp. 144-146.

第九章 "我(们)+不+心理动词"构式的认识情态研究

1. 认识情态构式"我不相信"出现的语场类型

所谓"语场",指的是情景语境的内容层,包括人物、事件、时间和地点等信息,还包括言语交际中实际发生言语活动的内容、性质和种类等。① Matthiessen 把交际活动的过程分为解释说明(解释、澄清等)、报道创作(记叙等)、分享(个人经验、价值观等)、推荐(广告、劝诫等)、赋予权力(授权、规定等)、探索(证明或评价)等。② 认识情态构式"我不相信"主要出现在澄清解释类、个人经验或价值观分享类和评价探索类等三类言语交际活动中。

第一,澄清解释类言语交际活动,指的是说话人针对前文出现的某一既有论断或者观点,表达说话人自己相反的或不同的认识和看法,凸显说话人不同的言谈视角或不同的观点和论断,主要用于说话人进行个人认识或个人观点的阐释,例如:

(66)郭元虎:"因为不挣钱,养着孩子,养家糊口,还要给儿子娶媳妇盖房子,现在一点成就感没有,怎么办?还不如搞原来的装修活。"

刘思伽:"现在态度一百八十度大转弯了。"

郭元虎:"我不信他们的,人人说我做得好,**我不相信**做不成,没人要,现在《法制晚报》也登了。"(北京人民广播电台,《行家——根艺大师:郭元虎》,2008 年 11 月 15 日)

(67)主持人:"最新消息谈到阿拉伯联合酋长国迪拜政府在当地时间昨天第一次就迪拜世界公司的债务危机公开进行表态,说迪拜政府不为这家主权投资机构的债务提供担保,这意味着什么?"

嘉宾:"实际上迪拜就是我们现在说的、可能会被破产的迪

---

① M. A. K. Halliday, *Language as Social Semiotic: The Social Interpretation of Language and Meaning*, London: Edward Arnold, 1978, p. 143.

② Christian Matthiessen, "Multisemiosis and Context – Based Register Typology: Registeral Variation in the Complementarity of Semiotic Systems", In E. Ventola, A. J. M. Guijarro (eds.), *The World Told and the World Shown*, New York: Palgrave Macmillan, 2009, pp. 11 – 38.

拜世界这家公司本来就是被迪拜政府所主导的，现在迪拜政府也没钱，**我不相信**迪拜政府不会救它自己国家的主权财富基金，它会救的，但是现在也没钱。"（北京人民广播电台，《行走天下——第十二次中欧领导人会晤》，2009年12月3日）

（68）竹幼婷："他把这个烫手山芋丢给政府，说你来罚我吧，为什么张导演敢这样讲？无锡政府为什么说找不到他？**我不相信**政府找不到张导，张导这么爱中国，他一定在中国，除了拍片以外，你只要看到他的出境记录你就知道他在哪了，所以为什么找不到他？"（凤凰卫视，《窦文涛——交社会抚养费才上户口是恶法》，2013年12月13日）

例（66）中，前文中出现的既有认识和论断是——很多人对说话人的事业评价低，不认可，所以没买卖。针对这一既定的认识和观点，说话人提出相反的看法和观点，即说话人认为很多人的判断和认识是错的，很多人的断言（"做不成，没人要"）为假，说话人通过"我不相信"构式表达说话人认定"很多人的断言和认识为假"。例（67）中，说话人针对"迪拜政府不为这家主权投资机构的债务提供担保"的论断发表自己相反的认识和判断，即"迪拜政府不会救它自己国家的主权财富基金"这一论断是假的，即"它会救的，但是现在也没钱"。例（68）中，说话人针对"无锡政府说找不到张艺谋"这一论断发表自己相反的观点，即"政府不是找不到张导，而是不去找"。

第二，个人经验或价值观分享类言语交际活动，即说话人通过"我不相信"构式和听话人分享与普遍认知规律或认知常识相反的个人观点。与第一种澄清解释类言语交际活动主要用于对既有论断和认识进行反驳不同，说话人用"我不相信"对已有的共享认知规律或认知常识进行反驳，表达说话人相反或者不同的个人经验或价值观，例如：

（69）**我不相信**人会有所谓"命运"，但是我相信对于任何

第九章 "我(们)+不+心理动词"构式的认识情态研究

人来说,"限度"总是存在的。再聪明再强悍的人,能够做到的事情也是有限度的。(《读书》)

(70) 窦文涛:"我跟你说,你看看这个照片,我在机场,一看见这种书,可能我有点偏激,我一看见这种书,我闻见味儿就走,为什么?因为**我不相信**成功可以复制,谁复制贝多芬出来了,那条件是你先得成个聋子。"(凤凰卫视,《锵锵三人行——杨舒:唐骏这人捧红了野鸡大学》,2010年7月14日)

(71) 窦文涛:"**我不相信**人是平等的,但应追求法律面前的平等。"(凤凰卫视,《锵锵三人行——梁文道:李安是君子有穿越文化能力》,2013年2月28日)

例(69)中的"人会有所谓'命运'"、例(70)中的"成功可以复制"和例(71)中的"人是平等的"三个观点都是人类较为普遍的认知常识,说话人通过"我不相信"构式来表达对这一认知常识的否定性看法,凸显了说话人与众不同的个人经验或价值观。

第三,评价探索类言语交际活动,主要指的是说话人针对某一现象或观点,表达说话人的个人认识和评价,例如:

(72) 石述思:"我觉得翟女士因为钱不生孩子,我倒觉得她可能不够高尚,但是很真实,而且对于这样的家庭他有两种选择,需要他们自己内部协商解决,第一种选择,不生,自己过得好一点。不错,一个连自己都不心疼的人,**我不相信**她能心疼孩子,我不认为这个社会需要一代一代的含辛茹苦才能进步。"(深圳电视台,《22度观察——因为穷而不生孩子,错了吗》,2010年7月8日)

(73) 主持人:"你怎么看它这种强烈的对比?开始的时候那种轰轰烈烈的热情,还有开工仪式和现在的这种荒凉?"

白岩松:"首先,我觉得我们应该客观地去看待,**我不相信**所有的招商引资过来了之后,都是这样的一种局面,应该还是有相当多的一些招商引资的项目,它拥有一定不错的效益,也是这

个地区发展需要的。"(中央电视台,《新闻 1 + 1——地质灾害,防上加防!》,2010 年 8 月 17 日)

(74) 这话不难理解,您的房子的质保期只有 50 年。房子是要用一生的积蓄才能买到的大件商品,**我不相信**凭着今天的建筑技术,建造一个房子只能保证 50 年的质量?主要还是建筑成本问题在作怪!(中央电视台,《第一时间——马斌读报》,2009 年 8 月 2 日)

例(72)中,说话人用"我不相信"构式对翟女士生不生孩子进行评价;例(73)中,说话人用"我不相信"构式对招商引资时的轰轰烈烈和招商引资后的荒凉这种反差进行评价;例(74)中说话人用"我不相信"构式对房屋设计使用的年限只有 50 年进行评价,当然这种评价的性质不是正向的,而是一种反向视角的认识和论断,意在表达说话人"一反常规""与众不同"的认识立场,突出说话人认识的独特性。

2. 认识情态构式"我不相信"的语旨

所谓"语旨"指的是交际参与者、参与者的本质、地位与角色,即参与者之间的角色关系,以及他们在话语活动中所扮演的角色和涉及的一切复杂的社会关系。①

认识情态构式"我不相信"经常出现在澄清解释类言语活动、个人经验或价值观分享类言语活动以及评价探索类言语交际活动中,这些类型的言语交际活动有一个共同特征就是言语活动的交际者之间地位往往是平等的,在信息的可获得性和所有权(relative information accessibility or possessorship)② 上是平等的。因此交际的参与者之间传递的不是知识(knowledge),而是关于知识的解读、认识或评价。"我不相信"构式不会导致听话人知识状态(knowledge status)(例如从

---

① M. A. K. Halliday, *Language as Social Semiotic*: *The Social Interpretation of Language and Meaning*, London: Edward Arnold, 1978, p. 145.

② Senko K. Maynard, *Discourse Modality*: *Subjectivity*, *Emotion and Voice in the Japanese Language*, Philadelphia, P. A.: John Benjamins Publishing Co., 1993, p. 193.

"不知情状态"到"知情状态"的改变)的改变,而是传达对说话人对于某些知识的评估(evaluate),是一种评估活动(assessment)。例如,"我不相信"构式经常出现在"锵锵三人行"这类多人谈话类节目中,表达不同说话人关于同一话题的不同视角、不同认识或不同评估,例如:

(75)孟广美:"其实我是觉得……为什么他都不出现,为什么他都不表态?我会觉得蛮无辜的。其实如果以观众的立场,以我个人立场,我也会觉得说,郑少秋,**我不相信**你在横店拍戏,你就真的回不来,肥肥病了那么长时间。"(凤凰卫视,《锵锵三人行——从肥肥去世看港人温情的一面》,2008年3月1日)

(76)马家辉:"给你10亿你瞧得上吗,复制他的成功?"
窦文涛:"**我不相信**谁的成功能够复制。"
杨舒:"但是我觉得他这个,我想起来每次你们去机场的时候,在机场书店总会有一个电视,上面有很多演说家,好像在那儿宣扬成功学,唐骏这个好像跟那个不太一样。"(凤凰卫视,《锵锵三人行——杨舒:唐骏这人捧红了野鸡大学》,2010年7月14日)

(77)查建英:"我觉得这个被夸张了,肯定被夸张了,**我不相信**人性有这么巨大的差别。当然了,大致上可能是西方人,因为我们经常谈这个就是说我们中国是一个群体文化为主的,从开始我们就比较重视人际关系。"(凤凰卫视,《锵锵三人行——查建英:饥渴过度 导致男女生活太开放》,2010年12月11日)

3. 认识情态构式"我不相信"的语式

所谓"语式",指的是言语交际活动的交际方式,即交际参与者期待语言单位在交际情境中能起到什么作用,语言单位在语境中的地位以及功能,包括实现交际的媒体和渠道、修辞方式以及通过语篇想达到的言语交际目的(例如"说服、说明、说教、评估、评价、警告、威胁、打招呼"等)。①

认识情态构式"我不相信"在交际情景中往往用于表达说话人与前文中出现的某一论断，或者某一认知常识或规律，或者某一现象或观点相反的或不同的认识视角和认识立场，说话人意在通过"我不相信"构式达到反驳、澄清或解释的言语交际目的。与"我相信"构式表达说话人的评估、知识和断言相比，"我不相信"在表达说话人的评估和断言的同时，重在凸显说话人的反驳、澄清或解释的言者交际意图或言者交际目的，例如：

(78) 近日，美国最著名的运动科学家温特表示，特拉梅尔在明年中期肯定能击败刘翔，但如果训练得法，特拉梅尔可以把击败刘翔的时间提前到北京奥运会！
……
冯树勇说："美国人一向都是雄心壮志，他们经常在比赛开始前就说要拿冠军或者破纪录之类的。但是，真正到了赛场上就不是说说那么简单，比赛是要看实力和发挥的，而且左右运动员发挥的因素有很多，所以**我不相信**特拉梅尔在奥运会的时候百分之百能战胜刘翔。"(中央人民广播电台，《体育天地》，2008年7月11日)

(79) 澳大利亚东部时间23日上午10点，澳大利亚总理、工党领袖朱莉娅·吉拉德在南澳大利亚州首府阿德莱德宣布，她将于下周一，也就是27日上午10点召开工党党内投票，让最近几天愈演愈烈的党内权力斗争做个了断。
陆克文："我与决定政策和议员的同事进行了沟通，我非常荣幸地能够获得部分议员的支持和鼓励，鼓励我成为澳大利亚工党党首竞选人，**我不相信**总理吉拉德能够带领工党获得下一届大选的胜利。"(中央人民广播电台，《新闻纵横》，2012年2月24日)

---

① M. A. K. Halliday, *Language as Social Semiotic: The Social Interpretation of Language and Meaning*, London: Edward Arnold, 1978, p. 144.

例（78）和例（79）中，说话人在用"我不相信"构式表达说话人关于命题信息判断的同时，展示了说话人的反驳立场——对既有的认识论断表达自己相反或不同的认识观点或认识立场。

4. 小结

根据 Halliday 关于情景语境的概念模型，[①] 影响认识情态构式"我（们）不相信+谓词性宾语/小句宾语"认识情态表达功能的变量分别为其"语场""语旨"和"语式"的不同类型：（1）"我（们）不相信+谓词性宾语/小句宾语"构式出现的"语场"为澄清解释类言语交际活动、个人经验或价值观分享类言语交际活动和评价探索类言语交际活动；（2）"我（们）不相信+谓词性宾语/小句宾语"构式的"语旨"是言语活动的交际者之间的地位往往是平等的，在信息的可获得性和所有权上具有平等的权利，因此交际的参与者之间传递的不是知识（knowledge），而是表达说话人关于命题真值的评估性认识（evaluation），本质上是一种评估活动（assessment）；（3）"我（们）不相信+谓词性宾语/小句宾语"构式的"语式"是在言语交际中承担说话人关于命题的评估功能，说话人意在通过"我不相信"构式表达自己的反驳、澄清或解释的言语交际目的，阐明自己的反驳立场。

（二）"我不相信"构式出现的语篇语境

Halliday 和 Hasan 将语境分为情景语境、文化语境、互文语境和语篇语境（intratextual context），指出语篇语境同语篇的连贯性相关，涉及体现语篇内部语义联系的语言衔接。[②]

根据语篇语境的不同，语篇可以有不同分类。Kinneavy 根据交际中语篇的主要内容将语篇分为四类：一是基于作者的表达类语篇（writer-based expressive text）；二是基于读者的说服类语篇（reader-based persuasive text）；三是基于话题的指称类语篇（topic-based reference text）；

[①] M. A. K. Halliday, *Language as Social Semiotic: The Social Interpretation of Language and Meaning*, London: Edward Arnold, 1978, pp. 144 – 146.

[②] M. A. K. Halliday, R. Hasan, *Language, Context and Text: Aspects of Language in a Social-Semiotic Perspective*, Victoria: Deakin University, 1985, pp. 48 – 49.

四是文学类语篇（literary text）。① Werlich（1976）根据语篇内容的性质将语篇分为说明类、叙事类、描写类、辩论类和指导类语篇。Hatim 和 Mason（2001）根据语篇内部的语义衔接方式和语义推进模式把语篇分为议论语篇、说明语篇和指导语篇，又把议论语篇分为正面议论语篇（through – argumentation text）和反面议论语篇（counter – argumentation text）。Longacre 根据"事件的时间序列"和"施事导向"两个标准将语篇分为叙事语篇（narration discourse）、操作指南（procedural discourse）、言语行为（behavioral discourse）和说明（expository discourse）四类。②

根据对"我（们）不相信＋谓词性宾语/小句宾语"构式考察，我们发现"我（们）不相信＋谓词性宾语/小句宾语"主要出现在四类语篇当中，包括基于听话人（hearer – oriented）的说服类语篇、论辩类语篇、议论性语篇中的反面议论语篇和凸显说话人言谈立场的言语行为类语篇。

三 "我不相信"构式的语用功能

Rublitz 以"I don't think"作为原型代表对"否定转移"进行了研究，认为"否定转移"是认识情态的一种重要表达形式（means of epistemic modality），在语用上具有积极礼貌策略或消极礼貌策略（negative and positive politeness）的语用功能。③ "否定转移观"普遍认为"否定转移"的动因是语用因素，在语用表达上，说话人基于礼貌原则和面子保护策略的考虑，采取"否定转移"的形式，意在弱化说话人的否定语力（Horn，1978；Rublitz，1992；周雪林，1996；熊学亮，1988；等等）。本书赞同 Rublitz（1992）关于"I don't think"是认识情态范畴的重要语言表达形式这一观点，但是对其意图

---

① James Kinneavy, "A Theory of Discourse: The Aims of Discourse", *College Composition and Communication*, Vol. 24, 1971, pp. 13 – 14.

② Robert E. Longacre, *The Grammar of Discourse*, New York: Plenum Press, 1983, pp. 3 – 5.

③ Wolfram Rublitz, "Transferred Negation and Modality", *Journal of Pragmatics*, Vol. 18, 1992, pp. 551 – 574.

弱化说话人否定语力的语用表达功能有不同的认识。

本书认为，"我（们）不相信+谓词性宾语/小句宾语"构式与"我（们）相信+谓词性宾语/小句宾语（不/没）"构式相同，都是认识情态范畴的重要语言表达构式，但是二者的语用功能有所不同。

"我相信"构式主要表达说话人关于命题真值的评估、承诺或断言，而"我（们）不相信+谓词性宾语/小句宾语"构式主要用于表达说话人关于听话人做出的或可能认同的命题判断进行反驳，即反驳立场，重在表达与听话人关于命题信息相反的认识和断言。也就是说，"我（们）不相信+谓词性宾语/小句宾语"首先预设了听话人做出的或可能认同的关于命题信息的肯定判断（谓词性宾语或小句宾语所表达的命题判断），"我不相信"构式是对听话人已经做出的或可能做出的判断进行否定，表达说话人反驳意图，阐明说话人相反的言谈立场，因此经常出现在基于听话人（hearer-oriented）的说服类语篇、议论性语篇中的反面议论语篇、凸显说话人言谈立场的言语行为类语篇当中，特别是经常出现在"主张—反主张"话语组织模式中，表达说话人对听话人既有判断的反驳性断言。

（一）"我不相信"构式的互动交际功能

与"我相信"构式不同，否定形式的"我不相信"构式体现了说话人对听话人的主动关照，具有人际互动的交际性功能，即"我不相信+命题"构式不仅仅表达了说话人关于命题为假的判断，还表达了说话人对听话人的主动关照，体现出一定的互动主观性特征（intersubjectivity），即说话人推测"听话人认定命题为真"，说话人意图纠正、澄清或反驳听话人关于命题既有的认识和判断，表达与听话人相反的认识或断言，表明说话人相反的言谈立场，因此，具有反预设（听话人可能的认识和判断）的互动交际功能。

Horn（1991）认为，否定和肯定构成对立关系，但是否定不仅仅是对肯定命题的否定，说话人在使用否定结构"not-P"的同时，传达了两层重要信息：一是说话人认为命题"P"为假；而是说话人认为听话人可能相信"P"为真。Leech认为否定结构否定的是"语境中在场的命题"，也就是说，否定结构用来否定"交际语境中的交际参与者已经提出的或者信以为真的某一命题或论断"①。Givón 把这种隐含在语境中的命题称为"否定的预设性"②。沈家煊认为否定结构总是"预先假设"相应的肯定结构所表达的命题内容，否定结构本质上是对这个预先假设的命题加以否认或反驳。③ 苗兴伟也指出"否定结构，就其概念意义而言，表达是肯定意义的反面，而就其人际意义而言，否定体现了语言的交际性，即说话人在否定一个命题时不仅相信该命题为假，而且认为听话人可能相信该命题为真"④。所以，从"否定结构的预设性"角度来讲，"我不相信"构式首先预设了"听话人很可能相信某一命题为真"，"我不相信"构式不仅仅是对命题的判断，更重要的是对预设的否定，即对"听话人可能认为某一命题为真的认识或断言"进行否定或反驳，因此具有反预设的人际互动表达功能，即

"我不相信+命题P"结构 》"听话人+相信命题P"
"我不相信+命题P"结构 = -"听话人+相信命题P"
（符号说明："》"表示预设；"="表示等于；"-"表示"相反"）

从语用表达上来看，"我不相信+命题P"构式不仅仅是对命题"P"的否定，更重要的是对预设的否定，即说话人否定或反驳"听话人关于命题为真的认识和判断"，举例分析如下：

(80) 崔曼莉："文涛，你刚才讲听起来像一个喜剧，大家发财了，天天打麻将，然后戴社长讲的是一个悲剧，而且这个悲剧今天还在上演，就是大家都还在议论，还没有一个结果。但是

---

① G. N. Leech, *Principles of Pagmatics*, London/New York: Longman, 1983, p. 101.
② T. Givón, *English Grammar: A Function - Based Introduction*, Amsterdam: John Benjamins, 1993, p. 188.
③ 沈家煊：《不对称和标记论》，江西教育出版社1999年版，第44页。
④ 苗兴伟：《否定结构的语篇功能》，《外语教学与研究》2011年第2期。

第九章 "我(们)+不+心理动词"构式的认识情态研究

我听起来觉得悲剧和喜剧之间似乎差别并不大。"

窦文涛:"怎么讲?"

崔曼莉:"人的生活一旦被强行安排之后,像戴社长说的这个事情还没有结果,大家还在追寻。像你说的有了一个好的结果,但是这好的结果,**我不相信**一个人每天打麻将、喝酒是一种幸福。就是怎么样的生活是好的生活,而这个好的生活被一个很奇怪的一个现象,或者说一种需要重建之后,是否给到钱给到补偿,这个重建就结束了,谁来对重建的生活负责。如果我们比如说在拆迁之后没有办法面对这个重建的生活,谁来帮助我们。我觉得这是一个。"(凤凰卫视,《锵锵三人行——崔曼莉:"拆"字是当今中国最有权力的汉字》,2010年12月30日)

例(80)中,言语交际的背景是拆迁导致有些人发了财,天天打麻将,这是喜剧;而有些人获得的补偿却很少,生活没有着落,这是悲剧;在说话人(崔曼莉)关于"我不相信一个人每天打麻将、喝酒是一种幸福"的断言中,预设是"前一说话人(窦文涛)认为一个人每天打麻将、喝酒是一种幸福",预设是前一说话人(窦文涛)的认识和判断,因为窦文涛认为"发财了,天天打麻将是一种幸福的生活(喜剧)",说话人(崔曼莉)不同意这一观点,所以用"我不相信+命题P"构式对"一个人每天打麻将、喝酒是一种幸福"(听话人窦文涛的断言认识)进行否定,对听话人(窦文涛)已有的关于"一个人每天打麻将、喝酒是一种幸福"的认识和判断进行反驳。

有时候,说话人否定或反驳的预设不是一个临时语境的预设,而是一个为全社会所共享的认知常识或认知规律,例如:

(81)窦文涛:"我跟你说,你看看这个照片,我在机场,一看见这种书,可能我有点儿偏激,我一看见这种书,我闻见味儿就走,为什么?因为**我不相信**成功可以复制,谁复制贝多芬出来了,那条件是你先得成个聋子。"(凤凰卫视,《锵锵三人行——杨舒:唐骏这人捧红了野鸡大学》,2010年7月14日)

在例（81）"我不相信成功可以复制"中，预设是"成功可以复制"这一断言，这不是临时的预设（从说话人的言语中推测出来的信息），而是一个为广大社会成员普遍共享和认可的认知常识和认知规律，属于"认知常识性预设"。说话人通过"我不相信＋命题P"构式对命题"P"（"成功可以复制"）这一认知常识性预设进行否定，即说话人认为"成功不可以复制"。

如果将例（80）和例（81）进行否定还原操作之后，这种"对预设的否定"意义就会消失，"对听话人可能的认识和判断进行否定或反驳"的语用意义也会消失，试比较：

（80） **我不相信**一个人每天打麻将、喝酒是一种幸福。
（80a） **我相信**一个人每天打麻将、喝酒不是一种幸福。
（81） **我不相信**成功可以复制。
（81a） **我相信**成功不可以复制。

此外，对"语境预设或常规认知预设"的否定也从另一方面解释了在"我不相信＋谓词性宾语/小句宾语"的语料中，为什么会有大量的"谓词性宾语或小句宾语"也是一个否定形式，即"主谓结构否定形式（我不相信）＋谓词性宾语/小句宾语（否定形式）"。如果用"否定转移观"来解释的话，因为谓词性宾语/小句宾语是否定形式，主谓结构的否定又是从哪儿转移来的呢？这显然是否定转移观所无法解释的。如果我们用"对预设的否定或反驳"来解释"我不相信"构式的语用功能，那么，这一切疑团就迎刃而解了。

"我不相信＋谓词性宾语/小句宾语"构式是一个独立的认识情态表达构式，有两种常见的构式形式：第一种构式形式是"我不相信＋谓词性宾语/小句宾语（肯定形式）"；第二种构式形式是"我不相信＋谓词性宾语/小句宾语（否定形式）"。

1. "我不相信＋谓词性宾语/小句宾语（肯定形式）是一种反预设的认识立场表达

通过对"我不相信＋谓词性宾语/小句宾语（肯定形式）"构式

第九章 "我(们) + 不 + 心理动词"构式的认识情态研究

互动交际功能的考察,我们发现第一种构式形式"我不相信 + 谓词性宾语/小句宾语(肯定形式)"是对预设的否定,是一种反预设认识立场的表达构式。

"我不相信 + 谓词性宾语/小句宾语(肯定形式)"构式和"我相信 + 谓词性宾语/小句宾语(否定形式)"构式在语义表达上往往是相近的,容易让人误以为二者具有否定转移关系。从语用表达上来看,"我不相信 + 谓词性宾语/小句宾语(肯定形式)"构式比"我相信 + 谓词性宾语/小句宾语(否定形式)"构式语气稍弱,不是因为语用交际中基于礼貌原则或面子保护策略的考虑,而是因为"我不相信 + 谓词性宾语/小句宾语(肯定形式)"构式表达的是对语境预设的否定,即对听话人可能的认识或断言进行否定或反驳,凸显的是语用上的否定表达功能;而"我相信 + 谓词性宾语/小句宾语(否定形式)"构式表达的是说话人关于命题为假的断言,本质上是说话人关于命题真值的断言性言语行为,意在对听话人产生某种影响,因此断言语力较强。所以,从对命题断言的程度上来说,"我不相信 + 谓词性宾语/小句宾语(肯定形式)"构式在语用上的否定或反驳语气,相对于"我相信 + 谓词性宾语/小句宾语(否定形式)"关于命题真值的断言性言语行为而言,在语气上显然要弱一些。

2. "我不相信 + 谓词性宾语/小句宾语(否定形式)"是一种双重否定的组构模式

一方面,"我不相信 + 谓词性宾语/小句宾语(否定形式)"与"我相信 + 谓词性宾语/小句宾语(肯定形式)"相比,说话人关于命题信息判断的肯定语气更强,表达说话人的确信程度更高,从语用表达上来讲,具有强化说话人关于命题为真或事件必然出现的确信语气。

另一方面,"我不相信 + 谓词性宾语/小句宾语(否定形式)"构式双重否定的组构模式除了确信语气更强之外,还具有特定的信息表达功能。与肯定形式相比,同样隐含着对预设的否定,例如:

(82)张晓林:"所以社区医生就觉得特怂,我跟他们讲课的时候说，你们相信，总有一天大医院会拍我们的马屁的，但是要让大医院拍我们的马屁，首先我们得把老百姓维护好，当老百姓在我身边的时候，**我不相信**大医院不找我，真正要做社区医院很难。但是我还想说，如果你真的被政府选为一个社区医生，你应该感到很荣幸。"（北京人民广播电台，《行家——体育广播 百姓健康大讲堂特邀专家：张晓林》，2009年6月8日）

（83）陈鲁豫："如果你重新做的话，你还会那么做吗？比如说那整容的事，我就觉得你没有必要去医院里面，接受什么检查，如果那样的话你还会那么去做吗？"

范冰冰："因为**我不相信**这个世界上没有真理。"（凤凰卫视，《鲁豫有约——15岁范冰冰闯北京被导演批 对做演员曾很绝望》，2011年3月1日）

例（82）中，语境预设是（大医院认为）社区医生不如人，所以不会找社区医生；例（83）中，语境预设是（那些造谣范冰冰整容的人认为）世界上没有真理。说话人意在通过对语境预设进行否定，来表达说话人自己与预设语境相反的认识立场。例（82）中说话人否认了"大医院不找我"这一社区医生普遍的认知观点；例（83）中范冰冰反驳了那些造谣范冰冰曾经整过容的人的认识立场——世界上没有真理和真相，只有炒作。

双重否定的组构模式［"我不相信 + 谓词性宾语/小句宾语（否定形式）"］与相应的肯定形式［"我相信 + 谓词性宾语/小句宾语（肯定形式）"］相比，其特定的信息表达功能表现在对预设的否定或者反驳上，试比较：

（82）当老百姓在我身边的时候，**我不相信**大医院不找我。（双重否定形式）

（82a）当老百姓在我身边的时候，**我相信**大医院会找我。（肯定形式）

例（82a）肯定形式中，当条件满足"老百姓在我身边的时候"，结果就会出现"大医院会找我"；而例（82）的双重否定形式中，当条件满足"老百姓在我身边的时候"，说话人不仅仅强调"大医院会找我"这一命题为真，更重要的是在语用上否定或反驳了听话人先前持有的关于"社区医生不如人，大医院不会找社区医生"的既有判断和认识，因此"我不相信"否定的不仅仅是命题（例82a中表达的命题），更重要的是对听话人既有认识或断言的否定或反驳，这种对"预设的否定"就是"我不相信+谓词性宾语/小句宾语（否定形式）"的双重否定形式不同于其肯定形式［"我相信+谓词性宾语/小句宾语（肯定形式）"］的特定语用表达功能。

综上所述，"我不相信+谓词性宾语/小句宾语"构式是一个独立的认识情态表达构式，具有反预设的互动交际功能，即对"听话人认为某一命题为真的认识或断言"这一语境预设进行否定或反驳。

"我不相信+谓词性宾语/小句宾语"构式有两种常见的构式形式：第一种构式形式是"我不相信+谓词性宾语/小句宾语（肯定形式）"构式，它和"我相信+谓词性宾语/小句宾语（否定形式）"构式在语义表达上相近，但是关于命题真值的断言语气较弱，在语用表达上，凸显对说话人既有或可能的认识和断言进行否定（否认或反驳）。第二种构式形式是"我不相信+谓词性宾语/小句宾语（否定形式）"构式，它与"我相信+谓词性宾语/小句宾语（肯定形式）"构式相比，对命题真值的断言语气更强，同时还具有对听话人既有或可能的认识或断言进行否定（否认或反驳）的语用表达功能。

（二）"我不相信"构式的语篇组织方式

根据对"我不相信"构式出现的语篇语境的考察，我们知道，"我（们）不相信+谓词性宾语/小句宾语"构式主要出现在基于听话人的（hearer-oriented）说服类语篇、议论性语篇中的反面议论语篇、凸显说话人言谈立场的言语行为类语篇当中。"我不相信"构式出现的语篇类型一般为"议论性或论辩性"语篇，说话人一方面强调自己的言谈立场；另一方面也体现了对听话人的关照，体现出一定的语篇互动功能。

刘辰诞根据语篇信息的组织方式,将议论型语篇的语篇组织模式概括为"问题—解决"模式和"主张—反主张"模式两大模式。[①]"主张—反主张"模式是论辩类语篇的典型组织模式,在语篇组织上经常体现为两种形式。

第一种,"现象+评论"的语篇组织形式,例如:

(84)主持人:"好,欢迎回到我们的节目,接下来继续我们的房地产调控话题,我们一起来看两幅漫画。这幅漫画叫作这个城市调控。"

主持人:"这个看来我们政府还是有这样一个信心和决心的。再来看下一幅,'别怕,这点风不算大',这应该是咱们地产商的一种声音。"

张鸿:"对,这是房地产大佬说的话,但是你注意他旁边还有小的这个地产商,**我不相信**开发商是铁板一块,肯定有一些小的开发商在持续的调控下面,肯定他会撑不住的。"(中央电视台,《今日观察——房地产调控不回头》,2010年8月24日)

例(84)是"现象+评论"的语篇组织模式,属于典型的"主张+反主张"的模式,即"现象"(一张漫画)蕴含了房地产商的主张——房地产调控这点风不算大,不用怕;"评论"则包含了说话人的反向主张——嘉宾张鸿认为"开发商不是铁板一块,但是一些小的开发商在持续的调控下面,肯定他会撑不住的"。说话人关于"我不相信开发商是铁板一块"的断言认识中,预设是"开发商是铁板一块,不会怕政府的调控——这点风不算大",说话人反驳了这一预设,认为"房地产商是铁板一块,都不怕政府的调控风"这一命题为假(即漫画的预设内容),说话人通过对预设的否定或反驳,表达了说话人与听话人对立或相反的言者立场,即"房地产商不是铁板一块,虽然大的房地产商不怕,但是小的房地产商肯定会撑不住的"。

---

① 刘辰诞:《教学篇章语言学》,上海外语教育出版社1999年版,第129—133页。

第二种,"话题+讨论"的语篇组织形式,例如:

(85)央视网消息:这名巴西女孩名叫朱莉娅·利拉。今年只有7岁的她此前一直在里约热内卢维拉杜罗桑巴舞学校学习跳舞。不久前,她刚被学校选为桑巴王后,并将在本月13号开始的里约嘉年华中献艺,表演长达80分钟的桑巴舞。

但这一做法随即招到政府部门和社会人士的指责。一些人认为领舞王后通常是穿着性感的成年女性,让小女孩扮演恐怕会错误引导社会风气。一名法官更考虑阻止她演出。

但女孩的父母都表示支持女儿参加此次表演,认为这能够展示女儿的舞蹈天赋。

……

利拉的父亲:"我女儿才七岁,**我不相信**一个小女孩在表演时,别人会把她和'性感'联系起来。"(中央电视台,《中国新闻》,2010年2月9日)

例(85)中的语篇模式形式上是"话题+讨论"模式,但是本质上却是"话题+主张+反主张"的模式。话题是"小女孩当选桑巴王后",政府部门和社会人士的"主张"是小孩穿着太性感,会误导社会风气,说话人"利拉的父亲"用"我不相信"构式对政府部门和社会人士的主张进行否定或反驳,属于说话人的"反主张","我不相信一个小女孩在表演时,别人会把她和'性感'联系起来",预设是"一个女人在表演时,别人会把她和'性感'联系起来"(即"政府部门和社会人士的认识"),说话人通过对预设的否定,来达到对听话人关于命题信息的判断进行反驳的言者立场。

对于互动交际性言语行为而言,"主张—反主张"的话语组织模式尤为常见,其话语组织模式为"交际参与者的一方首先提出观点,发起话题;然后,交际参与者的另一方针对这一观点或话题发表评论,表达相同或相反的观点"。正因为"我(们)不相信+谓词性宾语/小句宾语"构式在互动交际中具有反预设的否定功能——否定或反驳预设命题的语用表达功能，所以才使得"我（们）不相信"构式在"主张—反主张"的论辩语篇模式中尤为常见。

第四节 小结

"我不相信＋谓词性宾语/小句宾语"结构和"我相信＋谓词性宾语/小句宾语（……不/没……）"的同一性问题一直都是学术界讨论的重点。"否定转移观"（Horn，1978；Rublitz，1992；周雪林，1996；熊学亮，1988；等等）认为，"我不相信＋谓词性宾语/小句宾语（I don't believe）"结构是"我相信＋谓词性宾语/小句宾语（……不/没……）（I believe not）"经过否定转移转换而来的，其语用动因出于礼貌原则和面子保护策略做出的语用调整，说话人意图通过否定转移来弱化说话人关于命题为真的否定语力。

本书通过对"我相信＋谓词性宾语/小句宾语（……不/没……）"和"我不相信＋谓词性宾语/小句宾语"出现的频次、自由转换条件、二者的表义差别和语用表达差异等几个方面进行了对比研究，发现"我不相信＋谓词性宾语/小句宾语"不是"我相信＋谓词性宾语/小句宾语（……不/没……）"的否定转移形式，而是一个独立的认识情态表达构式。

通过对媒体语言语料库（MLC）的考察，我们发现"我（们）不相信＋谓词性宾语/小句宾语"构式出现的情景语境为：（1）"我（们）不相信＋谓词性宾语/小句宾语"构式出现的"语场"为澄清解释类言语交际活动、个人经验或价值观分享类言语交际活动和评价探索类言语交际活动；（2）"我（们）不相信＋谓词性宾语/小句宾语"构式的"语旨"是言语活动的交际者之间的地位往往是平等的，在信息的可获得性和所有权上具有平等的权利，因此交际的参与者之间传递的不是知识，而是表达关于命题真值的评估，本质上是一种评估活动；（3）"我（们）不相信＋谓词性宾语/小句宾语"构式的"语式"是在言语交际中承担说话人关于命题的评估功能，说话人意在通过"我不相信"构式表达自己的反驳、澄清或解释的言语交际目的，阐明自己的反驳立场。

"我（们）不相信+谓词性宾语/小句宾语"构式出现的典型语篇语境是：基于听话人（hearer-oriented）的说服类语篇、论辩类语篇、议论性语篇中的反面议论语篇和凸显说话人言谈立场的言语行为类语篇。"我（们）不相信+谓词性宾语/小句宾语"构式的语用表达功能是表达对听话人做出的或可能认同的命题判断进行反驳，阐明与听话人关于命题判断相反的认识和断言。"我（们）不相信+谓词性宾语/小句宾语"构式首先预设了听话人做出的或可能认同的关于命题的肯定判断（"谓词性宾语或小句宾语所表达的命题判断"），"我不相信"构式是对听话人做出的或可能的判断进行否定性断言，表达说话人的反驳意图，阐明说话人相反的言谈立场。"我（们）不相信+谓词性宾语/小句宾语"构式常见的语篇信息组织模式是：论辩性语篇中"主张—反主张"的语篇组织模式，表达说话人对听话人既有认识或断言的反驳性认识或断言。

第十章　结语

认识情态范畴是情态范畴的下位小类，主要表达说话人关于言语所陈述的命题真值的可能性评估和断言，表达了说话人关于命题判断的确信程度和承诺程度。说话人关于命题判断的确信程度和承诺程度处于从肯定（positive）到否定（negative）的认知尺度（epistemic scale）之中：肯定（positive）＞知识（knowledge）＞认识上的确定性（epistemic certainty）＞认识上的必要性（epistemic necessity）＞认识上的很大可能（epistemic probability）＞认识上的较大可能（epistemic likelihood）＞认识上的不确定（epistemic uncertainty）＞认识上的可能性（epistemic possibility）＞认识上的怀疑性（epistemic doubt）＞认识上的不太可能（unlikelihood）＞认识上的不可能（epistemic impossibility）＞否定（negative）。

在现代汉语中，认识情态范畴的语义表达形式包括能愿动词、情态副词、心理动词结构和特殊构式等。其中，由心理动词构成的心理动词表达式"我（们）＋心理动词"是一个典型的认识情态构式，是表达说话人主观认识的理想化认知模型，是现代汉语认识情态范畴的重要语言表达形式之一。认识情态构式"我（们）＋心理动词"对出现在构式中的语言成分有严格的准入条件限制，包括主语的人称限制、心理动词语义类型限制、时体条件限制及后续成分的句法性质限制等。认识情态构式"我（们）＋心理动词"的核心构式意义是表达说话人关于言语所陈述命题内容的评估性或断言性认识，在语言表达中，其功能相当于一个情态副词。当它不出现在句首时（出现在句中或句末位置时）具有副词性质，处于从词汇范畴向语法范畴语法化过程中的较高程度阶段（higher degree of grammaticalization），因此，从心理动词到"我（们）+心理动词"构式，再到情态副词的演变具有类型学上的普遍意义。

能够出现在认识情态构式"我（们）+心理动词"中的心理动词包括五类：第一类是感觉类心理活动动词，包括"感觉、觉得$_1$"等。第二类是思维类心理活动动词，包括：（1）"怀疑类"：怀疑；（2）"评估类"：估计、估测、估摸、估算、估量、约莫、约摸、琢磨、捉摸；（3）"猜想类"：猜、猜测、猜想、揣测、揣度、揣摩、揣摸、揣想、想$_1$（猜测义）、想见、想来、寻思；（4）"推理类"：推理、推测、推断、推定、推论、推想、推算；（5）"预料类"：预测、预料、预感、预想、料想、料定。第三类是认知类心理活动动词，包括：相信、确信、深信、坚信。第四类是判断类心理活动动词，包括三个小类：（1）强断言类：认为、认定、以为$_1$、断定、判断、确定；（2）弱断言类：觉得$_2$、想$_2$；（3）误断言类：以为$_2$。第五类是情感类心理状态动词，包括"害怕、怕、恐怕、担心"等。上述五大类心理动词是认识情态构式"我（们）+心理动词"的可变参数，由此形成了"我（们）+心理动词"构式的各类扩展构式，这些扩展构式通过实例（instance）联结形成一个认识情态构式网络（epistemic construction system），反映了人类语言组织（organization）的普遍心理原则（Goldberg，1995）。

认识情态构式"我（们）+心理动词"的各类扩展构式表达了说话人关于命题内容评估和判断的不同认识程度，具体来说：

（1）"我（们）+感觉类心理动词"构式，主要表达说话人关于命题内容的弱断言认识（weak assertion），表达认识上的某种不确定性（epistemic uncertainty）；

（2）"我（们）+怀疑类心理动词"构式，主要表达说话人关于命题判断的某种认识上的怀疑性（epistemic doubt）；

（3）"我（们）+评估类心理动词"构式，主要表达说话人关于命题内容的评估性认识（evaluation），涉及认识上的较大可能（epistemic likelihood）和认识上的必要性（epistemic necessity）；

（4）"我（们）+猜想类心理动词"构式，主要表达说话人关于命题内容的弱断言认识（weak assertion），表达认识上的较低确定性（epistemic uncertainty）；

（5）"我（们）+预料类/推理类心理动词"构式，主要表达说话人关于命题判断的很大可能性（epistemic probability）；

（6）"我（们）+强断言类判断心理动词"构式，主要表达说话人关于命题判断的确定性（epistemic certainty）；

（7）"我（们）+误断言类判断心理动词"构式，主要表达说话人关于命题内容的错误断言，表达说话人认识上的不可能（epistemic impossibility）；

（8）"我（们）+认知类心理动词"构式，主要表达说话人关于命题判断的确定性（epistemic certainty）以及说话人拥有的某种知识（knowledge）或信仰（belief）；

（9）"我（们）+情感类心理状态动词"构式，主要表达说话人关于命题判断的可能性（epistemic possibility）。

（10）"我（们）+不+心理动词"构式，主要表达说话人关于命题为假的断言认识，表达说话人认识上的不太可能（unlikelihood）。

根据说话人关于命题内容判断由强到弱的认识尺度（epistemic scale），我们把认识情态构式"我（们）+心理动词"的各类扩展构式在认识尺度上的排列顺序描写如下：（8）"我（们）+认知类心理动词"构式＞（6）"我（们）+强断言类判断心理动词"＞（5）"我（们）+预料类/推理类心理动词"构式＞（3）"我（们）+评估类心理动词"构式＞（1）"我（们）+感觉类心理动词"构式/（4）"我（们）+猜想类心理动词"构式＞（9）"我（们）+情感类心理状态动词"构式＞（2）"我（们）+怀疑类心理动词"构式＞（10）"我（们）+不+心理动词"构式＞（7）"我（们）+误断言类判断心理动词"构式。

上述"我（们）+心理动词"的各类扩展构式在认知尺度上的排列顺序体现了说话人由强到弱的认识维度：知识（knowledge）/认识上的确定性（epistemic certainty）［构式（8）］＞认识上的确定性

(epistemic certainty)［构式（6）］＞认识上的必要性（epistemic necessity）/认识上的很大可能（epistemic probability）［构式（5）］＞认识上的较大可能（epistemic likelihood）［构式（3）］＞认识上的不确定（epistemic uncertainty）［构式（1）和构式（4）］＞认识上的可能性（epistemic possibility）［构式（9）］＞认识上的怀疑性（epistemic doubt）［构式（2）］＞认识上的不太可能（unlikelihood）［构式（10）］＞认识上的不可能（epistemic impossibility）［构式（7）］。

综上所述，认识情态构式"我（们）＋心理动词"是现代汉语中认识情态范畴的典型语言表达形式之一，是人类表达主观化认识的理想认知模型，完美地体现了人类对客观世界或事件的认知维度。

参考文献

一 中文参考文献

（一）图书及析出文献

方梅：《再说"呢"——从互动角度看语气词的性质与功能》，载《语法研究和探索》（十八），商务印书馆 2016 年版。

郭昭军：《意愿与意图——助动词"要"与"想"比较研究》，载齐沪扬主编《现代汉语虚词研究与对外汉语教学》，复旦大学出版社 2005 年版。

何兆熊等：《新编语用学概要》，上海外语教育出版社 2000 年版。

李明：《试谈言说动词向认知动词的引申》，载吴福祥、洪波主编《语法化与语法研究》，商务印书馆 2003 年版。

刘辰诞：《教学篇章语言学》，上海外语教育出版社 1999 年版。

吕叔湘：《汉语语法分析问题》，商务印书馆 1979 年版。

吕叔湘：《现代汉语八百词》，商务印书馆 1980 年版。

孟琮等编：《汉语动词用法词典》，商务印书馆 1999 年版。

彭利贞：《现代汉语情态研究》，中国社会科学出版社 2007 年版。

屈承熹：《汉语篇章语法》，潘文国译，北京语言大学出版社 1998 年版。

沈家煊：《不对称和标记论》，江西教育出版社 1999 年版。

萧国政、郭婷婷：《"怀疑"句的功能类型、认知性质与 HNC 思考》，载《汉语语法的事实发掘与理论探索》，湖北人民出版社 2005 年版。

张伯江、方梅：《汉语功能语法研究》，江西教育出版社1994年版。
张谊生：《现代汉语副词研究》，学林出版社2000年版。
中国社会科学院语言研究所词典室主编：《现代汉语词典》（第6版），商务印书馆2012年版。

（二）论文

蔡维天：《谈汉语模态词的分布与诠释之对应关系》，《中国语文》2010年第3期。

柴闯、刘玉屏：《多元文化背景下"我觉得"的话语立场研究》，《汉字文化》2019年第17期。

陈振宇：《再说"会"》，《世界汉语教学》2020年第1期。

董正存：《汉语中约量到可能认识情态的语义演变——以"多半"为例》，《中国语文》2017年第1期。

方梅：《认证义谓宾动词的虚化——从谓宾动词到语用标记》，《中国语文》2005年第6期。

方梅：《北京话里"说"的语法化——从言说动词到从句标记》，《中国方言学报》2006年第1期。

冯军伟：《现代汉语认识情态研究》，博士学位论文，南开大学，2010年。

冯军伟：《假设连词"哪怕"的词汇化及相关问题》，《河北大学学报》（哲学社会科学版）2012年第3期。

冯军伟：《认识情态与传信情态》，《云南师范大学学报》（对外汉语教学与研究版）2012年第3期。

冯军伟：《"恐怕"的认识情态意义及其意义的主观性》，《中国学论丛》（韩国高丽大学校中国学研究所主办）2016年第53辑。

高亮：《意愿情态动词的意愿等级》，《语言教学与研究》2017年第5期。

高增霞：《汉语担心——认识情态词"怕""看""别"的语法化》，《中国社会科学院研究生院学报》2003年第1期。

郭昭军：《汉语情态问题研究》，博士学位论文，南开大学，2003年。

郭昭军：《现代汉语中的弱断言谓词"我想"》，《语言研究》2004 年第 2 期。

郭昭军：《"该"类助动词的两种模态类型及其选择因素》，《南开语言学刊》2011 年第 2 期。

韩蕾：《"怀疑"的词义、宾语和句义》，《徐州师范大学学报》2001 年第 1 期。

蒋绍愚：《从助动词"解"、"会"、"识"的形成看语义的演变》，《汉语学报》2007 年第 1 期。

乐耀：《汉语认识情态词"应该"用以表达传信意义》，《语言学论丛》2013 年第 2 期。

李命定、袁毓林：《信念与概率：认识情态动词的语义差异及其功能分化》，《世界汉语教学》2018 年第 1 期。

李秋杨：《"我想"与"I think"的语义和功能考察》，《天津外国语大学学报》2012 年第 6 期。

李水：《认识立场标记"我认为""我觉得"比较研究初探——基于现代汉语语料库的研究》，《沈阳工程学院学报》（社会科学版）2016 年第 1 期。

李新良、袁毓林：《反叙实动词宾语真假的语法条件及其概念动因》，《当代语言学》2016 年第 2 期。

李兴亚：《"怀疑"的意义和宾语的类型》，《中国语文》1987 年第 2 期。

李运熹：《也谈"怀疑"的意义》，《中国语文》1988 年第 2 期。

李宗江：《副词"倒"及相关副词的语义功能和历时演变》，《汉语学报》2005 年第 2 期。

卢英顺：《"吧"的语法意义再探》，《世界汉语教学》2007 年第 3 期。

鲁承发：《"怀疑"意义的引申机制与识解策略新探——兼谈"表达省力"与"理解省力"博弈对句法的影响》，《语言教学与研究》2016 年第 3 期。

罗耀华、刘云：《揣测类语气副词主观化与主观性》，《语言研究》

2008年第3期。

苗兴伟：《否定结构的语篇功能》，《外语教学与研究》2011年第2期。

潘海峰：《副词"一定"与"必定"的情态对比及相关问题研究》，《同济大学学报》（社会科学版）2017年第4期。

潘汜津：《表必然的副词"一定""肯定""必定""势必"的对比考察》，硕士学位论文，暨南大学，2006年。

彭利贞、刘翼斌：《论"应该"的两种情态与体的同现限制》，《语言教学与研究》2007年第6期。

彭利贞：《现代汉语情态研究》，博士学位论文，复旦大学，2005年。

彭小川：《论副词"倒"的语篇功能》，《北京大学学报》（哲学社会科学版）1999年第5期。

沈家煊：《"判断语词"的语义强度》，《中国语文》1989年第1期。

沈家煊：《语言的"主观性"和"主观化"》，《外语教学与研究》2001年第4期。

司红霞：《再谈插入语的语义分类》，《汉语学习》2018年第6期。

唐筠雯：《话语视角标记"我认为"和"我觉得"的对比研究》，硕士学位论文，暨南大学，2018年。

王灿龙：《"是"字判断句名词宾语的指称形式》，《世界汉语教学》2013年第2期。

王初明：《构式和构式语境与第二语言学习》，《现代外语》2015年第3期。

王红斌：《谓宾心理动词与其后的非谓动词所表动作的语义指向》，《盐城师范学院学报》2001年第2期。

王晓凌：《"会"与非现实性》，《语言教学与研究》2007年第1期。

王莹莹、邢丽亚：《论副词"一定"的三种用法——兼谈其对强必然性情态的强化机制》，《外国语》2019年第3期。

魏红：《"的确/确实"的主观化与语法化——兼议"的确"与"确实"的差异》，《云南师范大学学报》（对外汉语教学与研究版）2010年第3期。

文雅丽：《现代汉语心理动词研究》，博士学位论文，北京语言大学，2007年。
吴福祥：《试说"X 不比 Y Z"的语用功能》，《中国语文》2004年第3期。
谢佳铃：《汉语的情态动词》，博士学位论文，台湾"清华大学"，2002年。
熊学亮：《试论英语中的否定转移》，《现代外语》1988年第4期。
徐晶凝：《语气助词"吧"的情态解释》，《北京大学学报》（哲学社会科学版）2003年第4期。
徐晶凝：《语气助词"呗"的情态解释》，《语言教学与研究》2007年第3期。
徐晶凝：《认识立场标记"我觉得"初探》，《世界汉语教学》2012年第2期。
徐盛桓：《否定范围、否定中心和转移否定》，《现代外语》1983年第1期。
徐盛恒：《否定范围和否定中心的再探索》，《外国语》1990年第5期。
许光灿：《也谈"认为"和"以为"》，《汉语学习》2014年第1期。
叶琼：《"好像"的不确定判断义解读》，《汉语学习》2016年第3期。
于康：《命题内成分与命题外成分——以汉语助动词为例》，《世界汉语教学》1996年第1期。
袁毓林：《反预期、递进关系和语用尺度的类型——"甚至"和"反而"的语义功能比较》，《当代语言学》2008年第2期。
袁毓林：《动词内隐性否定的语义层次和溢出条件》，《中国语文》2012年第2期。
袁毓林：《"怀疑"的意义引申机制和语义识解策略》，《语言研究》2014年第3期。
袁毓林：《隐性否定动词的叙实性和极项允准功能》，《语言科学》2014年第6期。

张建理、吴洁雅：《同形反义动词"怀疑"的多维度读解》，《浙江外国语学院学报》2013年第6期。

张邱林：《动词"以为"的考察》，《语言研究》1999年第1期。

张全生：《现代汉语心理活动动词的界定及相关句型初探》，《语言与翻译》（汉文）2001年第2期。

张万禾：《汉语动词的意愿范畴及其句法表现——对自主范畴的再认识》，《西北师大学报》（社会科学版）2008年第1期。

张谊生：《揣测与确信评注的兼容模式及其功用与成因》，《世界汉语教学》2016年第3期。

张则顺、肖君：《副词"一定"的情态意义和相关功能研究》，《汉语学习》2015年第1期。

张则顺：《合预期确信标记"当然"》，《世界汉语教学》2014年第2期。

张敏：《"怕"的历时演变》，《文教资料》2008年第11期。

周晓林：《假设连词"哪怕"的演变及其动因》，《宁夏大学学报》（人文社会科学版）2009年第1期。

周雪林：《试论"否定转移"的语用意义》，《外国语》1996年第5期。

二 外文参考文献

（一）著作及析出文献

A. E. Goldberg, *Construction*: *A Construction Grammar Approach to Argument Structure*, Chicago/London: The University of Chicago Press, 1995.

Akio Kamio, "Evidentiality and Some Discourse Characteristics in Japanese", In Akio Kamio (ed.), *Directions in Functional Linguistics*, Amsterdam/Philadelphia: John Benjamins Publishing, 1997.

Akio Kamio, *Territory of Information*, Amsterdam/Philadelphia: John Benjamins Publishing, 1997.

Andrzej Zuczkowski, Ramona Bongelli and Ilaria Riccioni, *Epistemic Stance in Dialogue*: *Knowing*、*Unknowing and Believing*, Amsterdam / Philadelphia: John Benjamins Publishing Company, 2017.

Anna Papafragou, *Modality: Issues in the Semantics-Pragmatics Interface*, Oxford: Elsevier, 2000.

Bernd Heine, "Agent – Oriented vs. Epistemic Modality: Some Observations on German Modals", In Joan L. Bybee and Suzanne Fleischman (ed.), *Modality in Grammar and Discourse (Typological Studies in Language* 32), Amsterdam and Philadelphia: John Benjamins, 1995.

C. Goodwin and M. H. Goodwin, "Assessments and the Construction of Context", In A. Duranti and C. Goodwin (ed.), *Rethinking Context: Language as An Interactive Phenomenon*, Cambridge: Cambridge University Press, 1992.

Charles Goodwin, *Conversational Organization: Interaction between Speakers and Hearers*, New York: Academic Press, 1981.

D. Davidson, "Communication and Convention", In Davidson (ed.), *Inquiries into Truth and Interpretation*, Oxford: Clarendon Press, 1982.

D. Sperber and D. Wilson, *Relevance: Communication and Cognition*, Oxford: Blackwell, 1986/1995.

E. Finegan, *Language: Its Structure and Use*, Beijing: Peking University Press, 2005.

E. Ifantidou, *Evidentials and Relevance*, Amsterdam: John Benjamins, 2001.

E. Kärkkäinen, *Epistemic Stance in English Conversation: A Description of Its Interactional Functions, with A Focus on "I Think"*, Philadelphia: John Benjamins Publishing, 2003.

Ekkehard König and Peter Siemund, "Speech Act Distinctions in Grammar", In Timothy Shopen (ed.), *Language Typology and Syntactic Description Volume I: Clause Structure*, Cambridge: Cambridge University Press, 2007.

Elizabeth Closs Traugott, "Subjectification in Grammaticalization", In Dieter Stein and Susan Wright (ed.), *Subjectivity and Subjectification*, Cambridge: Cambridge University Press, 1995.

Elizabeth Couper – Kuhlen and Margret Selting, *Interactional Linguistic:*

Studying Language in Social Interaction, Cambridge: Cambridge University Press, 2018.

Elizabth Closs Traugott and Richard B. Dasher, *Regularity in Semantic Change*, Cambridge: Cambridge University Press, 2012.

Emanuel A. Schegloff, *Sequence Organization in Interaction: A Primer in Conversation Analysis (Vol. 1)*, New York: Cambridge University Press, 2007.

Eve Sweetser, *From Etymology to Pragmatics: Metaphorical and Cultural Aspects of Semantics*, Cambridge: Cambridge University Press, 1990.

F. R. Palmer, *Modality and the English Modals (2nd Edition)*, London: Longman, 1979.

F. R. Palmer, *Mood and Modality (2nd Edition)*, Cambridge: Cambridge University Press, 2001.

Ferdinand deHaan, *The Interaction of Modality and Negation: A Typological Study*, New York: Garland, 1997.

G. Kaltenböck, "Pragmatic Functions of Parenthetical 'I think'", In W. Mihatsch, S. Schneider and G. Kaltenböck (ed.), *New Approaches to Hedging*, Leiden: Brill, 2010.

G. Lakoff, *Women, Fire, and Dangerous Things: What Categories Reveal about the Mind*, Chicago and London: The University of Chicago Press, 1987.

G. N. Leech, *Semantics (Second Edition)*, Great Britain: Pelican Book, 1991.

Gillian Brown and Yule George, *Discourse Analysis*, Cambridge: Cambridge University Press, 1983.

E. Lee (eds.), *Talk and Social Organisation*, Clevedon: Multilingual Matters, 1987.

H. Sacks, *Lectures on Conversation* Ⅱ (edited by G. Jefferson), Oxford: Blackwell, 1992.

H. P. Grice, "Logic and Conversation", In Cole, P. and Morgan, J. (ed.), *Syntax and Semantics*, New York: Academic Press, 1975.

H. P. Grice, *Studies in the Way of Words*, Harvard: Harvard University

Press, 1989.

Heiko Narrog, *Modality, Subjectivity, and Semantic Change. A Cross-linguistic Perspective*, Oxford: Oxford University Press, 2012.

Heine Bernd, Urike Claudi and Friederike Hünnemeyer, *Grammaticalization: A Conceptual Framework*, Chicago: University of Chicago Press, 1991.

Heine Bernd, *World Lexicon of Grammaticalization*, Cambridge: Cambridge University Press, 2002.

Ilse Depraetere and Susan Reed, "Mood and Modality in English", In Bas Aarts and April McMahon (ed.), *The Handbook of English Linguistics*, Malden: Blackwell, 2006.

J. B. Hooper, "On Assertive Predicates", In J. Kimball (ed.), *Syntax and Semantics (IV)*, New York, USA: Academic Press, 1975.

J. McDowell, *Meaning, Communication and Knowledge: Meaning, Knowledge and Reality*, Cambridge, M.A.: Harvard University Press, 1980/1998.

J. R. Searle, *Indirect Speech Acts, Expression and Meaning: Studies in the Theory of Speech Acts*, Cambridge: CUP, 1975/1979.

J. R. Searle, *Speech Acts: An Essay in the Philosophy of Language*, Cambridge: CUP, 1969.

Jan Nuyts and John Vander Auwera, *The Oxford Handbook of Modality and Mood*, Oxford: Oxford University Press, 2016.

Jan Nuyts, *Epistemic Modality, Language, and Conceptualization*, Amsterdam: Benjamins, 2001.

Jary Mark, *Assertion*, New York: Palgrave Macmillan, 2010.

Jennifer Coates, "The Expression of Root and Epistemic Possibility in English", In Joan L. Bybee and Suzanne Fleischman (ed.), *Modality in Grammar and Discourse (Typological Studies in Language 32)*, Amsterdam and Philadelphia: John Benjamins, 1995.

Jennifer Coates, *The Semantics of the Modal Auxiliaries*, London: Croom

Helm, 1983.

Jennifer Coates, *Women, Men and Language: A Sociolinguistic Account of Gender Differences in Language*, London: Longman, 1986.

Joan L. Bybee and Suzanne Fleischman, "Modality in Grammar and Discourse: An Introductory Essay", In Joan L. Bybee and Suzanne Fleischman (ed.), *Modality in Grammar and Discourse (Typological Studies in Language 32)*, Amsterdam and Philadelphia: John Benjamins, 1995.

Joan L. Bybee, Revere D. Perkins and William Pagliuca, *The Evolution of Grammar: Tense, Aspect and Modality in the Languages of the World*, Chicago: University of Chicago Press, 1994.

Johan vander Auwera, Ewa Schalley and Jan Nuyts, "Epistemic Possibility in a Slavonic Parallel Corpus – A Pilot Study", In B. Hansen and P. Karlík (ed.), *Modality in Slavonic Languages. New Perspectives*, Munich: Otto Sagner, 2005.

John Heritage and Geoffrey Raymond, "Navigating Epistemic Landscapes: Acquiescence, Agency and Resistance in Responses to Polar Questions", In Jan Peter de Ruiter (ed.), *Questions: Formal, Functional and Interactional Perspectives*, Cambridge: Cambridge University Press, 2012.

John Heritage, "Epistemics in Conversation", In Jack Sidnell and Tanya Stivers (ed.), *The Handbook of Conversation Analysis*, Oxford: Blackwell Publishing Ltd., 2013.

John Langshaw Austin, "Performative Utterances", In J. L. Austin, J. O. Urmson and G. J. Warnock (ed.), *Philosophical Papers (2nd Edition)*, London: Oxford University Press, 1970.

John Langshaw Austin, *How to Do Things with Words*, London: Oxford University Press, 1962.

John Lyons, *Semantics*, Cambridge: Cambridge University Press, 1977.

K. Bach and R. M. Harnish, *Linguistic Communication and Speech Acts*, Cambridge, M. A.: MIT Press, 1979.

K. Aijmer, "I Think—An English Modal Particle", In T. Swan and O. J.

Westvik (ed.), *Modality in Germanic Languages*, De Gruyter Mouton: Berlin/New York, 1997.

Kasper Boye, "The Expression of Epistemic Modality", In Jan Nuyts and John Vander Auwera (ed.), *The Oxford Handbook of Modality and Mood*, Oxford: Oxford University Press, 2016.

Kasper Boye, *Epistemic Meaning: A Coss – Linguistic and Functional – Cognitive Study*, Berlin: Mouton de Gru yter, 2012.

Laurence R. Horn, "Remarks on NEG – Raising", In Peter Cole (ed.), *Syntax and Semantics (Vol. 9): Pragmatics*, New York: Academic Press, 1978.

Lichtenberk Frantisek, "Apprehensional – Epistemics", In Joan Bybee and Suzanne Fleischman (ed.), *Modality in Grammar and Discourse*, Amsterdam: Benjamins, 1995.

M. A. K. Halliday and R. Hasan Ruqaiya, *Cohesion in English*, Harlow: Longman, 1976.

M. A. K. Halliday and R. Hasan, *Language, Context and Text: Aspects of Language in a Social – Semiotic Perspective*, Victoria: Deakin University, 1985.

M. A. K. Halliday, *An Introduction to Functional Grammar*, London: Edward Arnold, 1994.

M. A. K. Halliday, *Language as Social Semiotic: The Social Interpretation of Language and Meaning*, London: Edward Arnold, 1978.

M. Dummett (ed.), "Assertion", In Frege (ed.), *Philosophy of Language*, London: Duckworth, 1973.

M. Dummett, *Language and Communication: The Seas of Language*, Oxford: Clarendon, 1989/1993.

M. García – Carpintero, "Assertion and the Semantics of Force – Markers", In Bianchi, C. (ed.), *The Semantics/Pragmatics Distinction*, Stanford: CSLI Publications, 2004.

Michael A. Slote, "Assertion and Belief", In Jonathan Dancy (ed.), *Papers on Language and Logic, Keele: Keele University Library, 1979.

Michael Hegarty, *Modality and Propositional Attitudes*, Cambridge: Cambridge University Press, 2016.

Michael R. Perkins, *Modal Expressions in English*, Norwood, N. J.: Ablex, 1983.

P. Brown and S. C. Levinson, "Universals in Language Usage: Politeness Phenomena", In E. Goody (ed.), *Questions and Politeness: Strategies in Social Interaction*, Cambridge: Cambridge University Press, 1978.

P. Brown and S. C. Levinson, *Politeness: Some Universals in Language Usage*, Cambridge: Cambridge University Press, 1987.

Paul Drew and John Heritage, *Talk at Work – Interaction in Institutional Settings*, Cambridge: Cambridge University Press, 1992.

Paul Drew, "Turn Design", In Jack Sidnell and Tanya Stivers (ed.), *The Handbook of Conversation Analysis*, Oxford: Blackwell Publishing Ltd., 2013.

Paul Hopper, "On some Principles of Grammaticalization", In Elizabeth Closs Traugott and Bernd Heine (ed.), *Approches to Grammaticalization: Focus on Theoretical and Methodological Issues (Volume 1)*, Amsterdam/Philadelphia: John Benjamins Publishing Company, 1991.

Paul Kiparsky and Carol Kiparsky, "Fact", In Manfred Bierwisch and Karl E., Heidolph (eds.), *Progress in Linguistics*, The Hague: Mouton, 1970.

Paul Portner, *Modality: Oxford Surveys in Semantics and Pragmatics*, Oxford: Oxford University Press, 2009.

Petar Kehayov, *The Fate of Mood and Modality in Language Death: Evidence from Minor Finnic*, Berlin: De Gruyter, Inc., 2017.

Peter Collins, *Modals and Quasi-Modals in English*, Amsterdam – New York: Rodopi, 2009.

Peter Unger, *Ignorance: The Case for Skepticism*, Oxford: Clarendon Press, 1975.

R. Jackendoff, *Semantic Interpretation in Generative Grammar*, Mass: The

MIT Press, 1972.

R. Millikan, *Language: A Biological Model*, Oxford: OUP, 2005.

R. Quirk, et al., *A Comprehensive Grammar of the English Language*, New York: Longman, 1985.

Ramat Paolo and David Ricca, "Sentence Adverbs in the Languages of Europe", In J. van der Auwera (ed.), *Adverbial Constructions in the Languages of Europe*, Berlin: Mouton, 1998.

Richard Matthews, *Words and Worlds: On the Linguistic Analysis of Modality*, Frankfurta M.: Lang, 1991.

Ronald W. Langacker, *Cognitive Grammar: A Basic Introduction*, Oxford: Oxford University Press, 2008.

Ronald W. Langacker, *Foundations of Cognitive Grammar (Vol. 2): Descriptive Application*, Stanford: Stanford University Press, 1991.

Sandra A. Thompson and Anthony Mulac, "A Quantitative Perspective on the Grammaticlization of Epistemic Parentheticals in English", In E. Traugott and B. Heine (ed.), *Approaches to Grammaticalization (Volumes II)*, Amsterdam: Benjamins, 1991.

Sandra A. Thompson, Barbara A. Fox, and Elizabeth Couper-Kuhlen, *Grammar in Everyday Talk - Building Responsive Actions*, Cambridge: Cambridge University Press, 2015.

Senko K. Maynard, *Discourse Modality: Subjectivity, Emotion and Voice in the Japanese Language*, Philadelphia, P. A.: John Benjamins Publishing Co., 1993.

Susan Hunston and Geoff Thompson (ed.), *Evaluation in Text. Authorial Stance and the Construction of Discourse*, New York: Oxford University Press, 2000.

T. Williamson, *Knowledge and Its Limits*, Oxford: Oxford University Press, 2000.

Wallace L. Chafe and J. Nichols (ed.), *Evidentiality: The Linguistic Coding of Epistemology (Advances in Discourse Processes 20)*, Norwood,

N. J.：Ablex，1986.

Wallace L. Chafe, "Evidentiality in English Conversation and Academic Writing", In Wallace Chafe and Johanna Nichols (ed.), *Evidentiality*: *The Linguistic Coding of Epistemology*, Norwood, N. J.：Ablex, 1986.

（二）论文

A. M. Simon-Vandenbergen, "The Functions of 'I Think' in Political Discourse", *International Journal of Applied Linguistics*, Vol. 10, Issue 1, 2000.

Akio Kamio, "Territory of Information in English and Japanese and Psychological Utterances", *Journal of Pragmatics*, Vol. 24, Issue 3, 1995.

Anders Nes, "Assertion, Belief, and 'I Believe' —Guarded Affirmation", *Linguistic and Philosophy*, Vol. 39, 2016.

Anna Papafragou, "Epistemic Modality and Truth Conditions", *Lingua*, Vol. 116, Issue 10, 2006.

Bruce Fraser, "Conversational Mitigation", *Journal of Pragmatics*, Vol. 4, 1980.

Bublitz Wolfram, "Transferred Negation and Modality", *Journal of Pragmatics*, Vol. 6, 1992.

Chui Kim Tsang, "A Semantic Study of Modal Auxiliary Verbs in Chinese", Stanford University, 1981.

Ferdinand deHaan, "Evidentiality and Epistemic Modality: Setting Boundaries", *Southwest Journal of Linguistics*, Vol. 18, 1999.

Ferenc Kiefer, "On Defining Modality", *Folia Linguistica*, Vol. 21, Issue 1, 1987.

Geoffrey Raymond and John Heritage, "The Epistemic of Social Relations: Owning Grandchildren", *Language in Society*, Vol. 35, Issue 5, 2006.

H. Sacks, E. A. Schegloff and G. Jefferson, "A Simplest Systematics for the Organization of Turn-Taking for Conversation", *Language*, Vol. 50, Issue 4, 1974.

J. O. Urmson, "Parenthetical Verbs", *Mind, New Series*, Vol. 61, 1952.

J. van Bogaert, "'I Think' and Other Complement – Taking Mental Predicates: A Case of and for Constructional Grammaticalization", *Linguistics*, Vol. 49, Issue 2, 2011.

Janet Holmes, "Hedges and Boosters in Women's and Men's Speech", *Language and Communication*, Vol. 10, 1990.

Jennifer Coates, "Epistemic Modality and Spoken Discourse", *Transactions of the Philological Society*, Vol. 85, 2008.

Johan van der Auwera and V. A. Plungian, "Modality's Semantic Map", *Linguistic Typology*, Vol. 2, Issue 1, 1998.

John Heritage and Geoffrey Raymond, "The Terms of Agreement: Indexing Epistemic Authority and Subordination in Talk – in – Interaction", *Social Psychology Quarterly*, Vol. 68, Issue 1, 2005.

John Heritage, "The Epistemic Engine: Sequence Organization and Territories of Knowledge", *Research on Language and Social Interaction*, Vol. 45, Issue 1, 2012.

John R. Searle, "A Classification of Illocutionary Acts", *Language in Society*, Vol. 5, Issue 1, 1976.

K. Hyland, "Stance and Engagement: A Model of Interaction in Academic Discourse", *Discourse Studies*, Vol. 7, Issue 2, 2005.

Laurence R. Horn, "Given as New: When Redundant Affirmation Isn't", *Journal of Pragmatics*, Vol. 15, 1991.

Max Black, "Saying and Disbelieving", *Analysis*, Vol. 13, 1952.

P. Crompton, "Hedging in Academic Writing: Some Theoretical Problems", *English for Specific Purposes*, Vol. 16, Issue 4, 1997.

Persson Gunnar, "Think in a Panchronic Perspective", *Studia Neophilologica*, Vol. 65, 1993.

R. B. Brandom, "Asserting", *Noûs*, Vol. 17, 1983.

Ronald W. Langacker, "Subjectification", *Cognitive Linguistics*, Vol. 21, Issue 1, 1990.

Wolfram Rublitz, "Transferred Negation and Modality", *Journal of Pragmatics*, Vol. 18, 1992.

Sandra A. Thompson and Anthony Mulac, "The Discourse Conditions for the Use of Complementizer 'That' in Conversational English", *Journal of Pragmatics*, Vol. 15, 1991.

T. Williamson, "Knowing and Asserting", *The Philosophical Review*, Vol. 105, Issue 4, 1996.

Tofan Dwi Hardjanto and Nala Mazia, "We Believe in Democracy...: Epistemic Modality in Justin Trudeau's Political Speeches", *Humaniora*, Vol. 31, Issue 2, 2019.

后　　记

　　2007年，我考入南开大学文学院，有幸师从马庆株先生攻读博士学位。马先生是研究动词和动词性结构的专家，因此，我在毕业论文选题时，选择了现代汉语心理动词的研究，当时心理动词的认识情态表达功能引起了我浓厚的兴趣。后来，虽然由于种种原因我更换了选题，但是心理动词的认识情态表达功能始终萦绕在我的心头，直到2015年获批河北省社会科学基金项目之后，关于心理动词认识情态功能的研究才得以重新开始。之后，断断续续，历时五年，今天终于将当年最初的一个想法理论化和体系化，最终完整地呈现在读者面前。

　　在此，我要感谢恩师马庆株先生当年的谆谆教导和悉心指导，感谢当年的李秉震博士（现为首都师范大学副教授）、郭红博士（现为天津师范大学副教授）、李广瑜博士（现为哈尔滨师范大学教授）和张全生博士（现为新疆师范大学教授）等师兄弟的帮助。

　　感谢河北大学燕赵文化高等研究院和文学院应用语言学学科对本书出版的资助；感谢燕赵文化高等研究院首席专家、文学院院长陈双新教授和文学院副院长武文杰教授对本书出版的大力支持与帮助，是他们使得本书的出版从可能变为现实。

　　感谢中国社会科学出版社为本书的出版提供平台，感谢王琪编辑及其同事在出版过程中所付出的努力。

冯军伟
2021年2月14日于河大三区